근대교류사와
상호인식 Ⅲ

근대교류사와 상호인식 III

1945년 전후

김용덕 | 미야지마 히로시 공편

2008
아연출판부

한일공동연구총서 18

근대교류사와 상호인식 III : 1945년 전후

제1판 제1쇄 발행 2008년 6월 16일

지은이 김용덕 · 미야지마 히로시 외
펴낸이 최장집
펴낸곳 아연출판부
편집 · 교정 성지희 · 송지현
표지디자인 송재희

등 록 2000년 5월 24일 제6-376호
주 소 (136-701) 서울 성북구 안암동 5가 고려대학교 아세아문제연구소
전 화 02-3290-1601
팩 스 02-923-4661

ISBN 978-89-90769-25-1 94910
978-89-951522-2-5 (세트)

이 도서의 국립중앙도서관 출판시도서목록(CIP)은 e-CIP 홈페이지(http://www.nl.go.kr/cip.php)에서 이용하실 수 있습니다(CIP제어번호: CIP2008001791).

차 례

한일공동연구 3기 총서 간행에 즈음하여

한일공동연구 포럼 제3차 연구는 2002년부터 3년간 진행되었다. 이 기간 동안, 일본과 한국은 월드컵을 공동 개최했고, 영화, 음악, 텔레비전 방송을 중심으로 대중문화 교류가 큰 폭으로 확대되었다. 특히 〈겨울연가〉로 대표되는 한국 텔레비전 드라마가 일본 대중의 마음을 사로잡았다는 사실도 지적해둘 만하다. 이는 일본인이 한국 문화에 '동경'과 비슷한 감정을 갖게 된 것이기에 메이지유신(明治維新) 이래 역사적인 사건이라고 할 수 있다. '한류'는 분명히 한국에 대한 일본인의 의식을 긍정적으로 변화시켰으며, 이는 각종 여론 조사 결과가 명확히 드러난다.

그러나 이러한 사회 현상은 갑자기 발생한 것이 아니다. 한국은 먼저 경제발전을, 이어 민주화를 이루었다. 민주주의와 시장 경제를 토대로 한 한국의 평화적인 번영이 일본인에게 '체제 공유'라는 인식을 갖게 한 것이다. 무의식적인 것이었을지도 모르지만, 이러한 인식이 없었다면 성공적인 월드컵의 공동 개최도, '한류'도 가능하지 않았을 것이다. '체제 공유'가 '의식의 공유'를 촉진하고, 일본인과 한국인의 가치관을 가깝게 한 것이다. 조금 과장해서 말하자면, 그것은 동아시아 시민의식의 맹아라고 할 수 있을지도 모른다.

안타깝게도, 국교 정상화 40주년이 되던 해에 한일 관계는 다시 한번 악화되었다. 한국과 일본의 우정을 돈독하게 하는 해였음에도 불구하고, '역사 마찰'이 표면화되었기 때문이다. 특히 양국의 정치 지도자 간의 마찰은 심각했다. 두 나라 사이에서 전개된 감정적인 '민족주의자 게임'은, 우리가 이미 '전후 화해'를 위한 가장 적절한 기회를 놓쳤음을 보여 주고 있는지도 모른다. 그러나 1세대 전에 일본인과 한국인이 보다 심각한 '체제 마찰'에 직면했던 것을 생각하면, 한일 관계의 장래는 결코 어둡지 않다. 다양한 차원에서 '공통의 미래'를 위해 대화를 촉진하고, 양국 간 화해를 위해 계속 노력해야 한다.

되돌아보면 한일공동연구 포럼은 전후 50년의 '무라야마 담화'를 계기로 시작되어, 오부치 수상과 김대중 대통령의 한일 '파트너십' 공동 선언으로 격려되고 진전되었다. 따라서 이는 '학문 공동체'의 형성을 위한 양국 간 화해 작업의 일환이었다고 할 수 있다. 그것이 얼마나 성공했는지는 독자의 판단에 맡기는 수밖에 없다. 그렇지만 앞으로 제3차 공동 연구의 성과로 한국과 일본의 의사소통이 원활하게 되어, '역사 마찰'을 포함한 각 분야에서 양국 간 마찰 완화에 기여하기를 기대하고 있다. 또한 이러한 우리의 노력이 미래의 비약을 위한 토대가 되기를 바라고 있다.

마지막으로, 제3차 연구를 지원해 준 일한문화교류기금과, 공동 작업을 하고 있는 고려대학교 아세아문제연구소의 관계자 여러분에게도 깊은 감사를 드린다.

2005년 12월

한일공동연구포럼 한국 측 의장 최장집(崔章集)

일본 측 의장 오코노기 마사오(小此木政夫)

한일공동연구 총서 간행에 즈음하여

제2차 세계대전 후 50년이 지난 1995년 여름, 우리 두 사람은 한국과 일본의 차세대를 담당할 연구자들을 중심으로 대규모의 공동연구를 구상하기 시작했다. 일본 국회의 '건국 50년 결의'를 둘러싸고 한일 간에 마찰이 일 때 등장한 무라야마 도미이치(村山富市) 일본 총리의 '전후 50년 담화'는 한일 간의 상호이해를 위한 토대를 마련해 주었다.

"우리나라는 멀지 않은 과거의 한 시기에 국책의 잘못으로 전쟁에의 길을 내디딤으로써, 국민을 위기에 빠뜨리고, 식민지의 지배와 침략으로 많은 나라들, 특히 아시아 제국의 사람들에게 막대한 손해와 고통을 끼쳤습니다. 나는 장차 잘못이 없도록 하기 위해서 의심할 여지가 없는 이 역사적 사실을 겸허하게 수용하여, 이에 다시 한번 통절한 반성의 뜻을 표하고 진심으로 용서를 비는 마음을 표명하고자 합니다. 또한 이 역사가 제공한 내외의 모든 희생자들에게 깊은 애도의 뜻을 표합니다."

그 후 3년이 지난 1998년 10월 김대중 대통령의 방일시 한일 양국이 발표한 '한일공동선언'의 역사관련 부분은 이 무라야마 담화의 내용을 양국 정부가 문서로 확인한 것이었다.

이러한 역사 인식을 출발점으로 하여 우리 두 사람은 한일 양국의 연구자들과 협의하여 '한일공동연구포럼'을 결성하고, 일한문화교류기금의 협력과 지원을 받게 되었다. "과거를 직시하고, 미래를 구축한다"라는 기본 인식하에 역사 I, 역사 II, 정치, 경제, 정치경제, 문화, 북한 등 7개의 연구팀이 결성되어 1996년 4월부터 공동연구가 시작되었다.

여기 간행을 시작하는 『한일공동연구총서』는 제1기 연구(1996~98)의 성과이다. 그러나 어떤 의도를 가지고 있고, 어떤 형태의 연구라 할지라도, 그것이 학술적 연구 성과인 이상, 고매한 이상을 내걸면 그만큼 그것에 걸맞는 높은 수준의 연구가 요구될 것이다. 또한 공동연구인 경우에는 그것의 전체적인 완성도를 염두에 두지 않을 수 없다. 이러한 점에 관한 비판과 충고를 겸허하게 수용하면서 우리는 앞으로도 공동연구를 계속 할 각오를 하고 있다. 우리는 한일공동연구포럼이 한일 양국의 학술적 교류의 역사에 새로운 전기가 되기를 바라며 한일 학자들의 지적 역량을 세계에 알리는 계기가 되기를 기대한다.

일한문화교류기금에 깊이 감사하며, 한일 양국의 뜻있는 여러분의 이해와 지원을 바라마지 않는 바이다.

2000년 3월

한일공동연구포럼 제1기 한국 측 의장 최상용(崔相龍)
일본 측 의장 오코노기 마사오(小此木政夫)

일러두기

1. 본 총서는 재단법인 일한문화교류기금의 연구 지원으로 간행되었습니다.
2. 일본어, 중국어 인명과 지명의 표기는 국립국어원의 〈외래어 표기법〉을 따랐습니다. 그러나 관행적으로 굳어진 경우에는 이를 따르고, 필요한 경우 괄호 안에 원어를 병기했습니다.

제1부

'민족'과 '국가'를 둘러싸고

갱생의 도 혹은 미로

최현배의 『조선 민족 갱생의 도』를 중심으로

김 철

Ⅰ. 머리말

1926년 12월 26일자 『동아일보』 제1면은 면 전체에 검은 띠로 상장(喪章)을 두르고, 거대한 특호 활자의 "봉도"(奉悼)라는 두 글자를 좌우 양켠에 커다랗게 새겨 넣은 채, 다이쇼(大正) 천황의 죽음을 알리고 있다. 지면의 정중앙에 역시 검은 띠를 두른 천황의 사진이 실린 가운데, 신문은 다음과 같은 극존칭의 문체로 천황의 죽음을 알린다.

> 大正 天皇陛下 登遐하시다./ 陛下는 明治天皇 第三皇子로 己卯 降誕, 己丑 立太子, 壬子 踐祚시니 在位 十五年, 享壽 四十八이시라./ 明治의 鴻緖를 니으사 聖德이 들리섯거니와 특히 世界大戰의 參加는 陛下 治世의 일로 길히 史上에 大書될진저./ 春秋 오히려 鼎盛커시늘 仙馭를 멈을지 못하시니 內外와 한 가지 玆에 삼가 奉悼하나이다.[1]

신문은 거대한 활자와 사진, 국궁(鞠躬)의 예를 갖춘 용어를 통해 제국 권력의 인격화인 천황의 죽음과 새로운 현인신(現人神) 쇼와(昭和) 천황의 등장을 엄숙하게 전하고 있다. 머리를 짧게 깎고 콧수염을 기른 채, 견장과 각종 훈장들이

1) 철자법은 원문 그대로 두고 띄어쓰기만 고쳤다. 이하도 마찬가지이다.

〈그림 1〉『동아일보』(1926/12/26) 제1면

東亞日報

奉悼

天皇陛下崩御

廿五日午前一時廿五分

東宮殿下御踐祚

大正天皇崩御即時로

皇后陛下册立

昭和로年號改元

二十五日詔書發布

詔書

御靈柩明朝御還幸

今上陛下는今日中

內閣總辭職

御大喪御儀期

明年二月上旬?

五日間廢朝決定

列國에正式通牒

軍隊出動警備

御卽位大典은明後年秋間

更生의道

늘어진 서양 군복을 입은 다이쇼 천황의 근엄한 사진이 지면 상단의 정중앙에서 독자를 굽어보고 있는 가운데, 오른쪽으로는 “天皇 陛下 崩御” “東宮 殿下 御踐祚” 등의 커다란 제목들이, 왼쪽으로는 “朕 皇祖 皇宗의 威靈에 賴하야 大統을 承하고 萬機를 統하노니 …… ” 하는 쇼와 천황의 조서(詔書)가 지면의 양쪽 공간을 위로부터 아래로 무겁게 내리누르고 있다. 왕실 전용의 의례에 연관된 특수 용어들이 굵직굵직한 활자로 제1면 전체를 점하고 있는 이날 신문은 그 시각적 효과만으로도 이미 사태의 비상함을 독자들에게 알리기에 부족함이 없다.

그런데 이 지면의 공간에는 뭔가 기묘한 이물감(異物感) 같은 것이 자리잡고 있다. 천황의 죽음과 연관된 기사들이 지면을 가득 채운 가운데, 중간 부분 맨 우측 삼분의 일 정도의 공간에 이 기사들과는 아무 상관이 없는 글 하나가 실려 있는 것이다. 그것은 "文學士 崔鉉培"의 이름으로 된 『朝鮮 民族 更生의 道』라는 글이다. 이 글의 마지막은 다음과 같은 '노래'로 끝난다.

> 아모리 생각해도/ 나는 조선사람이다/ 世界가 넓건마는/ 조선만이 내땅이다 /三千里 江山우에/곳곳마다 피땀흔적/ 四千年 역사 속에/ 일일마다 사람자국/ 이 江山 이 歷史를/ 잇고 잇고 다시 잇어/ 二千萬 二億萬이/ 엉키 엉키 살아 보세.

최현배는 1926년 9월 25일부터 그해 12월 26일까지 『동아일보』에 『조선 민족 갱생의 도』를 65회에 걸쳐 연재했는데, 위의 인용문은 이 글의 연재를 마치는 이날 "동포, 형제, 자매에게 향하여 고창(高唱) 절규"하며 붙인 그의 자작시이다.

일제 지배 권력의 장엄한 위용(威容)을 한껏 드러내면서 거대한 조상(弔喪)의 분위기가 연출되는 지면 한쪽에서, "나는 조선 사람이다. 조선만이 내 땅이다"라는 선언이 발화되고 있는 것이다. 이 기묘한 공존이 의미하는 것은 무엇일까? 이것은 물론 의도적인 것은 아니었다. 최현배의 논문은 연재 첫날부터 제1면에 게재되어 왔기 때문에 다이쇼 천황의 죽음을 알리는 이 날짜 신문에서도 같은 자리를 차지하고 있었을 뿐, 이 편집 디자인에 편집자의 특별한 의도가 개입되어 있다고 볼 수는 없다. 한편, 이 날짜 연재분의 글도 이미 열흘 전에 탈고된 것으로서 필자가 천황의 죽음을 염두에 두고 쓴 것은 아니다. 그러나 그럼에도 불구하고, 이 공교로운 우연의 일치, 즉 "第百二十三代" "大正 天皇 御歷"을 독자들에게 알리는 언설과 "三千里 강산" "四千年 역사"를 "잇고 잇고 다시 이어" 보자는 "절규"가 공존하는, "京城府 光化門通 百三十六番地" 소재 『동아일보』의 "昭和 元年 十二月二十六日" 제1면의 형상이 의미하는 바는 그렇게 간단한 것이 아니다.

"민족이여, 갱생하라"라고 외치는 식민지 지식인의 언어는 '화려한 군주'[2]의 죽음을 애도하는 장려(壯麗)한 언어들과 그것을 둘러싸고 있는 검은 상장(喪章) 안에 숨막히게 갇혀 있는 듯이 보인다. 과연 식민지 민족주의의 언설은 이 검고 두터운 제국의 울타리를 뚫고 나갈 수 있을까? 제국과 식민지의 레토릭이 어깨를 부비며 같은 공간 안에서 엉키고 있는 이 장면이야말로 어쩌면 식민지 민족주의의 운명, 요컨대 그것이 부딪칠 어떤 모순과 난관 혹은 더 나아가 그것이 감내해야 할 어떤 정신적 분열과 내파(內破)를 그대로 표상하는 하나의 상징은 아닐까? 그리고 우연치고는 너무나 공교로운 일이 되겠지만, 제국과 식민지의 레토릭이 서로 엉켜 있는 이 장면에 등장한 『조선 민족 갱생의 도』야말로 바로 그 식민지 민족주의의 아포리아(aporia)를 유감없이 보여 주는 징후적 텍스트인 것은 아닐까?

이 논문은 이러한 의문들로부터 출발한다. 한국 민족주의의 역사에서 외솔 최현배는 이른바 저항 민족주의의 고난과 위엄을 상징하는 하나의 기호이다. 아니 기호라기보다는 차라리 하나의 신화이다. 제국주의의 악랄하고도 잔인한 수탈, 특히 모국어 말살 정책에 맞서 외솔과 그의 동지들이 이룩해 낸 초인적인 업적과 투쟁의 역사는 탈식민지 국가의 자부심의 원천으로서 끊임없이 서술되고 재생산되었다. 다음은 그러한 서술의 한 정점을 보여 주는 사례이다.

외솔의 서거(1970) 일주기를 맞아 설립된 '재단법인 외솔회'가 1971년에 펴낸 총 334쪽에 달하는 계간 『나라사랑』 창간호는 책 전체를 '외솔 최현배 박사 특집'으로 꾸미고 있다. 특집은 모두 5부로 구성되어 있는데 제1부는 「외솔의 3대 저작 고찰」로 『조선 민족 갱생의 도』, 『한글갈』, 『우리말본』 등 외솔의 '3대 저서'에 대한 전공 학자들의 해설문이다. 제2부는 「조선어학회 사건·유지·전기·추모」라는 제목으로, 조선어학회 사건 관련 인사나 외솔의 제자들이 쓴

---

2) Takashi Fujitani, *Splendid Monarchy: Power and Pageantry in Modern Japan*, University of California, 1996(한석정 역, 『화려한 군주』, 이산, 2003).

회고담 모음이다. 제3부는 「외솔을 잃은 겨레의 슬픔(1)」이라는 표제 아래 모두 26명에 달하는 사회 각계 인사들의 외솔에 관한 추모문을 싣고 있다. 제4부 역시 「외솔을 잃은 겨레의 슬픔(2)」이라는 제목으로 전국 각지의 언론에 보도된 외솔의 사망 기사 및 추모문을 망라하고 있다. 마지막 제5부는 「외솔 영결식 조문집」으로 1970년 3월 27일 연세대학교 대강당에서 거행된 외솔의 사회장(社會葬) 영결식에서 낭독된 국무총리 정일권(丁一權)의 조사를 비롯해서 미당 서정주(未堂 徐廷柱), 노산 이은상(鷺山 李殷相) 등의 조시(弔詩)를 싣고 있다.

"고결하신 인격과 드높은 애국 애족의 정신"으로 "일제의 모진 탄압과 고문 속에서도 조국의 광복을 생각하시며 한글 연구로 아픔을 잊으셨던" "겨레의 위대한 스승"에 대한 "숭모와 존경의 념"은 이 책에 실린 모든 글들을 일관하는 감정이며 "외솔 최현배 박사"의 이름을 수식하는 정형화된 표현이다. 참담한 굴종의 기억이 악몽처럼 떠도는 탈식민지 사회에서 저항과 수난의 서사와 그 주인공들의 이야기가 끊임없이 재생, 유포되는 것은 근대 국민국가 형성에서 일반적인 현상이며 외솔의 경우도 그러한 현상의 한 사례로 이해할 수 있을 것이다. 그러나 이 과도한 의례성과 상투적인 정형성의 꺼풀을 일단 들어내고 텍스트의 실체로 다가가면 갈수록 미묘한 착종과 균열의 흔적들이 나타나는 것 또한 대부분의 민족 담론에서 발견되는 현상이기도 하다.

나의 궁극적인 목적은 한국 민족 담론에서의 그 흔적들을 드러내고 분석하는 것이다. 바꿔 말하면, 그것은 민족 담론이 형성되는 가운데 은폐·억압·배제된 '다른 이야기'를 찾아내는 것이다. 또 달리 말하면, 그것은 "'민족'으로부터 '역사'를 구출"[3]하여 역사(History)를 역사(history)로 되돌리는 일이다. 이 논문은 그러한 작업의 한 부분으로 기획되었다. 그에 따라 이 논문에서는 '외솔의 3대 저작'의 하나로 불리는 『조선 민족 갱생의 도』를 중심으로 한국 민족주의 담론의 한 양상을 분석해 보고자 한다.

---

3) Parsenjit Duara, *Rescuing History from the Nation*, University of Chicago, 1995(문명기·손승희 역, 『민족으로부터 역사를 구출하기』, 삼인, 2004).

이 작업을 위하여 미리 전제해 두어야 할 사항이 있다. 우선, 이 논문은 일제 식민지 시기의 역사상(歷史像)에 대한 이른바 '저항사적 관점'으로부터 최대한 거리를 두고자 한다. 나는 이미 다른 글에서도 '저항사적 관점'의 한계를 지적한 바 있지만,[4] '민족/반민족, 아(我)/비아(非我), 항일(抗日)/친일(親日), 저항/협력' 등으로 선명하게 구분된 이분법적 패러다임으로는 식민지의 어떤 현실도 드러나지 않으며, 따라서 식민주의의 극복도 전혀 무망한 것이 되고 만다는 점을 다시 한번 강조하고 싶다. 식민지 시기의 텍스트를 제국주의 지배에 대한 '저항이냐, 협력이냐'라는 단순한 질문으로 환원하는 이 패러다임의 무지와 억압성에 대해서는 다시 서술할 필요도 여유도 느끼지 않는다. 다만, 이 단순 도식이 식민지 이후를 살고 있는 대중의 심리적 자기만족과 감상적 위무(慰撫), 또는 집단적 감정의 동원에 매우 빈번하고도 광범위하게(그리고 물론 대단히 폭력적으로!) 그 힘을 발휘하고 있는 현실을 바라볼 때에, 피식민자의 뇌리에 깊이 새겨진 '저항/협력'의 이분법적 사고야말로 실은 제국의 지배를 영속시키는 가장 긴요한 메커니즘이라는 암담한 역설 앞에 마주 설 수밖에 없는 것이다.

어떻게 이 역설을 넘어설 것인가? 해답을 어떻게 마련하든 간에 우선 이 역설에 대한 자각이 없는 한, 식민지 연구는 공허한 구호와 헛된 자기기만을 벗어날 수 없을 것이다. 제국과 식민지의 상호 작용이 이루어지는 공간의 경계들은 언제나 유동적이고 중층적이다. 그리고 그 상호 작용의 결과 역시, 이 글의 모두(冒頭)에서 인용한 신문 기사가 보여 주듯이, 수많은 담론들이 난삽하게 교차하고 충돌하는 형국으로 나타나고 있다. 나날의 삶이 이러할진대, 식민지의 장구하고도 복잡다단한 현실을 하나의 평면 위에 선명하게 분할하고 그렇게 분할된 영역 안에 특정한 도덕적 가치나 이념을 배치하는 것으로 시종하는 저항사적 연구가 얼마나 무의미한 것일지는 새삼 말할 것도 없다.

앞서 말했듯, 이 논문은 『조선 민족 갱생의 도』를 식민지 민족주의의 아포

4) 자세한 설명은 김철, 「파시즘과 한국문학」, 『문학 속의 파시즘』(삼인, 2001) 참조.

리아를 드러내는 하나의 징후적 텍스트로 분석하는 한편, 그 텍스트가 민족 담론 안에서 수용되는 양상을 함께 분석하고자 한다. 『조선 민족 갱생의 도』는 한국 민족주의 담론의 한 전형이다. 그것은 한국 민족주의의 논리와 구조, 그것이 부딪친 난관이나 모순을 전형적으로 드러내 주는 텍스트이다. 마찬가지로 이 텍스트를 수용하는 민족 담론의 다양한 태도 역시 그러하다. 민족 담론은 최현배의 텍스트에 자기 자신을 투사하고 그것을 통하여 텍스트의 의미를 고착하고 강화하였다. 그리고 그렇게 고착된 의미로 다시 자기 자신을 규정하는 반복 운동을 통해 스스로의 분열을 은폐하고 봉합하려 했다. 이 논문에서 밝히고자 하는 것은 이런 점들이다.

II. 『조선 민족 갱생의 도』의 인식 구조

1. 빛과 어둠의 세계

『조선 민족 갱생의 도』5)를 지배하는 핵심적 모티프는 말할 것도 없이 '갱생'이다. 어둡고 암울한 과거를 일순에 청산하고 광명 넘치는 밝은 미래로 비약적으로 환골탈태하기를 꿈꾸는 '쇄신·신생·재생·갱생'에의 욕망은 이 텍스트 전체를 이끄는 중심 동력이다. 『갱생』에 따르면, 조선은 깊은 병에 걸린 환자이

5) 『조선 민족 갱생의 도』의 원텍스트는 『동아일보』에 연재된 연재본이다. 단행본으로는 1930년 東光堂書店 발행본이 초판본이다. 이 초판본은 "1930년판 飜刻本"의 형태로 1962년에 정음사에서 다시 발행되었다. 연재본과 초판본 그리고 번각본은, 소제목의 추가, 몇몇 구절들의 삭제나 첨가, 현대 표기법으로의 수정 등을 제외하면 내용상의 큰 차이는 없다. 이 논문에서는 62년 정음사판 번각본을 사용한다. 그밖에 이 판본들의 발간이 지니는 사회적·정치적 의미에 대해서는 본문에서 언급한다. 이하에서 이 책의 제목은 특별한 경우 외에는 『갱생』으로 약한다. 한편 『갱생』은 원래 국한문 혼용체이지만, 이 논문에서 인용할 때에는 한글로 바꾸거나 괄호 속에 한자를 병기하는 방식으로 표기했다. 다만 따로 인용하는 경우에는 원문 그대로 표기한다.

며 "우리 민족은 질병에 신음"하고 있다. 민족은 "실망과 화란(禍亂)이 중첩한 가운데에서 욕된 생을 무거운 짐같이 여기며, 광명 없는 암흑에서 고통의 걸음을 옮기고 있다." 이렇듯 만성적 질병으로 나날이 쇠약해 가는 민족 앞에 히로시마 고등사범학교와 교토제국대학 철학과를 졸업한 이 젊은 지식인은 환자의 증상을 진찰하고 처방을 내리는 "의원"(醫員)으로 등장한다.

모두 4장으로 구성된 『갱생』의 제1장은 「민족적 질병의 진찰」이다. '의원의 진찰'에 따르면, 병명은 '민족적 쇠약증'이며 증상은 '의지의 박약' '용기의 없음' '활동력의 결핍' '의뢰심의 많음' '저축심의 부족' '성질의 음울함' '신념의 부족' '자존심의 부족함' '도덕심의 타락' '정치 경제적 파멸' 등의 열 가지이다. 이 질병은 "다 곪은 종기(腫氣)"와 같아 "예리한 '메쓰'[小刀]로써 피부를 절개하여, 그 안에서 분탕을 노는 병균을 소독수로 씻어 버리고서, 그 내저(內底)에서 신선한 새 살이 올라 오도록 조장"하지 않으면 안 된다.

그렇다면 이 질병의 원인은 무엇인가? 제2장 「민족적 쇠약증의 원인」은 그것을 다시 열 가지로 말하고 있다. '이조(李朝) 5백 년의 악정(惡政)' '사상 자유의 속박' '자각 없는 교육' '한자의 해독' '양반 계급의 횡포' '번문(繁文) 욕례(縟禮)의 누설(縷絏)' '불합리·불경제(不經濟)의 일상생활 방식' '조혼의 폐해' '나이 자랑하기' '미신의 성행' 등이 그것이다. 이 뿌리 깊은 "병근"(病根)으로 인한 "조선 민족의 영락(零落)"은 마치 썩은 나무가 쓰러지는 듯하니, "이 병원(病源)을 근절하지 아니하고는 살아나갈 수 없"는 것이다.

원인이 이렇게 판명되었으므로 남은 일은 약을 처방하고 쓰는 일이다. 최현배에 따르면, "민족적 쇠약증은 마음으로 난 병인즉, 마음으로 낫게 해야 할 것이다." 제3장 「민족적 갱생의 원리」에서 그는 '민족적 생기의 진작' '민족적 이상의 수립'을 "현하의 조선 민족의 쇠약증에 대한 최상 최량의 방문(方文)"으로 내어 놓는다.

沈滯한 民族的 生氣를 振作함이 時急한 最良 療法, 卽 民族的 更生의 最高 唯一의

原理임을 覺悟하여야 한다. 生氣란 무엇이냐? 살려는 기운(生活 意志, 生活 意氣; will to live, wille Zum Leben)을 이름이다. 民族的 生氣란 무엇이냐? 民族的으로 살려는 뜻이다. 卽 그 生命이 萎縮된 朝鮮 民族이 "살아나야 하겠다. 우리도 살겠다. 남과 같이 잘 살겠다"는 뜻을 이름이다.

마지막 제4장 「민족적 갱생의 노력」에서는 '민족적 생기의 진작' '민족적 이상 수립'이라는 갱생의 원리를 파악한 연후에 구체적으로 어떤 노력을 기울일 것인가를 말하고 있다. 최현배에 따르면, 민족의 갱생은 '신교육의 정신' '계몽운동' '체육 장려' '도덕 경장' '경제 진흥' '생활 방식 개선' '민족 고유 문화의 발양' 같은 것들을 통해 이루어질 것이다. 그리고 이러한 '시대적 이상'을 향해 "전민족의 대동단결"과 "총출동"이 요구되는 것이다. '최량의 약방문'도 처방되었고 갱생에의 길도 이렇게 제시되었다. "그리하여, 이 최후 진용의 용감한 실제적 작업 앞에서 우리의 민족의 시대적 이상이 실현되며, 우리의 민족 갱생이 성취될 것이다. 아아, 갱생, 갱생이여!"

이렇듯, 최현배의 눈에 비치는 조선은 선명하게 양분된 두 개의 세계, 즉 빛과 어둠의 세계이다. 어둠의 세계는 '민족을 오늘날의 쇠약으로 이끈 병근(病根)들'의 세계다. 주자학 이외에는 어떤 사상도 허용하지 않은 '문약한 이조의 유교' 때문에 "조선 민족은 5백 년 동안을 사상상으로 일종의 뇌옥(牢獄) 생활을 하였다." 중국의 문자인 '한자'는 이 정신적 위축과 쇠약의 가장 큰 원흉으로 호출된다. "아아, 한자! 한자! 이는 우리에게 정(正)히 망국적 문자이었다." 조선의 양반계급 또한 오늘날 민족의 쇠퇴를 초래한 장본인이니 "양반은 대권(大權)을 병(柄)하여 대도(大盜)를 행(行)하고 토반(土班)은 소권(小權)을 집(執)하여 소도(小盜)를 자(恣)하니" 한자와 한문을 쓰게 된 것도 오로지 양반 계급의 이익을 위한 것이었다.

온갖 허례허식들과 일상생활에서의 불합리 역시 청산해야 할 어두운 세계의 목록으로 거론된다. 그 목록들에는 왜소하고 누추한 초가집, "사람들이 직업도 잡지 아니하고, 언제든지 놀고만 지낸 것", 맵고 짠 음식을 좋아하는 것, 국물과 야채가 많이 든 음식을 너무 배부르게 먹는 것, "원시적 풍습에 속하는" 흰옷만을 입는 것, 조혼의 폐습, 나이 많은 사람과 놀기를 좋아해서 기력 없이 구는 것, 미신을 숭상하는 것 등이 있다. 『갱생』의 내용의 절반은 민족을 쇠퇴와 멸망으로 이끈 이 "병균"들을 적발하고 질타하는 것으로 채워져 있다. 이 깊게 곪은 "종기"들을 깨끗이 도려내고 씻어내지 않으면 민족의 갱생은 없다는 것이 저자의 주장이다.

그렇다면 '병균'이 제거된 밝은 '갱생의 세계'는 어떠한 모습이며 그것은 어디에서 찾을 수 있는 것인가? "이조의 문약"에 대비되어 "천국에서 지상에 강림한 민족의 시조"와 고대 조선인의 "무용"(武勇) 등에 관한 고대 중국의 기록들이 길게 인용된다. 한편, 이조 오백 년의 나태와 양반의 횡포에 대비되어 "백제의 건축, 고구려의 벽화, 신라의 조각, 회화, 공예, 고려의 자기와 인쇄, 조선의 측우기, 충무공의 거북선, 이제마의 사상의학" 등의 '찬란한 문화 유산'들이 열거된다. 그러나 무엇보다도, "우리 민족이 남보다 우월한 재질의 소유자"인 동시에 "고원한 이상을 가지고, 명철한 지력(智力)을 가진" 민족임을 증명하는 것은 다름 아닌 '한글'에 있으니, 최현배의 다른 모든 글들에서도 그렇듯이, 여기서 그는 동원할 수 있는 모든 최상급의 용어를 동원하여 한글을 찬양한다(이에 대비되어 '한자'가 역시 최상급의 용어로 매도되는 것은 물론이다).

> 우리는 우리 民族의 文字에 對한 卓越한 獨創力의 最大 發見·最後 完成인 世宗朝의 訓民正音을 가졌으니, 이것이 하느님께서 우리 民族으로 하여금 그의 人類救濟·文化育成의 大理想을 將來하는 時代에 實現하게 하시려는 本意에서 나온 民族的 榮譽이며, 世界 人類의 慶福이다. 우리 朝鮮 한글(正音)은 實로 現今 世界 二百 數十種의 國語 文字 가운데서 가장 新式이요, 가장 完全한 알파벧式의 소리글이다. 그 字畫이 簡單할 수 있는 대로 簡單하고, 그 形體가 整美할 수 있는 대로 整美하며, 그 소리가 具備할 수 있는 대로 한껏 具備하여, 組織의 가장 學術的임과 그 應用의 가장 普遍的임은 實로 地球上 人類가 생겨난 지 數十萬年에 空前 絕後의 文字的 完成이다. 이 人類 文化史

上에서 **唯一**한 **文字的 完成**은 **朝鮮 民族的 精神**의 **世界的 卓越**이며 …… (강조는 인용자).

"아아, 한자! 한자! 이는 우리에게 정(正)히 망국적 문자이었다"라는 저주섞인 절규로부터 "가장 완전한" "가장 보편적"인, "가장 학술적인" "공전 절후의 문자적 완성"인 '한글'에의 가히 종교적인 찬양으로 급격하게 비약하는 이 멘탈리티의 구조는 사실상 『갱생』 전체를 일관하는 것이라고 해도 과언이 아니다.

어두운 현재를 과감히 청산하고 밝은 미래의 시간으로 순식간에 비약하는 쇄신에의 욕망은 피식민자의 가슴에 불을 당기는 원초적인 어떤 것이다. 그러나 결코 실현되는 법이 없기에 그 욕망은 언제나 새롭고 또 진부하다. 그렇다면 이 진부하면서도 새로운 쇄신에의 욕망을 작동시키는 기본적인 문법은 무엇인가? 그리고 그것의 기능은 무엇인가?

2. 갱생의 문법 : 분절화(分節化)

우리 朝鮮 사람은 一般으로 국물과 푸성귀를 너무 많이 먹는다. 한 끼니 飮食物이 그 營養價는 적으면서도, 한갓 그 부피만 宏壯히 많다. 따라 營養이 不足한 故로, 우리의 本能的 要求는 자꾸 더 먹으려 한다. 그러므로, 자꾸자꾸 한 끼니의 飮食物의 分量은 많아져 간다. 이러한 결과, 大多數의 胃擴張症에 걸히는 것이다. 이 胃擴張이 사람의 勇氣와 忍耐性을 없이는 것이다. 生理學的으로 생각하면, 배가 부르면, 몸의 피가 모다 배에 와 모이기 때문에, 頭腦에 피가 가지 아니하며, 또 배에 가득한 飮食物을 삭이고 나면, 위는 疲困하여 지고, 위가 疲困하여 지면, 懶眠이 오는 것이다. 또 心理學的으로 볼지라도, 사람은, 배가 부를 것 같으면, 다른 일에 着手하여 活動할 생각이 적어진다. 누구는 가로되, 사람은 배가 고픈 때문에 생각하며 일한다 한다. 참말이다. 飽滿은 더할 것 없는 것, 活動 안 해도 좋은 것, 더 하고 싶은 생각도 없는 것, 無活動, 怠慢을 意味한다. 나는 아무 醫學上 實地的 知識과 實驗的 統計를 가지지 아니하였지마는, 홀로 우리 民族의 懶弱症의 一原因이 이러한 데에 있지나 아니할가고 생각한다.

최현배는 『갱생』의 내용 중 상당 부분을 의복이나 음식 등 생활 습관의 불합리와 비경제성을 분석하는 데에 할애하고 있다. 위의 인용문은 그중의 하나인데, 여기서 그는 조선 사람들이 국물과 푸성귀가 든 음식을 너무 배부르게 먹어서 위확장증에 걸리고 비활동적이 되고 그것이 민족적 쇠약증의 한 원인이 된다고 말한다. 의복의 개량이나 주택 개조 등에 관해서도 그는 이와 유사한 분석들을 보여 준다. "우물이 집집에 없는 것이 일상생활의 능률을 감살(減殺)하는 일대 원인"이며, 매운 고추를 많이 먹는 것은 '의지박약'의 원인이다. "매운 고추가 위장을 공격하여 그 신경을 피곤하게 하며, 뇌신경 계통에도 좋지 못한 영향을 미치는 것이다." "조선 사람이 용기가 없으며, 의지가 박약한 원인의 하나는, 맹렬한 고추를 많이 먹기 때문에, 신경의 흥분의 도수를 반복한 결과 피곤한 때문이 아닌가?"라고 그는 말한다. 그런가 하면 조선 사람들이 입는 '흰옷'은 "빈한(貧寒)과 무활동과 노쇠와 비애와 섬약(纖弱)의 상징"이다. '흰옷'을 입음으로써 생기는 "막대한 손해"를 "경제적, 심리학적, 물리학적, 문화사적" 관점에서 길게 분석한 후에 그는 "물질문명이 극도에 달한 20세기 오늘날에 홀로 백의(白衣)로써만 행세하는 것은" "원시적 풍습에 속"하는 것이며 "도저히 용인하지 못할" "치사스러운 일"이라고 결론을 내린다.

이런 진술들에서 선부른 계몽적 지식인의 백과전서파적 아마추어리즘 혹은 의사(擬似)-박물지적 강박(强迫)을 발견하기란 어려운 일이 아니다. 민족적 쇠약증의 '병균'을 적발해 내는 그의 시선은 너무나 자의적이고 관념적이고 비논리적이어서 이것이 과연 당대 최고의 교육을 받은 "문학사"(文學士)의 현실 인식인지 의심스러울 정도이다. 조선의 경제 현실에 대한 그의 분석이나 관찰 역시 최소한의 현실 정합성마저도 지니지 못한 것이어서 심한 혼란을 노출하기도 한다. 예컨대, 조선의 경제는 "빈궁이 극에 달"하여 "파멸에 이른" 상태이다. 그런데 소비 상황은 "사치를 극하며", 가게에 진열된 물건들은 "화려를 극하며" "생산력은 극도로 미약한데 소비력은 극도로 왕성한 것이 우리 조선"의 현실이다. 파멸에 이른 경제에서 어떻게 개탄을 금치 못할 만큼의 사치를 극한 왕성한 소비가 이루어질 수 있는가 하는 의문에 대해서 그는 답하지 않는다. 대신에 그는 이런 논리적 난점을 흔히 추상적 도덕론이나 막연한 비유로 회피하곤 하는데 이 점에 대해서는 후술한다.

문제는 그의 이러한 비현실적, 비논리적 사회 분석의 맹점을 지적하는 데에 있는 것이 아니다. '민족의 갱생'을 절규하는 이 긴 논문에서 그는 '민족'을 둘러싸고 있는 '제국'의 존재에 대해 전혀 언급하지 않는다. '일본'이나 '일본인'이 언급되는 경우는 더러 있어도 그것은 대개 조선과의 비교를 위한 예증으로 거론될 뿐, 제국의 권력이 식민지를 원천적으로 규정하고 있는 현실에 대한 어떤 암시도 찾아보기 어렵다. 그 대신에 생활 습관상의 사소한 불합리를 '민족적 질병의 원인'이라고 적발하는 데에 논문의 대부분이 채워져 있다.[6] 거듭 말하거니와, 문제는 이 논증의 타당성 여부가 아니다. "조선 민족의 영락"을 초래한 뿌리 깊은 "병균"이 '누추하고 왜소한 초가집' '직업을 갖지 않고 놀기 좋아하는 것' '밥을 너무 배부르게 먹는 것' '흰옷을 즐겨 입는 것' '고추 같은 맵고 짠 음식을 많이 먹는 것' '나이 자랑하기 좋아하는 것' 등으로 열거될 때, 이 극도의 쇄말주의가 일으키는 효과는 무엇인가?

한마디로, 그것은 제국으로부터 민족을 분절(分節)하는 것이다. 다시 말해, '민족의 문제'가 이러한 쇄말적인 생활상의 문제로 분절됨으로써, '민족'은 제국의 영토 안에서 그 자신만의 고유하고도 특수한 영역, 즉 생활 개선이나 의식 혁명의 실천장(場)으로서 그 영역이 제한되고 따라서 명료해진다. 그리고 이 고유한 영역의 확보를 통해 제국과 민족 사이에는 명료한 경계가 그어진다. '갱생'이란 당연히 이 '민족'의 경계 안에서 이루어져야 할 터이니, 결국 생활 개선을 통

6) 이 점과 관련하여 『갱생』과 춘원 이광수의 『민족개조론』(1922)은 흥미로운 비교거리를 제공한다. 널리 아다시피, 이광수의 『민족개조론』은 발표와 동시에 큰 스캔들을 불러 일으켰다. 이광수의 글에 흥분한 청년들이 그 글이 발표된 『개벽』 잡지사를 습격하여 폭력을 행사하고 이광수는 이 글로 인해 일시적인 절필 상태에까지 이르렀다. 외솔의 『갱생』은 이로부터 불과 4년 후에 발표되었다. 『갱생』의 내용이나 논리 구조는 『민족개조론』과 크게 다를 것이 없다. 그럼에도 불구하고, 외솔 자신의 회고나 기타 기록들에 따르면 『갱생』은 많은 독자들의 호응을 받았으며 외솔은 크게 문명(文名)을 얻었다. 이 차이가 어디에서 기인한 것인가 규명하는 것은 이후의 과제로 남겨 둔다.

한 민족의 '갱생'이 제국의 경계를 침범하지 않는 한, 민족은 제국의 영토 안에서 '특수한 것'으로 분절되면서 명료해진다. 그리고 그것이야말로 제국의 체제를 유지하기에 가장 이상적인 영역 구분인 것이다.

이렇듯 쇄신에의 욕망에 내재된 문법은 바로 분절을 통한 민족 영역의 명료화(articulation)였던 것이다. 『조선 민족 갱생의 도』가 당시에 일본어로 번역·출판되어 학교 교과서에 그 일부가 수록되고, 나아가 전국 각지의 형무소에서 죄수용 교화서적으로 사용되었다는 사실은[7] 제국의 영토 안에서 민족의 영역을 생활 개선이나 의식 혁명의 대상으로 분절하는 메커니즘이 얼마나 성공적으로 수행되었는가를 보여 주는 하나의 사례이다. 결국 갱생의 문법은 제국의 틀을 침범하지 않는 선에서 민족의 자족적 영역을 구축하는 것이었다. 비유컨대, 제국이 랑그(langue)라면 민족은 빠롤(parole)이었다. 랑그 없는 빠롤이 존재할 수 없고 그 반대도 마찬가지라면, 천황의 죽음을 애도하는 장려한 제국의 레토릭과 함께 '민족이여! 갱생하라!'라는 외침이 하나의 공간 안에 선명하게 분할된 채 공존하는 신문의 지면이 상징하듯, 민족과 제국은 처음부터 서로를 떠받치는 존재가 아닐 수 없었다.

이 분절화의 메카니즘을 무엇보다도 잘 보여 주는 것은 최현배를 중심으로 한 조선어학회의 한글 운동이다. 이혜령이 지적하듯, 조선어학회의 한글 운동이란 우선 한글 보급과 유통을 위한 매체(media)로서 학교·교회·신문사, 나아가

---

7) 이 사실은 1962년 번각본 서문에서의 외솔 자신의 회고에 따른 것이다. 『갱생』은 첫 단행본이 발간된 1930년 이후 일본어로도 번역되어 널리 읽혔으며, 또한 학교 교과서에 실리기도 했다고 외솔은 말한다. 특히 전국 각지의 형무소에 배포되어 외솔이 조선어학회 사건으로 수감되는 1942년까지도 감방 내에서 죄수들의 교화용 도서로서 읽히고 있었다는 사실은 이희승의 회고에도 나온다(이희승, 「악수할 길이 막연함을 생각하면서」, 『조선일보』, 1970/03/25). 외솔 자신은 이 점에 대해, "민족 생활에 진리를 내어 보임에, 악마 같은 저네들도 이를 시인하지 않을 수 없었던 모양인 듯하다"라고 말한다. 『갱생』이 "일제의 식민정책에 직접 도전한" 저항 정신의 표본이며 "민족 독립의 지침"이자 "반(反)식민지적 투쟁"의 선구적 업적이었다는 평가(홍이섭, 「조선 민족 갱생의 도 : 그 정신사적 추구」, 『나라사랑』 창간호, 정음사, 1971)는 가장 널리 알려진 것이다. 이러한 평가야말로 탈식민지 국가에서의 민족 담론이 최현배를 어떻게 전유하는가를 보여 주는 하나의 사례이다. 이 점에 대해서는 후술한다.

근대 국민국가의 중앙집권적 시스템을 필요로 하는 것이었다.[8] 요컨대 민족운동의 최정점인 조선어학회의 한글 운동은 식민지의 국가권력을 등지고는 수행될 수 없는 것이었다.[9] 이 점은 "조선어학회의 실천적 권위가 1930년 2월에 공포된 총독부 학무국의 제3회 언문 철자법 개정을 계기로 식민 권력에 개입하여 자신들의 의견을 성공적으로 관철시킴으로써 얻어졌다"[10]는 사실에서도 잘 드러난다.

그러나 분절화의 메카니즘과 관련하여 주목할 것은, 조선어학회의 한글 운동이 식민 권력과의 일정한 협력 관계 아래서 수행되었다는 사실보다는 그 운동이 "식민지적 언어 상황의 본질적 국면을 문제 삼지 않았다"[11]는 것, 즉 표기법이나 철자법 등의 문제에 집착하는 것으로 일관함으로써 '조선어'를 제국의 언어 편제 속에서 하나의 지방어로 특수화하고 분절했다는 사실이다. 다시 말해, 조선어학회의 한글 운동은 1930년대 후반 조선어 자체의 존립이 근본적으로 위협받고 있는 상황을 은폐하면서, 운동의 주안점을 "한자 사용 여부, 신어(新語)의 창출이나 고어(古語)의 부활, 외래어의 수입 문제, 표준어와 방언의 문제"[12] 등으로 쇄말화함으로써 유지되는 것이었다. 실상 한글 운동을 철자법 문제나 순한글 표기 등의 문제로 분절하는 것은 조선어학회의 초창기부터의 일관된 운동 방식이었다. 내선공학(內鮮共學)이나 조선어의 수의(隨意)과목으로의 전환이라는 1930년대 후반의 상황에서도 조선어의 분절화, 즉 조선어를 '아일랜

8) 이혜령, 「한글 운동과 근대 미디어」, 『대동문화연구』(성균관대학교 대동문화연구소, 2004).

9) 최현배는 이 점을 민감하게 의식하고 있었던 듯 하다. 한글 운동의 곤란에 대해 그는 『갱생』에서 다음과 같이 쓴다. "이 사업 진행에 일대 결함을 느끼는 것은, 우리의 손에 교육 행정의 권(權)이 없는 것이다. 문자와 언어에 대한 노력은 교육의 힘을 말미암아야 하겠거늘, 이제 우리는 우리의 이 상대로 자라나는 아동을 교육할 권력을 가지지 못하였다."

10) 이혜령, 앞의 글. 총독부의 언문 철자법 개정과 조선어학회와의 관련에 관해서는 조태린, 「일제 시대의 언어 정책과 언어 운동에 관한 연구: 언어관 및 이데올로기를 중심으로」, 연세대학교 석사 논문(1997); 미쓰이 다카시(三ッ井崇), 「식민지하 조선에서의 언어 지배」, 『한일민족문제연구』4집(한일민족문제학회, 2003); 安田敏郎, 『'言語'の構築』(三元社, 1999).

11) 이혜령, 「이태준 '문장강화'의 해방 전/후」, 상허학회 발표문(2004.10).

12) 위의 글.

드나 인도처럼 영(英)제국 아래의 지방어', 또는 '실용어, 공용어가 아닌 라틴어 같은 고전어'[13] 등으로 위치 지움으로써 제국의 언어 편제 내에서 민족어의 영역을 특수화·지방화하는 방식은 바뀌지 않았다.

조선어학회의 한글 운동가들은 이러한 분절화를 통하여 제국의 틀 안에서의 '민족'과 '민족어'의 영역을 확보하려 했던 것이다. 그러나 이렇게 확보된 영역이란 동시에 민족어의 기능이나 가치를 특정한 카테고리 안으로 제한하면서 위기의 근원지를 은폐하는 대가로 얻어지는 것이었다.

> 이제 조선 어문을 가지고 정치를 말하며 경제를 논하며 과학을 연구하며 사회를 말하는 것은 불가능하다. 이 현상은 우리가 조선인과 말하든지 또는 조선인과 말하는 것을 듣든지 혹은 그들이 쓴 문장 논문들을 보면, 곧 알 수 있는 것으로 그들이 의논의 요점을 반드시 국어(일본어)로 표현하는 까닭은 다름 아니라 진보된 문화를 말할 때 적절한 조선어가 없는 까닭이다. …… 아무리 조선 어문의 정리 통일을 도모할지라도 그것은 단지 종래 존재하는 조선 어문의 정리 통일을 모색하는 순문학적 연구 또는 과거의 고전 문학적 연구를 뜻할 뿐이며 나아가서 조선어족에 민족정신을 불어넣어 조선 민족 독립운동을 진전시키는 것과 같은 기능은 없다. 조선 어문 운동에는 이제 이와 같은 능력은 없다.[14]

위의 인용문은 조선어학회 사건에 대한 조선 총독부 고등법원 형사부의 판결문 중에 나오는 피고인들의 자기변호 내용이다. 이 판결문에 따르면, 조선어학회 사건의 피고인들은 "어문 운동은 문화적 민족운동임과 동시에 가장 심모원려를 함축하는 민족 독립운동"이라는 1심 재판의 판결에 불복하여 항소하면서, 조선어학회의 어문 운동은 결코 민족 독립운동이 아님을 주장하고 있다. 그리고 어문 운동이 민족 독립운동이 될 수 없는 이유를 위와 같이 들고 있는 것이다. 처벌의 근거를 최대한 확대하고자 하는 식민지 사법 권력의 욕구와 어떻게든 그 함정으로부터 벗어나려 애쓸 수밖에 없는 피식민자의 욕구가 담론의 기

---

13) 「'조선문학'의 정의 이러케 규정하려 한다」, 『삼천리』(1936.8).

14) 「조선어학회 사건 일제 최종 판결문」, 『동아일보』(1982/09/06).

본 조건을 형성하고 있는 법정에서의 상황을 고려하면, 자신들은 결코 독립운동을 도모하지 않았다고 하는 조선어학회 사건 피고인들의 주장을 액면 그대로 받아들일 수 있는 것은 물론 아니다. 그럼에도 불구하고, "조선어로 정치, 경제, 과학, 사회 등을 논하는 것은 불가능하다"라고 거침없이 말하는 조선어 어문 운동 당사자들의 이러한 주장은 반드시 형의 감량을 위해 마지못해 둘러댄 말이라고 보기는 어렵다. 이것은 앞서 살핀 바와 같이, 조선어를 제국의 언어 편제 속에서 하나의 지방어, 또는 실용어가 아닌 고전어로 분절함으로써 그 고유한 영역을 구축하고자 했던 시도들의 연장선에 있는 것이다.

조선어로는 심각한 학술이나 과학을 논할 수 없기 때문에 조선어는 감각적인 순문학적 표현이나 미학적인 영역 안에 제한될 수밖에 없다는 식의 논의는 어문 운동가들이나 문학자들 내부에서 이미 오래전부터 내면화된 것이었다. 그러한 내면화의 결과 조선어에 할당된 영역이 문명이나 과학에 대비되는 비문명 혹은 반문명의 영역, 즉 향토적 서정이나 미적 감각의 세계들로 제한되곤 하는 것도 낯선 일이 아니었다. 최현배가 그 극단적인 지점까지 밀고 나간 한글 전용 운동도 민족어의 이러한 분절화 메카니즘을 구현하는 하나의 방식이었다. 한자와 한문을 배제하고 순한글로 조선어의 영역을 새롭게 구축하는 것은 최현배의 논리에서는 무엇보다 중요한 '갱생'의 항목이었는데, 그것은 조선어에 특정한 가치나 의미를 할당·제한함으로써 그 틀을 유지하는 제국의 언어 편제 방식을 그대로 수용함으로써만 가능한 것이었다. 이렇듯 제국으로부터 민족을 분절하고, '민족적인 것'을 특정한 카테고리 안으로 제한하면서 마침내 위기의 근원지를 은폐함으로써만 가능했던 것이 '갱생'의 문법이었다. '갱생의 도'가 '미로'(迷路)로 빠져들 수밖에 없었던 본질적인 이유 또한 거기에 있었다.

3. 갱생의 시간 구조와 국민 총동원

이제 이 갱생에의 욕망에 내재된 또 다른 문법적 구조를 살펴보자. 이미 그

표제에서부터 확연히 드러나듯, 완벽하게 몰락한 어두운 현재의 시간으로부터 밝고 역동적인 미래로의 비약적인 재생을 꿈꾸는 상상력은 『갱생』을 움직이는 기본적인 동력이다. 조선 민족은 현재 "광명 없는 암흑 가운데서 고통의 발걸음을 옮기고 있"으며 "민족적 질병"은 "극에 달하여" 쇠퇴와 타락의 밑바닥(nadir)에 이르렀다. 그렇다면 희망은 어디에 있는가? 희망은 먼 과거와 아직 오지 않은 미래의 시간 속에 있다. 최현배에 따르면, 현재의 타락을 초래한 가장 큰 원인은 "이조 오백 년의 악정"과 "양반 계급의 횡포"인데, "고대의 조선 민족은 결코 이 따위 병세가 없었다."

> 古代의 朝鮮 民族은 決코 이 따위 病勢가 없었다. 우리가 저 檀君 時節의 文化를 想見하든지, 저 高句麗의 强大한 隆盛을 回顧하든지, 新羅의 燦爛한 文化를 追想하든지, 高麗의 精巧한 工藝를 생각하든지, 李朝 初葉에서도 世界的 發明과 創作이 끊히지 아니한 것을 보든지, 우리의 過去 祖上은 確實히 無病 健康한 이들인 것이 分明하다. …… 나의 보는 바에 依하건대, 이 病의 起初는 李朝 以來의 것이다.

최현배에게 시간은 '고대(古代)·현재(現在)·장래(將來)'로 삼분되어 있다. 현재의 '질병 상태'는 '무병 건강'한 고대를 되살리는 것으로 치유될 수 있으니, 그것은 타락하고 무기력한 '현재의 노인들'이 아니라 '장래'를 짊어진 '소년'만이 할 수 있다. "소아(小兒)는 과거를 추억할 여유를 가지지 아니"하며 "그에게는 항상 내일이 있을 뿐이다. 그의 가슴은 항상 장래라는 희망에서 뛰놀 뿐이다." 그에 비해 "여생이 얼마 남지 않은 노인"에게는 "장래라는 희망은 고사하고 다만 과거의 회억(回憶)이 있을 뿐이다." "서산(西山) 박일(薄日)을 바라보고, 장탄(長歎) 유체(流涕) 할 심경은 가졌으되, 동천(東天) 욱일(旭日)을 바라보고, 심장의 박동을 느낄 만한 생기를 가지지 못"한 노인과는 달리, "소년은 가진 것이 다만 요원(遼遠)한 장래이라, 그 요원한 장래에는 광명과 희망과 역(力)이 충만하다." 그리하여 최현배에게 있어서 "이상(理想)이란 현상(現狀)보다 우월 완전한 상태를 미래에서 상상하는 것"이다.

아득히 먼 과거의 시간을 상고하면서 아직 오지 않은 미래의 시간을 불러내는 이 시간관은, 기존의 세계가 붕괴의 위기에 처해 있다는 몰락에의 공포와 몰락 이후 새로운 미래가 도래할 것이라는 환상이 공존하는 '몰락-재생 서사'의 기본적 인식소로서, 이른바 데카당스(décadence)의 상상 체계를 이루는 바탕이 된다. 김예림의 설명에 따르면, 데카당스는 플라톤을 비롯한 고전적 형이상학 체계, 기독교의 종말론 서사, 그리고 근대의 역사 인식과 시간관념에 이르기까지 지속적으로 출연해 왔고 또 다양한 형태로 발현되어 왔다. 그러나 데카당스 상상 체계가 역사적·문학적·미학적 차원에서 본격적인 의미를 획득하게 된 것은 근대의 진보 이념의 작동이라는 역사적 계기와 더불어서이다.[15] 사회 진화론에서 극명하게 드러나듯, 역사의 최종적인 목적을 전제로 한 단선적 역사 발전론의 시간관에서 끝과 시작, 몰락과 재생, 절망과 희망, 공포와 환상은 서로 분리될 수 없는 한 몸이다. 현재의 세계가 몰락을 향해 치닫고 있다는 종말론적 공포는 종말과 함께 새로운 미래가 도래할 것이라는 재생에의 환상을 키우고, 그 역도 마찬가지이다. 근대의 진보적 역사관은 이 상상 체계의 극대화된 표현이다.

『갱생』의 시간관이 이 몰락-재생의 상상 체계 위에 자리 잡고 있음은 분명하다. 그런데 아득한 과거와 먼 미래를 조망하면서 현재의 위기를 강조하는 이 시간관에서 실제로 실종되는 것은 언제나 '현재'라는 사실은 이 시간관이 안고 있는 근원적인 아이러니이다. 타락의 '현재'는 '위대했던 과거'의 빛에 견주어 부정되고, '언젠가 올 미래'의 빛에 견주어 희생된다. 이 시간관에서 현재(present)는 결코 재현(represent)되지 않는다. 그것은 언제나 지연된다. 위대했던 과거가 현실에서 쉽게 재현될 리는 없다. 미래는 메시아적 숭고의 형태로, 종말론의 형태로 끊임없이 연기되면서 새로운 인간, 새로운 이념, 새로운 지도자에 대한 갈망을 낳는다. 현재는 쇠퇴의 밑바닥에 와 있으며 근본적인 혁신을 통해 밝은 미

15) 김예림, 『1930년대 후반 근대 인식의 틀과 미의식』(소명출판, 2004), 32-33쪽.

래를 앞당겨야 한다. 이 재생의 서사 안에서 '과거'란 새로운 현재에 의해 극복된 것이며, '현재'란 또 다른 새로운 '미래'에 의해 극복되어야 할 그 무엇이다. 그리고 이것이야말로 근대의 단선적 발전사관이 함유한 시간관의 근원적 아이러니이다. 왜냐하면 '새로운' 현재는 곧 다가올 '더 새로운 미래'에 의해 극복되기를 기다리는 상태로밖에는 존재할 수 없기 때문이다. 이러한 시간관 아래서 근대란 "언제나 새롭지만 새로움의 개념 아래서는 언제나 동일"[16]한 것이 된다. 다시 말해, "언제나 새로운 것(ever-new)은 언제나 동일한 것(ever-same)이다."[17]

이 '진부한 새로움'의 형식은 모더니티의 근원적 시간관이면서 동시에 근대의 정치권력이 수시로 이용한 담론 형식이기도 하다. 특히 20세기 이후의 파시즘 권력은 이러한 재생 서사를 기본적인 에토스로서 줄곧 이용해 왔다.[18] 끝없이 지연되는 현재, 접근할 수 없는 먼 과거, 오지 않는 미래라는 이 시간 구조 속에서 '재생'은 언제나 환상이나 예언으로만 존재할 뿐 실현되는 법이 없다. 혁신과 쇄신을 향한 끝없는 부름만이 되풀이될 뿐이다. 몰락-재생의 시간관의 아이러니는 바로 이 지점, 즉 '새로움'(쇄신, 갱생, 재생)을 향한 부름이 계속되면 될수록 새로움은 사라져 버리는 사태에 직면함으로써 심화된다.

그럼에도 불구하고 갱생에의 부름은 끝없이 계속된다. 그 이유는 어디에 있는 것일까? 그것은 갱생 서사가 근대의 진보적 시간관을 바탕으로 하고 있는 것과 같은 맥락에서, 근대 국민국가의 국민 총동원 시스템의 필수불가결한 요소로 기능하기 때문이다. 갱생의 서사는 오염되고 타락한 현재의 모습을 깨끗이 정화하고 새로운 인간으로 거듭날 것을 주문한다. 그것은 씻어 버리거나 척결해야 할 타자를 발견하는 동시에 그 대척점에 쇄신된 자아상(自我像)을 세우는 운동이다. 타자의 배제를 통한 전체의 일자화(一者化)야말로 갱생의 서사가 작동하는 원리이며, 그것은 곧 근대 국민국가의 요구이기도 하다. 신형기에 따르면, 이러한 쇄신

16) Peter Osborne, "Modernity: A Different Time", *The Politics of Time*, Verso, 1995, p.13.
17) Harry Harootunian, *History's Disquiet*, Columbia University Press, 2000 참조.
18) 이 점에 대한 자세한 설명은 김철, 「김동리와 파시즘」 및 「민족-민중 문학과 파시즘」, 『국문학을 넘어서』(국학자료원, 2000); Andrew Hewitt, *Fascist Modernism*, Stanford University Press, 1993 참조.

에의 기대는 결국 "더욱 강화되는 국가 통제와 동원의 요구에 부응하는 것"이다.[19] 『조선 민족 갱생의 도』는 그러한 사태를 선명하게 보여 주는 텍스트이다. 지금부터 그것을 살펴보자.

몰락-재생의 시간관은 19세기 말의 계몽 지식인들을 지배한 역사의식 속에서 이미 한 차례 경험된 것이었다. 한일합방 이후 3·1운동을 경과한 1920년대에 이 재생의 신화는 다시 한번 위력을 발휘했다. 일찍이 서구를 휩쓴 세기말 사상에 이어 1차 세계대전 이후의 전 세계적인 혁신과 개조의 분위기, 그리고 이른바 문화통치로 변화된 국내의 사회 정세에 힘입어 '재생' '갱생' '신생' '개조' 등은 시대의 화두가 되었다. 3·1운동 이후 창간된 『창조』, 『폐허』, 『백조』 등과 같은 문예지들, 그리고 『동아일보』, 『조선일보』 등의 민간 신문들에서 쉽게 확인할 수 있는 것은, 모든 것이 붕괴한 '폐허' 위에 새 삶이 시작될 것이라는 쇄신과 갱생에의 희망이다. 최현배의 『갱생』이 이 맥락 위에 있음은 말할 것도 없다.

이 '진부한 새로움'은 다음 시대에서도 쉬지 않고 되풀이되었으니, 『갱생』의 발표로부터 10년 남짓 지난 1930년대 후반에 이 몰락-재생의 서사는 이른바 '근대 초극론'을 통해 다시 한번 만개했다. 자본주의적 근대 기획과 사회주의적 혁명의 기획 모두가 파탄에 이르렀으며, 역사는 근대를 초극하여 새로운 단계로 넘어서야 한다는 '근대 초극론'은 중일전쟁 이후 2차 세계대전으로 치닫는 사회 정세 속에서 일본 및 조선의 지식인에게 거대한 충격을 주었다. 일본 제국주의의 패망이라는 현실 앞에 직면할 때까지 이 담론의 자장 밖에서 사유한 지식인은 아무도 없었다고 해도 과언이 아니다. 대동아공영권의 이상을 내세운 전쟁 기간에 쇄신과 갱생에의 욕망은 극점에 이르렀고, 혁신의 새로운 세계상을 제시하는 '근대 초극론'은 막다른 골목에 이른 좌파 지식인의 전향을 추동하는 강력한 내적 동인이 되었다. 물론 새로운 것은 아무것도 없었다. 근대를 초극(Overcome Modernity)한 것이 아니라 '근대에 의해 정복된'(Overcome by Modernity)[20] 사태

19) 신형기, 「최명익과 쇄신의 꿈」, 『현대문학의 연구』(한국문학연구학회, 2004) 참조.

20) Harry Harootunian, *Overcome by Modernity*, Princeton University Press, 2000. 그밖에 '근대

는 이 담론이 처음부터 안고 있던 모순의 예정된 결과였다. 결국 일본 제국주의의 지배가 몰락하는 시점까지도 이 몰락-재생의 서사는 의심받거나 회의되지 않았다.

오히려 이 몰락-재생의 서사는 일본 제국주의가 물러간 시점에서 곧바로 또 등장했다. 식민지의 족쇄로부터 풀려난 한반도에서 남과 북의 정권은 이 '재생'의 서사를 새 국가 건설에의 열정과 결합시켰다. 남한의 경우, 새로운 국가의 건설은 '낡은 근대를 벗어나서 새로운 역사 단계인 현대로 진입하는 것'으로 설명되었는데,[21] 그러한 설명이 불과 몇 년 전에 대동아 전쟁의 이념적 무기로 널리 사용되었던 사실에 대한 의문은 전혀 제기되지 않았다. 낡은 생활 습관과 나태함을 청산하고 밝고 건전한 생활 방식을 수립하자는, '갱생론'의 단골 메뉴인 '신생활운동론' 역시 되풀이되었다. 물론 그 '신생활'의 세부 항목은 이미 여러 차례 반복되어 전혀 새로울 수 없는 것들이었다.

이승만 정권이 '몰락'한 이후 5·16쿠데타로 권력을 장악한 박정희 군사 정권에 의해 이 '재생'의 서사는 또 '재생'되었다. '재건'은 새로운 정권의 이념을 말해 주는 핵심적인 단어였으니, 입법, 행정, 사법의 권력을 한곳으로 집중시킨 쿠데타 직후의 최고 권력 기관은 '국가 재건 최고회의'라는 명칭을 통해 새로운 정권이 추구하는 이념과 목표를 분명히 했다. 낡은 습관과 미신들, 구태의연한 관습들이 청산되어야 할 '구악'(舊惡)으로 또다시 선포되었고 그 '구악의 일소(一掃)'는 전국적인 규모의 '재건 국민운동 본부'가 담당했다. 『조선 민족 갱생의 도』는 바로 이 시점에서 30년 이상의 간격을 뛰어넘어 다시 발간되었다. 이 '번각본'은 최초의 내용을 하나도 바꾸지 않은 채 그대로 간행한 것이었다. 최현배는 『갱생』

초극론'에 관한 참고 문헌들은 김예림, 앞의 책; 이경훈, 「'근대의 초극'론: 친일문학의 한 시각」, 『다시 읽는 역사문학』(평민사, 1995); 竹內好, 『近代の超克』, (富山房百科文庫, 1990); 廣松涉, 『近代の超克論: 昭和思想史への一視角』(講談社, 1991); 김철, 「'근대의 초극' '낭비' 그리고 베네치아」, 『민족문학사 연구』18호(2000).

21) 이 점에 대한 자세한 설명은 Chong-Myong Im, *The Making of the Republic of Korea As a Modern Nation-State, August 1948-May 1950*, Ph.D. dissertation, The University of Chicago, 2004. 북한에서의 쇄신의 서사와 국가 건설에 관해서는 신형기, 앞의 글 참조.

을 1962년에 다시 발간하는 것에 대해 그 머리말에서 이렇게 밝히고 있다.

> 우리는 이미 해방을 얻었고, 또 두 차례나 혁명을 이루었건마는, 겨레의 갱생은 아직도 다 되지는 못한 형편에 있다. 이때에 이 책을 거듭하여 펴는 것은, 옛날의 외침이 여전히 겨레 갱생의 정신적 양식이 되기에 족함을 믿는 때문이다. 예로부터 진리의 말은 해가 갈수록 그 광휘를 나타내는 것이매, 이 책이 방제 나라 재건 사업의 완수에 매진하는 배달겨레에게 신념과 용기를 북돋아 주게 되기를 바라 말지 아니하는 바이다.

책의 중간(重刊) 목적을 "나라 재건 사업의 완수"와 일치시키는 데에서 이 저서가 5·16 정권의 '국가 재건 사업'과 궤를 같이하는 것임을 짐작할 수 있거니와,[22] 30년 이상의 시간적 간극과 사회적 변화는 『갱생』의 저자에게는 아무 문제가 되지 않은 듯하다. "진리의 말은 해가 갈수록 그 광휘를 나타내"므로 그럴 수 있었던 것은 아닐 것이다.[23]

식민지 사회 현실에 대한 발언으로 쓰여진 『갱생』을 30년 이상의 시차를 건너뛰어 그대로 다시 내놓을 수 있었던 이유는, 일제 치하와 해방 후 사회의 구조적 상동성에 있다기보다는 『갱생』 자체가 지닌 서술적 특성에 있는 것으로 보인다. 『갱생』의 서술적 특징의 하나는 과도한 정신주의와 서술의 추상성이다. 중요한 것은 사람의 '신념' '용기' '의지' '생기' '이상'과 같은 것이니, 『갱생』은 파멸에 빠진 민족이 오직 '정신을 차리고' '이상을 수립하여' '생기를 진작하는 것'만이 '살길'임을 끊임없이 강조한다. 그러면 대체 어떻게 생기를 진작할 것인가? 이런 "일어날 듯한 비평에 대하여" 외솔은 또다시 "물질에 대한 정신의 상

---

22) 최현배는 1962년에는 '국가 재건 최고회의 의장'의 표창, 1967년에는 제2회 '5·16 민족상'을 수상했다. 최현배의 정치적 이력과 그 성격에 대한 논의는 여기서는 생략한다.

23) 부정적인 대상에 대한 극단적인 증오, 청산과 절멸(絶滅)의 욕구를 드러내는 거친 언사들은 최현배의 텍스트의 두드러진 특징이다. 이와 짝을 이루는 것은 과도한 자기 확신의 언사들이다. 자신의 저서를 "진리의 말"로 지칭하는 것은 그 하나의 예이다. 심지어는 한글 가로쓰기를 자신이 『동아일보』에 '반포'하였다고까지 말한다. "내가 대학 일 학년 때(1922년)에 유학생 순회 강연단으로서 처음으로 가로글씨를 순회강연하고, 이어 『동아일보』 지상에 **반포**한 적으로부터 찬 25년 만에……." 최현배, 「나의 걸어 온 학문의 길」, 『나라사랑』 제10집(정음사, 1973), 175쪽.

위(上位), 물질에 대한 정신의 지배"라는 주장을 되풀이한다. '어떻게 해야 정신을 차리고 생기를 진작할 수 있는가' 하는 방안을 묻는 질문에 대해 '정신이 물질보다 우월하다'는 원리로 다시 돌아가는, 이 논쟁 불능의 동어 반복은 막연한 추상적 비유와 공허한 레토릭의 남발과 함께 『갱생』의 서술적 특징을 이룬다. 텍스트 전체에 걸쳐 유일하게 저자가 상점(上點)을 찍어 특별히 강조한 다음의 문장은 그 의미의 추상성과 레토릭의 공허함에서도 표본이 될 만한 문장이다.

> 朝鮮 民族의 固有한 特質과 特長을 自由로 充分히 發揮하여, 恒常 不斷의 創造와 不休의 改造로써, 人類의 永遠한 進步와 文化의 恒久한 發達에 寄與 補裨하여, 世界 進化의 氣運에 參與하는 것이 곧 우리 朝鮮의 民族的 理想이라 하노라(강조 표시는 생략 : 인용자).

혁신과 쇄신을 향한 부름만이 끝없이 되풀이될 뿐 정작 쇄신은 실현되지 않는 몰락-재생 서사의 구조 속에서 재생의 구체적인 상이 그려지지 않는 것은 당연하다. 그것은 언제나 추상적 이상, 환상적 예언의 형태로 나타날 뿐이다. 추상적이면 추상적일수록 몰락-재생의 서사는 시대를 넘어 언제든지 반복될 수 있는 것이다. 그러므로 추상성은 몰락-재생 서사를 연속시키는 동력이며 그 시간 구조의 아이러니를 은폐하는 핵심적 장치이다. 다시 말해, 갱생 담론이 목표로 하는 것은 갱생이 아니라, 갱생을 향한 '외침' 그 자체이며, 그 '절규'가 가능한 조건을 만나는 것이다. 마치 종말론이 종말의 실질적 도래가 아니라, 종말의 끝없는 지연을 통해서 그 생명을 이어 가듯이. 그러므로 "겨레의 갱생은 아직도 다 되지 못한 형편에 있다"는 최현배의 말은, 이러한 몰락-재생 서사의 실질적 목표를 무의식적이지만 아주 정확하게 드러낸 말이다. 갱생의 내용이 추상적이면 추상적일수록 그것은 "옛날의 외침이 아직도 겨레 갱생의 정신적 양식이 되기에 족함을 믿"는 바탕이 된다. 30여 년 이전의 텍스트를 아무 수정 없이 그대로 중간할 수 있었던 이유는 여기에 있었던 것이다.

막연하고 추상적인 레토릭으로 일관하는 『갱생』의 서술적 특징이 그 담론의 시대 초월적인 '유효성'을 보증하는 것이었다면, 또 한편 그것은 '국가 재건 운동'을 위해 전 국민을 소환하고 동원해야 할 필요성에 처한 국가권력의 요구에도 썩 부합하는 것이었다. 생활 개선이야말로 『갱생』의 저자가 가장 강조해 마지않는 내용이었고 '신생활 운동'은 5·16 정권의 핵심적 역점 사업이었던 것이다. 게다가 『갱생』의 저자는 실로 "민족의 대동단결"과 "총출동"을 외치고 있는 것이 아니었던가.

이렇듯이, 몰락-재생의 서사는 19세기 이래의 근대 한국에서 국민 총동원의 핵심적 담론으로 기능하면서 줄기차게 반복되었다. 세월의 힘을 이겨 내는 이 '진부한 새로움'의 힘이야말로 재생의 서사가 지닌 놀라운 힘이었다. 박정희 정권의 몰락 이후에도 그 힘은 변치 않았으니, 광주의 살육을 딛고 선 전두환 정권은 몰락-재생 서사의 새로운 버전이라 할 만한 '사회 정화(淨化)'를 개혁 정책의 핵심으로 내세웠다. 미증유의 폭력을 동반한 그 정책들의 저변에 유구한 전통의 몰락-재생의 상상력이 작동하고 있었다는 것은 의미심장한 일이다.

그런가 하면 몰락-재생의 상상 체계는 지배 권력만의 독점물이 아니었다. 오히려 그것은 피지배 민중의 현실 속에서 더욱 강고하게 자리 잡았으니, 오랜 군사 독재의 지배를 와해시킨 한국 민중 운동의 상상 체계 역시 몰락-재생의 그것에 다름 아니었다. 그런가 하면, 90년대 이후의 '문민정부'로부터 오늘날의 '참여 정부'에 이르기까지의 정권들 모두 '제2의 건국' '개혁' 등과 같은 유사한 형태의 재생의 상상력을 통해 자신의 차별성을 강조하고 있다. 실로 한 세기 이상을 동일한 형태의 상상력이 한국인의 집단적 삶을 부추기고 동원해오고 있는 것이다. 내용 없는 도덕적 추상적 절규가 진부한 재생의 상상력과 결합하여 탄생시킨, 동원되는 주체—19세기 이래 한반도에서의 이른바 근대적 주체의 실상은 그런 것인지도 모른다. 그리고 『갱생』은 그러한 주체 건설의 작업을 수행한 수많은 텍스트들 가운데 하나일 것이다.

Ⅲ. 민족 담론의 분열(schizophrenia): 자기기만과 망각

1. 민족의 경계 : 타자의 발명

지금까지 살펴보았듯이, 갱생의 서사는 근대의 진보적 시간관을 바탕으로 추상적 미래에의 환상적 약속을 통해 그 시간 구조의 모순을 은폐하면서, 국민국가의 총동원 시스템을 작동시키는 기능을 하는 것이었다. 그러나 갱생의 서사가 국민국가의 총동원 시스템의 필수불가결한 요소로 자리잡은 데에는 또 다른 배경이 있다고 할 것이다. 갱생이 '민족의 갱생'인 한, 그것은 근대 민족주의의 세계관과 그 실천적 수단, 나아가 그 한계까지도 오롯이 담고 있는 것일 수밖에 없다. 다시 말해, 『갱생』의 배경을 이루는 것은 근대 민족주의 담론인 것이다. 이제 그것을 살펴보자.

사회 진화론에 바탕을 둔 개화기 이래 계몽 지식인의 근대화주의가 『갱생』의 기본적인 사상을 이루는 것임은 쉽게 확인할 수 있다. 근대화란 곧, 제국주의의 위협으로부터 자신을 보전하는 한편 '민족 주체'를 중심으로 새로운 국민국가를 만드는 것을 의미했다. 그러나 이러한 과제 앞에 직면한 19세기 아시아의 지식인들은 곧 모순적인 상황에 부딪쳤다. 새로운 역사의 주체로서 '민족'이라는 자아를 구축하는 것은 민족의 내부와 외부, 즉 '자아'와 '타자'의 새로운 경계를 설정하는 것을 뜻했다. 다시 말해, '자아'의 발견이란 곧 '타자'의 발견(혹은 발명)을 의미하는 것이었다. 그렇다면 구축해야 할 새로운 '자아'는 어떤 것이며 배제해야 할 '타자'는 누구인가? 간단히 말해, 내부와 외부를 가르는 민족의 경계선은 어디인가? 민족 담론은 이 물음에 답변하지 않는다. 이미 자연적이고 영원한 것으로 전제된 민족의 경계를 따라 내부와 외부가 정해질 뿐이다. 통합의 대상으로서의 내부, 배제의 대상으로서의 외부만이 있을 뿐, 그 경계가 어떻게 확정되는 것인지에 대한 의문은 민족 담론에서는 전혀 떠오르지 않는다. 『갱생』의 저자 역시 그 점에서 예외 없이 단호하고 분명하다. 한 치의 의심도 없이 '민족'을 경계로 정(正)과 부(否)의 세계가 갈린다. 가차없는 청산과 배제의 욕망, 끊임없는 정화(淨化)와 순결(純潔)에의 염원이 이 세계를 지배할 뿐이다.[24)]

그러나 대체 그렇다면 '민족'이란 무엇인가? 민족주의자들의 설명대로 민족이 영원하고 자연적인 것이며 완전한 것이라면, 민족은 왜 다시 새롭게 각성되어야 하는가? 영원한 것이 왜 거듭나야 하는가? 아니 대체 거듭날 수가 있는 것인가? 민족 담론은 이런 의문을 떠올리지 않을 뿐 아니라, 자아-타자의 경계선이 불명료하고 유동적이라는 사실을 외면한다. 민족주의는 이로부터 상호 모순적인 운동 방향을 취하게 된다. 즉, 한편으로는 민족의 영속성을 설명하기 위해 고대로부터 현재에 이르는 민족적인 것들의 불변성과 항존성(恒存性)을 끊임없이 환기하고 개발하는 운동에 몰두하게 된다. 그러나 또 한편으로는, 새로운 민족 주체의 형성을 위해 민족의 갱생과 나날의 새로움을 끊임없이 강조해야만 한다. 동시에, 민족 국가는 전 지구적 자본주의화에 적응하기 위해 임시변통으로(temporarily) 자신을 변화시켜야 하는 한편, 자신만의 고유하고도 영원한 민족적 정수(essence)를 만들어내야 하는 모순적 상황에 처한다.[25)]

머나먼 고대의 기억들, 변하지 않는 영원한 장소로서의 '고향'이나 '농촌' 등은 이러한 모순으로부터 찾아낸 관념적 가공물로서, 민족 주체는 덧없는 변화를 거듭하는 자본주의 사회의 유동성을 견뎌 내는 불변의 정체성을 이러한 가

24) 최현배의 논쟁 상대방에 대한 가혹하고도 집요한 공격, 특히 한글 운동 과정에서의 철저한 비타협적 언행들은 널리 알려져 있다. 민족의 상황을 '다 곪은 종기'에 비유하면서 '예리한 메쓰로 깨끗이 도려내고 소독하지 않으면 안 된다'고 하는 『갱생』에서도 전반적인 언사들은 대단히 과격하고 극단적이다. 감정적인 흥분과 확신에 찬 주장들이 독자를 압도한다. 부정적인 것에 대한 극단적인 폄하와 긍정적인 것에 대한 극단적인 찬양, 현실에 대한 극도의 절망적 묘사와 갱생에 대한 극도의 낙관 등이 아무런 매개 없이 한 편의 글 속에 나란히 공존하는 것도 『갱생』이 논증적 사고보다는 충동적 감정에 더 많이 기반하고 있음을 보여 준다. 청산과 정화(淨化)를 통한 민족의 갱생을 꿈꾸는 『갱생』의 논리 구조는 다음과 같은 배제와 숙청의 욕망을 매우 서슴없이 노골적으로 드러내기도 한다. "나의 글을 이까지 읽고도, 조금도 自己의 內的 反省을 할 餘裕를 가지지 못한 이에게는, 나의 말을 또다시 한다고 바로 그 痲痺된 聽官의 神經을 움지길 수는 없는 때문이다. 그러한 頑固한 衰弱症 患者는, 그의 病毒이 健全한 사람의 사이에 傳播되기 前에, 어서 하루라도 바삐 우리 民族 社會에서 떠나가기를 바란다."

25) Prasenjit Duara, "Local Worlds", Harbin and Manchuria: Place, Space, and Identity, *The South Atlantic Quarterly*, Winter 2000, Duke University Press, 2001, p.40.

공물들에 가탁해 정립하려 애쓰는 것이다. 그러나 그것은 결코 해결책이 될 수 없다. 왜냐하면 그러한 정체성 정립의 노력 자체가 이미 자본주의적 근대화의 한 속성이기 때문이다. '민족'을 창출하거나 국민국가를 건설하는 것은 필연적으로 이러한 모순과 균열을 통과해야 하는 일이었다.

근대화론 역시 마찬가지였다. '서양'은 근대화의 모델이었고 좇아야 할 이상이었으나 동시에 또 배격해야 할 '타자'였다. 서구적 근대화를 체화하면서 동시에 서구적인 것을 자신의 몸에서 몰아내야 하는 이러한 분열적 상황은 아시아에서의 국민국가 형성이 부딪친 최대의 아포리아였다. '중체서용'(中體西用), '화혼양재'(和魂洋才), '동도서기'(東道西器)야말로 이 아포리아에 대한 19세기 계몽 지식인들의 답안이었다. 그 답안의 실제적 효용과는 별개로, 서구적인 것과는 다른(혹은 보다 우월한) 자신의 '정신'이나 '전통 문화'의 발견에 비서구 지식인들이 커다란 심리적 위안을 얻었던 것은 틀림이 없다. 프라센지트 두아라(Prasenjit Duara)는 이러한 심리적 위안은 결국 서구화된 지식인들의 정체성 위기를 무마하기 위해 고안된 동양 대(對) 서양이라는 이원적 사고의 결과에 지나지 않았던 것임을 지적한다.[26]

『갱생』은 그것이 부딪친 모순과 균열을 포함하여 이러한 19세기 계몽주의와 사회 진화론적 세계관의 1920년대식 버전이다. 그 점에서도 『갱생』은 조금도 새로운 것이 아니며 오히려 진부한 것이기조차 하다. 여기서 한 가지 주목할 것은 이 텍스트의 내용보다는 텍스트가 지니는 모종의 권력 효과이다. 앞에서 보았듯, 그 내용의 기본 구조는 확연하게 구분된 '자아'와 '타자'의 세계이다. 청산되거나 제거되어야 할 '타자'의 영역과 보존하고 지켜야 할 '자아'의 영역 속에 각각 무엇을 배치하든 간에, '타자', 혹은 더 나아가, 제거해야 할 대상으로서의 '적'(敵)을 창출한다는 행위는 그 자체로서 이미 권력으로서의 효과를 지닌다. '뿌리 깊은 병균'으로서 '타자'를 지정하고 갱생해야 할 주체로서의 '민족'을 호출

26) 프라센지트 두아라(Prasenjit Duara), 문명기 역, 『민족으로부터 역사를 구출하기』(삼인, 2004), 59-60쪽.

하는 순간, 이 발화자는 '동원하는 주체'가 되고 청자(聽者)는 '동원되는 주체'가 된다. 이것은 계몽의 담론 속에 필연적으로 내재된 해결할 수 없는 숙명이다. 계몽의 구조 안에 있는 한, '동원되는 주체'는 결코 주체가 될 수 없다. 누가 주체인가? "민족의 대동단결"을 위해 "총출동"을 선포하는 지휘자, 명령권자, 지도자로서의 계몽자만이 주체가 될 수 있을 뿐이다. 결국 끊임없이 주체를 호출하지만 호출되는 순간 이미 '민족'은 주체가 아니다. 그렇다면 민족은 어떻게 갱생할 수 있을까?

물론 최현배는 이러한 난관을 의식조차 하지 않았다. 민족의 "총출동"을 선언하는 '투사' '병근'(病根)을 도려내는 '의원'(醫員)으로서의 권력적 형상만이 그에게 부여된다. 이 권력은 "연속된 역사적 동일성을 소급적으로 구축함으로써 과거를 지배하려 드는"[27] 현재의 욕망에서 나온다. 현재를 지배하는 자가 과거를 지배하고, 과거를 지배하는 자가 현재를 지배한다. 민족 담론은 이 헤게모니 투쟁의 한가운데에 있다. 그리하여 민족주의의 해방적 기능은 그것이 내장한 지배와 권력의 욕구로 인해 필연적인 균열을 일으킨다. 적대자에 대한 증오에 가득 찬 공격, 절멸(絶滅)을 노리는 극단적인 언사 등은 『갱생』을 일관하는 심성인데, 그것은 물론 최현배 개인의 퍼스낼리티로부터 연유한 바도 있겠지만, 한편으로는 자아-타자의 대립을 발명함으로써 자신을 유지하는 민족 담론이 지닌 본질적 권력 투쟁의 성격으로부터 기인하는 것이기도 하다.

2. 자기지(自己知)의 기원

앞에서 보았듯, 『갱생』에는 선명하게 구분된 두 개의 세계가 제시된다. 하나는 하루빨리 도려내야 할 병균 같은 세계이며 다른 하나는 높이 선양하고 보

27) 鈴木登美, 『語られた自己』(岩波書店, 2000, 한일문학연구회 역, 『이야기된 자기』, 생각의 나무, 2003, 188쪽).

존해야 할 가치 있는 세계이다. 그런데, '이조 오백 년의 무능과 나태' '양반 계급의 횡포' '주자학의 억압' 등을 청산해야 할 과거로 규정하면서, 고구려의 상무(尙武)정신, 백제의 건축, 신라의 예술 등 고대 문화의 유산을 찬양하는 민족주의 담론의 이러한 자기지(自己知, self-knowledge)는 어디에서 온 것일까?

앙드레 슈미트(Andre Schmid)에 따르면, 19세기 말 한국의 자기지는 주로 일본에서 생산되었다. 한국의 민족 정체성에 관한 여러 담론들이 한국의 문화와 역사에 대한 일본 측 저술들에 많이 의존하고 있었다는 사실은 한국 민족주의의 태생적 딜레마가 될 수밖에 없었다. 한국의 역사와 문화에 관한 일본인 학자의 지식은 자민족을 재인식하려는 한국의 지식인에게 똑같은 용어로 다시 채택되었다. 예컨대, 당파 싸움, 나태, 부패의 표본으로 묘사된 조선의 '양반'은 과거의 조선을 비판하는 데에 가장 편리한 장치였고, 당시의 한국 민족주의와 일본 식민주의의 역사 저술들은 이 점에서 서로 다르지 않았다. 한국 고대사와 고대 예술에 관한 지식의 체계도 당시의 일본 측 저술에서 개발되어 한국 지식인들에게 제공되었다. 뿐만 아니라, 그들은 자본주의적 근대화와 문명국가의 건설이라는 이상도 공유하고 있었다. 다시 말해, 민족주의와 식민주의는 자본주의적 근대화의 이상을 기반으로 역사 이해나 민족문화에의 접근 방식에서도 많은 것을 공유하는 것이었다. 어떻게 이 딜레마를 해결할 것인가? 일부 지식인은 '국수'(國粹) 또는 '국혼'(國魂)이라는 개념의 정립을 통해 그 해답을 찾고자 했다. 그것은 '민족'을 '문명'이 아닌 '문화', 그리고 '물질'이 아닌 '정신'으로 정의하는 것이었다. 이 개념을 통해 언어, 종교, 특히 역사 서술에 바탕을 둔 문화적 저항의 형식이 가능할 것이었다.[28] 그러나 이 '국수'의 개념조차 또한 일본 국가주의의 핵심을 이루는 사상이었으니, '정신'과 '문화'라는 국민적 정수(essence)의 획득이 궁극적으로 식민주의를 넘는 무기가 되기를 기대할 수는 없는 일이었다.

이와 관련하여, 현재의 몰락의 원인을 가까운 이조(李朝)의 악정(惡政)으로부

28) Andre Schmid, *Korea between Empires, 1895~1919*. Columbia University Press, 2002, pp.13-17.

터 구하고, 그 대신에 고대의 문화를 최상의 이상으로 칭송하는 담론의 방식 자체가 이미 일본 제국주의를 통해 제공된 것이라는 사실을 부연해 두고자 한다. 다카기 히로시(高木博志)에 따르면, 찬란한 고대의 문화와 현재의 몰락이라는 조선 문화에 대한 일반적 이미지야말로 "일본이 창작해 낸 담론 방식에 의한 식민지 조선의 내력"인 것이다.29) 국망(國亡)의 상실감을 머나먼 고대 문화에의 기억으로 달래면서 그 문화의 부흥을 통해 민족을 '갱생'시키고자 하는 민족주의자들의 노력의 지적 기원은 사실상 도쿄제국대학의 건축학 교수 세키노 다다시(關野貞)의 조선 미술사에 관한 최초의 논문 「한국의 예술적 유물」(1904, 6)같은 것에서 유래하는 것이었다. 세키노는 『한국 건축 조사 보고』나 「한국 예술의 변천에 대해」 같은 연구물들을 통해 조선 예술을 최초로 체계화했는데, 그의 기본적인 관점은 조선의 예술이 통일 신라를 정점으로 점차 쇠락의 길을 걷는다는 것이었다. 다음의 인용문은, "고구려의 강대한 융성" "신라의 찬란한 문화" "고려의 정교한 공예" "이조 초엽에서도 세계적 발명과 창작이 끊이지 아니한 것"을 말하던 최현배의 문화사적 관점, 그리고 사실상 많은 한국인의 자기 문화 이해의 방식이 어디에서부터 유래한 것인지를 보여주고 있다.

> 조선 고래의 예술은 개관하자면 낙랑군시대는 차치하고라도, 이미 고구려시대에는 그 고분 내부의 구조와 벽화 장식에 놀라운 발달을 이루고 있으며 특히 통일신라시대에는 건축, 조각, 회화에서 가장 세련된 고유의 멋을 나타냈다. 또한 고려시대의 상감청자에 이르러서는 색의 선명함, 형태의 균형도, 기교적 정열 등 실로 세계에 자랑하기에 부족함이 없는 것이며 이(李)왕조 초기의 것도 웅대 견실한 특성을 가지고 있다. 이와 같이 예전에는 예술에 대한 충분한 해석과 수련을 거쳐 우수한 작품을 만든 민족도 300년에 이르는 악정의 결과, 정쟁에 몰두한 채 피폐되어 눈앞의 이익만을 좇으면서 예술을 추구하는 여유가 없어진바, 그 멋은 무미건조하고 타락했으며 그 예술은 과거의 세련미를 잃고 조잡해져서 볼만한 것이 없게 되었다.30)

29) 高木博志, 「일본 미술사와 조선 미술사의 성립」, 『국사의 신화를 넘어서』(휴머니스트, 2004), 186쪽.
30) 關野貞, 『朝鮮の建築と藝術』(高木博志 위의 글에서 재인용).

고대 미술의 '전무후무한 정화(精華)'와 조선왕조 시대 예술의 '쇠퇴'라는 세키노 다다시 이래의 이러한 문화사적 관점은 이후 조선 미술사의 기본 뼈대가 되었던 것이다. 그런데 이런 관점이야말로 사실은 "일본의 조선 식민지 지배를 국제 사회에서 정당화하는" "문화 전략"으로 수립된 것이었다.[31] 조선 총독부는 1915년부터 1935년까지 무려 20년에 걸쳐 조선의 유적 및 고건축물, 미술 공예품, 사료 등을 각 시대별로 분류한 대도록(大圖錄) 『조선고적도보』(朝鮮古蹟圖譜)를 간행하는데, 사진과 도판으로 화려하게 장식된 이 도록의 편집에는 주로 세키노가 관여했다. 통일 신라 시대를 정점으로 조선의 문화와 예술은 하강한다는 이미지, 그리하여 마침내 현재의 조선은 "무미건조하고 조잡해져서 볼만한 것이 없게 되었다"라는 담론은 총독 정치의 필연성을 설명하기에 더없이 좋은 근거가 되었고, 실제로 『조선고적도보』의 편집 전략을 수립한 총독 데라우치 마사다케(寺內正毅)는 "『고적도보』를 비서실에 보관하면서 국내외의 손님에게 서명하여 증정했고, 특히 각국의 영사를 비롯한 외국의 유명인에게는 '가능한 한 폭넓게 증정'하기도 했다. 그 목적은 '조선의 뛰어난 문화를 세계에 소개하고 그와 함께 조선의 문화 통치의 측면을 좋게 선전'하는 데에 있었다."[32]

사회 진화론에 바탕을 둔 근대화의 이상, 과학 문명에 대한 단선론적 발전 사관, 인접한 과거에 대한 절대적인 부정과 먼 과거에 가탁하여 자신의 정체성을 구성하고자 하는 욕구—이 지적 체계와 방법들이 모두 식민지 종주국으로부터 발원한 것이라는 사실에 대해, 『갱생』의 저자는 거의 모든 다른 계몽 지식인들이 그러했듯이, 단 한 번도 회의하거나 의심하지 않았다. 결국 딜레마를 딜레마로 인식하지 못하는 민족 담론의 무의식이야말로 그것이 봉착한 가장 큰 딜레마였던 것이다.

31) 高木博志, 위의 글, 186쪽.
32) 高木博志, 위의 글, 186-187쪽.

〈그림 2〉『한글』 52호 원본

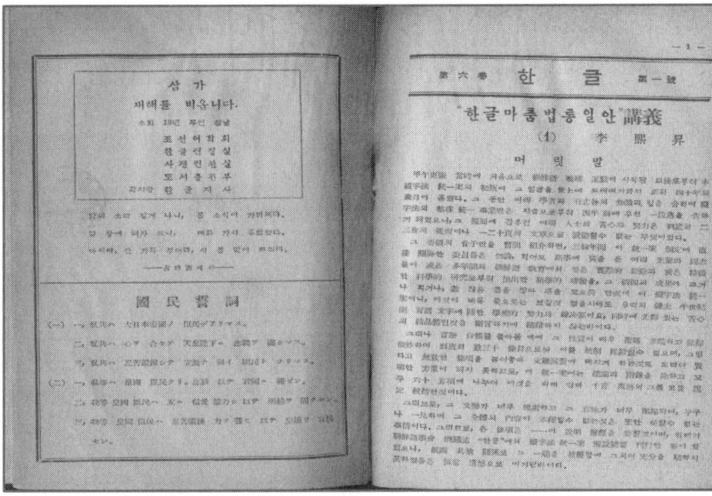

주 : 왼쪽 아래 부분에 「황국신민서사」가 인쇄되어 있음.
자료 : 『한글』 52호 원본(1938.1).

3. 민족 담론의 자기기만과 망각

딜레마를 딜레마로 의식하지 못할 때 자기 분열은 내면화한다. 민족 담론의 내파(內破)는 그 무의식으로부터 비롯된다. 그러면 민족 담론은 이 내부적 파열을 어떻게 봉합하는가? 그 한 사례로서 나는 한국의 민족주의 담론이 최현배를 전유한 방식을 살펴보고자 한다. 널리 알려진 바와 같이, 한국 민족주의는 최현배를 중심으로 한 한글 운동에서 민족 저항의 최정점의 내용과 형식을 발견했다. 일본 제국주의의 유례없는 ‘동화 정책’과 ‘민족어 말살 정책’에 맞선 조선어학회의 한글 연구야말로 민족정신을 수호하는 최후의 보루였으며, 두 명의 옥사자(獄死者)를 낸 끝에 1945년 8월 15일 일제의 패망과 함께 감옥 문을 나선 조선어학회 사건의 피의자들이야말로 민족 고난의 대서사시를 완결짓는 클라이맥스의 주인공들이 아닐 수 없었다. 실로 “조선어학회의 존재가 식민지 상황 속

〈그림 3〉『한글』 52호 영인본

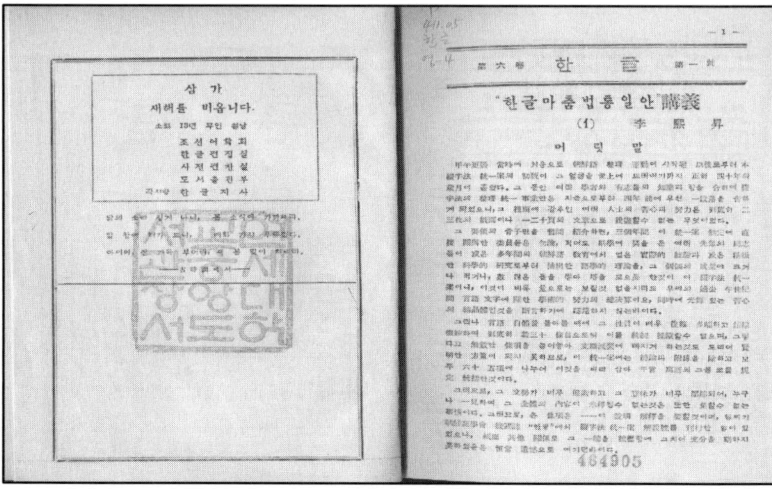

주 : 「황국신민서사」는 삭제되었음.
자료 : 『한글』 52호 영인본(한글학회 간행, 1973).

의 한국인에겐 상상의 공동체로서의 국민국가 몫을 했”33)다는 표현은 과장이 아니다.

이렇듯 조선어학회를 중심으로 한 식민지 체제에서의 한글 운동을 위대한 민족적 저항의 형식으로 위치 지우는 것은 한국사회의 일반적인 통념에 속한다. 전문적 학술 연구로부터 대중적 담론에 이르기까지 이 통념은 넓고 깊게 퍼져 있다. 그러나 『조선 민족 갱생의 도』 하나만을 놓고 보더라도, 그것을 ‘일제의 지배 정책에 도전한 반(反) 식민지 투쟁’34)의 기록으로 읽는 것은 넌센스에 지나지 않는다. 이러한 저항사적 관점을 취하는 한, 『갱생』이 일본어로 번역·배포되고 교과서에 수록되고, 나아가 형무소의 교화용 도서로 공급된 사실은 설명이 불가능해진다. 하물며 『갱생』의 세계관이 제국주의의 그것을 공유하고 있다

33) 김윤식, 『일제 말기 한국어 작가의 글쓰기론』(서울대출판부, 2003), 74쪽.
34) 홍이섭, 「조선 민족 갱생의 도: 그 정신사적 추구」, 『나라사랑』 창간호(정음사, 1971).

〈그림 4〉『한글』 63호 원본(1939.1)의 속표지와 제1면

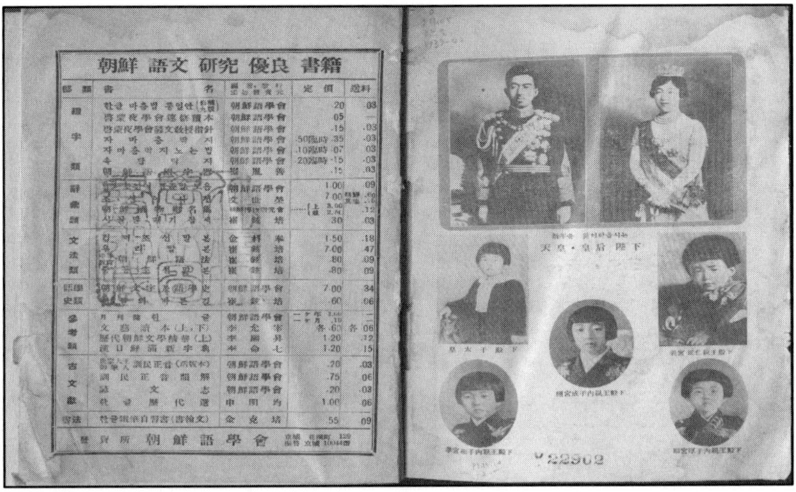

주: 왼쪽의 속표지에는 책 광고, 오른쪽 1면에는 천황 일가의 사진이 실려 있음.

는 사실, 그로부터 발생하는 식민지 민족주의의 착잡한 정신 분열 등이 인식될 가능성은 아예 없다. 결국 민족 담론은 자폐적 나르시즘의 회로에 빠져들고 자신도 모르는 거대한 은폐와 망각의 늪으로 가라앉는다.

일반적인 통념과는 달리, 최현배를 중심으로 한 조선어학회는 "조선어 학회 사건 이전까지는 조선 총독부와 대립하는 일이 거의 없는 비적대적인 관계를 유지하였다."[35] 뿐만 아니라, 기관지인 『한글』에 「황국신민서사」를 게재하고 (〈그림 2〉 참조) 다른 잡지에서는 찾아보기 힘든 「신년봉축사」를 매년 1월호에 싣고, 사언(社言)으로서 「國民精神總動員 '銃後報國强調週刊'에 대하여」(1938)라는 글과 「第三十六回 海軍 記念日을 맞음」(1941)이라는 글을 싣는 등 노골적인 전쟁 협력 행위를 한 바도 있다.[36] 문제는 『한글』지가 이런 내용들을 실었다

35) 조태린, 「일제 시대의 언어 정책과 언어 운동에 관한 연구: 언어관 및 이데올로기를 중심으로」(연세대학교 석사 논문, 1997), 116쪽.

36) 위의 글, 같은 쪽.

〈그림 5〉『한글』 63호 원본의 제 2면과 3면

주 : 2면에는 '新春을 맞이하옵는 朝鮮神宮', '漢口 陷落을 祝賀하는 京城 市街'의 사진, 3면에는 "天皇, 皇后 兩陛下께옵서 御機嫌이 御麗하옵시고……"로 시작하는 「謹奉賀新年」의 인사말과 「황국신민서사」가 실려 있음.

는 사실 자체가 아니라, 이 내용들이 해방 이후에 나온 『한글』지의 영인본에서는 모두 삭제되었다는 것이다.[37] 이 점을 염두에 두면서, 조선어학회를 이은 '한글학회'가 1972년에 『한글학회 50년사』를 간행하면서 그 머리말에서 다음과 같이 말하고 있음을 보자.

37) 『한글』 제6권 제1호(통권 52호, 1938.1) 속표지에는 일본어로 된 『國民誓詞』가 실려 있다. 한편 제7권 제1호(통권 63호, 1939.1) 1면에는 '新年을 맞이하옵는 天皇·皇后 陛下' '皇太子殿下' '照宮成子內親王殿下' '義宮正仁親王殿下' '孝宮和子內親王殿下' '順宮厚子內親王殿下'의 사진이 실려 있고, 2면에는 '新春을 맞이하옵는 朝鮮神宮' '漢口 陷落을 祝賀하는 京城 市街'의 사진이 실려 있다. 3면에는 "瑞氣 넘치는 新春을 맞이하옵시어 天皇, 皇后 兩陛下께옵서 御機嫌이 御麗하옵시고……"로 시작하는 「謹奉賀新年」의 인사말과 「皇國臣民ノ誓詞」가 실려 있다. 한글학회는 1972년에 『한글』지 전체를 영인본으로 묶어 재발간하는 사업을 시작했는데, 이때 문제의 부분들은 깨끗이 삭제된 채 발간되었다. 52호의 경우에는 이런 사실을 알고 눈여겨보지 않으면 별다른 흔적을 발견하기 어렵다. 63호의 경우에는 사진이 들어 있는 1, 2면을 아예 없앴지만, 3면은 쪽수 표시가 되어 있는데다 4면부터 본문이 시작되므로 없앨 수가 없게 되어 있다. 따라서 쪽수 표시는 되어 있지만 3면 전체가 백지인 이상한 형태로 남게 되었다.

〈그림 6〉『한글』 63호의 영인본

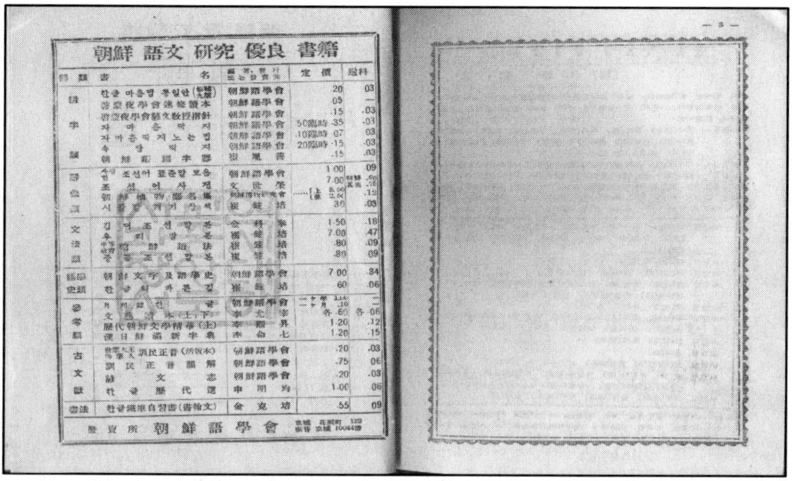

주: 1면과 2면은 사라졌다. 3면은 내용이 삭제된 채 백지로 있음.

> 한글학회의 창립 정신은 …… 민족정신을 파괴하려는 침략자의 마수에서 민족을 지키려는 데에 근본적인 목적이 있었다. …… 일본 제국주의 침략자들은 …… 우리 겨레를 얼빠진 허수아비로 만들어야 했고, 이 '얼'을 빼기 위해서 그들은 우리의 역사를 왜곡하고, 우리의 말과 글을 없애려고까지 한 것이다. 무서운 악마들이었다. 이 악마들의 손에서 민족의 정신과 문화를 지키려고, 말과 글의 보존, 연구, 발전을 위해서 창립된 것이 한글학회이다. 따라서 한글학회의 역사는 일제에 대한 무기 없는 투쟁이었다.[38]

"新春을 맞이하옵시어 天皇, 皇后 兩陛下께옵서 御機嫌이 御麗하옵시고" "皇軍의 威武와 國家 興隆의 氣運이 더하여지기를 祈願하옵나이다"[39]라는 발언의 기억을 지우고, 그 망각의 터 위에 '악마의 마수로부터 겨레의 얼을 지키기

38) 한글학회, 『한글학회 50년사』(1972), 1쪽.
39) 조선어학회, 「謹奉賀新年」, 『한글』 제7권 제1호(1939.1)

위해 투쟁을 벌였다'라는 자화상을 밀어 넣는 이 무의식! 이것을 문제로 삼지 않으면 안 된다. 이 무의식이야말로 식민지의 역사(history)를 가로막고 그것을 '역사'(History)로 대치하면서, 탈식민지 사회를 자폐적 나르시즘의 세계로 몰아넣는 원동력이기 때문이다.

위의 한글학회의 '역사'가 잘 보여 주듯이, 최현배를 비롯한 조선어학회의 한글 운동이 조선 총독부의 언어 정책을 축으로 하여 "서로의 의도가 교착되는 장(場)"[40]에서 끊임없이 타협과 긴장의 사이를 오가면서 진행되었다는 사실은 오랫동안 망각되거나 은폐되었다.[41] 또한, 최현배의 언어관과 언어학 지식의 많은 부

---

40) 미쓰이 다카시(三ツ井崇), 「식민지하 조선에서의 언어 지배」, 『한일민족문제연구』 4(한일민족문제학회, 2003), 221쪽.

41) 조선어학회의 한글 운동을 일반적인 통념으로부터 벗어나서 분석한 연구들은 많지 않고 그나마 최근에 이루어진 것들이 대부분이다. 여기서는 그 중 몇 가지를 소개하는 것으로 이 문제에 관한 서술을 대신한다. 위의 조태린의 연구는 조선어학회의 언어 운동을 총독부의 언어 정책과의 관련 속에서 파악한 점에 그 참신성이 있다. 조태린은 조선어학회의 언어 운동을 "민족문화운동"으로 규정하면서 "적극적인 민족 독립운동으로 평가할 수는 없다"는 결론을 내린다. '민족 독립운동'의 달성치(値)를 그 평가의 궁극적인 기준으로 삼고 있는 데에서 이 논문은 일찍이 마이클 로빈슨(Michael Robinson)이 「최현배와 한국의 민족주의」(1975, 한국어 번역은 『나라사랑』, 35집, 1980)에서 최현배의 한글 운동을 '문화적 민족주의'로 정의한 것과 궤를 같이하고 있다. 로빈슨은 이 논문에서, 최현배의 사상이 지닌 모순도 함께 지적하고 있는데, 이는 당시의 시점에서는 매우 선구적인 것이라 할 수 있다. 박정우의 「일제하 언어 민족주의 : 식민지 시기 문맹 퇴치·한글 보급 운동을 중심으로」(서울대 석사 논문, 2001)는 한글이 민족적 저항의 수단이기도 했지만 또 한편 계몽의 수단이기도 했다는 점에서 한글 운동이 지닐 수밖에 없는 이중성을 분석하고 있다. 박정우 역시 "문화적 민족주의는 국민국가를 목표로 한 것은 아니었으며 따라서 정치적 독립"을 지향한 것은 아니었다는 평가를 내린다. 위의 논문들은 저항 민족 담론의 일방적인 평가를 벗어나 조선어학회를 중심으로 한 식민지 시기 언어 운동을 최대한 객관적으로 평가하려 했다는 점에서 매우 중요한 의미를 지닌다. 그러나 한편, '민족 독립운동'을 결정적인 평가의 기준으로 삼는 데에서 이 연구들은 정도의 차이가 있을 뿐 기본적인 시각에서는 여전히 저항사적 관점이 유지되고 있다고 말할 수 있다. 위의 논문들과는 크게 시점을 달리하면서 식민지에서의 언어의 근대화가 제국 권력과 어떻게 길항하면서 수행되는가를 탐색한 연구들로는 위의 미쓰이 다카시의 논문과 박광현, 「언어적 민족주의 형성에 관한 재고 : '국문'과 '조선어'의 사이」, 『한국문학연구』 23집(동국대 한국문학연구소, 2000); 이혜령, 「한글 운동과 근대 미디어」, 『대동문화연구』(대동문화연구소, 2004)가 있다. 특히 이혜령의 논문은 "한글 운동사의 서술에 있어서 식민지 시기 조선어학회만 해도 은폐하지 않았던 [한글 운동의 수행] 주체들의 이질성은 이후 한글 운동사의 서술에서 은폐되었다"는 사실을 밝히면서 "조선어학회의 실천적 권위는 총독부 학무국의 제3회 언문 철자법 개정을 계기로 식민 권력에 개입하여 자신들의 의견을 성공적으로 관철시킴으로써 얻어졌"음을 분석한다. 이 논문의 주안점은 물론 폭로에 있지 않다. "한글 운동은 언어는 균질화된 매체라는 인식하에, 그것의 유통과 보급을 위한 매체(media)로서 학교·교회·신문사, 나아가 근대 국민국가와 같은 시

분이 일본인 학자의 선행 저서로부터 왔다는 사실, 특히 그가 일본의 국수주의 언어학자 야마타 요시오(山田孝雄)에 깊이 심취하여 그의 많은 저서가 야마타의 것을 모델로 하고 있다는 사실도 거의 논의되지 않았다.[42]

중요한 것은 그 은폐를 벗겨 내고 민족주의자들의 치부를 폭로하는 것이 아니다. 식민지에서의 근대적 지식의 생산이 식민 종주국에 전적으로 의존할 수밖에 없다는 것은 불문가지의 사실이다. 식민지 민족 담론의 아포리아의 근원이 여기서 기인하는 것임은 앞에서 살펴본 바와 같다. 제국주의의 억압과 위협으로부터 자신을 보존하기 위해 움켜쥔 '해방'과 '저항'의 도구가 실은 '적'의 것이라는 현실로부터 식민지 민족주의의 운명은 언제나 전락과 파국의 위험 앞에 노출될 수밖에 없다. 비유컨대 그것은 칼자루가 아니라 칼날을 잡고 적과 싸우는 형국인 것이다. 어떻게 자신을 베지 않고 상대방을 넘어설 것인가? 피식민자의 흉내(mimicry)가 식민자를 전복하고 새로운 창조로 이어지는 길은 적어도 이 이중성에 대한 자각, 이 아포리아에 대한 침중한 고민 없이는 열리지 않을 것이었다.

그러나 탈식민지 사회의 한국 민족 담론이 한 것은 그 곤경에 대한 자각이나 고통스런 직시가 아니라, 지금까지 보았듯이, 그것을 은폐하고 서둘러 망각하는 것이었다. 수난의 저항사가 휘황찬란한 빛에 싸여 전면화되는 이면에서 '적과의 동침'을 통해 근대를 기획해야 했던 운명의 처절함은 간단히 잊혀지고

스템을 요구했다"는 것이 이 논문의 전제이다. 이러한 전제 아래서만, 우리는 저항-협력의 이분법, 혹은 '독립운동의 결여태로서의 문화운동'이라는 시각을 벗어나 식민지 민족운동이 식민 권력과 맺는 복잡한 관계들을 분석할 수 있을 것이다.

42) 이 문제도 고(稿)를 달리해서 논의할 수밖에 없다. 여기서는 이 문제를 다룬 몇 개의 책이나 논문을 소개한다. 고영근, 『최현배의 학문과 사상』(집문당, 1995); 熊谷明泰, 「朝鮮語ナショナリズムと日本語」, 『言語·國家,そして權力』(新世社, 1997); 安田敏郎, 『'言語'の構築』(三元社, 1999)에서는 야마타를 비롯한 일본 학자들의 최현배에 대한 '영향'이 간략하게 소개되어 있는 정도이다. 그 외에 이 문제가 본격적으로 깊이 있게 탐구된 논저들은 찾아보기 어렵다. 최현배만을 거론한 것은 아니지만, 식민지에서의 조선어 연구와 일본인 학자들을 다룬 것은 安田敏郎, 『植民地のなかの'國語學'』(三元社, 1998); 박광현, 「'경성제국대학'의 문예사적 연구를 위한 시론」, 『한국문학연구』 21집(동국대 한국문학연구소, 1999).

더 이상 사유되지 않았다. 최현배 스스로가 그렇게 했고, 민족 담론 역시 혁혁한 영웅담으로 둘러싸인 이 투사(鬪士)에 자신을 투사(投射)하고 그것을 자신의 자화상으로 삼았다. 한국의 민족주의는 그렇게 최현배를 전유했고 그럼으로써 자기를 기만하고 망각했다.

이 기만과 망각 뒤에 오는 것은 앞의 「한글학회 50년사」에서와 같은 격렬한 '증오'다. 그러나 '악마' '적의 마수' '철천지 원수' 등과 같은 증오만이 '적'을 형용하는 유일한 언어가 될 때, '적'의 모습은 결코 드러나지 않는다. 식민자에 대한 피식민자의 증오는 식민주의의 종식을 위해 어떠한 기능도 하지 못한다. 증오는 피식민자로 하여금 무엇이 진정한 적인지, 무엇이 의미있는 저항인지에 대한 일체의 사고를 차단한다. 그뿐 아니라, 어떤 대상에 대한 깊은 증오는 필연코 그 대상에 대한 깊은 의존을 낳는다는 점에서 증오는 식민주의의 훌륭한 자양이다. 증오하면 할수록 증오의 대상은 '나'의 존재 이유가 될 수밖에 없기 때문이다. 결국 피식민자는 식민자에 대한 증오를 통해 그에게 의존하게 된다. 그러는 한 그는 결코 '적'의 정체를 볼 수 없으며 따라서 어떤 저항도 할 수 없다. 식민자의 손을 벗어나기 위해 피식민자는 우선 증오를 넘어서는 법을 알아야 한다. 그러나, 증오를 말하고 증오를 가르친 것 이외에 과연 탈식민지 사회의 한국 민족 담론이 한 일은 무엇이었던가?

Ⅳ. 맺는말

이혜령은 식민지 시공간의 혼종적(混種的) 상황을 다음과 같은 사례를 들어 선명하게 보여 준다.[43] 1935년 1월 1일에 발행된 『한글』 제3권 1호의 첫 장에

43) 이혜령, 앞의 글.

는, 훈민정음의 창제로부터 조선어학 도서 전람회에 이르기까지의 '한글 운동사'의 연혁이 이렇게 제시되어 있다.

> 훈민정음 창제(세종 25년) 492년 전/ 용비어천가(세종 27년 명찬(命撰)) 490년/ 훈민정음 반포(세종 28년) 489년/ …… / 한성순보 발행(고종 22년) 50년/ 예수셩교젼셔 간행(예수강세 1887년) 48년/ 공사문 조선문 교용령(고종 31년) 41년/ 신정국문실시건(광무 9년) 30년/ 국문연구소-한국학부(광무 10년) 29년/ 국어문전음학 간행(융희 2년 주시경 저) 27년/ 대한문전 간행(융희 3년 유길준 저) 26년/ 말모이(사전) 편찬-조선광문회(대정3년) 11년/ 조선어학회(전명(前名) 조선어 연구회) 창립(대정 1년) 14년/ 잡지 신철자법 실행-동광(대정 15년) 9년/ 한글 창간(소화 2년) 8년/ 조선어사전 편찬회 발기(소화 4년) 6년/ 보통학교 교과서 개정 언문 철자법 시행(소화 4년) 6년/ 한글 속간(소화 7년) 3년/ 신문 신철자법 실행-동아일보(소화 8년) 2년/ 한글 맞춤법 통일안 발표(소화 8년) 2년/ 조선어학 도서 전람회(소화 9년) 1년[44]

세종, 중종, 영조와 같은 조선왕조의 연호, 그리고 융희, 광무와 같은 대한제국의 연호, 거기에다 대정, 소화 등의 일본 제국의 연호, 그리고 서기(西紀)까지 균질적이지 않은 역사적 시간의 좌표들이 '한글 발전사'의 관점에서 일렬로 배열되어 있는 것이다. 동시에, 세종, 고종 등의 조선왕조의 국왕들, 『예수셩교젼서』의 번역자인 스코트랜드 장로교의 목사 로스(John Ross), 「국어문전음학」의 주시경, 「대한문전」의 유길준, 국문연구소의 설립 주체인 대한제국 학부, 보통학교 교과서 개정 언문 철자법의 시행 주체인 조선총독부, 거기에 동광, 동아일보, 조선광문회, 조선어학회 같은 민간 언론이나 단체 등 다양한 이질적 주체들 역시 이 시공간 안에 혼재하고 있는 것이다. 이 비균질적 시간과 이질적 주체들을 하나의 시간축 위에 배열하는 것은 "문자의 정리와 보급 등으로 이루어지는 어문의 근대화"라는 목표다. "이러한 이상 한글 운동의 수행 주체가 최초의 한글 번역 성경을 낸 벽안의 선교사이기도 하고 식민지배 기구인 총독부이기도 하다는 사실은 굳이

---

44) 같은 글.

문제될 것도 없었다."[45]

문제는 비균질적 시간들과 이질적 주체들이 혼재하는 식민지의 이러한 중층적·복합적 시공간을 오로지 민족-반민족의 잣대로 평면화·양분화하는 맹목이다. 제국과 식민지의 욕망과 갈등이 서로 어지럽게 뒤엉켜 돌아가는 식민지의 시공간을 선명하게 양분된 평면 위에 매끄럽게 배치할 수 있다는 생각이야말로 현실을 떠난 관념론의 전형이다. 그러는 한, 일본 천황의 죽음을 극존칭의 용어로 애도하는 문장들과 "민족이여, 갱생하라!"는 절규가 한 지면 안에 공존하고 있는 상황의 복잡성은 시야에 들어오지 않는다. 오로지 할 수 있는 것은 은폐와 망각뿐이다. 그러나 은폐/망각은 개시(開示)/기억이기도 하다. 무엇인가를 은폐한다는 것은 무엇인가를 드러내는 것이며, 무엇인가를 망각한다는 것은 또 무엇인가를 기억하는 행위이기 때문이다.

이러한 은폐/개시, 망각/기억의 메커니즘이 민족 담론 안에서 어떻게 작동되었는가는 지금까지 살펴본 것으로 충분할 것이다. 당연한 말이지만, 이 점에서는 최현배 스스로도 전혀 다르지 않았다. 식민지에서의 지식 생산과 저항의 이중성이 지니는 곤경에 대한 의심이나 고민의 흔적은 그에게서 찾아 볼 수 없다. 한글학회의 자화상은 그의 자화상이기도 했다. 그는 그 자신을 은폐했다. 중요한 것은, 그러한 은폐와 망각이 지속되는 한편에서 과장과 미화로 채색된 기억만이 유지되는 한, 검은 제국의 상장(喪章)에 갇힌 '민족'의 '갱생'은 영원히 미로(迷路) 속을 헤맬 것이라는 점이다.

최종 탈고: 2004년 11월

45) 같은 글.

해방 전후기 재일조선인의 민족과 생활

조경달

Ⅰ. 시작하며

재일조선인사 연구는 정책사나 운동사 등이 주도해 왔다. 그러나 최근 나타난 특징으로 생활사에 대한 관심이 증가한 점을 들 수 있다. 스기하라 도루(杉原達)의 연구는 매우 흥미로운 시각을 제공한다.[1] 그는 조선인의 생활을 오사카(大阪) 사례연구로 분석하고, 그것이 조선이나 일본과 어떤 관계를 가지는지, 또 일본인과 재일의 신세대가 구세대를 어떻게 바라보고 있는지 등의 문제를 통해 '지역 안의 세계사' 혹은 '지역에서 보는 세계사'를 구상하고자 한다. 히구치 유이치(樋口雄一)의 연구는 그러한 관점을 표방하지 않지만 재일조선인의 생활사를 통사적으로 서술하면서 일본 근대사의 한 단면을 보여 주고 있다는 점에서 의의가 있다.[2] 도노무라 마사루(外村大)의 연구는 전전(戰前)을 중심으로 한 재일조선인의 생활사를 본격적으로 다룬 것으로 중요한 의미를 가지는 역작이다.[3] 그는 철저한 생활주의 중심의 재일 민중을 그려냄과 동시에 민중의 소박하고 자율적인 내셔널리즘 형성이라는 문제를 도출하고 있다.

필자는 이미 생활주의를 기반으로 한 민중 내셔널리즘의 자율적인 형성 방

1) 杉原達, 『越境する民: 近代大阪の朝鮮人史研究』(新幹社, 1998).
2) 樋口雄一, 『日本の朝鮮·韓國人』(同成社, 2002).
3) 外村大, 『在日朝鮮人社會の歷史學的研究』(緑陰書房, 2004).

식에 대해 조선의 민중운동을 논할 때 지적했으며, 이를 시원(始源)적 내셔널리즘이라고 부른다.[4] 또한 도노무라의 연구에서 이와 같은 민중내셔널리즘이 재일사회에서도 형성됐음을 확인할 수 있다. 그러나 그의 연구에는 재일 민중 안에 일상적으로 존재하는 일본에 대한 저항 의식과 해방을 바라는 염원 등에 대한 관심은 비교적 엷다. 일본사회에서 민중은 부정당하고 억압당해 아무리 자신의 인간성이 굴절됨에도 불구하고 왜 민족으로서 살아가려 했는지, 그 심성이 복원될 필요가 있다.

더욱이 민중은 일본사회에서 부정당했을 뿐만 아니라 근대 교육을 받은 동포 지식인에게도 배제될 수 있는 존재였다. 필자가 이해한 바에 따르면 적어도 조선에서는 그러했다.[5] 지식인이나 황민화 교육을 받은 청소년은 정도의 차이는 있으나 자신의 인간성이 부정당하는 과정을 거쳐 민족으로 되돌아간다. 그러나 문명화된 그들의 시선 즉, 민족의 악취를 짙게 풍기는 민중을 바라보는 시선은 결코 정겹지만은 않았다. 이는 재일사회에서 한층 더 그랬다. 그리고 해방 후에는 지식인이 적대적이었다고 하나, 일본사회에서도 인정받을 만한 지도 세력이 됨에 따라 그와 같은 경향이 더욱 두드러졌다. 즉, 해방 후 재일사회에는 조선인연맹(이하 조련)이 재빠르게 결성되어 지식인 계층이 지도자가 되었지만, 민중과 지식인의 의식은 같지 않았을 것이다. 또한, 재일사회의 압도적 다수가 남조선 출신임에도 불구하고 조련은 공산주의 지식인의 지도를 받아들여 북조선에 성립한 공산주의 정권(=조선민주주의인민공화국)을 지지하게 되었는데 이는 대체 왜 그런지 살펴볼 필요가 있다.

이미 이 문제에 관한 몇몇 견해가 있다. 먼저 문경수(文京洙)는 조선인도 일

---

4) 졸저, 『異端の民衆反乱: 東學と甲午農民戰爭』(岩波書店, 1998). 『朝鮮民衆運動の展開: 士の論理と救濟思想』(岩波書店, 2002).

5) 졸저, 「暴力と公論: 植民地朝鮮における民衆の暴力」, 須田努·趙景達·中島久人 편, 『暴力の地平を越えて: 歷史學からの挑戰』(青木書店, 2004); 졸저, 「植民地朝鮮における勤儉思想の展開と民衆」, 宮嶋博史·金容德 編, 『近代交流史と相互認識II』(慶應義塾大學出版會, 2005); 졸저, 「15年戰爭下の朝鮮民衆: 植民地近代論批判試論」, 『朝鮮奨學會學術論文集』 제25집, 2005; 졸저, 「天道教の正統運動: 異端と民衆の排除」, 『歷史學研究』제808호, 2005.

본인처럼 '단일민족국가' 논리 안에서 파악할 때 생기는 문제를 지적한 바 있다.[6] 그러나 이 논의는 비역사적이며, 민중내셔널리즘 형성의 문제를 논외로 부치고 있다는 점에서 문제가 있다. 이에 대해 고바야시 도모코(小林知子)가 문경수를 비판하면서, 재일사회가 북조선 정부를 지지했던 것은 "식민지 체험을 통해 체득한 반제국주의적 의식"이 "공산주의자에게 친근감을 가지게"했기 때문이라고 한다.[7] 이는 사실이지만 한편으로는 민중내셔널리즘의 시원성과 소박함에 대한 인식이 결여되어 있다. 이 점에서 해방 전 재일 민중의 소박한 내셔널리즘을 도출한 도노무라는 민중내셔널리즘을 기초로 하여, 해방 후 "단일민족국가로의 전환을 단행하고 조선인에 대한 배제를 강화한 일본"과 대항하는 가운데, 재일 민중이 조련이나 이후에 탄생하는 조선통일민주전선(이하 민전), 조선인총연합회(이하 총련) 등이 표방한 "조국지향형 내셔널리즘"으로 수렴되었던 것은 "인간으로서 자연스러운 행위"었다고 주장했다.[8] 해방에 대해 많은 염원을 가지고 있었고 유토피아적이기도 한 민중내셔널리즘이 평등주의와 평균주의를 내세운 이북의 정권을 이상화했을 것이라는 점은 분명히 고려해야 한다. 그러나 민중내셔널리즘을 자연스럽게(용이하게) '조국지향형 내셔널리즘'(=근대적 내셔널리즘)으로 전환시킬 수 없다. 필자는 민중내셔널리즘이 자율적으로 형성되기는 하나 그것이 자율적으로는 근대적인 것이 되지 않는다고 생각한다. 거기에는 근대국가의 폭력과 지식인의 집요한 계몽이 있으며, 근대적 내셔널리즘의 경우 국가권력과 결속되었을 때, 역시 폭력적으로 된다. 국가권력과 결속하지 않아도 이는 흔히 민중에게 오만으로 비치게 되고 민중에게 거절당했을 것이다. 민중내셔널리즘에서 근대적 내셔널리즘으로 전환하는 데에는 분명히 작위가 기능하고 있으며, 그것을 단순한 단계론으로 파악할 수 없다.

이상의 논의에 대해 최근 정영환(鄭榮桓)은 조련 활동가의 독자적인 존재 방

---

6) 文京洙, 「在日朝鮮人にとっての'國民國家'」, 歷史學硏究 編, 『國民國家を問う』(青木書店, 1994).
7) 小林知子, 「戰後における在日朝鮮人と'祖國'」, 『朝鮮史硏究會論文集』 제34집(1996).
8) 外村大, 앞의 책, 447-449쪽.

식에 주목하며, 그들이 민중의 민족의식을 되돌릴 때에 중요한 역할을 담당했다는 점을 지적하고 있다.[9] 그의 연구는 조련 활동가의 형성 문제를 둘러싼 최초의 본격적인 연구이며 많은 사실을 복원한 역작이다. 이 연구는 지도부-활동가층-민중이라는 삼층구조를 분석 시각으로 제시한 후에 전전에 몇몇의 활동경력—주로 공산당활동과 협화회(協和會)활동—을 가진 구활동가층과 새롭게 양성된 신활동가층을 대치시키고, 특히 후자의 활동에 주목했다. 이 연구는 매우 중요한 의의를 갖기는 하지만 신활동가층에 대해 "민중의 민족의식을 통제하고 계몽하는 측면을 가지면서 한편에서는 민중의 민족의식을 흡수하고 그것을 주체적으로 파악해 운동에 참여했다"고 하면서, 나아가 "그것 자체가 상대적으로 자율성을 가진 층으로 존재해 지도층과 민중의 가교 역할을 수행했다"라는 평가[10]는 조금 납득이 가지 않는다. 신활동가층은 정말 자율성을 가지고 있었으며, 또 재일사회에 쉽게 받아들여졌을까. 이는 조련지도부(=지식인층)의 사유와 지도의 방식과 관련지어 생각해봐야 할 것이다.

이 글은 주로 청일전쟁부터 한국전쟁 직전까지의 시기를 대상으로 재일조선인이 민족을 둘러싸고 어떠한 생활 속에서 어떠한 고통과 갈등을 거쳐, 그리고 어떠한 대항관계 속에서 어떻게 근대적 내셔널리즘에 규정된 조국관으로 회수되어 가는지 검토하는 것을 과제로 한다. 이것은 민족과 생활을 둘러싼 민중의 심성을 복원하는 작업이지만 이 작업은 민중과 표리의 관계에 있는 지식인의 심성을 밝힘으로써 더욱 명확해질 것이다. 오늘날 재일사회는 국민국가의 상대화를 주장하는 가운데 민족을 어떻게 의식하며 일본사회에서 살아가야 하는지를 둘러싼 갈등의 중심에 있다. 이 글은 이른바 논단을 의식한 '재일론'을 전개하는 것이 아니다. 어디까지나 역사학적인 고찰을 전개함으로써 자칫하면 실감 내지는 역으로 이론에 치우치기 쉬운 '재일론'에 재검토를 촉구하는 계기

9) 鄭榮桓, 「'解放'後在日朝鮮人運動における活動家層の形成と展開: 在日本朝鮮人連盟を中心に」(一橋大學社會學硏究科修士論文, 2005). 이 논고는 석사논문의 성격상 더 다듬어지고 일반학술지에 게재한 후에 언급해야 하지만 필자에게는 그 시간적 여유가 없다.

10) 같은 논문, 136쪽.

가 되었으면 한다.

II. 해방 전의 민족과 생활: 민중과 청소년·학생의 고민

1. 고난한 생활과 민족의식

지금은 잘 알려진 사실이지만 생활고 때문에 일을 구하러 도일(渡日)을 희망한 조선인이 많았다. 그러나 1925년부터 도항저지제가 실시되어 '자유로운 도항'(漫然渡航)은 어려워졌다. 도일이 가능했던 자는 경찰처가 발급한 도항증명서를 갖추어야 했고, 그 외에 아무리 적어도 도항비 외의 어느 정도 생활비를 소지해야 했다. 또 확실하게 취직이 되었다는 것이 조건이었기 때문에 실질적으로는 어떻게든 일본에 연고를 가질 필요가 있었다. 그렇기 때문에 도일은 가난하거나 연고가 없는 자에게는 불가능했다. 그러나 1937년 효고현(兵庫県)의 조사(이하 효고현 조사)에 따르면 그럼에도 불구하고 도일 이유의 75.65%가 '생활난'이었다.[11] 당시 마을 곳곳에서 걸식하는 사람을 드물지 않게 볼 수 있었는데, 그 중 작가 정승박(鄭承博)은 안동 시골 마을에서도 "일본어를 배워서 일본인 행세를 하면 일본에 돈을 벌러 갈 수 있다"는 소문이 유포되었다고 증언한다.[12]

도일자의 대부분이 최하층 노동자였다는 점은 지금까지 이루어진 많은 연구들을 통해 밝혀졌다. 1940년에 이르러 도시에서 분뇨 취급업은 예외 없이 조선인이 하게 되었다고 한다.[13] 게다가 그들은 임금 차별로 더욱 괴로울 수밖에

---

11) 「兵庫縣 社會課, 鮮人の生活狀態」(1937), 『朝鮮問題資料叢書』, 朴慶植 編, 전 15권(보권 1권, アジア問題硏究所, 1982~1991).제3권(이하 『叢書』로 약칭), 31쪽.

12) 鄭承博, 「裸の捕虜だったわたしの青春」, 前田憲二·山田昭次 他編, 『百萬人の身世打鈴』(東方出版, 1999), 137쪽.

13) 朴在一, 『在日朝鮮人に關する総合調査硏究』(新紀元社, 1957), 47쪽.

없었다. 1930년 조사에 따르면 공업 부문의 임금은 일본인의 59%밖에 되지 않았다. 이것은 대부분의 조선인이 자유노동자, 미숙련 노동자로 내몰리고 있었다는 일면을 반영한다. 같은 시기 고베(神戶)에서는 조선인의 70%가 자유노동자 아니면 완전 실업자였다.[14] 효고현 조사를 보면 세대원의 39.61%가, 단독자의 58.73%가 여전히 임시 고용이었다.[15] 그럼에도 여전히 도일자의 생활은 조선에 비하면 나은 것이었다. 효고현 조사에서는 일본에서의 생활이 조선에서의 생활보다 "편하다"는 응답이 78.47%에 달한다.[16]

도일노동자가 일하는 모습은 어떠했는가. "성품이 게으르고 음주를 즐기며 사행심이 많다"[17]라는 점은 일본인에게 자주 들을 수 있는 평가이다. 조선인 자신들도 실제로 그러한 면이 있었던 것을 지적하고 있다. 고베에 사는 한 거리노동자는 "임금을 받기라도 하면 그 돈이 있는 동안 며칠간은 공장에 가지 않고 싸돌아다니기만 하고, 공장이 바빠져도 오지 않아서 쫓겨난 사람도 많았다"[18]고 증언했다. 그러나 조선인 노동자의 이와 같은 찰나적인 행동의 배경에는 임금 차별에 대한 불만과 고용의 불안정성이 있었다는 점을 고려해야 한다. 술과 도박으로 시름을 달랠 수밖에 없었을 만큼 우울하고 답답한 상태였던 것이다.

무엇보다도 조선인 나태관은 기본적으로 일본인의 편견에서 나온 측면이 컸다. 1939년 후쿠오카(福岡)에서 열린 판사·검사·특별고등경찰 직원, 산업인·교육자 등이 함께 참가한 조선인에 대한 좌담회에서는 흥미로운 논의가 오갔다.[19] 조선인은 "돈이 들어오기라도 하면 당분간은 일하지 않는다"(현 특별고등경찰 과장)라든지, "대체로 나태"하고 "하루 십 엔을 받으면 놀면서 다 쓴다"(운반 청

14) 같은 책, 61, 75쪽.

15) 兵庫縣 社會課, 앞의 책, 79쪽.

16) 같은 책, 117쪽.

17) 「内地在住朝鮮人運動」(1938), 内務省 警保局, 『社會運動の狀態』, 朴慶植 編, 『在日朝鮮人關係資料集成』(이하 『集成』으로 약칭) 전5권(三一書房, 1975-1976), 제4권, 143쪽.

18) 「資料 京阪神朝鮮人問題座談會」(『조선일보』 1936/04/29~05/09 연재·外村大 譯), 『在日朝鮮人史研究』제22호(1992), 129쪽.

19) 福岡地方裁判所 檢事局, 「福岡縣下在日朝鮮人の動向に就て」(1993), 『集成』제4권, 1122- 1125쪽.

부업 공제조합원)라며 모욕하는 의견이 있다. 한편 "센진[鮮人, 조선인에 대한 멸칭어—옮긴이]은 대단히 좋은 성적을 올리고" 있으며, 범죄도 일으키지 않는다(고물상 조합장)든지, "농사일을 잘 알고 있는 센진은 매우 일을 잘 한다"거나, 일본인 농업자에 비해 더러운 일도 솔선해서 하고(농회 주사)[20] 또는 "내지(內地) 노동자와 비교해서 그러한 (가혹한 작업: 필자, 이하 별개의 경우가 아닌 한 괄호는 필자) 방면의 일은 매우 잘한다"(산업 시멘트 철도 회사원) 등 긍정적으로 평가하는 의견이 대립하고 있다. 특별고등경찰 과장의 평가는 분명 직업적 속성 때문이고, 운반 청부업 공제조합원의 평가는 저임금의 자유노동자를 대상으로 했기 때문이다. 농회 주사는 "낮은 임금이 생계를 위한 노동 상황에 많은 영향을 끼쳤다"고 정당한 평가를 내리고 있다. 이와 같은 논의에서 당시의 재일조선인은 차별이 소용돌이치는 가혹한 노동조건하에 있었지만, 일정한 노동조건이 주어지면 있는 열심히 노동에 종사했던 것으로 보인다. 작가 김달수(金達壽)의 자전에 나오는 건실한 일꾼인 넝마장수 서암회(徐岩回) 노인을 통해 그러한 모습을 찾을 수 있다. 그는 일본어를 잘 못함에도 불구하고 타고난 힘과 정직함으로 누구에게도 지지 않는 뛰어난 일꾼이 되었다.[21]

그렇다면 이러한 재일 민중은 가혹한 차별공간 안에서 어떻게 생활하고 있었을까. 먼저 글자를 모르는 사람이 많았다는 점에 주목할 필요가 있다. 효고현 조사에 따르면 미취학자를 제외한 불취학자의 수는 세대원에서는 남자 34.35%, 여자 54.53%이고, 단독자에서는 남자 72.27%, 여자 55.51%였다. 일본어 이해율은 세대원에서는 '반 정도 이해하는 자'가 49.33%, '전혀 모르는 자'가 9.01%이고 단독자에서는 각각 58.85%, 10.62%였다.[22] 대다수가 단순노동에 종사하는 일본에서는 읽고 쓰기 능력이나 일본어를 이해하는 것이 절대조건은 아니었다.

조선 부락에는 조선 문화가 거의 그대로 보존되어 있었다. 작가 장혁주(張赫

20) 농회(農會)는 1899년 공포된 농업법에 따라 농사의 개량 및 발달을 목적으로 설립한 지주·농민의 단체—옮긴이.

21) 金達壽, 『わがアリランの歌』[中央公論新社, 1999(원저 1977)], 140-141쪽.

22) 兵庫縣 社會課, 앞의 책, 125, 136-137쪽.

宙)의 보고에 따르면 다마(多摩)강 유역의 자리호리(砂利堀) 부락에는 조선의 빈농가옥들이 점재하고 있었는데 그 가옥이 전부 조선풍이었다고 한다.[23] 효고현 조사에 따르면 조선옷을 입는 자가 4분의 1에 달하고 있다.[24] 후쿠오카현 사회사업협회 주사의 증언에 따르면, 특히 여성의 경우는 조선옷이 많고 기묘하게도 시골에서는 일본옷(和服)화가 진행되고 있었지만 도시부에서는 거의가 조선옷이었다고 한다.[25] 작가 오림준(吳林俊)은 재일조선인은 어떠한 차별적 상황하에서도 "무슨 일이 있어도 풍속, 습관, 모국어 상용을 고집스럽게 바꾸지 않았다"고 하며, 황민화된 조선 소년의 입장에서 "그런 동포를 냉소에서 구해낼 철학은 없는 것인가라는 터무니없는 생각을 가지고 있었다"고 회고했다.[26]

따라서 재일 민중 일반은 황민화된 정신 등을 가지고 있지 않았던 것으로 보인다. 효고현 조사에 따르면 "숭배하고 사숙하는 사람"으로 공자와 맹자를 꼽은 사람이 모두 67.78%를 웃돌고 있는 데 반해, 일본인을 꼽은 사람은 17.15%에 지나지 않는다.[27] 일본인을 꼽은 사람의 대부분은 학교를 다녀 본 경험이 있는 사람일 것이다. 조선인을 꼽은 한 명도 없었는데 이 조사가 면접조사였기 때문에 스스로 꺼려했던 결과이다. 대부분은 일본인이 받아들일 수 있고 학식의 유무와 관계없이 조선인이라면 누구나 알고 있는 공자와 맹자가 무난했을 것으로 생각한다. 따라서 재일 민중은 일본인에게 공감하지 않았다고 할 수 있다. 국기 소지율 역시 겨우 20.13%였다.[28] 또한 '아마테라스오카미'[天照皇大神, 일본신화에 등장하는 신으로 일본 황실의 조상-옮긴이]에 대한 숭경을 내면화시키기 위해 집집마다 신단이 강제로 설치되었지만 신을 경배하지도 않았다. "대부분의 사람들이 신이라 부르는 것을 인식하기 시작했다"라는 아전인수격인 평가도 있지

23) 野口(張) 赫宙, 「朝鮮人集落を行く」, 小沢有作 編, 『近代民衆の記憶』10(新人物往來社, 1978), 처음으로 게재된 곳는 『中央公論』, 1937년 6월호.
24) 兵庫縣 社會課, 앞의 책, 122쪽.
25) 후쿠오카지방재판소 검사국, 앞의 책, 1126쪽.
26) 吳林俊, 『記錄なき囚人: 皇軍に志願した朝鮮人の戰い』[社會思想社, 1995(원저 1969)], 60-61쪽.
27) 兵庫縣 社會課, 앞의 책, 132-133쪽.
28) 같은 책, 140쪽.

만,[29] 당사자인 오림준은 "이것이 조선인에게는 조금도 효과가 없고 소위 뚜렷한 영험도 발휘되지 않았다"고 증언한다. 마을의 유력자와 경관이 위엄있게 "신은 잘 모시고 있겠지?"하고 물으면, "네, 그건 뭐 …… " 라고 모호하게 대답할 뿐이었다. 원래 일본에는 수백만의 신이 있는데 어째서 조선인한테는 '아마테라스오카미' 하나만 믿으라는 건지 "일본인 주부들"이 "좀 심하네"라며 쑥덕거릴 정도로 일본 서민들 역시 이해할 수 없었다.[30] 게다가 '황국 국민의 서사'도 일본어를 모르는 민중과는 무관했고 재일사회에서 서사를 아는 사람은 거의 없었던 것 같다. 어떤 사람은 자신 주변에서는 "다들 몰랐다"고 증언하고 있으며[31] 김달수는 하나밖에 못 말해 경관에게 혼난 적이 있다고 회고한다.[32] 김달수의 증언에 따르면 "일본에서는 조선보다 그다지 까다롭지 않았다"고 한다.

재일 민중은 당연한 듯 이른바 조선인으로서 살고 있었다. 일본인처럼 행세하는 것은 일반적으로 쉽게 할 수 있는 일이 아니었다. 통칭명의 측면에서 보면 창씨개명 이전부터 일본 이름을 사용하는 것은 분명히 드문 일이 아니었지만[33] 그것은 살기 위한 방편이었을 뿐이었다. 재일 민중에게는 조선인으로서의 자각이 명확했고, 민족 차별이 심했기 때문에 더욱 그러했다. 그곳에서 역시 시원적 혹은 소박한 민중내셔널리즘을 발견할 수 있다. 예컨대 작가 고사명(高史明)의 아버지는 무학에 일본어도 잘 못하는 토공이었지만, 어느 날은 일본의 국기가 세계에서 가장 아름답다는 아들에게 "그럴까, 세상에는 더 아름답고 좋은 국기가 있다"라며 태극기 도안을 설명했다고 한다.[34] 그리고 갑자기 고개를 좌우로 흔들면서 이 이야기는 다른 사람에게 하지 말라고 엄한 말투로 당부했다고 한다. 그러나 그의 아버지는 고사명의 형이 중학교에 진학하고 싶다고 하자 "지금

29) 후쿠오카지방재판소 검사국, 앞의 책, 1131쪽.
30) 吳林俊, 앞의 책, 57-58쪽.
31) 裵來善, 「筑豊に残る恨を」, 前田憲二·山田昭次他 編, 앞의 책, 169쪽.
32) 金達壽, 앞의 책, 245쪽.
33) 村山智順, 『朝鮮人の思想と性格』(朝鮮總督府, 1927), 32쪽.
34) 高史明, 『生きることの意味』[筑摩書房, 1986(원저 1974)], 108-109쪽.

이대로 있어도 밥은 먹을 수 있다. 공부 같은 것은 안 해도 된다. 너는 경찰에 끌려가고 싶으냐. 조선인은 공부를 그다지 안 하는 게 좋다. 그걸 모르겠냐"[35]며 반대할 정도로 민족운동은 생각조차 못하는 사람이었다. 그는 남몰래 조선 독립을 마음에는 두고 있었지만 아들에게는 큰 기대를 걸지 않고 그저 노동자로서 하루하루 생활만 이루어 나가준다면 그걸로 좋다고 생각하고 있었던 것이다. 이것은 바로 생활주의에 뿌리를 둔 민중내셔널리즘의 존재 방식이었다고 할 수 있다.

실제로 당시 재일 민중은 대부분이 자녀에게 과분한 기대를 걸지 않았다. 효고현 조사에 따르면 "자녀의 장래 방침"으로 직공(37.7%), 상업(34.36%)이라고 답한 자가 압도적으로 많았고, 관리(6.26%), 교사(4.66%), 사원(4.54%)이 뒤를 이었다.[36] 관료사회였던 조선왕조시대에의 사람들에게 관직을 얻는 것은 공통된 가장 큰 염원이었지만 재일 민중은 그 염원을 내버린 것이다. 재일 민중은 식민지라는 현실이 조선인의 사회적 상승을 쉽게 허용하지 않음을 잘 알고 있었고, 관리가 되는 길이 친일로 가는 길이라는 점도 잘 알고 있었다.

물론 아이들에게 고학력을 바라면서도 친일적인 길을 거부했던 사람도 있다. 전 조선대학교 교수인 김철앙(金哲央)의 부친은 무학에 토공이었지만 자식이 대학교육까지 받을 것을 원했고, 미일개전 중에는 "'이것으로 일본의 패전이 빨라졌다'고 기뻐했다"고 한다. 또한 개명은 했지만 창씨는 하지 않아, "전시체제하에서도 도나리구미[隣組, 전시체제 하에서 국민통제와 물가 배급을 위해 1940년에 도입된 제도로 반상회에 해당하는 조나이카이(町内會)를 강화한 제도: 옮긴이] 활동이나 방공훈련, 국채 할당 등을 일체 거부해 주변 일본인 사이에서는 말 그대로 비국민 취급을 받았다"고 한다.[37]

그러나 대개 이와 같은 대담한 삶의 방식은 쉽지 않은 일이었다. 당시 재일

---

35) 같은 책, 151쪽.

36) 兵庫縣 社會課, 앞의 책, 143-144쪽.

37) 김철앙 씨에게 직접 들은 것을 기록, 於八王子, 2005년 8월 16일 인터뷰.

민중의 현실은 뜻에 반하지만 황민화 정책에 따라가는 수밖에 없었다. 무엇보다도 재일조선인의 통제와 황민화가 목적인 협화회의 활동 때문에 전쟁비협력의 삶의 방식은 허용되지 않았다. 박계근(朴季根)이라는 재일 1세 여성이 이야기한 그녀의 남편에 얽힌 에피소드[38]는 그와 같은 상황 속에서 살았던 재일 민중의 고민을 잘 나타내고 있다.

그녀의 남편은 협화회의 '높은 사람'(추측컨대 지도자)이라는 이유로 징용을 두 차례나 면제받았다. 그런데 출정을 위한 장행회 자리에서 알고 지내는 조선인이 "나라를 위해서"라든가 "목숨을 버릴 각오"라고 말한 것에 화가 나서 그 자리에서 주먹을 휘두르다가 거꾸로 주변 사람에게서 뭇매를 맞아 결국에는 경찰에 체포되었던 것이다. 박계근은 "협화회를 하고는 있지만 마음은 조선인이었던 게 아닐까요. 마음까지 일본인이 되어버린 조선인을 용서할 수 없었던 것이라고 생각해요"라고 말한다. "협화회 지도원 중에도 때로는 양심적인 인간이 없지는 않았지만 동포를 먹이로 한 악질적인 패가 많았던 것도 사실이다"라는 증언이 있지만,[39] 이 남편은 확실히 전자의 부류에 속하며, 마음이 찢기는 심정으로 직무에 임했던 것으로 보인다. 그는 해방 후에 민족학교를 만드는 일에 정열을 바치게 되는데 그 모습은 친일 행위를 하는 것과 친일을 내면화한 것이 전혀 다른 것임을 여실히 보여 주고 있다.[40]

재일 민중에게 특히 전시체제기의 친일이란 살기 위해서 해야만 했던 것이었다. 그것은 조선에서 일어난 민중의 '면종복배'와 무엇 하나 다르지 않다. 때문에 생활의 빈궁이 심해짐에 따라 생활지상주의의 입장에서 재일 민중은 당국의 통제를 거부하기도 하면서 또한 일본의 패망을 점점 염원하게 된다.

---

38) 朴李根, 「祖國ですべてを奪われ」, 前田憲二·山田昭次他 編, 앞의 책, 183-186쪽.

39) 朴憲行, 『在日韓國人1世』(新幹社, 1995), 69쪽.

40) 덧붙여 "협화사업의 장에서 멀어지면 대게 자발적으로는 협화회의 모든 과제는 실천되지 않았다"라고 한다[樋口雄一, 『協和會: 戰時下朝鮮人統制組織の硏究』(社會評論社, 1986), 128쪽].

2. 전시하의 생활과 해방 염원

해방 전후기 재일조선인의 범죄율은 높았다. 1944년에 형사범은 10만 명당 142명이고, 41.2명인 일본인과 비교하면 3.4배이다. 다만 일본인과 재일조선인은 연령 구성과 남녀비·직업 구성이 매우 다르기 때문에 같은 사례로 논할 수 없다. 재일은 범죄 연령(20~49세) 인구비가 일본인보다 높고 범죄율이 높은 남자가 여자보다 많다. 또한 범죄율이 낮은 농업인구가 극히 적고 범죄율이 높은 일용인부와 무직자가 많다. '그 범죄 하나하나는 다름 아닌 재일조선인 생활의 고단함과 눈물의 역사'이다. 인구 구성비와 직업 구성비를 감안해 보면 재일의 범죄율이 일본인보다도 높았다고 한마디로 단정지을 수 없다.[41)]

그러나 특별법 범죄를 보면 1944년에 재일은 10만 명당 69.3명으로 8.15명인 일본인의 8.5배가 된다.[42)] 특별법 범죄란 대부분이 암(거래) 행위로 볼 수 있다. 재일에게 살아가기 위해서 행한 암거래가 상대적으로 많았던 것도 틀림없는 사실이다. 검사국의 조사에 따르면 (조선인에게) 암거래가 많은 이유는 "조선인의 경우 식량 입수에 필요한 친족 혈족 등이 내지에 없고, 많이 먹는 습관(多食癖)때문에 궁핍감이 심각했던 점 등을 들 수 있다"고 한다.[43)] 해방 전 조선인의 체격이 일본인보다 컸던 점은 일반적으로 지적되는 점이며 조선인이 '많이 먹는다'라는 것이 편견이라고만은 할 수 없다. 그리고 무엇보다도 조선인에게 심각한 문제는 일본 내 농촌에 친족이 없다는 것이 납득할 수 있는 설명이다.

더욱이 조선인 중 "경찰에게 긴급히 도움을 요청하는 자가 내지인에 비해 비율이 낮다"[44)]는 설명도 있는데 이 역시 수긍할 수 있다. 1939년 3월 1일 오사카부(付)하의 히라카타(枚方) 육군 창고에서 화재가 발생해 많은 재일조선인이 집을 잃게 된다. 이때 재일의 대응에는 대략 두 가지 특징이 있었다.[45)] 하나는

---

41) 朴在一, 앞의 책, 116-119쪽.

42) 같은 책, 117쪽.

43) 「調査 内地における朝鮮人の経濟犯罪狀況」(1944, 8), 赤沢史朗·北河賢三·由井正臣編, 『資料 日本現代史』 제13권(大月書店, 1985), 149쪽.

44) 같은 책.

"구호용 도시락(焚出弁当)은 맛이 없다는 이유로 현물 제공을 요구"하며 부근의 일반 조선인이 "이재민을 가장해 구호품을 받거나" 혹은 "재해지의 복구인부로 고용을 지원하는 자가 다수"에 달했다는 것이다. 당국은 이러한 행위를 "이기적이고 비상식"이라고 비난했지만, 이는 민중이 삶에 대해 강한 애착을 보여 주는 것이라고 생각할 수 있다. 또 다른 특징은 "정신적 불안감" 때문에 "내지인의 피난 무리와 따로 떨어진 곳에 무리"를 만들거나 일부 구호대가 조선인에게 적극적으로 구호물자를 지급하지 않을 때 또 구태여 조선인 측도 받으려 하지 않았던 점이다. 이것은 간토대지진(關東大震災) 당시의 기억 때문에 일본인을 경계한 것으로 짐작된다. 재일은 구호품을 받는다고 해도 관헌이나 관청 직원과 접촉하는 것을 기피하는 경향 때문에 결과적으로 암거래를 증대시키는 결과로 이어진 것으로 볼 수 있다.

검사국은 "조선인은 종래 넝마상을 운영해 각 지방을 돌아다니며 거래해 전혀 모르는 조선인끼리도 일맥의 관련을 갖는 자가 많았던 사정이 있기 때문에 산지에서 직접 구매하기도 쉬웠고, 삼삼오오 조직적인 브로커단을 구성해서 어떤 때에는 릴레이식 수송을 행하는 등 대량으로 대담한 범행을 행했다"고 분석한다.[46] 재일에게는 조선의 농촌 공동체에 있었을 때부터 길러 온 상부상조의 정신으로 광범위한 네트워크가 형성되어 있었던 것으로 보인다. 교토(京都)지검이 "반도인은 동족 상호 간에 교묘하게 정보를 주고받아 동족이 검거되었음을 알자마자, 조나이카이 회장이 이동 증명도 받지 않고 자전거 물품대에 부인을 싣고 도주해서, 구명, 신명, 통칭 등 여러 종류로 씨명을 구분해서 사용하기 때문에 범인을 확실히 검거하는 것은 대단히 어렵다"라고 할 정도이다.[47] 게다가 검사국은 "(법률) 위반으로 치닫는 조선인의 실제 수는 통계보다도 훨씬 많다고 봐야 한다"고 했다.[48] 이러한 네트워크에 기반한 암거래는 어떤 의미에서는 일

---

45) 「大阪府下枚方陸軍倉庫災害に依る在住朝鮮人の動靜」, 『特高月報』 1939년 3월분, 109쪽.
46) 赤沢史朗·北河賢三·由井正臣 編, 앞의 책, 146-147쪽.
47) 같은 책, 153쪽.
48) 같은 책, 149쪽.

본 제국주의에 대한 소박한 저항이라고 평가할 수 있다. 조선 독립운동과 관련한 피의자로 체포되었던 한 토공은 다음과 같이 말한다.[49)]

> 조선인의 경제 통제 위반 행위는 국내 경제를 상당히 교란시키고 있다고 생각한다. …… 일본 정부 당국이 아무리 경제 위반을 단속하더라도 또는 아무리 시국 인식을 설명해도, 조선인 대중이란 자들은 돈을 벌기 위해서는 위반 행위를 의식하지 않으며 또한 의식하더라도 나쁜 짓이라고 생각하지 않는다. 가령 나쁜 짓이라고 생각할지라도 그것을 고치려고 하지 않는다. 그것은 일본의 조선 통치정책이 나쁘기 때문이다. 즉, 암거래로 인한 경제 교란은 일본의 자업자득이라고 생각하고 있기 때문이다.

본래 재일 민중에게 일본의 전쟁 따위는 관심 밖의 일이었다. 그 희생양이 되어 살아야 된다는 것은 생활지상주의에 사는 그들의 이해를 넘어서는 일이었던 것이다. 따라서 그들은 어떤 죄의식도 느끼지 않고 암거래를 반복하고 그것은 결과적으로 소박한 민중적 저항이 될 수 있었다. 불법적으로 직접 구매를 할 경우, 때에 따라 적발되어 '몰수' 당하거나 구매처의 자백을 요구당해 고문을 받을 때도 있었다. 여자 힘으로 아이 아홉을 키워 낸 한 여성은 고문을 당하면서도 구매처 농가의 이름을 말하지 않았다고 한다.[50)] 그것은 민족을 넘어선 그 농가에 온정을 느낀 민중적 연대가 있었기 때문이다. 이 여성은 고문보다도 "쌀을 몰수당하는 것이 괴로웠다"고도 회상하지만, 그것은 슬프게도 충분히, 아니 그 이상으로 강인하게 살았던 재일의 생활지상주의를 말해 주는 것이다.

그러나 전쟁 중에는 극도로 일손이 부족했기 때문에 징용만 피할 수 있으면 조선인이 살 수 있는 공간은 넓어졌다. 후에 기업가이자 역사 연구자가 된 한석희(韓晳曦)는 "어둠의 세계가 넓어지자 조선인은 발랄하고 건강해졌다"고 회고하고 있다.[51)] 그래서 사실 재일 중에 징용을 기피하는 자가 많았다. 1943년 12월 교토에서 징용 예비 검사를 실시했으나, 호출인 1,000명 중 출두한 자는 불과

---

49) 같은 책, 152-153쪽.

50) 金奉玉, 「回想: 大阪に生きたウリオモニ」, 『在日朝鮮人史研究』제34호, 21쪽.

51) 韓晳曦, 『人生は七転八起』(岩波書店, 1997), 57쪽.

650명이었고, 그중 꾀병을 주장하거나 혹은 인위적으로 병에 걸리려고 한 자가 실로 300명에 달했다고 한다.[52] 전쟁 협력을 거절한 것부터 도망까지 징용을 네 차례나 거부한 조선인도 있을 정도이다.[53]

이와 같이 생활지상주의에 살았던 재일 민중이 전쟁 말기가 될수록 일본의 패망을 염원하게 되는 것은 당연한 흐름이었다. 정부에서는 조선인의 협력을 적극적으로 얻기 위해 1944년 12월 '조선 및 타이완 동포에 대한 처우개선에 관한 건'을 내각 회의에서 결정했으나 효과는 거의 거두지 못했다. 조선에서는 귀족원의원과 중의원의원의 선출이 포함된 정치참여 부분에 대해 "유식자 층에서는 감격과 기대가 한가득 컸음"에 비해 일반적으로는 일부 특권계층의 정치적 야망을 만족시킬 뿐이라고 하여 관심이 희박했다. 오히려 "조선 대중의 궁핍한 실생활을 직시하고 이에 호응하는 대중적 정책 개선을 구현하는 것이야말로 결전하에서 가장 중요한 일임에도 비방적 언동을 하는 경향이 없다고 할 수 없는" 상황이었다.[54] 여기에서 '식민지 공공성'[55]에서 완전히 배제되어 있었던 민중의 모습을 그려 볼 수 있다. 식민지 공공성은 본래 과대평가되어야 할 것이 아니다.

일본에서의 반향은 잘 알 수 없지만 연일 공습을 당하며 조선에서 느끼는 것 이상으로 일본의 패전을 예감할 수 있었기 때문일까, 조선에서보다 훨씬 냉담하게 받아들였던 것 같다. 논픽션 작가 김일면(金一勉)은 당시를 다음과 같이 회고한다.[56]

> 지금이야말로 생명과 재산을 국가가 보장해 주지 않으면 훈장도 명예도 쓸모없다. 오직 한 줌의 쌀이나 감자를 바라는 것이고 누구나 일신일명의 안전을 바랄 뿐이다. 내일 목숨이 붙어 있을지 모르는 시절이었다. 이때에 던져진 '선거권 부여'와 '대우개

52) 赤沢史朗·北河賢三·由井正臣 編, 앞의 책, 153쪽.
53) 平林久枝, 「'記錄'ある在日1世の半生」, 『季刊三千里』제18호(1979), 110쪽.
54) 「朝鮮同胞處遇改善発表ニ伴フ反響ニ關スル件」(1945년 1월), 『集成』 제5권, 26-27쪽.
55) 윤해동, 「식민지 인식의 '회색지대': 일제하 '공공성'과 규율권력」, 『당대비평』13(2000). 후에 윤해동, 『식민지의 회색지대: 한국의 근대성과 식민주의 비판』(역사비평사, 2003) 출판.
56) 金一勉, 『1945年の原点』(三一書房, 1977), 52쪽.

선'—그것은 조선인에게 아랫배가 간지러울 정도에 불과했던 것이었다.

이와 같은 감상은 친일지식인 사이에서도 마찬가지였다. 친일파로 후에 민단의 간부가 된 권일(權逸)조차도 조선총독부 정무총감 엔도 류사쿠(遠藤柳作)나 육군중장 혼마 마사하루(本間雅晴) 등에게 "지금에 와서 '국정 참여'라니 말도 안 된다. 조선은 결국 독립할 것이기 때문에 일본으로서는 전쟁에 이기면 꼭 조선을 독립시킨다는 천황의 조칙을 즉시 발표해야 한다. 이것은 일본이 졌을 때 폭발할 조선인의 원한을 조금이라도 달래기 위해서 필요하다"는 건의서를 남몰래 전달했다고 한다.[57] 또한 "일부 유식자 센진 사이에서는 전후의 조선 처리 문제에 관해 전면적으로 논의되고 있다는 것을 알게" 된다.[58]

일반 민중들은 '조선 및 타이완 동포에 대한 처우개선에 관한 건' 중에서 '내지도항제한제도 폐지'[='일시귀선(歸鮮)증명제도'] 철폐에만 관심을 보였다. 1945년 3월 9일 도쿄 대공습(東京大空襲)이 일어난 후 공습에 대한 공포와 일본 패전에 대한 예감으로 일본인사이에서도 조선인사이에서도 '유언비어'가 격증했다. 도쿄 대공습을 전후로 1월부터 6월까지 '유언비어' 단속 건수를 비교해 보면 ① "내지인의 조선인에 대한 소문", ②"조선인의 내지인에 대한 소문", ③"조선인 사이의 소문"이 각각 12건→24건(41% 증가), 4건→5건(10% 증가), 13건→29건(48% 증가)으로 늘어났다. ①은 공습에 편승해 조선인이 "적국 측의 모략공작을 실행한다든지 분적(奔敵) 또는 반역 행위를 한다"든지 하는 종류의 것이고, ②는 "전국(戰局)의 부진과 관련해 내지인을 멸시 또는 무능시한다"는 것이다. 그리고 ③은 "공습에 관한 것" "도주 내지는 도피적 귀선에 관한 것" "이적(利敵) 또는 분적에 관한 것" "패전 필지" "비상사태하에서 내지인의 살해를 억측하는 것" 등이다.[59] 조선인 사이에서는 "극히 전의가 저조하고 오로지 자기 본위로 하여 패

---

57) 權逸, 『權逸回顧錄』(育英出版社, 1987), 75-76쪽.

58) 「戰局の推移に伴ふ在住朝鮮人の動向」, 『特高月報』(원고 1945년), 『集成』 제5권, 506쪽.

59) 「流言蜚語取締狀況」, 같은 책, 504쪽.

전 염전(厭戰)사상이 점차 보편화되어 가는" 가운데, 일본인은 그러한 조선인에게 '스파이'나 '이적' '분적'의 모습을 읽어 내고, 거꾸로 일본인을 멸시하기 시작한 조선인에 대한 증오감을 키워나갔다. 그 결과 "일부 내지인 사이에서는 간토대지진의 조선인 문제와 공습을 한데 묶어 마치 조선인 전체가 외첩(外諜) 전사로 활동하고 있는 것처럼 억측"하여 "일부 조선인의 신경을 불필요하게 자극해 그들을 동요하게" 만들었다.[60] 김일면도 본토 결전이 실행되면 간토대지진의 조선인 학살이 재현되는 것은 아닌가 하는 공포에 떨었다고 한다.[61] 이리하여 조선인 사이에서는 공포가 확산되어 '일시귀선증명제도'의 철폐를 환영하며 '귀선열(풍)'이 확산되었고, 3월에서 5월 사이에 피폭 지역의 '귀선자'는 2만 2,468명에 달했다.[62]

한편 전쟁 말기, 수송 수단도 용이하게 마련할 수 없는 가운데 '귀선'은 매우 곤란한 상황이었기 때문에 다른 한편에서는 소개(疏開)도 '귀선' 이상으로 늘어났다. 5월 말까지 조선인의 소개는 22만 3,022명에 달했다. 그러나 그들 대부분이 "전의가 저조하고 전쟁회피 내지는 방관적 기운이 농후"했기 때문에 오히려 지방에서는 혐오되어 배척당하는 상황이었다.[63]

조선인의 '전의저조'는 근로 면에도 나타나 "일반적으로는 근로 의욕이 매우 낮아지게" 되었다. 7월 10일 오사카 대공습 이후에는 오사카부 산하의 공장의 조선인 공원 출근율은 일본인 공원의 64%에 비해 49%밖에 되지 않는다.[64] 또한 '이입'(移入)노동자(소위 강제 연행노동자)의 도주도 급증했다. 1939년 이후의 '국민동원계획'으로 '이입'된 노무자는 이미 1943년 6월 현재 30여만 명을 상회해 그중 36%에 상당하는 10만 9,185명이 도망쳤다.[65] 또한 1945년 1월부터 3월

60) 같은 책, 506-507쪽.
61) 金一勉, 앞의 책, 37-39쪽.
62) 「戰局の推移に伴ふ在住朝鮮人の動向」, 앞의 책, 506-508쪽.
63) 같은 책, 509쪽.
64) 같은 책, 507-508쪽.
65) 內務省警保局保安課, 「治安狀況に就いて」(1944년 1월), 『集成』제5권, 16쪽. 덧붙여 도망자 가운데 적발된 자는 11%에 달하는 1만 1,750명이고, 대부분이 도망치는 데 성공했다.

까지의 짧은 기간에 2만 3,268명이 도망쳤다. 이것은 그때까지의 '이입'노동자 도망 수의 16%에 이른다.[66] 틀림없이 공습의 공포가 조선인 노무자의 도주에 박차를 가했을 것이다. 노동 기피와 노무 도주는 심각한 사태에 빠졌다. 이것 또한 암거래와 더불어 재일 민중의 소박한 저항의 하나로 자리 매김했다고 할 수 있다.

'전쟁 방관적 패전적 태도'는 당시 재일조선인 일반에 확산되어 있었다고 봐야 한다. 가족을 조선이나 지방으로 소개시킨 조선인은 "불안감 초조감보다 자포자기적 찰나적으로 되어 유타 안일에 빠지기 쉬운 본성을 드러내, 일부 재산을 가진 센진은 가격의 여부를 묻지 않고 주식(酒食)을 구하고 향락을 탐하려는 경향을 볼 수 있게" 되었다고 한다. 오사카 이마자토신치(今里新地)에서는 '유객'의 70%가 조선인이고 한 명의 하룻밤 유흥비가 1,000엔보다 적지 않다고 한다. 일본인보다 많은 수의 조선인 예기(藝妓)·창기(娼妓)가 그만두고 첩이 되는 경우가 많았고(落籍) 도박에 탐닉하는 경향도 늘어났던 것으로 보인다.[67] 원래 모든 재일조선인이 빈곤했던 것은 아니다. 친일협력자 중에는 부유한 자도 있고 전시하에서 암거래로 재산을 모은 자도 있었다. 당국의 보고에 과장과 편견이 작동되고 있는 것으로 보이나 단순히 부유한 자뿐 아니라 친일협력자 중에서도 더 이상 일본의 승리에 기대를 걸지 않는 자들이 연이어 나타난 것으로 보인다.[68]

이와 같은 상황에서 조직적인 움직임도 나오게 된다. 민족주의자와 사회주의자들의 치안 유지법 위반에 얽힌 사건은 청일전쟁하에서 꾸준히 발생하고 있

---

66) 「戰局の推移に伴ふ在住朝鮮人の動向」, 앞의 책, 508쪽.

67) 같은 책, 510쪽.

68) 그러나 상층의 친일협력자는 최후까지 일본에 충실했다. 일본의 패전을 확신하고 있었던 권일은 협화회의 후신인 흥생회(興生會)의 간부로 "활개를 쳤다"[金鍾在, 『渡日韓國人一代』(圖書出版社, 1978), 120쪽]라고 하고, 본토 결전을 위해 지하공장을 만드는 일심회(一心會)의 간부로서도 이름을 올렸다. 또한 후에 민단의 간부가 된 김종재(金鍾在)는 어쩔 수 없이 흥생회 보도원을 맡아 찰나적으로 "조선인 집락을 돌아다니면서 밤에는 술자리를 즐기고 있었다"고 하지만, 다른 한편에서는 계약 기간이 만료된 '이입' 노동자의 동요를 잠재우기 위한 설득공작으로 나가사키(長崎) 원폭 투하 당일까지 종사했다고 솔직하게 말하고 있다(같은 책, 121쪽). 상층 친일협력자의 제국주의 권력과의 타성적 유착 관계를 확인할 수 있다.

다. 박경식(朴慶植)의 연구에 자세히 나와 있지만[69] 단지 당국의 과민성 때문에 날조된 사건도 많았던 점을 생각하면 과대평가할 수는 없다. 당국은 '민족적 불온분자에 대해서는 사전에 시찰 내정을 엄중히 하고 단속을 가해 준동(蠢動)의 여지를 없앨 것'을 지시했다.[70] 그 결과 일반조선인이 독립을 담의(談議)한 정도가 치안 유지법 위반인 모의로 적발되는 경우가 적지 않았고 학력도 보통학교·소학교 졸업 정도인 자가 많이 체포되었던 것이 특징이었다. 예컨대 1945년 4월에 치안 유지법 위반으로 검거된 오인상(吳仁象) 외 다섯 명의 경우는 미군 상륙시 조선인의 투쟁 방법을 모의한 죄를 물었지만 오인상 자신은 고등소학교밖에 나오지 않았고 지석[砥石, 숫돌—옮긴이] 제조 직인이었다. 다른 4명도 모두 자동차 운전기사로 한 명은 중학교 중퇴이고 나머지는 모두 보통학교 졸업의 학력밖에 되지 않았다. "상호 민족의식의 고양을 도모하고, 독립에 관한 모의를 행하는 등 불온책동을 한 사실"이 문제가 되었지만 단순히 일본 패전 시에 "일본에 사는 조선인은 어떻게 일본인과 싸워야 하는가"에 대해 이야기를 나눈 것에 지나지 않았음이 명백하다. 또한 도시샤(同志社)대학 출신인 한석희는 시인 윤동주가 관련된 '교토 조선인 학생그룹 사건'이 날조이며 남동생의 친구가 관련된 치안 유지법 위반 사건도 날조되었다고 증언하고 있다.[71]

그러나 독립운동을 구성하려는 것과 같은 논의가 아니라고 해도 단순한 유언비어를 넘어선 독립 담의가 활발해졌던 것은 틀림없다. 그것은 전쟁 상황이 악화됨에 따라 점차 두려움에 빠져드는 당국을 더욱 신경질적으로 만들기에 충분했다. 그리고 이와 같은 독립 담의는 해방 후에 신속히 조련 조직이 밑에서부터 구축되어가는 전제 조건이 되었다고 할 수 있다.

69) 朴慶植, 『在日朝鮮人運動史: 8·15解放前』(三一書房, 1979), 315-338쪽.
70) 内務省警保局, 「朝鮮人の指導取締に就いて」, 『集成』제5권(1943), 14쪽.
71) 韓晳曦, 앞의 책, 64-65쪽.

3. 청소년·학생에서의 민족 갈등

조선 내에서와는 다르게 재일 조선 아동은 항상 소수파로 존재했다. 그들은 조선 내의 아동과는 비교할 수 없을 정도로 강렬하게 민족 차별을 받게 된다. 여기에서 그들이 학교에서 어떤 생활을 보냈고 주위에서 그들을 어떻게 보고 있었는지는 흥미로운 문제이다. 여기서는 먼저 조선 아동에 대한 교육 방침과 그들의 생활 상황을 서술한 시모노세키(下關)의 한 소학교의 보고서를 보자.[72)]

이 학교의 조선 아동 교육 방침은 당연히 황민화였다. 보고서는 다음과 같이 말하고 있다.

> 그들(조선 아동)의 중심에 불을 붙여 더욱 가열차게 태우는 근본의(根本義)가 가장 중요하다. 중심점이란 그들 어린이들 가슴 속에 우리는 일본인이고 일본의 어린이라는 말하자면, 일본혼의 싹을 이식하고 싹을 키우고 씨를 뿌리는 것이다. 강고한 자각과 신념에 대한 지향을 배양하고 이양하는 작업이다.

조선 아동이 일본인이라는 것을 의심 없이 자각하는 것, 그것이야말로 이 학교 조선 아동 지도의 지상 방침이었다. 보고서는 "극단적으로 말하면 성적이 좋고 나쁨은 다음 문제다"라고까지 단언하고 있다. 그래서 아동은 물론 "센진 가정의 분위기를 완전히 일본적인 것으로 충만하게 하는" 것이 중요하다는 것이다.

사실 조선 아동의 생활 태도는 학교 당국에서 보면 성적을 포함해 도저히 만족할 수 있는 것이 아니었다. 학습 태도는 무기력하고 열심히 하지 않으며 면학심이 부족하고 적극성이 결여되어 있고 나태하며 예습·복습을 하는 자는 거의 없고 참고서를 가진 자도 거의 없는 상황이었다. 따라서 성적도 좋을 리 없었고 각 학급에서 3분의 1에서 4분의 1 이하는 결석하는 것이 일반적이었다고 한다. 또한 언어 성정(性情) 측면에서 일본어가 부자유스럽지는 않으나 야비하고

72) 下關向山校, 「半島児童教育所感」(1938), 小沢有作 編, 앞의 책, 328-337쪽.

천박한 언어 사용이 많으며, 고집이 센가 하면 경솔하고 부도덕한 행위를 아무렇지 않게 하고 수치심이 없으며 사물을 존중하지 못하고 경건·보은·감사·예의 등의 미덕이 결여되었고 도벽도 많다 등으로 되어 있다. 마치 내세울 점이 하나도 없는 것이 조선 아동인 듯하다.

분명 이와 같은 평가는 다분히 민족적 편견에 근거한 것이다. 사실 나고야(名古屋)시의 한 소학교에 다닌 조선 아동의 성적을 조사한 어느 검사의 말에 따르면, 그들은 어학 핸디캡을 뛰어넘고 성적이 비교적 양호하며 "지능은 정말 주목할 만하다".[73] 그러나 전부 편견이라고 할 수는 없다. 이 학교의 조선 아동 가정은 대부분이 하층 노동자이고, 그중에는 넝마주이상을 하는 자도 있어 빈곤하며 아이도 많았다. 또한 한 집에 여러 가족이 살고, 집은 단순히 잠만 자는 곳이다. 이와 같은 경우의 아이들에게 양호한 성적을 바라는 것은 오히려 가혹한 것이며 어느 정도의 '불량화'는 어쩔 수 없는 것이라 해야 할 것이다. 게다가 학교생활에서 민족 차별은 일상적으로 피할 수 없었다.

김달수는 소학교 시절 "야이, 초센진!"이나 "어이, 삼한정벌이다!"라는 말을 들을 때마다 상처를 받았다. 그래서 그렇게 시비를 건 사람과 싸움을 벌이고 이를 계속해야 했기 때문에 "난폭한 놈 김"이라고 불리게 되고, '품행'(조행: 操行) 성적은 갑의 성적을 받을 수 없었다고 회고하고 있다.[74] 고사명도 '김치'를 도시락에 가져갔더니 마늘 냄새가 역하다며 비난받은 것에 화가 나서 반 아이를 때린 것이 계기가 되어 "갑자기 비뚤어져" 갔다고 회상하고 있다.[75] 오림준에 따르면 일본인 '불량'을 상대로 조선인 '불량'이 싸우는 일은 실제로 자주 있었지만 일본인 '불량'은 종종 '하층의 피해자'이고, 그러했기 때문에 조선인에 대해 더욱 차별적, 폭력적이었다고 한다.[76] 이른바 억압 이양의 논리이다. 물론 권력을 가진 교

73) 「名古屋合同勞働組合關係治安維持法違反事件に連座せる朝鮮人に關する若干の調査及之より見たる内地在住朝鮮人に対する思想対策に就いて」, 『集成』제4권(1939년 6월), 1153쪽.
74) 金達壽, 앞의 책, 69, 79쪽.
75) 高史明, 앞의 책, 142-146쪽.
76) 吳林俊, 앞의 책, 54-55쪽.

사가 차별자, 폭력자였던 경우도 드물지 않다. 살인을 저지르고 민족 차별의 문제성을 주장한 김희로(金嬉老)는 항상 "초센진! 야만인!"이라는 욕설을 듣고 눈물을 흘리거나 싸워, 결국에는 교사의 부당한 폭력 때문에 소학교를 중퇴해야 했던 무거운 과거를 고백하고 있다.77)

그러나 그럼에도 그들은 황민화 교육 앞에서는 무력했다. 전시체제기에 들어갈 즈음 이미 소학교를 마치고 성년을 눈앞에 둔 김달수는 예외로 하더라도 나머지는 모두 하나같이 황국 소년이었음을 고백하고 있다. 고사명은 입학이 매우 어려운 전차학교에 입학한 알고 지내는 조선인 청년이 전교생도의 앞에서 군복으로 몸을 감싸고 영광스럽게 인사를 했을 때, 그 모습에 "마음의 위로"로 삼았다고 말하고 있다.78) 김희로도 "초센진, 초센진이라는 소리를 들으며 비참한 대우를 수없이 받으면서도 내 머릿속을 가득 채우고 있었던 것은 군신(軍神)이 된 니시즈미 고지로(西住小次郎) 전차대장 혹은 폭탄3용사, 난고(南郷) 소좌(少佐), 도고 헤이하치로(東郷平八郎)와 같은 군인, 다시 말하면 군신이라고 일컫는 사람들"이었다고 한다.79) 오림준에 이르면 "조선인이라도 잘되면 저 금줄이 들어간 금장을 달고 군도를 허리에 차고 게다가 일본인에게 존경의 눈길을 받을 수 있다! 그렇게 되면 더 이상 그 녀석들에게 괴롭힘 당할 일도 없다"는 생각에 1938년에 시작된 육군특별지원병제도에 지원해 군대에 들어갔다. 그 일로 어머니는 "아이고 이 미련한 놈, 이 불효자식 …… 하나뿐인 아들이 왜놈을 위해 죽는다니"라며 한탄하고 슬퍼한다.80)

해방 후 자타가 민족주의자로 인정하는 사람들 중에는 당시를 회고하며 "일본인과 조금도 다르지 않은 황국 소년"이었다고 말하는 자가 많다. 조선 근세 문학 연구자인 최석의(崔碩義)의 경우는 어머니의 반대로 결국에는 실현되지 못했지만 육군항공예과사관학교를 지원했다. 그는 "강제였다고는 해도 천황을 숭배

77) 金嬉老公判対策委員會 編,『金嬉老の法廷陳述』(三一書房, 1970), 14-15쪽.
78) 高史明, 앞의 책, 203-204쪽.
79) 金嬉老公判対策委員會 편, 앞의 책, 18쪽.
80) 吳林俊, 앞의 책, 55-56, 90쪽.

한 일제시대의 일은 자신에게 악몽이다"라고 말했다.[81] 또한 해방 후 조련과 일본 공산당민족대책부에서 활동하게 되는 김을성(金乙星)은 할아버지에게 애국심을 배웠지만, 동시에 소학교 시절에 받은 군국주의 교육의 영향이 강해 징용보다 군대가 나을 것으로 판단하고, 육군에 지원해서 대륙으로 건너갔다. 그는 조선에서 징병된 조선인에게 지원은 "조국·조선에 반역하는 것"이라고 들었지만 당시에는 그 의미를 생각할 수 없었다고 한다.[82]

이와 같이 차별로 고통받는 재일 소년에게 황민화는 피할 수 없는 현실이었다. 그러나 차별에서 도망치기 위해서 황민임을 내면화하려고 한 것 자체가 심상치 않은 정신적 갈등이었으며 아주 심한 고통이었다. 중학교까지 진학, "굴절된 군국 소년"이었다고 하는 박사갑(朴四甲)이라는 인물은 "그 당시 조선인이 인간으로서 대우받지 못했던 시대에 이 중압을 이겨내는 길은 전장에서 죽는 것밖에 없다고 생각했다. …… 딱히 천황을 위해서가 아니라 일본을 위해서도 아니고 내가 전쟁에서 죽음으로써 할아버지와 사촌형 그리고 다음 세대의 조선인이 일본에서 대등한 인간으로 대우받게 된다. 소박하게 그렇게 생각했다"고 말한다.[83] 자신의 목숨을 버릴 각오까지 이르렀던 이 인물의 증언은 민족 차별이란 것이 소년의 정신에 얼마나 아픈 상처를 주었으며 동시에 실제로 황민의 내면화가 가능하지 않았음을 보여 주고 있다.

과대평가할 수 없지만 전쟁 말기가 되면 민족 독립을 의식하기 시작한 국민학생까지 나타나 당국을 놀라게 하기에 이른다.[84] 오사카부의 어떤 학교에서는 고등과 2년생을 중심으로 7명의 생도가 '조선 독립연맹'이라는 단체를 만들고 종종 5년생 이하의 아동을 모아서 독립 의식을 고취하는 등의 사건이 세 차례 발각되었다. 다른 한 국민학교에서도 "선생은 저렇게 말하지만 일본은 진다"고 말한 조선 아동이 여러 차례 나타나고 있다. 또한 나고야에서는 고등학교과 2학

81) 崔碩義, 『在日の原風景 : 歴史·文化·人』(明石書店, 2004), 35, 37쪽.
82) 金乙星, 『アボジの履歴書』(神戸學生青年センター出版部, 1997), 11, 25-26쪽.
83) 朴四甲, 「わたしは軍國少年だった」, 前田憲二·山田昭次他 編, 앞의 책, 80쪽.
84) 「國民學校に於ける朝鮮人児童の要注意動向」, 『特高月報』(원고 1945), 앞의 책, 512-513쪽.

년 생도를 중심으로 시내의 국민학생과 중학생 10명이 때때로 모여 독립을 논의한 사건이 발각되었다. 어디까지나 '유치'한 사건이지만 당국은 첫째, '가족의 사상적 영향'과 둘째, '학교의 아동 간 차별 의식'을 이유로 들고 있다. 전쟁 상황의 악화가 황민화의 내면화는커녕 급격히 반항 쪽으로 방향을 바꾸는 아동을 만들어 냈다는 사실이 가지는 의미를 생각해 봐야 한다.

실은 육군특별지원병제도에 대한 재일조선인의 반응은 복잡했다. 조선에서는 강제로 실시되었고 대부분 소작농의 자제가 생활고 때문에 지원병에 응했다는 사실이 밝혀졌다.[85] 강제성으로 말하자면 재일도 같은 상황이었다. 당국은 재일조선인 자제가 많이 응모한 것에 대해 "국민적 열정의 표징"이라든지 "황국신민에 대한 자각을 견지하고 있다"고 하면서도 "거꾸로 이런 현상을 그 이면에서 통찰하면 지원병이 마음 깊숙한 곳에서 자발적으로 지원하려고 하는 경우는 드물고 강제적으로 권유받았기 때문에 어쩔 수 없이 응모하게 된 자가 대부분을 차지하며 특히 유식자는 오히려 이것을 기피하고 있는 것과 같은 상황조차 발견할 수 있다"고 솔직하게 말할 수밖에 없었다.[86] 이것은 소학교와 중학교를 마치고 사회에 나가 '내선일체'의 차별적 현실을 더욱 실감하고 혹은 고등학교 등에 진학해 그 기만성을 논리로 깨닫게 된 결과이며, 지원 적령기가 되면 황민의 내면화가 점점 어려워지게 된다는 것을 시사하고 있다. 오림준과 김을성의 경우는 분명히 자발적인 지망이었던 것으로 보인다. 그러나 거기에도 자신이 본래 속해야 한다고 의식하는 민족 사이에서 어떠한 형태로든 갈등이 있었던 점을 인정해야 한다.

1943년부터 실시된 징병제가 시행될 때에 유식 청년의 기피는 더욱 명확해진다. 당국은 "대학·고등 전문학교의 학생층은 '자신을 반성한 결과 자기들은 황군으로 출정하여 전선에서 폐하의 만세를 외치고 몸을 바칠 수 있는 심경에 아직 도달하지 못했다'라고 하면서, 아직 민족의식적으로 명확하게 결단을 내리

---

85) 宮田節子, 『朝鮮民衆と'皇民化'政策』(未來社 1985), 63-69쪽.

86) 「內地在住朝鮮人運動」(1941), 內務省警保局, 『社會運動の狀況』, 『集成』제4집, 668쪽.

지 못하는 고민을 구실로 대는 자도 있었다"고 보고한다.87) 강덕상(姜德相)은 징병제와 거의 동시에 시작되었던 소위 조선인 학생 출진도 마찬가지로 얼마나 강제적으로 실행되었는지 그리고 학생들이 민족의식을 가진 것 때문에 얼마나 고민했는지를 밝히고 있다.88) 같은 학생 출진이라도 확실히 조선에서 온 유학생과 일본 정주 조선인 사이에는 민족의식의 정도에 차이가 있었던 것 같다. 학생 출진을 했던 한석희는 유학생 집단에게 "너희들은 도대체 어째서 그렇게 신이 나 있는 것이냐. 너희들에게는 어떤 피가 흐르고 있는 거냐"고 비판받고 민족의 역사를 들으며 "민족에 대한 깨달음"을 느꼈다고 한다. 그러나 학생 출진에서 도망치려고 심각하게 고민한 것은 유학생 집단과 마찬가지였다. 그도 강제적으로 지원했던 것이다.89) 그도 역시 황민을 내면화할 수 없었던 것이다.

이렇게 해서 문제를 대학생의 정신세계의 양상을 탐색하는 것으로 이동해 보자. 박경식은 일찍이 대학생이 어떻게 민족운동을 전개했는가에 대해서는 밝히고 있다.90) 그러나 그것은 민족주의자와 사회주의자들의 치안 유지법 위반에 관련된 사건과 다분히 중복되고 있고, 앞서 지적한 바와 같이 날조된 사건도 많았던 것으로 생각된다. 고준석(高峻石)의 자전은 대학생들의 마르크스주의적 민족운동의 모습을 회상한 것으로서 귀중한 의미가 있다.91) 그렇지만 고준석에게도 연애가 있었고 생활이 있었으니 운동만 하고 있었던 것은 아니었다. 학생들은 일상적으로 어떤 생활을 보내고 있었던 것일까.

1939년 5월 12일 조선총독 미나미 지로(南次郎)가 도쿄에 왔을 때 중앙협화회·도쿄부 협화회·도쿄부 3자의 주최로 사립대학 관계자도 참석해 학생문제 간담회가 열렸다.92) 그에 따르면 도쿄의 대학에 통학하는 학생의 6,500명 정도

87) 「内地在住朝鮮人運動」(1942), 内務省警保局, 같은 책, 887-888쪽.

88) 姜德相, 『朝鮮人學徒出陣』(岩波書店, 1997).

89) 韓晳曦, 앞의 책, 67-79쪽.

90) 朴慶植, 앞의 책, 315-337쪽.

91) 高峻石, 『越境 : 朝鮮人·私の記錄』(社會評論社, 1977).

92) 「在日朝鮮人運動日誌」, 内務省警保局, 『特高月報』(1938년1월~1942년12월), 『集成』 제4권, 1038-1039쪽; 「在東京朝鮮人學生の概況と學生指導問題懇談會の狀況」, 『高等外事月報』 제1

는 전문 통학생으로 중간 계급 이상인 자이고, 1,500명 정도는 고학생이었다고 한다. 각 대학 사정은 다음과 같았다고 한다. 먼저 호세이(法政)대학 관계자는 조선인 학생은 "내지인 학생"과 잘 지내지 못하고 "만주와 중국(滿支)학생"과 비교해 솔직함이 결여되어 있어 일반적으로 "비뚤어짐"이 많다고 보고한다. 컨닝을 하는 학생의 90%가 조선인이라고도 말하고 있다. 니혼(日本)대학 관계자도 조선인 학생에 대해 우수한 자도 있고 일류 회사에도 입사하고 있지만 그는 10% 정도에 지나지 않으며 30%는 불량학생이고 조선인끼리만 모이는 경향이 있다고 보고하고 있다. 또한 열등학생은 시기심(猜疑心)이 강하고 취직이 되지 않는다는 이유로 "비뚤어짐"을 가지고 있다고도 말한다. 와세다(早稻田)대학의 경우도 호세이대학·니혼대학과 큰 차이가 없으며 성적은 대체로 나쁘고 비교적 공부를 잘 하는 학생은 사상문제, 민족문제를 말하는 경향이 있고 잘 못하는 학생은 싸우고 술 마시고 도망치는 자가 많다고 보고하고 있다. 메이지(明治)대학에서는 37년도 법학부 우등생의 1, 2등이 조선인이었지만 역시 조선인은 "대체로 일반적 수양이 부족하고 마음가짐이 명랑하지 않은 듯이 보인다"고 한다.

이상과 같이 조선인 학생의 평판은 좋지 않았다. 물론 이것에는 으레 그렇듯이 일본인의 편견이 크게 작용하고 있다. 그러나 전부가 편견에 지나지 않는다고 치부할 수는 없다. 당시 와세다대학의 학생이었던 한 재일조선인은 "유학생 대부분은 조국 조선에서 단 한 줌밖에 되지 않는 혜택받은 가정의 자제이고 와세다에 유학하고 있었던 많은 유학생이 충분한 생활비를 송금받으며 노는 데 정신이 팔려 있었다. …… 누구나 사치에 익숙해져 그것 외에는 청춘의 사용법을 몰랐다"고 회상하고 있다. 1년에 한 번 열리는 조선인의 학생 집회에서 이러한 현상에 분노를 감추지 못하고 "왜 당신들은 조국 조선의 동포 청년의 괴로움을 보려고 하지 않는가"라며 한바탕 주장을 펼친 학생이 있었으니 이 인물이 바로 고준석이었다고 한다.[93)]

號(1939년 7월분, 不二出版 복간, 1988), 29-32쪽.

93) 沈光子, 「轍の跡に」, 『ウリ生活』第5號(1989), 74-75쪽.

그의 주장은 마르크스주의적 민족주의자로서 당연한 목소리이기는 했다. 그러나 전시체제기의 현실은 지식을 가지고 세상에 서려고 하는 뜻을 가진 조선인 학생에게 한없이 답답한 것이었다. 면학에 힘쓰더라도 취직할 수 있는 전망이 있는 것도 아니었다. 실제로 1942년에 조선장학회에 취직 알선을 신청했던 학생 1,229명 중 취직한 자는 515명으로 취직률은 42%밖에 되지 않았다.94) 또한 취직이 됐다고 하더라도 그곳에서도 불합리한 차별을 받았다. 대학에서 배운 지식을 살릴 장소를 쉽게 전망할 수 없었던 그들이 면학 의욕이 떨어져 불량 행위로 치닫게 되었다는 점은 어느 정도 수긍할 수 있는 일이다. 일본인 대학 관계자는 그것을 "비뚤어짐"으로 치부해 버렸지만, 이 부분에서야말로 아무리 황민화 교육을 받아도 무의식적으로 내셔널한 것을 갖게 되는 조선인 학생의 고뇌를 볼 수 있다. 그들은 엘리트를 지향하면서도 도저히 엘리트가 될 수 없음을 알고 있었다. 그들의 불량 행위라고 하는 것도 어떤 종류의 저항하는 모습이었다고 할 수 있다.

조선인 학생의 미래는 정말 '대학은 나왔지만' 우울한 세계였다. 그러나 그래도 일본사회에 영합하면 살아갈 수 있는 장소는 얻을 수 있었다. 방탕한 동포 학생에게 한바탕 자기주장을 펼치고 학생운동을 해서 체포되어 '불령[不逞, 당시 경찰들이 조선인 사상가들을 폄하해서 부르던 말－옮긴이]센진'이 된 고준석에게도 취직자리는 있었다. 그는 임금 차별을 받으며 연구소에서 근무한 후에 일본인으로 위장해 『주가이(中外)상업신문』[현재 『니혼게이자이신문』(日本經濟新聞)]에서 일했고, 조선인이라는 사실이 발각된 후 또 다른 연구소를 거쳐 총독부의 어용신문인 『경성일보』에 일자리를 얻었다. 처자식을 부양하기 위해서였다. 그는 조선인으로 보이지 않기 위해서 일본어 회화와 문장을 꽤 많이 공부했다고 한다. 그리고 『주가이상업신문』 시절에는 출신 고향을 숨기기 위해서 조선인 친구의 방문을 거부하기까지 했다고 한다. 그 일로 그는 "자신이 조선인 사회에서 점점 소외되어

94) 朝鮮奬學會, 「資料 昭和17年度事業概要」, 『在日朝鮮人史研究』 제24호(1994), 112, 115-116쪽.

가는” 것을 느끼지 않을 수 없었다. 고준석은 민중과 민족을 위해서 싸우려고 했지만 그처럼 일본인화되는 것은 대부분의 조선인 그중에서도 특히 일반 민중에게는 어려운 일이었다. 그는 서울에서 해방을 맞아 많은 민중과 함께 환희했으나 “일본 제국주의의 ‘분뇨구덩이’에서 겨우 막 기어올라 온 자신의 비참한 모습 때문에 이 사람들과 터놓고 어울릴 수 없다는 기분에서 벗어날 수 없었다”고 한다.[95] 그것은 자신이 마음속으로 의도한 바는 아니지만 ‘식민지 공공성’ 안에 몸을 두었던 자의 소외감이며 ‘식민지 공공성’의 반민중적인 본질을 충분히 말해 주고 있는 것이다. 민중의 편에서 말하자면 소외되고 배제된 것은 다름 아니라 민중 자신이었다는 것이다.

그렇다면 해방 후에는 재일사회에서 이러한 지식인과 민중의 관계는 어떻게 변해 갔을까. 그것이 다음의 과제이다.

III. 해방 후 민족과 생활 : 지식인·활동가와 민중의 갈등

1. 해방과 조련의 활동

8월 15일은 조선인에게 잊을 수 없는 날이다. 많은 재일조선인은 이제야 죽음의 공포에서 벗어나 독립을 기대할 수 있게 되었다고 쾌재를 불렀다. 위에서 언급한 전 조선대학교 교수인 김철앙의 술회[96]는 인상적이다. 그는 ‘옥음 방송’(玉音放送) 전날, 교사에게서 본토 결전을 위한 특별 훈련(폭탄을 들고 미군 전차에 돌진하는 훈련)을 받게 되었다는 말을 듣고 분통하다는 생각을 하며 걷고 있을 때,

95) 高峻石, 앞의 책, VI-IX참조.

96) 金哲央, 앞의 증언.

'옥음 방송'을 듣고 울고 있는 소학교의 한 무리의 울음소리를 들었다. 이것으로 일본의 패전을 알게 된 그는 "너무 기쁜 나머지 속으로 마음껏 '만세'를 외쳤다"고 한다. 그날 그가 살고 있던 아이치현 쓰구무라(愛知県 津具村)에서는 봉오도리를 춰야 하는지 말아야 하는지를 둘러싸고 찬성파 젊은이와 반대파 장로들이 논쟁를 벌였는데 결국 저녁 6시에 야구라다이코(櫓太鼓)가 '덩'하고 울리자 여기저기에서 '와아'하는 함성소리가 울려 퍼졌다고 한다. 그것은 실로 평화의 환성이었다. 일본인에게도 8월 15일은 안도의 날이었던 것이다.

그러나 조선에 사는 조선인은 물론 재일조선인에게도 8월 15일은 새로운 고난이 시작된 날이기도 했다. 경보국 보안과는 8월 말의 상황을 다음과 같이 보고하고 있다. "많은 재주 조선인은 이번 전쟁의 종결을 기뻐하고 특히 집단 이입 조선인은 만세를 외치고 혹은 술이 있으면 건배하고 싶다는 등의 의향을 표명했다."[97] 많은 재일조선인에게 일본의 패전은 틀림없이 해방으로 받아들여졌다. 그리고 "집단 이입 조선인 약 28만 명은 대부분 하루라도 빨리 귀선을 희망했고, 일반 재주자 중에는 계속해서 재류를 희망한 자가 상당수 있어 재주자 총 193만여 명의 과반수가 내지 재류를 희망하지 않은 것으로 사료된다"고도 말한다.[98] 거의 사기를 당하듯이 혹은 강제로 끌려온 일본에 아무런 생활 기반이 없는 '이입' 노동자가 즉시 귀국을 원한 것은 당연하지만, 그에 비해 재주 조선인의 경우는 반드시 귀국을 희망한 것은 아니었다.

지바현(千葉縣)에서는 각 경찰서에 조선인 동향을 조사시켰다. 그를 보면 "앞으로 조선이 생각처럼 평탄하지는 않을 것이다"든지 "지금 귀선해도 영미중소의 속국이 될까 우려해 오히려 현재까지 고락을 함께한 내지에 머물러 부흥에 협력한다"든지, "현재 이상으로 조선은 어려운 입장에 몰릴 것으로 생각되며 가능하면 이대로 내지에 머물도록 해주길 바란다" 등[99]과 같이 조선의 장래에

97) 「戰爭終結に關する廟議決定前後に於ける治安狀況」(1945년 8월 26일), 粟谷健太郎 編, 『資料日本現代史』제2권(大月書店, 1980), 33쪽.

98) 같은 책.

99) 千葉縣警察部特別高等課, 「昭和20年·內鮮報告類編冊」(1945년 8~10월), 『叢書』제13권, 11, 16,

대한 비관 때문에 일본 재주를 희망하는 자가 많았던 것 같다. 혹은 “결국 미소의 속국이 될 것이고 독립하게 된다면 나는 일본에 귀화할 생각이다”라든지 “일반 조선인은 이제야 겨우 일본인과 서로 정이 통해 사이좋게 지낼 수 있게 되었는데 다시 또 그들과 새로 살아야 하다니 정말로 싫다”든지 “조선이 독립해도 귀선하고 싶지 않다. 귀선 명령이라면 어쩔 수 없지만 일본의 흙이 되고 싶다” 등[100]과 같이 친일적인 논리에서 일본 재주를 희망한 자도 있었다.

친일적인 논의는 별개로 하더라도 정주 조선인 중에서 조선의 장래에 대한 걱정 때문에 귀국을 단념하려는 자가 적지 않았던 것은 다른 지역의 보고에서도 나타난다. 예컨대 홋카이도(北海道), 야마나시(山梨), 도치기(栃木) 등에서 확인할 수 있다.[101] 전쟁 종료와 해방의 기쁨이 순식간에 지나가고 사람들은 복잡한 심경을 가졌던 것으로 보인다. 도치기현의 보고에는 “식량 등 비교적 좋은 조건에 놓여 있었던 지방 재주자 등은 이후 어떤 경우가 있어도 정착하는 것이 최선이라는 태도를 보이고 있다”고 하여 당연한 이치이지만 비교적 여유 있는 지역에서 여분의 재산이 있는 자에게 이러한 경향이 강했던 것을 알 수 있다. 또한 지식인층에도 그와 같은 경향이 강했던 것을 확인할 수 있다. “대부분의 반도인 유식자는 어디까지나 내지에 머물며 생업을 계속하는 것을 최선으로 하고 있지만 일부에는 불온한 요주의 언동을 내뱉는 자가 있다”[102]든지 “일반적으로 귀선을 희망하는 유식자층에도 귀선 후의 압정 및 곤궁의 가중을 고려해 내지 잔류를 희망하는 자가 있음”[103] 등과 같은 관헌 사료를 찾아볼 수 있다. 잔류 희망자는 민족주의자에도 친일협력자에도 있었던 것으로 보이나 후자의 경우는 더욱 복잡했다. 권일은 당시의 심경을 “해방의 기쁨도 한순간이었고 나는 복잡한 마

216쪽.

100) 같은 책, 39, 49, 83쪽.

101) 「治安情勢 憲兵司令部」(1945/08/ 20~09/01), 粟谷健太郎 編, 앞의 책(이하 같음), 81쪽; 「治安日報 山梨縣警察部」(1945/08/25), 155쪽; 「戰爭終結後に於ける各方面に關する件　栃木縣警察部長」(1945/09/15), 189쪽.

102) 같은 책, 「治安情勢 憲兵司令部」, 69쪽.

103) 「軍秩治安情報 憲兵司令部」(1945/09/05~09/16), 粟谷健太郎 編, 앞의 책, 90쪽.

음에 빠졌다. 해방이 되었지만 나는 이제부터 어떻게 하면 좋은가. 내 나름대로 만주에서 혹은 일본에서 비탄에 빠져 무기력 상태에 있던 동포의 권익을 보호하기 위해 가능한 일을 해 왔다. 그러나 누가 나의 노력을 인정해 줄 것인가"라며 회고하고 있다.[104)]

복잡한 심경이라는 점에서는 순진무구한 소년층에서 한층 더 했을지도 모른다. 과대평가할 수는 없지만 전술한 것처럼 전쟁 말기에는 독립을 논하는 국민학생도 나타나게 된다. 또한 김철앙 소년의 경우는 재일조선인의 해방을 상징적으로 말해 주고 있지만 많은 소년들은 황국 소년이었다. 광산에서 일하고 있을 때 해방을 맞이한 한 소년은 일본의 패전을 알고 눈물이 나오는 것을 참고 있었는데 주변의 조선인은 모두 기쁜 듯이 웃고 있었다고 한다.[105)] 일본인에게 그렇게까지 멸시당하고 학교교육도 충분히 받을 수 없었던 김희로도 조선인과 대만인만 있었던 소년원에서 '옥음 방송'을 듣고 역시 "눈물을 줄줄줄줄 흘리면서 울었다"고 한다.[106)] 앞에 소개한 박사갑의 경우도 눈물을 흘렸지만 그 눈물의 의미에 대해서 스스로 다음과 같이 해석하고 있다.[107)]

> 왜 울었던 것일까? 나중에 생각해 보니 일본이 져서 안타깝고 분해서 울었던 것은 물론 아니다. 이것으로 전장에 나가서 죽는다는 나의 목적이 영원히 상실되어버렸다. 그 슬픔에서 눈물을 흘렸다고 나는 생각한다.

역시 여기에는 굴절된 황국 소년의 정신세계가 있다.

이상과 같이 해방 직후 아마도 9월 초순경까지의 단계에는 권일과 같은 친일파는 말할 것도 없고 정주 조선인 중에서 즉시 귀국하려고 하는 자가 결코 압도적 다수는 아니었다. 물론 즉시 귀국을 희망한 사람들도 많았다. "8·15 해방을

---

104) 權逸, 앞의 책, 89쪽.
105) 金文善, 「やっぱり'パンチョッパリ'やなあ」, 前田憲二·山田昭次他 編, 앞의 책, 103쪽.
106) 金嬉老公判対策委員會 編, 앞의 책, 25쪽.
107) 朴四甲, 앞의 증언, 82쪽.

맞아 모두 너무나 기뻐서 한걸음에 고국으로 돌아갔습니다"[108]라든지 "8월 15일부터는 뭐 엄청 기뻤다. 자신의 나라가 생겼다는 것이 기뻐서 어쩔 줄 몰랐다"[109]는 회상은 얼마든지 찾아볼 수 있다. "재주자 수 193만여 명의 과반수는 내지 재류를 희망하고 있지 않은 것으로 사료된다"는 경보국 보안과의 보고를 보면 절반에 가까운 조선인이 귀국을 희망하고 있다는 것이 된다.[110] 후생성의 예측도 정주 조선인 중에서 귀국을 희망하는 자는 40%에 상당하는 67만 명으로 되어 있다. 이 경우 100만 명 정도가 잔류하는 것이 된다. 그러나 실제로는 귀국 희망자는 일찌감치 그것을 넘어서는 수치였다.

전술한 도치기현의 보고는 9월 15일자이기는 하나 다음과 같은 보고도 있다. 즉, "귀선을 희망하는 자"는 당초 "2~3할로 예상"했으나 "이후 시일이 경과함에 따라 타지 귀선 희망자의 영향과 장기간 실업에 따른 생활 불안 등도 있고, 게다가 일부에서는 독립된 고국의 모습을 접하자 의욕도 약간 더해져서 점차 귀선을 희망하는 자가 증가하고" 있는[111] 상황이 되었다는 것이다. 어떤 귀화 조선인은 "많은 재일조선인은 일본에 남아야 할지 돌아가야 할지 동요했습니다. 우리 집에서도 어떻게 할지 며칠이나 고민을 계속한 끝에 귀국을 강력히 희망하는 부모님의 의향에 따르게 되었습니다"라고 회고한다.[112] 이 기간에 재일 민중이 얼마나 갈등하고 있었는지를 시사하고 있다. 가족 중에는 의견을 달리하는 경우도 적지 않았던 것으로 추정된다. 일본어밖에 모르는 황국 소년이 있는 가정에서 귀국은 더욱 주저되었을 것이다.

그렇다면 어째서 이와 같은 사태로 급전환한 것일까. 도치기현의 보고 내용을 정리하면 귀국 희망자가 늘어난 것은 ①'타지 귀선 희망자의 영향', ②실업에 따른 생활 불안, ③망향 염원과 조국 건설에 대한 참여 의욕 등이 하루가 다

108) 成順烈, 「警官が頭を下げた」, 前田憲二·山田昭次他 編, 앞의 책, 292쪽.
109) 姜金順(아들 東錄씨의 이야기), 「うちのオモニは」, 같은 책, 224쪽.
110) 金太基, 『戰後日本政治と在日朝鮮人問題』(勁草書房, 1997), 154쪽.
111) 粟谷健太郎 編, 앞의 책,「戰爭終結後に於ける各方面に關する件 栃木縣警察部長」, 189쪽.
112) 安藤富夫, 「日本國籍を取って」, 前田憲二·山田昭次他 編, 앞의 책, 110쪽.

르게 점차 커진 결과라는 것이다. 이 가운데 ③은 본래 그런 것이고 ②도 중요한 이유 중의 하나이지만 ①에는 앞의 두 가지 이유에 못지않은 문제가 내포되어 있다. 이미 말한 것과 같이 전쟁 말기에는 간토대지진과 같은 조선인 대학살이 재현되지 않을까 하는 공포가 확산되면서 '귀선열'이 높아졌듯이 이것도 그 연장선상에서 생각할 수 있다. 해방 직후에도 틀림없이 학살의 공포를 가지고 있는 사람이 있었고 실제로 그러한 증언이 있다.[113] 또한 당시 일본인 사이에서 "요즘 조선인 녀석들은 멍청하게 위세를 떨치고 있지만 부아가 치민다"[114]든지 "조선인은 각지에서 일본인을 강간하고 폭행을 가하고 있다"[115]라는 길거리 소문이나 유언비어를 종종 들을 수 있었다. 그리고 조선인 사이에서도 그에 대응해서 "조선에서 심하게 (멸시)당하고 일본으로 귀환한 일본인에게 일본에 있는 조선인은 살해당한다"[116]든지 혹은 "미국인에게 살해당한다"[117] 등의 유언이 퍼지고 있었다.[118] 그중에서도 일본인에게 살해당한다는 소문은 심각했던 모양이다. 어떤 사람은 다음과 같이 회상하고 있다.[119]

> 여기에 있으면 일본인에게 무슨 일을 당할지 모르니 한시라도 빨리 짐을 꾸려 도망가려고 일가 전원이 산을 내려왔습니다. 그리고는 가쓰우라(勝浦)로 갔습니다. 숙부님은 혼자 시모노세키로 가서 조국으로 향했습니다. 시모노세키는 조국으로 돌아가는 사람들로 매우 혼잡했지요.

---

113) 金鍾在, 앞의 책, 125쪽.

114) 「街の声 警視庁情報課」(1945년 9월 5일, 9월 25일), 粟谷健太郎 編, 앞의 책, 222쪽.

115) 「大詔渙発後に於ける流言蜚語発生狀況に關する件 富山縣知事」(1945년 8월 28일), 같은 책, 244쪽.

116) 安藤富夫, 앞의 증언, 110쪽.

117) 朴寬淑, 「わたしは堂々と暮らしたい」, 앞의 책, 313쪽.

118) "미국인에게 살해당한다"는 소문은 제쳐두고라도 이와 같은 소문이 전혀 근거 없는 이야기는 아니었다. 지바에서는 8월 27일에 경찰이 미군을 환영하는 조선인 3명을 학살했고, 도쿄에서는 11월 11일 조선에서 귀환한 일본인 복원 군인이 조선인 일가 6명을 참살하는 사건이 일어났다[鮮人生活權擁護委員會, 「ニュース」제17호(1947년 4월 5일), 『在日朝鮮人史研究』제3호(1978)].

119) 金圭洙, 「天皇の赤子たるを信じて」, 前田憲二·山田昭次他 編, 앞의 책, 155쪽.

실제로 9월 초부터 벌써 시모노세키나 하카타(博多)는 물론이고 오타루(小樽), 하코다테(函館), 아오모리(青森), 니가타(新潟), 마이즈루(舞鶴), 모지(門司) 등 한국 동해 쪽 항만도시에는 대량의 조선인이 쇄도하는 사태가 되었다. 이 단계에서는 '이입' 노동자가 우선적으로 귀환할 수 있었을 뿐이고 일반 정주 조선인에 대해서는 일본 정부도 GHQ도 조직적으로 귀환 사업을 실시하지 않았다. 그럼에도 불구하고 사람들은 앞다투어 귀국하려 했다. 조선에 가장 근접한 시모노세키와 하카타에는 귀국선을 기다리는 조선인으로 거리가 넘쳐났다. 공동으로 배를 빌려 자력으로 돌아간 사람도 많이 있으나 그들은 얼마가 되었든 여분의 재산이 있는 자들이었다. 자금이 없는 조선인은 어쩔 수 없이 노숙할 수밖에 없었고 숙소, 식량, 위생 문제가 발생해 어떤 때는 매우 비참한 상황이 되었다.[120] 물론 사람들에게는 망향 염원과 조국 건설의 꿈이 있었을 것이다. 그러나 그러한 비참한 사태를 각오하면서까지 일각의 유예도 허용되지 않는 것처럼 사람들을 초조함 속에 항구로 항구로, 조국으로 조국으로 몰려가게 만든 가장 큰 원동력은 일본사회에 대한 공포와 불신이었을 것이다.

조련은 이러한 분위기 속에서 결성된 것이다. 전국적으로 밑에서부터 자연발생적으로 조선인 단체가 탄생하고, 이윽고 9월 10일 조선인연맹준비위원회가 도쿄에서 조직되어 10월 15~16일에 결성대회가 열렸다. 당초에는 권일과 같은 친일파도 있었지만 결성 당일에 폭력적으로 배제되었다. 이 단계에서 조련의 주도권은 공산주의자들이 갖게 된다. 배제된 친일파들은 신조선건설동맹(건동)을 만들고 우파 민족주의자들이 이미 결성한 조선건국촉진청년동맹(건청)과 제휴하여 46년 9월 28일 조선거류민단(민단)을 결성하기에 이른다. 이렇게 재일조선인 운동은 양대 진영으로 분열하게 되지만, 물론 조련이 압도적으로 주도하고 있었다.

이렇게 해서 재일조선인의 귀국은 조련을 통해 본격적으로 실시되게 된다.

---

120) 西成田豊, 『在日朝鮮人の'世界'と'帝國'國家』(東京大學出版會, 1997), 329-331쪽; 金太基, 앞의 책, 102-109쪽.

자주적으로 귀국 사업을 시작한 조련은 이윽고 후생성(厚生省), 운수성(運輸省)과도 교섭해 귀국자 수송 업무를 모두 맡게 되었다. 또한 노동을 강요받은 조선인 노동자의 처우 문제로 전국 각지의 사업주와 교섭해 보상을 요구하는 운동을 전개했다. 자력으로 귀국한 자도 많았지만 그들을 포함해 1946년 3월 말까지 130만 명이 귀국했다. 그러나 조선의 정치 정세 불안과 일본 이상의 경제 불안, 실업 문제 등의 정보가 전해지고, 또한 GHQ가 귀국자 1인당 소지금 1,000엔, 소지품 무게 250파운드라는 엄격한 제한을 적용하자 귀국은 어려운 상황이 된다. 그럼에도 3월 단계에 조선인 재주등록자 총 64만 7,006명 중 귀국 희망자는 이제 51만 4,060명이라는 다수를 상회한다.[121)]

이쯤에는 일본사회에 대한 공포도 거의 엷어졌다. 그럼에도 불구하고 대략 80%에 이르는 사람들이 귀국을 희망한다는 것은 역시 많은 재일조선인의 가슴과 머릿속에 망향 염원과 조국 건설의 꿈이 있었기 때문이다. 친일파 인물조차 조국 건설을 위해 귀국을 희망하고 귀국자 명부에 이름을 올릴 정도였다.[122)] 그러나 귀국이 현실적으로 어려워짐에 따라 대개 귀국 시기를 잠시 늦추려고 했다. "지금까지 계속 고된 노동을 해 왔는데 돈도 벌지 않고 돌아갈 수 있나"[123)]라며 "조선은 해방되었기 때문에 이제 앞으로는 잘 될테니까 공부라도 좀 하고 돌아가려고 곧장 돌아가지 않았다"[124)] 등의 이유로 계속 일본에 재류한 사람들이 적지 않았다.[125)]

---

121) 森田芳夫, 『数字が語る在日韓國·朝鮮人の歴史』(明石書店, 1996), 20쪽. 해방 단계에서 일본에 있었던 조선인 수는 정확하게 파악할 수 없는 부분이 상당히 많았던 것으로 보인다. 210만 혹은 240만이라는 설도 있는데, 모리타(森田芳夫)가 주장하는 200만이 안된다는 설이 최소의 견적이다. 실제로는 200만을 훨씬 넘었으리라고 생각한다.

122) 金鍾在, 앞의 책, 125쪽.

123) 朴寛淑, 앞의 증언, 313쪽.

124) 朴春澤, 「わが朝鮮文化は無慘也」, 같은 책, 167쪽.

125) 한국전쟁 등으로 귀국이 점점 어려워지는 가운데, 이와 같은 생각은 이윽고 '귀국 사상'이 되어 간다. 그것은 일단 1950년대 말경부터 조선민주주의인민공화국으로의 귀국운동으로 결실을 맺었지만, 공화국이 결코 '낙원'이 아니라는 것이 전해지면서 급속하게 힘을 잃어갔다. 그러나 사상 자체는 1970년대 경까지 명맥을 유지했다고 생각한다.

이리하여 조련의 운동은 점차 중요성을 더해가고 조선인은 당분간 일본에 재류한다는 전제하에서 운동이 전개된다. 즉, 조선반도의 정치적 통일을 시야에 넣은 민주임시정부 수립운동을 전개하는 한편 생활옹호운동이나 일본민주화운동, 대중계몽운동, 교육운동, 문화운동 등을 추진한다. 그리고 재일조선인의 해방은 일본의 인민 해방 투쟁에 참가하여 천황제를 타도하는 것과 같다는 인식하에 조련은 일본 공산당의 지도를 받아들이고 조선인 당원은 조련 안에서 프랙션(fraction) 활동을 하여 민족적 이익보다 계급적 이익을 우선시하게 된다.

그것를 상징적으로 보여 주는 것이 제13회 중앙위원회(1948년 1월 28일)에서 서기장 백무(白武)가 파면된 사건이다. 제12회 중앙위원회(1947년 7월 18일)에서 서기장으로 선출된 백무는 "해외 소수민족으로서의 특수성은 계급 이익보다 민족의 이익이 선행"되어야 한다는 신념[126)]하에 지나친 계급투쟁을 비판하고 민족통일전선운동을 주장하였는데 이 일로 서기장은 파면당하고 제명 처분까지 받았다.

본래 사회주의를 표방한 조련은 후에 조선민주주의인민공화국을 지지하고 일본에서 선거권 획득을 주장하는 한편, 민족주의를 고취하고 재일 민중을 민족주의적 방향으로 조직한다. 전국에 정연하게 만들어진 민족학교는 가장 중요한 역할을 맡았다고 할 수 있다. 그렇지만 냉전적 지향에서 한 치도 벗어나지 못했던 GHQ으로 인해 조련은 1948년 4월의 민족교육탄압을 거쳐 다음해 9월 8일 해산당하게 된다.

2. 민중의 생활과 조련의 시각

패전 후 일본은 복원[復員, 전시 일본 이외의 지역에서 복무하고 있었던 군인이 귀환해 제대하는 것을 말함 – 옮긴이]군인과 귀환자가 유입됨에 따라 상업 인구가 늘어났다.

126) 「第12回中央委員會議事錄」(1947년 10월), 『叢書』 제9권, 156쪽.

그럼에도 불구하고 전쟁으로 인한 파괴에서 벗어나지 못하고 있었던 일본에서 고용 기회는 쉽게 만들어지지 않았다. 이와 같은 상황에 민족 차별이 더해져 재일조선인의 일할 기회를 빼앗겨 대량의 실업자가 된다. 그래서 그들은 어쩔 수 없이 암거래에 관계하게 된다. 해방 직후 재일의 상황에 대해 조련은 다음과 같이 파악하고 있었다.[127)]

> (A) 이미 수십 년 동안 일본에 거주해 독립기업을 경영하는 데 필요한 자금을 충분히 소유하고 있는 자와 그 가족 그리고 종업원: 5%
> (B) 학생으로 일본에 유학와서 현재 사회운동에 종사하거나 각종 문화 사업을 경영하는 자: 5%
> (C) 아주 적은 자금과 급료로 일가의 생계를 겨우 유지하고 있는 자: 70%
> (D) 완전 실업 상태에 있어 개인의 생계를 겨우 유지하고 있는 자: 20%
> (알파벳은 원문: 필자주)

이 중에 (C)에 속하는 사람들 대부분이 어떤 형태로든지 암행위에 관련되어 있는 것으로 추정된다. (D) 또한 그와 같이 해석해도 무방할 것이다. 패전 후에 유포되었던 '제3국인'관은 이미 전전에 그 원형이 만들어졌고,[128)] 암시장을 지배하면서 범죄행위를 마음껏 하고 있었기 때문에 '제3국인'관의 조선인 이미지는 다름 아닌 전전의 원형이 왜소화되고 증오시된 것이다. 일본인의 암거래 행위자가 약 75% 전후이며 조선인이 20% 정도로 추측되는 것을 보면 조선인이 암시장을 지배하고 있었다고는 도저히 말할 수 없다. 그렇지만 분명히 인구비로 보면 조선인의 활동이 두드러진 것은 사실이다.[129)] 그러나 그것은 재일조선인의 왕성한 생활 의욕을 나타내며 사람들은 암거래 행위에 양심의 가책을 느끼지 않았다. 본래 암시장은 물자유통기구와 배급 체제가 파탄됨에 따라 생

127) 鮮人生活權擁護委員會, 앞의 책, 142쪽.

128) 졸저, 「近代日本における朝鮮蔑視觀の形成と朝鮮人の對應」, 三宅明正·山田賢 編, 『歷史の中の差別: '三國人'問題とは何か』(日本経濟評論社,2001), 85-86쪽.

129) 水野直樹, 「'第三國人'の起源と流布についての考察」, 『在日朝鮮人史硏究』제3호(2000), 22-23쪽.

성된 것이기 때문에 정부도 암시장 소멸 대책을 적극적으로 취할 수 없었다.[130] 1946년에 복원한 후 세상을 떠난 양친을 대신해서 네 명의 형제·자매를 부양하기 위해 암거래에 손을 댔던 김을성은 "경찰에게 혐의를 받고 난폭한 조사를 받았지만 아예 모른 체 무시하기도 하고 애원도 하면서 굴하지 않고 위험한 장사를 계속했다"며 마치 확신범처럼 말한다.[131] 당시 아이 여섯을 부양하고 있었던 한 여성도 "몇 번이나 붙잡혀서 몰수당하고 경찰에 끌려가고, 뭐 분하고 억울하다고 생각했지요. 그래도 아이들이 입 벌리고 기다리고 있다고 생각하니, 힘을 낼 수 있었지요"라며 자랑스럽게 암거래를 회고하고 있다.[132] 복원 후 복학한 한석희도 사각모를 쓰고 교복을 입은 채로 오사카 암시장에서 일했던 것을 그리운 듯 말하면서 때에 따라 경찰관도 동정해 적발을 면제해 주었던 적이 있다고 증언한다.[133]

일본사회에 대한 공포가 서서히 엷어져 가는 가운데 귀국이 어려워지고 생활이 어려워져도 재일조선인은 열심히 암거래를 하면서 오히려 활기가 넘쳐나게 된다. '해방 민족'이라는 자부심이 그에 박차를 가한다. 열차에 '조선인 전용 열차'라고 쓰거나 영미의 '1등 국민'에 조선인은 '2등 국민'이고 일본인은 '4등 국민'이라는 인식을 가진 자까지 나타났다. 열차 안에는 암거래 풍의 남자들이 일본인의 어깨를 치고 걷거나 짐을 올려두는 칸에서 자기도 한다. 조선인의 이러한 행위에 일본인은 허탈한 상태에 빠져있었기 때문에 이렇다 할 저항도 할 수 없었지만 "조선인의 행동은 지나친 허세"로 인식하고 반감을 내향화시킨다.[134]

조련은 이와 같은 암거래상이나 일종의 황홀한(ecstasy) 상황에 빠져 있는

130) 桶口雄一,『日本の朝鮮·韓國人』(同成社, 2002), 156-157쪽.

131) 金乙星, 앞의 책, 54쪽.

132) 成順烈, 앞의 증언, 297쪽.

133) 韓晳曦, 앞의 책, 102-110, 115쪽.

134) 畑中政春·韓徳銖,「日本との友好·交流のために」,『新朝鮮』제8호(1955년 9월), 朴慶植 編,『在日朝鮮人關係資料集成 戰後編』전10권(不出二版, 2000-2001, 이하『戰後』로 약칭) 제10권, 180쪽. 덧붙여, 일본이 '4등 국민'이 되었다고 말한 사람은 연합국 최고사령관 더글라스 맥아더이며, 당시 이 말이 유행했다. 또한 조선인은 '2등 국민'이 아닌 '1등 국민'이 되었다는 인식을 보인 사람도 있다고 한다(金茂喜,「日本の友へ」,『民主朝鮮』제1권 제1호, 1946년 5월, 24쪽).

민중을 광범위하게 조직했다. 그리고 조련은 재일조선인의 대표기관으로 정부나 기업과 책임지고 교섭을 진행할 수 있는 존재였고 언젠가는 귀국하고자 하는 민중을 위해서 민족학교를 주관하는 단체였다. 그러나 조련의 민중관은 결코 긍정적이지 않았다. 1946년 8월 제7회 중앙위원회에서는 "동포의 근로정신은 타락하고 있고 이에 따른 일련의 불미스러운 사건은 국제무대에서 민족의 위신을 떨어뜨려 건국 대업 완성에 적지 않은 지장을 끼치는 것은 정말로 한탄스러운 일이다"[135]라고 보고했다. 또한 같은 해 10월의 제3회 대회에서도 "(잔류 동포는) 대개 일정한 직업이 없고, 해방의 기쁨과 독립국민이라는 자존심을 오해해 여러 가지 폐단이 많은 것은 유감이다"라고 보고했다. 더욱이 노동자는 근로 의욕을 상실하고 암거래에 뛰어들어 주색에 빠지고, 지식과 재산이 있는 자도 비양심층은 "일확천금을 꿈꾸며" 자기 배를 채우고 있으며, 가장 불량한 자들은 "소위 집단 강도, 절도, 악질 암상인이 되어 우리 동포의 체면과 생활에 큰 영향을 주고 있다"며 통렬한 비난을 퍼부었다.[136]

조련은 위에서 제시하는 민중을 그 활동 및 생활이 독립국가의 체면과 위신을 훼손하고 있다고 부정적으로 인식하고 있다. 재일조선인 일부가 강도단이나 절도단인 것은 사실이지만, 그것은 전후의 카오스 상황이 초래한 것이고 조선인에 한정된 것은 아니다. 물론 그러한 행위를 비난하는 것은 당연하지만 재일조선인이 암거래 행위로 치닫는 현실을 근로 의욕의 저하로 받아들이는 조련의 인식은 분명히 잘못되었다. 어디까지나 조선인을 직장에서 몰아낸 전후 일본사회의 차별 구조야말로 문제인 것이다. 조련 간부들은 문명화(=국민국가)의 논리에서 민중은 국가 발전에 기여하는 존재여야 한다는 이념형화된 민중상을 상정한 후에 현실의 재일 민중을 배제하는 방향으로 가버렸다고 할 수 있다.

이와 같은 인식은 실은 건동에서도 공유된 것이고[137] 당시 재일의 지도적

---

135) 『第7回中央委員會々錄』(1946년 8월 2일-4일), 『戰後』 제1권, 21쪽.

136) 「在日朝鮮人連盟第3回全國大會議事錄」(1946년 10월), 『叢書』 제9권, 21-22쪽.

137) 金太基, 앞의 책, 286쪽.

지식인이 모두 한결같이 지니고 있었던 민중관이라고 생각된다. 그리고 조련은 이러한 민중관을 그 후에도 계속 유지한다. 1947년 10월 제4회 대회에서는 "성실한 노동으로 정당한 보수를 획득하고 건실한 생활을 하도록, 목표를 세우고 직장을 획득하도록 중앙, 본부, 지부, 분회의 각급 기관에서 철저하게 정력적으로 지도해야 한다"면서 "일확천금의 목적을 완수하려는 상행위를 배제"해야 한다는 안이 가결되었다.[138] 조련의 산하단체인 조선민주청년동맹(민청)에서도 1947년 3월 결성대회에서 "무지한 조선청년들은 모든 것을 운명으로 혹은 인생은 돌고 도는 것으로 받아들인다. 그와 같은 심리가 투기심을 조장하고 있고, 이에 더해 전쟁 중 암거래의 모험적 투기심이 적중, 다소 성공한 것이 조선 청년을 근로에서 유리(遊離)시키는 일대의 가장 큰 원인이 되고 말았다"고 총괄하며 청년의 나태를 비판했다.[139]

1948년 후반에 들어서면 조련의 지도적 입장에 서게 된 조선인 일본 공산당원 중에서는 자기비판적 인식도 나타나게 된다. 즉, 암거래는 먹고살기 위한 수단이고 대신(大臣)에서 거지에 이르기까지 모두 암거래를 하고 있는 상황 속에서 "암거래를 할 수 있도록 하자는 것이 아니라 암거래를 하지 않아도 생활을 할 수 있도록 하자는 투쟁해야 한다"고 하며 "일을 달라" 운동을 전개해야 한다고 했다.[140] 그러나 1948년 10월 제5회 대회에서는 제4회 대회의 방침을 계승해 비현실적인 운동이 방침으로 되었다. 즉, "실업자 조직을 확립하고 조직적으로 직장을 획득하고 특히 기능 연마에 유의해서 노조에 가입하고 일본의 실업자와 함께 생활권 확보 투쟁"을 전개해야 한다는 것이다.[141] 민족 차별 때문에 직장을 빼앗기는 재일 민중이 어떻게 노조에 들어갈 수 있는가? 어떻게 일본인 실업자와 조선인 실업자를 동등하게 이야기할 수 있는가? 재일조선인의 해방을 일본의 인민 해방운동에 종속시키는 논리적 편향을 문제로 삼아야 한다. 동시

---

138) 「第12回中央委員會議事錄」, 앞의 책, 162쪽.

139) 「在日本朝鮮民主青年同盟結成大會」(1947년 3월), 『叢書』 제9권, 287쪽.

140) 鄭東文, 「新しい段階における在日朝鮮人運動」(1948년 9월), 『叢書』 제15권, 25쪽.

141) 「第5回全體大會議事錄」(1948년 10월), 『叢書』 제9권, 220쪽.

에 조선을 뒤쳐진 나라로 간주하는 역사 인식에 기반해 규정된 조련 지식인의 조선 민중(＝우민관)을 문제 삼을 필요가 있다. 재일 민중이 근검하기만 하다면 재일조선인을 배제하려는 일본사회의 현실도 일본의 노동자 계급과 연대를 통해 극복할 수 있을 것이라는 전제하에서 조련은 재일 민중이 불행한 원인을 일반 민중의 개인적 자질에서 찾으려고 하는 것이다. 인적으로 재정적으로 조련을 지탱하는 이는 암거래를 하는 압도적 다수의 민중이었다. 틀림없이 민중에게 의지했을 많은 조련 지식인은 그럼에도 불구하고 민중을 모멸적인 시선으로 보고 더욱이 배제마저 하려고 한 것은 정말로 불가사의한 사태이다.

해방 직후에 출판된 재일조선인이 만든 조선사 문헌을 보면 대체로 현재와는 다른 역사 인식을 가지고 있음을 알 수 있다. 해방 이듬해 나온 『해방년지』(解放年誌)의 「조선략사」(朝鮮略史)부터 살펴보자. 이 책자의 '발행에 부쳐' 부분은 조련 최고의 공산주의 이론가이자 해방신문사 주필이기도 했던 김두용(金斗鎔)이 썼다. 「조선략사」 부분은 조선사에도 조예가 깊었던 김두용이 집필한 것으로 봐도 거의 틀림없을 것이다. 책에는 "지배적 착취계급의 농민에 대한 가혹한 착취와 동시에 유치한 원시적 농경 방법으로 생산력이 발달할 수 없었을 뿐만 아니라 오히려 침체해 갔고 사회의 부패가 극도에 달해 농민이 절망적 상태에서 신음"하고 있었다고 쓰여 있다.[142] 명확한 정체사관이며 일본인이 강요한 역사 인식을 공유하고 있다. 게다가 반일의병운동에 대해서는 전혀 언급하고 있지 않은 점은 같은 시기 일본인의 의병＝'폭도'관에서 영향을 받은 것으로 추측된다.

1947년에는 ①김두용 『조선 근대사회사화』(朝鮮近代社會史話), ②원용덕(元容德) 편저 『조선력사』(朝鮮歷史) 등이 나왔고, 1949년에는 ③림광철(林光澈) 『조선력사독본』(朝鮮歷史讀本)이 출판되었지만, 이것도 모두 정체사관에 입각해 서술되어 있다. 김두용이 집필한 ①이 그러한 것은 당연하지만 여기에는 타율성

142) 解放新聞社 編, 「解放年誌」, 『戰後』 제5권, 179쪽.

사관도 농후하게 보이고 "조선의 과거 역사는 완전히 지나(支那)의 침략을 받아 온 역사의 연속"[143]으로 파악하고 있다. ②도 "일반 상민계급은 양반계급의 전제적 세력하에서 오백 년 동안 가혹한 착취와 압박을 받았다"[144]고 기술하고 있지만 역시나 의병운동에 대한 기술은 없다. ③에서는 의병운동을 겨우 '적극적인 반항 투쟁'이라고 평가하고 있을 뿐 그 이상의 설명은 전혀 없다. 그리고 역시 "새로운 경제적 제 조건의 전면적 발전이 뒤따르지 못하고 생산양식의 발달도 찾아볼 수 없는 사회에서 역사의 새로운 단계로의 변증법적인 비약은 바랄 수도 없었다"며 조선사회를 부정적으로 평가했다.[145]

이와 같은 역사 인식은 당시 조선인이 주체가 된 역사 연구가 본격적으로 이루어지지 않은 단계이기에 어쩔 수 없는 것이다. 그러나 그 영향은 컸던 것으로 생각된다. 원용덕은 조련 문교부장직을 맡은 적이 있었고 림광철 등은 도쿄 조선인중학교에서 직접 '국사'를 강의했다. 혹은 반드시 이러한 책의 영향을 받지 않아도 당시의 재일지식인은 이와 유사한 역사 인식을 가지고 현실 사회를 보았다. 예컨대 48년 2월에 민청과 합동한 조선청년동맹(청동)의 기관지 『건국』을 보면 "조선 민족의 현 사회는 한마디로 말하자면 정체 이외에는 없다"[146]고 단언하고 있다. 여기에서 문제는 그와 같은 역사 인식이 민족성론과 결부되어 있다는 점이다. 같은 호의 『건국』에서 한 논자는 다음과 같이 말하고 있다.[147]

> 너무 지나친 당쟁의 결과 때로 매국적 행위나 민족의 노예적 성정이 몸에 배어 버린 것처럼 매우 슬퍼해야만 하는 현상을 만든 것이다. …… 따라서 조선인의 당쟁은 아직도 과거의 꿈 이야기가 아닐 뿐만 아니라 점차 더 성하고 번창하는 것으로 확증해도 무방하다.

---

143) 金斗鎔, 『朝鮮近代社會史話』(郷土書房, 1947), 27쪽.
144) 元容德 編者, 「朝鮮歷史」(文化朝鮮史, 1947), 『戰後』제6권, 113쪽.
145) 林光澈, 『朝鮮歷史讀本』(白揚社, 1949), 179, 241쪽.
146) 姜鳳秀, 「朝鮮社會の停滯性」, 『建國』제1권 제3호, 『戰後』제9권, 250쪽.
147) 尹仁鎬, 「朝鮮人の黨爭」, 같은 책, 260쪽.

조선인을 당파적으로 보는 것은 본래 일본인의 조선 민족관에 유래하는 것이지만 여기에서도 그처럼 판에 박힌 역사 인식을 그대로 받아들이고 있고 이에 따라 조선인 당파성론을 마치 자명한 사실인 양 말한다. 실제로 앞에서 소개한 민청 결성대회 당시에 나타났던 조선청년 나태론도 "우리 조선 민족은 과거 오랫동안 봉건적 억압과 착취가 극심했기 때문에 모든 사람이 가능한 한 노동을 회피"하려고 한다면서 "죽을 만큼 열심히 노동을 하는 놈도 밥은 하루 세끼이고 노는 놈도 밥은 하루 세끼이니 놀고먹는 것도 팔자라고 생각하는 것이 보통 일본인의 상식이다"[148]라는 역사적 조선 민족론을 전제로 주장되었던 것이다. 이러한 인식은 제국주의자의 문명론적 시선과 조금도 다르지 않으며 여기에는 포스트콜로니얼과 관련한 문제가 내포되어 있다. "착취의 독아(毒牙)로 모든 자유를 빼앗긴 우리 무지문맹의 대중 동포에게는 몰래 원망할 사실이지만, 교지(狡智)와 허위, 중상과 이기, 향락과 질투 등의 죄악이 마지막 생존조건으로 남았다"[149]는 역사 인식에 다다르면 근친 증오가 얼마나 심각한지를 말할 수밖에 없게 된다. 그렇기 때문에 문제는 당파성론 등은 별개로 그와 같은 인식은 대부분이 민중론으로서 제기되는 점이다.

이와 같이 조련에서는 '무궤도적인 행동'을 취하는 대중을 바르게 계몽하는[150] 것이 운동의 중요한 기준이 되었다. '문맹 퇴치'는 결성 때부터의 공약이고 제3회 대회에서는 부녀부의 운동 강령으로 '신생활운동'을 내걸었다.[151] 또한 제4회 대회에서는 '생활문화를 위한 활동'으로 '①위생사상의 보급, ②의식주의 과학화, ③신도덕의 확립'(관혼상제·미신·남녀평등 : 원주, 필자주 아님)이 제창된다.[152] 그리고 제5회 대회에서는 '생활문화 확립'으로 '①위생사상의 적극적 보급, ②생활 과학화, ③낡은 인습의 타파, ④관혼상제의 간소화, ⑤미신타파의

148) 「在日本朝鮮民主青年同盟結成大會」, 앞의 책, 287쪽.
149) 金基億, 「朝鮮民族性小論」, 『朝鮮文化』제2호, 『集成』 제9권, 22쪽.
150) 金斗鎔, 「朝鮮人運動は転換しつゝある」, 『前衛』제14호(1947년3월), 『叢書』제15권, 14쪽.
151) 「第8回中央委員會議事錄」, 앞의 책, 99쪽.
152) 「第12回中央委員會議事錄」, 앞의 책, 164쪽.

적극적 실천'이 제시되었다.[153)]

이와 같은 대중계몽운동은 문화정치기의 식민지 조선에서 문화운동의 일환으로 실시되었던 조선농민사의 농촌계몽운동이나 조선일보사가 주도한 생활개신운동 또는 동아일보사가 주도한 브나로드운동 등을 방불케 한다. 민족주의자가 이와 같은 운동을 주도했으나 모두 총독부의 계몽주의에 공명하는 성격을 가진다. 그중에서도 특히 생활개신운동과 브나로드운동이 탄압을 받았던 것은 사실이다. 그러나 이와 같은 운동은 민중멸시관을 가지기 때문에 결국 이들의 운명은 관제의 농촌진흥운동이나 황민화 운동에 합류하게 된다.[154)] 그러한 움직임은 당시 재일사회에도 있었는데 오사카에서 마르크스주의자인 김문준(金文準)의 주도로 창간된 『민중시보』(1935/06/15~1936/09/21)의 계몽운동이 대표적이다.[155)] 단순히 언론의 계몽 활동뿐만 아니라 조선인이 운영하는 기독교 교회 등에서는 백의를 대신해 양복화와 색복화가 추진되기도 있다.[156)] 다만 일본에서는 조선인이 분산되어 있었고 또한 당국의 단속도 조선 이상으로 엄격했기 때문에 운동이 확산될 수 없었다. 『민중시보』도 짧은 기간에 폐간되었고 그 후에는 협화회의 황민화적 계몽운동이 거의 일원적으로 행해졌다.

조련의 대중계몽운동은 해방 전에 조선 지식인이 자신의 손으로 자율적으로 이루지 못한 것을 협화회에게 탈취한 것과 같은 성격으로 자리 매김할 수 있다. 본래 조련 지도자들은 충분히 해방 전 조선의 문화운동적 공기를 공유하고 있었다. 도쿄에서 평화박물회가 개최된 1922년 단발하지 않은 구양반인사들이 일본을 방문했을 때, 조련 최고의 지도자라 할 수 있는 김천해(金天海)는 양반 인사들의 상경저지운동을 전개해 관광단의 노인들과 싸움을 일으켰다. 관광 단원의 상투와 전통적인 의관 장식이 당시 내일(來日)하고 있었던 많은 서양인들에게 아프리카의 '토인'보다 뒤떨어진 문화의 상징인 것처럼 비춰질까 우려했기

153) 「第5回中央委員會議事錄」, 앞의 책, 222-223쪽.
154) 졸저, 주5)와 같은 책, 212-220쪽.
155) 『民衆時報』에 대해서는 金贊汀의 『検証·幻の新聞'民衆時報'』(三五館, 2001)에 자세히 나와 있다.
156) 「資料 京阪神朝鮮人問題座談會」, 앞의 책, 140쪽.

때문이다.[157] 김두용도 1920년대 백의, 상투와 같이 민족을 상징하는 습속이나 전통적 미신을 부정적으로 받아들여 생활 개선을 주장했다.[158] 그들의 시선은 이미 조선 민족의 낙후성을 전통적 습속에서 찾으려 했고 거기에는 당시 조선에서 전개되기 시작한 문화운동적 인식의 색이 짙게 배어 있었다. 원래 문화운동은 일본 개조사상의 영향을 받은 것이다. 일본에 있었던 김천해나 김두용의 시선이 전통적인 것을 낙후된 것으로 보는 멸시적 인식은 당연했다.

조련은 대중계몽운동과 연계하여 문화운동도 추진하지만, 여기에서도 충분하지 못했던 조선의 문화운동을 계승하는 것과 같은 성격을 볼 수 있다. 실제로 "조선 신문화 르네상스"[159]를 제창하거나 "새로운 조선 민족을 창조한다"[160]고 주장하기도 하였다. 이는 조련 지식인의 민중관과 아울러 생각해 보면 이광수가 제창했던 '민족개조론'의 계보에 자리 매김할 수 있지 않을까라는 생각이 들 정도이다. 그러나 "조선 문화의 재건과 창조에 필요한 것은 일본 문화의 비판적 섭취가 아니라 세계 문화의 비판적 섭취이며 세계 문화와 교류하는 것이다"[161]는 논설에서 볼 수 있듯이 이는 끝없이 친일논리에 가까운 이광수와 다소 방향이 다르다. 조련 지식인의 문화적 시선은 일단 세계(특히 소련)를 향한 것이었고, 거기에는 새로운 조국의 건설 의욕에 불타는 그들 공산주의자의 긍지가 있었다.

그렇다면 민중을 우매시하고 오로지 계몽적 시선으로 재일사회를 보려고 했던 조련 지식인이란 어떠한 존재이고 또한 그들의 자기인식은 어떠한 것이었을까. 다음으로 조련 지식인의 문제를 이른바 활동가 일반까지 넓히고 동시에 민중과의 관계를 시야에 넣고 생각해 보자.

---

157) 「'聞書き'朴廣海氏勞働運動について語る(1)」, 『在日朝鮮人史研究』 제19호(1989), 85-86쪽.
158) 鄭榮桓, 「金斗鎔と'プロレタリア國際主義'」, 『在日朝鮮人史研究』 제33호(2003), 13쪽.
159) 宋完淳, 「民族文化建設の任務」, 『民主朝鮮』 1947년 7월호, 12쪽.
160) 趙進勇, 「われら朝鮮人の立場」, 『民主朝鮮』 1947년 5월호, 12쪽.
161) 安含光, 「民族文化の確立とその潮流」, 『民主朝鮮』 1949년 7월호, 36쪽.

3. 조련 지식인·활동가의 선각자 의식

조련이 결성되고 김두용을 중심으로 한 조선인 정치범 석방운동이 동시에 진행되어, 김천해, 리강훈(李康勳), 박열(朴烈) 등이 도쿠다 규이치(德田球一), 시가 요시오(志賀義雄) 등 일본인 정치범과 함께 석방되었다. 박열은 조금 늦게 석방되었다. 재일 민중은 열광적으로 그들을 반겼으며 순식간에 영웅적 존재가 되었다. 그리고 조련 지식인은 그들을 '해방선각자'나 '선각지도자' 등으로 불렀다.[162)]

조련이 간부를 어떻게 결정했는지는 흥미로운 문제로, 투쟁 경력과 학력이 중요한 기준이 되었을 것이다. 김천해, 리강훈, 박열 등을 최고 '선각자' '지도자'로 우러러보고, 또한 그렇게 규정된 자신들도 그에 준하는 민중지도자(='선각자')로 자기 인식한 것으로 보인다. 후에 총련이 결성될 때 한덕수(韓德銖) 등 노선전환에 적극적인 사람을 '선각자'라 부르고, 소극적인 사람은 '후각자'로 불렀는데 그 기원은 아마도 이 시기에 있는 것 같다.

식민지 시기의 민족운동이 폭력적으로 억압받거나 자신의 지식을 유효하게 살릴 수 있는 공간을 갖지 못했던 조선인에게 조련은 아주 좋은 활약의 장이었다. '친일파적 경향'이 있는 자까지도 그러했다. 악질적인 친일파를 제외하고는 "생활상 어쩔 수 없는 사정"으로 친일의 "죄과"를 저지른 사람은 자기비판과 근신적인 태도 그리고 "애국의 지성"으로 그 학식과 기술을 제공하는 조건으로 죄를 용서받았기 때문이다.[163)]

그중에서도 '직장이 없는 인텔리'에게 조련은 생활의 장이기도 했다. 조련은 도쿄 고마에(狛江)에 있는 부지 1,000평에 달하는 경치가 아름다운(風光明媚) 구 협화회 소유의 토지와 건물을 접수하고 그곳에 간부 양성을 위한 조련중앙고등학원을 세웠지만 그곳은 조련 간부의 가족 숙소이기도 했다. 한덕수를 비롯해 리

---

162) 「第8回中央委員會議事錄」, 80-81, 83쪽.

163) 「第7回中央委員會々錄」, 앞의 책, 29쪽.

진규(李珍珪), 윤봉구(尹鳳求) 등이 가족과 함께 살았고 한덕수의 인척으로 후에 총련을 혼란에 빠뜨린 김병식(金炳植)도 어느새 이사해 살게 되었다.[164] 일본에게 접수한 건물에 조련의 간부가 우선적으로 살 수 있다는 것은 도대체 어떤 논리에서인가. 당시 살 집이 없는 재일 민중은 무수히 있었다. 재일 민중을 위한 조직임을 자부한 조련의 간부가 먼저 접수하고 우선적으로 산다는 것은 명백한 특권 의식이 있었기 때문에 가능한 일이었다.

조련은 장래를 짊어질 청년(=간부) 후보생에게도 관대했다. 전전에 황민화 담당자라고 할 수 있는 국민학교의 대용(代用)교원을 한 적이 있는 박경식은 해방을 계기로 민족주의에 눈떠 건청을 거친 후 조련에 들어갔다. 그리고 조련중앙의 간부 강상대(姜相大)에게 입학금과 수업료를 받아 도요(東洋)대학에 편입학했다.[165] 또한 김을성은 복원한 후에 암거래를 했지만 조련의 집회에 나가게 되었고, 결국에는 암거래를 그만두고 중앙고등학원에 입학했다.[166] 중앙고등학원은 당초 수업료도 기숙사비도 무료였지만 후에는 어느 정도 납부해야 했다.[167] 그렇지만 졸업하면 전업 활동가의 길이 보장됐다. 예컨대 조련은 가난하기는 했지만 뜻을 품고 장래에 지도자가 되기 위해 면학에 힘쓰는 청년이 활약할 공간과 생활공간까지 제공하려고 했다.

무엇보다도 당시 활동가는 대부분 무급이었다. 그럼에도 불구하고 그 수는 엄청났다. 1946년 10월 제4회 중앙위원회가 "중총(中總)을 비롯해 하부 조직까지 수만 명의 위원이 있다"[168]고 보고하는 바와 같이 수만 명의 활동가가 전국에 지도자로 있었음을 알 수 있다. 정영환에 따르면 1947년에 교원이 1,200명 정도이고 일반 활동가가 약 1만 7,000명이었다고 하지만,[169] 하부 임원(위원)은

164) 金乙星, 앞의 책, 62-63쪽.
165) 朴慶植, 『在日朝鮮人: 私の青春』(三一書房, 1981), 81-82쪽.
166) 金乙星, 앞의 책, 57-62쪽.
167) 鄭榮桓, 앞의 논문, 62쪽.
168) 「第8回中央委員會議事錄」, 117쪽.
169) 鄭榮桓, 앞의 논문, 27쪽.

취임 혹은 퇴임할 유동성이 컸기 때문에 여기에서는 교원을 포함한 활동가층을 3만 명 정도로 추정해 둔다. 그렇다고 한다면 당시의 재일조선인이 60만 명 정도였기 때문에 전체의 약 5%가 활동가층이었다는 계산이 나온다. 당시 활동가 대부분이 남성이었을 것이기 때문에 남성 중에 10% 가까이는 활동가였다는 것이 된다.

매우 놀랄만한 수치이다. 활동가란 일반적으로 지역에서 지도자를 뜻하는데 이를 통해 당시 재일 민중이 얼마나 급속하게 정치 주체화했는지를 알 수 있다. 조선왕조 말기를 포함한 조선 근대의 민중사상사는 '사'(士)의식 확산의 역사로 파악할 수 있는데 식민지기에 일시적으로 잠복해 있었던 의식은 해방 후 단번에 분출한다.170) 이는 재일사회에서도 마찬가지였던 것으로 생각된다. 전후의 카오스 상황 속에서 지도자가 되려는 많은 '인텔리' 내지는 '아(亞)인텔리'가 재일조선인사의 표층으로 일약 뛰어올랐던 것이다.

그러한 사정을 보여 주는 신문 기사가 있다. 박경식도 발행 과정과 집필에 참여한 적이 있는 『문교(文敎)신문』이다. 이 신문은 최선(崔鮮)이 주관하는 조선문화교육회가 발행한 것으로 민단에 가까운 반(反)조련이기는 했지만 그 논조는 남북협상을 지지하는 등 다소 독자적인 입장을 취하고 있다. 기사의 일부는 다음과 같다.171)

> 가장 진보적이라고 생각되는 사람들조차 설령 팜플렛이나 프린트 2, 3장이라도 접하게 되면 어엿한 한 사람의 주의자나 사상가를 자처하며 큰 소리(大言壯語)를 치는 형편이다. …… 조선인은 대학이라도 나오면 마치 천하가 제 것인 양 말해대면서 지도자 행세를 하고 추상론만 잔뜩 내뱉고 명령을 남발한다. 무엇 하나 자신의 손으로 직접 처리하려 하지 않는다. (직위가) 높아질수록 일하지 않는 것이라 생각하고 있는 것 같다. 아랫사람만 뼈 빠지게 일하게 하는데다, 정작 어찌어찌해서 일이 매듭지어지면

170) 졸저, 앞의 『朝鮮民衆運動の展開』를 참조.
171) 山虎人, 「ぢっくり物事を考へて惡いところは直していきませう」, 『文教新聞』(1947/12/15), 『戰後』 제8권(이하 같음), 115쪽.

금방 자신의 공인 것처럼 출세와 돈벌이의 수단으로 삼는다. 해방 후 무슨 부장, 무슨 위원장이 얼마나 길거리에 넘쳐났던가. …… 성실하고 정직하려 하지 않고 어떤 단체의 임원이 된 다음 자리를 이용해 여분의 돈을 벌려고 하거나 자신의 영향력을 키우려 하고 그런 바보 같은 일은 할 수 없다고 하거나 뭔가 한탕주의에 빠지는 등과 같이 비정상적인 충동과 착각에 푹 빠져 있다.

이 내용은 말 그대로 서로 앞을 다투어 지도자가 되려 했던 당시 재일사회의 상황이다. 물론 조련만을 대상으로 쓴 것은 아니지만 당시 압도적 세력을 자랑하고 있었던 것은 조련이었고 『문교신문』 자체가 본래 반조련적 성격을 가지고 있었기 때문에 주로 조련을 향한 비판이라고 생각할 수 있다. 천박한 지식을 가지고 '주의자'(=마르크스주의자)인 체하고 대졸자라도 되면 지도자 운운하고 돈벌이 수단으로서 직책을 원하고 성실하게 정식 직장을 가지려 하지 않는 '인텔리' '아(亞)인텔리'가 많은 재일사회의 상황을 통렬하게 풍자하고 있는 것이다. 조련 지식인은 암거래로 치달으며 정상적인 일을 하려 하지 않는 민중을 투기적이라고 또는 나태하다고 비판했지만, 여기에서는 거꾸로 지도자들의 나태성이 비판받고 있다. 『문교신문』의 "조선인은 해방 후에도 이전의 악습에서 완전히 벗어나지 못하고 있고 몽매한 생활을 바꾸려고도 하지 않는다"172)고 하는 입장은 조련과 마찬가지로 계몽주의이다. 일반 민중 이상으로 조련의 활동가에게는 자숙자계를 촉구한 것으로 해석된다. 또한 『문교신문』은 "자칭 정치가, 학자, 대졸 실업자가 너무 많고, 다른 말로 하면 잘난 사람이 너무 많다"173)고 말한다. 이 비판은 지역사회의 조련 활동가에 대한 것이라기보다는 오히려 주로 조련의 간부층에 대한 것 같다. 그들은 재일사회에서 이미 특권화 되고 엘리트화된 것으로 추정된다.

그렇다면 그와 같은 조련 간부에게 무급으로 일하는 일반 활동가는 만족할 수 있는 존재였는가 하면 꼭 그렇지는 않다. 오히려 "지도자 부족을 통감"하고

---

172) 金仁洙,「惰性を精算し生活に設計圖を」,『文教新聞』(1948/03/22), 167쪽.
173)「主張 知識人は捨石となれ」,『文教新聞』(1947/12/22), 119쪽.

"관료화, 부패화 경향"을 발견할 수 있다. 인망이 없고 지탄받아 마땅한 인물이 활동가로 활동하고 있다는 것이다.[174] 실제로 "사리사욕을 위해 기관을 이용하는 자가 있고 …… 특히 어느 지방에서는 무슨 부장, 무슨 차장 이런 식으로 명함만 몇십 명이 죽 늘어서 있는" 상황이었다.[175] 이것은 이미 정영환의 논문을 통해 확인한 것으로 "활동가 사이에서 배급 등을 둘러싼 부정이 발생하였고 이권을 목적으로 명의만 두는 임원이 다수 존재했다"고 지적한다.[176] 그렇기 때문에 더욱 단기속성으로 간부를 육성할 조련중앙고등학교와 삼일학원을 창설하고 졸업생을 활동가로 대체하려 했던 것이다.

이와 같이 급속하게 청년 활동가(=신활동가)가 탄생하였고 그들은 중앙이나 지역에서 활동하게 된다. 그렇다면 그들은 중앙에서는 어찌되었든 지역사회에서 민중에게 신뢰감 있는 존재로 받아들여졌는가. 제5회 전체대회의 한덕수 보고에 따르면 "민청은 정치적 감각이 예민하고 열정이 풍부하지만 반면 정예주의적 편향이 농후하다. 때문에 민청 간부와 일반 청년 사이에 간격이 생기게 된다. 예컨대 고등학원, 삼일학원 졸업생인 이론적 성향을 가진 청년이 기관에 들어가면 실망을 주는 경우가 많았다"[177]고 한다. 이것은 단순하게 대회용으로 이루어진 형식적인 총괄이 아니다. 삼일학원 졸업생은 이미 제1, 2기생 단계에서 평판이 나빴고 이미 "일부 대중과 유리되었다"는 비판을 받고 있었다.[178] 사태는 꽤 심각했던 것 같다.

민청의 기관지인 『청년회의』에서는 민청 결성 2주년을 기념해서 '민청에 무엇을 바라는가'라는 설문을 실시했다. 거기에는 "비판을 두려워하거나 이론에 치우치지 않고 실천을 통해" 운동을 해야 한다든지, "과장하여 문제를 제기하지 않고 담담하게 당면하고 있는 문제를 착실하게 실천해야 한다" "지방 간부는 구

174) 「第8回中央委員會議事錄」, 앞의 책, 117쪽.
175) 「若き青年を抜擢 組織を強化せよ」, 『解放新聞』(1946/10/18), 『叢書』 보권(이하 같음), 51쪽.
176) 鄭榮桓, 앞의 논문, 82쪽.
177) 「第5回中央委員會議事錄」, 앞의 책, 217쪽.
178) 「三一學院卒業式」, 『解放新聞』(1947/03/10), 82쪽.

체적인 투쟁은 하지 않고 논리를 내세우거나 거만한 태도로 일하는 경우가 많다" "일반 맹원 대중과 상부 기관이 진정 유기적으로 맺어져 있지 않다" "일상생활의 불평불만을 충분히 수렴하지 못했다"라는 등의 비판이 나왔다. 이것은 모두 민청의 어느 지역 간부나 그 지역의 실정을 무시하고 대중과 유리되어 이론주의로 치달았던 결과에 대한 비판이라고 할 수 있다. 나아가 그들이 영웅주의적이고 형식주의적이었다는 비판까지 나왔다.[179)]

실제로 후쿠시마(福島) 지부 등에서는 "읽을 책을 강제로 사게 한다" 등의 오만한 맹원 교육이 행해졌다.[180)] 또한 도쿄의 한 민청 간부는 도쿄 조선중학교의 민청반 지도부 안에서조차 민청은 "어떻게 해도 가까워질 수 없고 친해질 수 없"으며 "회의에 출석해도 동지적 분위기가 없고 뭔가 수준 높은 정치 문제밖에 논하지 않는다" 등 비판이 있다는 사실을 겸허하게 받아들인다. 그럼에도 불구하고 이 간부는 "투쟁을 조직하는 각급 기관이 문맹 퇴치 활동을 통해 완전히 조직한 동포를 투쟁 방향으로 조직할 수 없다고 하는 것은 절대로 있을 수 없는 일이다"라고 하는 것과 같이 서슴거리지 않고 기계적 논의를 전개하였다.[181)] 무학 청년의 생활 문제를 고려하지 않고 그들을 정치투쟁 앞에 일으켜 세우는 것은 곤란한 문제임을 이 간부는 이해하지 못하고 있다.

고등학원과 삼일학원 출신자의 정예주의 병폐는 가볍지 않았다. 이와 같은 병폐가 문제시된 것은 1948년 4월의 한신(阪神)교육투쟁 때이다. 이때 삼일학원 학생도 동원되었는데 오사카 민청본부위원장을 앞에 두고 그들은 "중앙에서 파견되었으니 이 본부에 맞는 여러 가지 작전을 짜야 한다는 이유를 내세워 조금도 움직이지 않는" 상황이었다고 한다.[182)] 이로써 학원은 심한 비판을 받게 되지만 그 후에도 '정예주의'는 충분히 극복되지 않았다는 비판이 이어진다. 우선

179) 「民青結成2周年を迎えて民青に何をのぞむか」, 『青年會議』제4호(1949년 3월), 『戰後』제9권(이하 같음), 115쪽.

180) 「福島の幹部養成活動の新しい成果」, 『青年會議』제7호(1949년 7월), 173쪽.

181) 鄕加宇, 「文化活動についての覺書」,『青年會議』제5호(1949년 5월),138-139쪽.

182) 「民青活動1年の回顧と展望」, 『青年會議』제3호(1949년 2월), 109쪽.

"강사들이 실천 활동을 하지 않은 사람들로 구성되어 있는" 것이 문제였다.[183] 학원 출신자가 논리주의로 치닫는 것은 당연했다. 한 간부는 "삼일과 중앙고등학원 출신자가 지방에 와도 공식론만 휘두르니 도움이 되지 않는다는 비판이 있고 또한 지방에 가도 학교와는 조건이 다르기 때문에 학교에서 배운 이론을 적용할 수 없으니 허둥지둥한다는 소리가 있다"는 의견에 대해서 어디까지나 이론주의적 입장에서 회답하고 있다. 즉, "이것은 사실 이론을 잘 이해하지 못했기 때문이다. 이론적인 공부를 했기 때문에 공식주의를 내세우는 것도 현실 문제를 처리할 수 없는 것도 아니다. 실은 공부가 극히 불충분했기 때문이다"라는 것이다.[184]

이제 조련·민청 간부의 이론주의는 이론 신앙 수준에 이른 것이 아닌가 하는 느낌마저 든다. 그러나 이와 같은 이론주의는 전전(戰前)부터 시작된 것이었다. 전전 오랫동안 노동운동에 관련한 박광해(朴廣海)는 "계급투쟁을 하거나 조합 지도를 하는 사람 중에 노동을 통해 자신을 단련한 사람은 없다"며 그러한 인물은 아무리 이론적으로 뛰어나도 파업 현장에서는 도움이 되지 못했다고 증언한다.[185] 조련·민청의 지도권은 바로 박광해가 비판하는 것과 같은 사람들이 장악하고 있었고 그 조직적 체질에는 엘리트주의가 깊게 배어있었다고 할 수 있다. 제5회 대회에서 "실업자 조직을 확립하고 조직적으로 직장을 획득하며 특히 기능 연마에 유의하여 노조에 가입시키고 일본의 실업자와 함께 생활권 확보 투쟁"을 전개해야 한다는 것에 대해서는 이미 말했지만 그 비현실적인 방침은 이론신앙의 수준에서 일어난 것이었다고 할 수 있을 것이다. 조련 중앙은 구활동가층이 '관료화, 부패화하는 경향'을 발견했지만 실은 새로운 활동가의 소굴인 민청조차 "답답한 형식적인 회합을" 일삼았으며 "관료주의적 해독(害毒)"을 퍼뜨리는 전형적인 조직이었을 뿐이다.[186]

---

183) 같은 책, 110쪽.
184) 劉一季,「幹部の教養について」,『青年會議』제4호(1949년 3월), 121쪽.
185)「'聞書き'朴廣海氏　労働運動について語る(1)」, 앞의 책, 101쪽.
186)「同盟生活のABC」,『青年會議』제8호(1949년 8월), 187쪽.

조련과 민청의 엘리트주의에 대한 비판은 기관지 등에 대해 비판하는 형태로도 나타난다. 민청 기관지 『청년회의』는 '이론적 기관지'를 표방했지만 이전부터 "머리가 아플 정도 어렵고 딱딱하다"[187]는 평을 받았다. 또한 조련 해산 후에 간행된 잡지로 오사카 조선문화협회의 기관지 『조선평론』은 독자에게 "이 편집 출판인들은 가장 열렬한 애국자이지만 잘못하면 진정으로 해방을 원하는 조선 인민과 아무런 연이 없는 사람이 될 위험이 있다"든지, "어딘가 노동 청년과 떨어져 높은 곳에 서서 마치 인텔리로서의 특별층으로 존재하는 것과 같은 느낌을 주고 있으니 이는 조선 평론의 올바른 발전을 위해서도 시정되어야 한다"고 비판받았다.[188] 독자인 일반 재일 노동 청년은 자신이 공산주의적 민족주의자에서 배제되지는 않을까 하는 의구심을 갖게 되었을 뿐만 아니라, 그들 민족주의자가 일본 정부·사회와 공범 관계가 되는 것이 아닌가 하는 의구심까지 품게 되었던 것이다.

실제 활동가의 소위 민족엘리트 의식은 보통 이상이었다. 주위 사람들도 한편에서 그 엘리트성을 인지하고 있었다. 이는 부부의 젠더 편성에 잘 나타난다. 민전시대의 이야기 중 두 가지 사례를 소개한다. 첫 번째 사례는 "조국을 위해 싸우는 자가 바로 조직 활동가"라고 생각했던 한 활동가 부인의 고백이다. 그녀의 남편은 그녀에게 밤에 한쪽이라도 더 공부하는 것이 유일한 요구라고 말할 정도로 지성이 넘치는 사람이었다고 한다. 그러나 그가, 실제로는 생활을 위해서 일하는 자신에 대한 이해가 너무도 부족한 '쁘띠 부르주아'라고 하는 것을 점차 알아채게 된다. 하지만 남편의 사무실을 방문하여 남편이 일하는 모습을 보고 "마음 깊은 곳에서 우러나오는 존경심을 새삼 갖게 되었다"고 한다.[189] 여기에는 일상에서 지식으로 부인 위에 군림하려고 하는 민족엘리트 의식을 가진 남편과 이에 대한 반발하면서도 남편에 대한 존경심 때문에 결국 이를 받아들

---

187) 許準, 「青年會議に対する希望」, 『青年會議』제6호(1949년 6월), 154쪽.
188) 「讀者の声」, 『朝鮮評論』제3호(1952년 5월), 『戰後』제9권, 356-357쪽.
189) 申敦姫, 「活動家の妻の記錄」, 『新しい朝鮮』제3호(1955년1월), 『戰後』 제10권(이하 같음), 66쪽.

이고 마는 부인이라는 구도가 있음을 알 수 있다. 두 번째 사례는 체면도 수치심도 다 버리고 원치 않는 노동에 종사했던 부인의 고백이다. 그녀는 "아이를 키우고 생활을 유지하기 위해 꼼짝달싹할 수 없는 활동가의 부인 등은 대부분 활동에 나가지 못하는 것이 실상"이라며 자신은 여성동맹 활동을 그만두고 생활비를 벌기위해 파칭코에서 경품팔이를 했다고 한다. "활동가에게는 연말도 설날도 없다"며 밤낮을 가리지 않고 계속 돈벌이도 되지 않는 일을 하는 남편은 "엄청난 일을 맡은 책임감 때문에 한시도 마음을 놓을 수가 없었다"고 한다.[190] 역시 여기에도 민족엘리트인 남편에 대한 부인의 존경과 헌신을 볼 수 있다. 활동가 부인이 민족엘리트인 남편을 떠받치는 것은 당연하다는 인식이 당시에는 일반적이었을 것이다.

이러한 활동가의 민족엘리트 의식은 조련·민청의 간부층이나 학원 출신자에게 한정된 것이 아니었다. 민족엘리트 의식은 점차 그 범위를 넓혀간다. 조련과 일본 공산당 정책에 따라 1949년 이후 일본 공산당으로 조선인이 대량으로 입당하게 되는데,[191] 여기서 당원이 되는 것을 민족엘리트의 증거로 여기는 것이다. 조선인 공산당 간부인 정동문(鄭東文)이 "젊은 동지들은 오늘 입당 신청서를 쓰기만 하면 하룻밤 만에 보통의 인간과 다른 듯한 사고방식, 말투, 태도, 몸짓을 하려는 경향이 있는데 그래서는 안 된다"[192]라고 한 발언은 당시의 상황을 시사적으로 보여 준다. 입당과 함께 공산주의자가 되는 것을 마치 지식인이 되는 것으로 착각하는 것이다. 실제 한 십대 여성 당원의 수기에서도 이러한 착각을 읽어 낼 수 있다. 그녀는 중학생 때부터 "훌륭한 공산당원이 되는 것만이 나의 학습 목표"였지만, 한편 고교 시절에는 대학 진학도 희망하고 있었다. 그러나 그녀는 공산당이야말로 인류의 '이상 대업'을 성취할 수 있는 조직임을 것을 깨달았을 때 대학 진학의 희망을 포기하고 곧바로 당원이 되어 "영예로운 일본

---

190) 姜順愛, 「たたかいを夫とともに」, 『新しい朝鮮』 제4호(1955년2월), 92-93쪽.
191) 金太基, 앞의 책, 543-544쪽.
192) 鄭塋桓, 앞의 논문, 67쪽.

공산당의 일원이 된 것을 자랑"스러워 하기에 이른다.[193] 그녀는 당원이 되는 것은 대학에서 학문을 쌓는 것 이상으로 지식인이 되는 데 전혀 모자람이 없는 경지라고 판단했던 것이다. 당시 조련에 모여드는 민중들 사이에서 당원이 되는 것은 민족엘리트 의식을 다소 키우는 것으로 여겼던 것으로 추측된다.

이와 같이 신활동가란 학원 출신자를 비롯하여 민족엘리트 의식을 지닌 집단임을 알 수 있었다. 그러한 자의식은 곧 '민족 간부'라는 용어를 만들어 낸다. 따라서 그들은 민족엘리트 의식을 가지면 가질수록 자신의 의사와는 반대로 민중으로부터 멀어져 간 것으로 생각한다. 신활동가들은 조련 중앙 간부(=지식인의 엘리트) 의식을 가져야 한다고 생각해서 갖게 되었고 자신들도 적극적으로 가지려고 했다. 그 결과 관료주의를 타파할 수 있는 존재로 기대한 바와 달리 관료주의를 확산시키는 존재가 되었다. 이와 같이 그들에게 자율적인 활동은 도저히 불가능했고 조련 중앙 간부의 민족주의가 신활동가를 통해서 일반 민중에게 그리 간단히 전달되지 않았던 것으로 생각된다. 오히려 반발하는 사태가 많았던 것으로 추측된다. 그러나 큰 흐름에서 보면 당시의 민중은 사실 조련을 신뢰하고 있었다. 학원 학생에게 문제가 있다고는 하나 한신교육투쟁에서 보여 주었던 재일 민중의 결집과 투쟁은 지금도 기억에 남아 있다. 그렇다면 조련 중앙과 민중을 가운데에서 이어 주는 자는 누구였을까. 그것이 마지막 문제이다.

4. 활동가와 민중

결론적으로 말하자면 가교 역할은 조련 중앙이 혐오했던 구활동가층 이외에는 있을 수 없다. 구활동가층 가운데 '관료화, 부패화하는 경향'이 있고 인망이 없어 지탄받아 마땅한 인물이 있었던 것은 사실이다. 그러나 그것은 사실의 일면일 뿐이다. 지역 실정을 알고 있고 실제로 노동을 경험하고 밑바닥에서부

193) 金敏子, 「共産党員としての誇りを高くかかげて」, 『新しい朝鮮』第3호, 64, 66쪽.

터 민중을 경험한 구활동가가 있었기 때문에 조련의 지도력이 서서히 말단까지 미칠 수 있었던 것이다. 그것를 시사하는 사료가 있다. 민전시대에 작성된 것으로 도쿄도 고토구 에다가와초(江東區枝川町) 조선 부락에 관한 조선과학기술협회의 조사 보고이다.194)

에다가와 조선 부락은 1940년에 개최될 예정인 도쿄 올림픽의 영향으로 도쿄시의 조선인 강제 이주로 만들어졌다. 쓰레기 소각장과 분뇨를 수거하는 곳이 있는 열악한 환경이다. 게다가 이주하자마자 이 부락은 협화회 보도원이자 확신범적 친일 분자인 서태수(徐泰守)라는 인물의 폭력적 지배를 받아 주민은 여러 가지 경제적 수탈에 시달리고 있었다. 그러나 주민들은 협화회의 황민화 운동 따위는 무시하고 조선 농촌의 생활양식을 그대로 유지했다. 다른 한편에서는 "때에 따라 거칠고 천한 행동이 많고 싸움과 치정으로 난리법석소동도 많았지만" 주민들은 전시하에서 암거래로 살아갔다. 도쿄 대공습 때에 주민들은 소이탄(燒夷彈)으로 인한 화재를 필사적으로 막아내 기적적으로 재해를 면했으며 화재 때문에 피해를 입은 일본인 이재민이 대거 몰려들자 그들을 구호했다.

전후 절반 이상의 부락민은 귀국하고 남은 "무지한 부락민은 일본의 패전 정도는 알았지만 민족의 해방과 인권의 해방까지를 자각하지는 못했다." 그래서 일단 귀국했다가 민족반역자로 처벌받을 것을 우려해 급히 되돌아온 서태수의 지배를 다시 받게 된다. 그는 교묘한 처세술로 조련 분회 위원장이 된다. 그러나 분회가 지부로 승격할 때 주민들은 서태수와 그 수하에 있던 자들을 부락에서 내쫓았다. 그리고 "지부 임원들의 적극적인 공세로 대학을 나온 지식분자가 이전해" 와서 계몽 활동이 시작되었다. 당초 해방 후 이주해 온 조련의 지도자들은 "부락의 생활 개선을 위해 노력했지만 각양각색의 설교가 너무 많았기 때문에 물에 떠있는 기름과 같은 존재가 되기 쉬웠다"고 한다. 사람들은 학교를 만들고 강습회에 참가했으며 막소주 제조와 암거래를 그만두는 대신에 돼지를

194) 在日朝鮮人科學技術協會, 「在日朝鮮人の生活實態」, 小沢有作 編, 앞의 책, 274-283쪽.

키우면서 점차 정상적인 일을 하게 되었다. 그 결과 1948년 10월 대대적으로 막소주 적발이 있었을 때 "조련 지도자들의 노력이 효과를 거두어" 트럭 20대 분량으로 예상되었던 막소주는 겨우 2대분밖에 되지 않았다. 이 일로 "대중은 조련 지도의 올바름을 몸으로 느끼게 되었고 단결은 더욱더 단단해졌다."

이상이 조사 보고서에 근거한 에다가와 부락 역사의 개요이다. 그 후에도 후카가와(深川) 사건이라는 유명한 사건에 대한 기술과 세세한 생활 실태 조사가 있지만 여기에서는 생략한다. 다만 "조련 조직은 이 부락을 민주화하고 부락에 혁명의 숨결을 불어넣었다"는 총괄이 있다는 점만을 기술해 둔다.

이 보고서에는 외부에서 온 대학 출신자 등 조련 활동가의 지도가 얼마나 올바른 것이었는지를 강조하고 있다. 이들 조련 활동가들을 신활동가라 생각해도 될 것이다. 그러나 사료(史料)를 신중하게 비판해야 한다. 이 보고서는 틀림없이 과학기술이나 학문에 관계하려고 한 신활동가들이 집필했을 것이다. 이 점을 고려할 필요가 있다. 서태수의 지배를 받았다고 하더라도 에다가와 부락에는 조선 농촌을 방불케 하는 자율적인 질서가 이전부터 있었고 이 때문에 도쿄 대공습 당시 재해를 훌륭하게 피할 수 있었다. 또한 서태수를 내쫓은 것은 신활동가가 아니라 원래부터 있었던 '지부의 임원들'=구활동가들이다. 신활동가는 그들이 데려왔고, 그리고 신활동가는 "설교가 너무 많았기 때문에 물에 떠있는 기름과 같은 존재"였다. 그 모멸적인 민중관 때문에 그들은 에다가와 민중으로부터 경원(敬遠)되고 있었다. 에다가와에서도 신활동가가 이론주의 때문에 민중과 멀어져 버리는 사태가 나타난 것이다. 그럼에도 불구하고 왜 에다가와 조선 민중은 결과적으로 조련의 지도를 받아들인 것일까. 보고서는 단순히 '꾸준한 계몽'으로 치부하고 있지만 이 점에 대해서는 의문이 든다. 신활동가를 데려온 구활동가가 민중과 그들 사이에서 가교 역할을 한 것으로 예상된다. 조련 제5회 대회에서는 구활동가에게 "보수적 경향, 경험주의적 경향"의 극복을 요구하면서 "신간부(청년간부-원주)는 구간부가 가진 장기간의 경험을 충분히 섭취하는 태도를 가짐과 동시에 자신의 새로운 감각에서 나오는 창의력을 구 간부에게 이해시키도록 노력하여 양자 간의 의견 통일과 융화를 꾀하여야 한다"고 한다.[195] 조련 중앙도 실제로는 구활동가를 전면적으로 배제하려 하지 않았고 오히려 그들의 협력을 필요로 했다.

구활동가는 우직하게 조련을 떠받쳤다. II절 1장에서 소개한 재일 1세 여성 박계근의 남편은 전전 협화회 지도원을 했지만 전후에는 그를 뉘우치기라도 하듯이 민족학교를 만드는 일에 정열을 다했다. 박계근에 따르면 조선대학교를 세울 때도 열심이었다고 한다. 그러나 보이지 않는 곳에서 생활을 지탱한 것은 박계근이었다. 그녀는 22년 동안이나 생업으로 넝마주이를 했다고 한다. 신활동가 이상의 정열이다. 또 보통학교밖에 나오지 않은 어떤 사람은 전전에 터널 인부 등을 했지만 전후에는 하치오지(八王子)지부 임원으로 취임했다. 그러나 무급이었기 때문에 고물상을 하면서 활동했다. 그는 마르크스주의 문헌을 읽은 적은 없지만 "자신의 경험으로 나라 없는 민족이 얼마나 비참한가라는 생각으로" 조련에 헌신했다.[196] 보통학교밖에 나오지 않았기 때문에 치과의사가 되는 꿈을 이루지 못한 어떤 인물은 후쿠시마현 다이라시(平市)에서 치과의사 조수를 했을 때 조선인 강제 연행 노동자를 탈주시키기도 했고, 전후에는 조련 후쿠시마현 본부 결성에 참가하여 귀국하는 조선인 노동자의 생활안정운동을 펼쳤다.[197] 그는 조련 중앙에서 김두용을 불러 도움을 받기도 했는데, 이러한 구활동가의 존재를 빼놓고는 조련의 운동이 성립될 수 없음을 인식해야 한다. 조련이 지방 문제에 개입할 수 있었던 것은 지방에 사는 조선인으로 인망이 있고 보통학교졸업 정도의 교육을 받은 그와 같은 존재가 있었기 때문이며 그를 빼놓고 조련의 지방 개입은 생각할 수 없다.

거물 중에도 구활동가가 있었다. 보통학교 출신이며 선반공으로 오사카에서 일하면서 노동운동에도 관여했던 장정수(張錠壽)는 일찍이 조련 결성에 참여

---

195) 「第5回全體大會議事錄」, 앞의 책, 233쪽.
196) 姜壽熙, 「賃金ももらわずに」, 前田憲二·山田昭次他 編, 앞의 책, 204쪽.
197) 金憲輝, 「夢敗れたわたしの青春」, 같은 책, 231-232쪽.

했고 본국 조사 특파원으로 남조선에도 파견되었을 정도의 인물이다. 그는 일본 공산당의 지도에 의문을 가지고 당조선 인부의 간부였던 김천해와 박은철(朴恩哲)을 오사카로 불러 격한 논쟁을 벌였다. 김천해 등이 "당신들은 민족주의자다"라며 비난하자 장정수는 "공산주의자가 민족주의 운동을 한다고 뭐가 나쁘다는 것이냐"며 정색했다고 한다. 고등교육을 받았고 공산주의 이론에 입각해 교조주의적으로 재일조선인 운동을 지도하려는 김천해와 박은철에 대해 장정수는 어디까지나 민중의 입장에서 재일조선인의 독자적인 민족운동을 주장한 것으로 생각한다. 장정수는 민전시대에 들어서자 일선에서 물러나 와카야마(和歌山)에 칩거한다. 그는 그 이유를 "나는 예전부터 직공이기 때문에 자신의 생활은 자신이 스스로 하는 것이라고 마음을 먹었기 때문"이라고 한다.[198] 장정수와 같은 인물이야말로 조련 중앙과 일반 민중 사이에서 갈등을 심화시키는 한편 관료주의적이지 않은 방법으로 민족운동·민중운동을 추진하려고 했던 귀중한 존재였다고 할 수 있다.

결국 조련 시대에 조련이 기대를 걸었던 신활동가는 미숙한 존재에 지나지 않았다. 그중에서는 바로 얼마 전까지 황국 청소년이었던 사람이나 조선어를 충분히 구사하지 못하는 사람도 적지 않았고 민족주의자로서도 너무 어렸다. 따라서 계몽적 성격이 강한 조련 중앙은 언젠가는 구활동가를 내쫓으려는 생각은 있었지만, 그들과 민중은 가까웠기 때문에—경우에 따라서는 민중 그 자체였다—구활동가의 존재 없이는 조련의 의사가 말단까지 미칠 수 없었다는 것이 필자의 견해이다. 그들은 일반 민중과 같이 노동과 생활 속에서 가혹한 차별에 고통받고 게다가 어느 정도의 교육을 받았기 때문에 민족주의에 비교적 쉽게 호응할 수 있는 존재였다. 그들이야말로 민중의 자율적 내셔널리즘을 흡수하면서 민중에게 조국을 인식시키고 근대적 내셔널리즘을 배양하는 데 큰 역할을 한 자율적이면서 핵심적 존재였다고 할 수 있다.

---

198) 張錠壽, 「'在日朝鮮人連盟'のころ」, 『季刊三千里』 제48호(1986), 35-43쪽.

그러나 민중이 신활동가에 대해서 반발만 했는가 하면 꼭 그렇지는 않다. 그들은 젊기 때문에 생활을 팽개치고 민족을 위해 기여하려 노력한 존재이고, 민족주의자이기는 해도 생활면에서는 최하층(subaltern) 그 자체였다. 그 때문에 최하층 사회의 공명을 통해 동포사회에서 동정을 일으킬 수 있는 존재이기도 했다. 중앙고등학원을 졸업한 김을성은 활동가가 되어 한때 매형의 도움으로 생활했다.[199] 또한 신활동가라기보다 교원의 사례이나, 교원들은 1947년 무렵까지 일반적으로 무급이었음에도 불구하고 가까스로 생활을 이어갔다. 이는 동포의 원조가 있었기 때문에 가능한 일이었다. 전 교사인 어떤 인물의 회고에 따르면 "당시는 동포의 집을 돌면서 식사를 하거나 얼마의 돈을 받아 교원친구들끼리 나누거나 해서 먹을 것을 사곤 했습니다"라고 한다.[200] "조선인 사이에서는 인사 대신에 '밥 먹었나'라는 말이 있을 정도로 아무것도 없어도 사람이 찾아오면 밥을 먹였다"[201]고 한다. 이와 같은 공동체적 유대가 있는 한, 신활동가가 아무리 오만하더라도 재일사회에서 떨어져 나가는 경우는 없었다. 그리고 무엇보다도 그들은 민중 그 자체에서 배출된 존재였다. 오사카 조선인 문화협회장이었던 김종명(金鐘鳴)은 『조선평론』에서 다음과 같이 말했다.[202]

> 일본에서 조선인 사각모 집단, 인텔리, 문화인이라는 사람들, 이들은 보기에 따라서는 분명히 진흙 속에서 피어난 꽃(精華)이라고 해야 할 것이다. 그렇다면 누구를 누구의 꽃이라고 해야 하는가? 조국에서 전형적인 식민지적 억압 아래에서 거의 무일푼에 가까운 생활의 길조차도 빼앗겨 '오직 살겠다는 의욕' 하나로 일본의 노동시장에 흘러들어온 사람들을 부모로 두고, 어둑한 다다미방에서 '아는 것만이 힘이다'라는 신념으로 자신을 연마한 사람들이기 때문에 우리 재일조선 문화인은 '진흙 속에서 피어난 꽃'이라고 감히 주장해 마지않는 것이다.

---

199) 金乙星, 앞의 책, 105쪽.

200) 「金昌鉉談話」, 金徳龍, 『朝鮮學校の戰後史』(社會評論社, 2000), 222쪽.

201) 張錠壽, 앞의 회고록, 43쪽.

202) 金鐘鳴, 「在日朝鮮文化人の課題」, 『朝鮮評論』 제1호(1951년12월), 281-282쪽.

이는 재일조선 문화인으로서의 긍지를 말하는 글이지만 신활동가에게도 적용할 수 있을 것이다. 앞서 서술한 것과 같이 독자들은 『조선평론』에 대해 일본정부·사회와 공범 관계가 되는 것은 아닌가라는 우려마저 느꼈다. 그러나 당사자들은 '민중의 자식'임을 자부했다. 생각해 보면 당시 이미 일본인이 아닌 '제3국인'이었던 재일조선인이 받고 있었던 차별은 전전 이상으로 혹독했고 취직은 거의 불가능해졌다. 재일조선인은 총체적 의미로서 최하층임을 이전보다 더 강하게 일본사회로부터 강요받게 된 것이다. 따라서 문화인과 지식 청년들이 자신의 학식을 가지고 상승을 할 수 있는 기회가 전혀 없었다고 할 만큼 일본사회는 닫혀있어 공범 관계가 성립될 여지 따위는 없었다. 그러한 의미에서 재일사회 내부에 문명적 내지는 문화적 갈등이 있었다고 한들 재일사회는 당시보다 더욱 강인하게 그리고 목가적인 공동체 생활공간을 형성했다고 할 수 있을 것이다.

IV. 마치며

해방 전 재일 민중은 황민화 등 일본의 식민정책을 받아들이기는커녕 오직 한결같이 살기 위한 활동을 했다. 조선인으로서 사는 것은 당연했고 그러한 생각 밑에는 생활주의에 뿌리를 둔 민중내셔널리즘의 세계가 있다. 전시 체제기에는 친일 행위도 보이지만 그것은 모두 살기 위해서 어쩔 수 없는 일에 불과하다. 다름 아닌 조선 내의 민중의 '면종복배'와 같다. 그 때문에 생활의 궁핍이 심해지자 생활지상주의의 입장에서 재일 민중은 당국의 통제를 거부하고 아무런 죄의식 없이 암거래를 행했다. 징용 거부 등 소극적이지만 전쟁 비협력적 자세를 취하는 자도 있었다. 또한 일본 패망에 대한 염원은 점차 쌓였고 조선에 귀국하거나 독립 담의도 늘어갔다.

이러한 민중에 비해 청소년과 학생은 황민화 교육과 그 논리를 받아들이면서 고민은 깊어진다. 특히 대학생과 지식 청년은 취직 차별 때문에 고민은 한층 깊어진다. 그러나 그들은 일반 민중에 비하면 근대의 논리를 받아들였기 때문에 요령 있게 여기저기 돌아다니면 일본사회에서 살아나갈 수 있는 사람들이기도 했다. 그럼에도 불구하고 또한 조선인 사회에서 배제될지 모른다는 불안이 작용했고 그들도 역시 조선인임을 그리 쉽게 포기할 수 없었다.

많은 재일조선인이 해방을 환호했다. 그러나 귀국이 반드시 압도적 의견일 수는 없었다. 이미 일본에서 생활 기반을 쌓은 사람들은 조선 생활에 불안감을 가졌기 때문이다. 그러나 일본사회에 대한 공포가 그들을 조국으로 몰아갔다. 그 결과 많은 사람들이 귀국하지만 얼마 있지 않아 조선의 정치 정세가 불안해지고 소지금이 제한되자 60만 명 정도의 귀국 길이 끊어지게 된다.

이 시기부터 조련을 중심으로 한 재일조선인의 운동이 활성화되고 그 주도권을 잡은 것은 조련이었다. 조련은 다양한 재일조선인 운동을 전개하면서 근대적 내셔널리즘 담론 공간 속으로 민중을 끌어들이려 한다. 그리고 조련은 압도적 다수의 민중을 결집시키지만 조련 간부 공산주의 지식인은 암거래 등을 일삼는 생활주의 속에서 사는 민중을 모멸하는 경향을 가지게 된다. 조련 지식인의 조선인관과 조선사 인식은 일본인의 필터를 통해 본 것이었다. 그리고 그들은 지역의 지도자에 대해서도 그와 같은 시선으로 보려 했고 지역 활동가를 새로운 활동가로 대체하기 위해 간부 교육을 시작한다. 그러나 신활동가는 이론주의로 치달아 오히려 지역 민중의 반발을 산다. 지역 민중의 실정에 맞추어 조련의 지도를 침투시킨 것은 오히려 조련이 배제하려고 했던 구활동가였다. 다만, 당시 재일사회는 총체적 의미로서 최하층이었고 그 내부에 문명적 내지는 문화적 갈등이 있었다고 해도 점차 목가적인 공동체의 생활공간을 형성해 갔다. 그 때문에 또한 신활동가에게도 그에 어울리는 위치가 주어진 것이다.

이 글을 요약하면 대략 이상과 같다. 해방 전후의 재일조선인은 민족과 생활을 둘러싸고 어떻게 살아야 할지 모르는 상황 속에 있었다고 할 수 있다. 그래서 마지막으로 재일조선인의 내셔널리즘 형성의 특징에 대해 언급해 두고 싶다.

서두에서 말한 것과 같이 민중내셔널리즘은 자율적으로 형성되기는 하지만, 근대국가의 폭력과 지식인의 집요한 계몽으로 오만하고 작위적으로 근대적 내셔널리즘으로의 전환을 강요받는다. 해방 후 북한에서 내셔널리즘이 어떻게 형성되었는지 그 방식에 대해서는 알 수 없는 부분이 있지만 한국에서는 그렇다고 할 수 있다. 이는 10월 인민봉기, 제주도 4·3봉기, 여수 반란 등에서 표출된 민중내셔널리즘이 폭력적으로 탄압되고 그 후에 위로부터 근대적 내셔널리즘이 강요되어 가는 경위를 보면 명백하다. 이에 대해 재일조선인 사회의 양상이 꽤 다르다. 폭력 장치를 가진 권력이 존재할 수 없었기 때문에 가혹하지 않았음은 당연하다. 전적으로 지식인의 집요한 계몽을 통해 오만스럽게 그리고 작위적으로 진행되었다. 그렇지만 그것을 마치 자연스러운 것처럼 보이게 하는 요인이 있었다. 위에서 서술한 요약과 중복하는 점도 있지만 일단 정리해서 말하자면 아래와 같은 세 가지 이유를 들 수 있다.

첫 번째 이유는 조련의 내적인 사정과 관련된다. 즉, 조련 지식인·간부나 신활동가들은 민중을 모멸적으로 대해 민중의 반발을 사기는 했으나 민중에 뿌리를 내린 구활동가가 중간에 개입함으로써 조선민주주의인민공화국을 조국으로 삼는 근대적 내셔널리즘의 내면화가 탄력적으로 침투할 수 있었다. 구활동가야말로 초기 재일조선인 운동을 활기차게 한 동시에 풍요롭게 한 윤활유와 같은 존재였다고 할 수 있다.

두 번째 이유는 이 글에서는 논의할 수 없었지만 냉전체제의 귀결이라는 외적 사정으로 인한 것이다. GHQ도 일본 정부도 조선민주주의인민공화국과 조련 그리고 일단은 조련 산하에 들어온 민중을 공산주의 세력으로서 일방적으로 배제하려고 함으로써 조련과 민중의 거리가 오히려 가까워진 점을 들 수 있다. 한신교육투쟁은 그 상징적인 사건이라고 할 수 있다.

마지막으로 세 번째 이유는 외적 조건에 규정된 조선인 사회가 어떻게 인식되었는가 하는 문제이다. 즉, 조련 지식인·간부나 신활동가를 포함한 재일 총체의 최하층성이다. 민중은 자신을 경멸하는 조련 지식인·간부와 신활동가에게 불만과 반감을 가지는 한편 결과적으로 일본 정부·사회와 공범 관계가 성립될 가능성이 거의 없는 그들을 신뢰하게 되었다.

이렇게 하여 재일조선인이 민족주의로 회수되는 방식은 실제로는 작위와 확집을 동반하는 것이었음에도 불구하고 외견상으로는 자연스럽게 보일 정도로 비교적 순조롭게 진행되었다고 할 수 있다. 국민국가와 민족주의는 당연히 상대화되어야 한다. 그러나 또한 재일조선인이 놓여 있는 민족주의 담론 생성이라는 특수한 공간도 충분히 고려해야 한다. 일본과의 관계에서 말하면 일본 정부·사회가 전전부터 재일조선인을 총체로서 최하층의 지위에 떨어뜨리고, 전후에는 냉전체제에 편승해 한층 더 그러한 정책과 처우를 추진했던 것이야말로 재일조선인이 내셔널리즘을 형성하는 데 큰 힘으로 작용한 것이다.

오늘날 재일조선인의 존재 양상은 일본사회가 크게 변화함에 따라 해방 전후기와는 꽤 달라졌으며 재일총체가 최하층인 것도 아니다. 현재 재일사회는 실로 다양하고 계층 분화도 격하게 일어난다. 그러나 민족을 어떻게 의식한 채 일본사회에서 살아가야 하는가를 둘러싼 갈등은 '공생'론의 기만성—민족학교의 배제 등에서 전형적으로 볼 수 있다—과 글로벌화의 진전에 따라 오히려 점점 깊어지는 모습까지 보인다. 그러한 갈등의 연원은 해방 전후기 민족주의의 특징적인 형성 과정에 있다. 당시 재일조선인이 존엄 있는 인간으로 대우받기 위해 선택한 민족으로서 사는 길의 의미는 단순히 민족의 상대화라는 냉소적인 시점으로만 해석하면 안 된다. 그중에서도 근대적 내셔널리즘으로 회수되기 이전의 민중내셔널리즘의 의미는 이제 학문적(민중사적)으로도 현역사단계적으로도 고려하기에 충분한 무게를 가지고 있다고 생각한다.

최종 탈고: 2005년 10월

번역: 김우영(성공회대 일본학과)

경성제국대학 출신 엘리트의 행로

고등 문관 시험 합격자의 친일 및 독재체제 옹호와 관련하여

김용덕

Ⅰ. 머리말

1929년 1회 졸업 이래 1945년까지 경성제국대학(이하 경성제대)의 한국인 졸업생은 810명으로 파악되고 있다.[1] 이들은 법문학부(법학과, 문학과, 사학과, 철학과), 의학부, 이공학부(1941년 설치)로 나뉘어 당시로써는 최고 수준의 교육을 특혜라 할 만큼 좋은 조건에서 수학했다.[2] 이들 중 의학부와 이공학부는 특정 직업 영역으로 가는 교육을 받고, 이후에도 그 범위를 벗어난 경우가 거의 없었기 때문에 진로는 한정되어 있었다.

법문학부 출신의 진로는 다양했다. 성격상 관계(官界)·법조계·학계로의 진출이 많았는데, 일제시대 행정기관의 고등관이었던 사람들이나 사법기관의 사람들이 1945년 이후도 고위직으로 나아간 예가 대부분이었다.[3] 가장 많은 수가 학계로 나아간 것은 해방 후이다. 고등교육을 담당할 인력이 부족했을 때 경

1) 김용덕, 「경성제국대학의 교육과 조선인 학생」, 김용덕·미야지마 히로시 편, 「근대교류사와 상호인식Ⅱ」(아연출판부, 2007), 129쪽.

2) 1938년 경성제대 학부생 한 명의 교육비는 전문학교생 10명의 교육비보다 많았다. 京城府, 『京城府 教育 概況』(1938), 25-28쪽(金正仁, 「日帝 强占期 京城府의 教育行政과 教育實態」, 『서울학연구』 10(1998), 171쪽에서 재인용).

3) 정선이, 『京城帝國大學 硏究』(문음사, 2002), 165-166쪽.

성제대 졸업생이 그 첫 교수 인력이 될 수 있었기 때문일 뿐 아니라, 일제시대에 관직에 있던 사람들 중 자의 또는 타의로 관직을 떠나게 되어 대학으로 옮겨간 사람들이 적지 않았기 때문이었다.[4)]

경성제대 출신들이 '친일 관료' 또는 '친일파'라는 일반적인 인식은 어디에서 연유하는 것인가? 해방 후 한국의 역대정권이 모두 반일(反日)과 반공(反共)을 명분으로 지켜가면서도 친일 관료를 계속 고위직에 기용해 온 것은 또한 사실이 아닌가?

항상 반일을 부르짖었던 이승만 정권의 장관 가운데 40% 이상이 일제 통치기관에 근무했던 사람들로[5)] 이들 중 대부분이 일제시대에 고등 문관 시험(이하 고문)에 합격하여 고등관에 있던 사람들이다. 일제시대 고문 합격자 가운데 한국인은 행정과 약 150명, 사법과 70여 명 정도로 파악되고 있다.[6)] 이들이 이른바 '친일파 고위 관료'들이라고 할 때 그 핵심에 경성제대 출신들이 있는 것은 사실이다. 즉, 경성제대 졸업생으로 고문 행정과 합격자가 41명, 사법과가 30명인 것을 보면[7)] 단일대학으로는 압도적인 비율일 뿐 아니라, 이들은 동기나 선후배 간의 친교와 상호 협력이 특별한 일군의 인재 집단이기도 했다. 경성제대 출신 중에서도 엘리트라고 할 수 있는 고문 합격자들이 보인 정치적 영향력이 두드러졌기 때문에, 이들의 행동 양식 때문에 친일파라는 인식이 퍼진 것으로 보인다. 이 글에서는 이들이 고문에 응시하여 일제하에서 관직에 나아가는 과정과 해방 후의 권력에 대한 접근 행태 등을 추적하여, 우리 사회에 미친 영향을 고찰해 보려 한다.

---

4) 김용덕, 앞의 책, 146쪽.

5) 서중석, 「친일파의 역사적 존재양태와 極右反共獨裁」, 역사문제연구소 편, 『인물로 보는 친일파 역사』(역사비평사, 1993), 26쪽.

6) 장세윤, 「일제하 고문시험 출신자와 해방 후 권력 엘리트」, 『역사비평』(1993, 겨울), 167쪽.

7) 경성제대 졸업생으로 고문 합격자는 첫 합격자가 나온 1932년부터 고문이 폐지되는 1943년까지이며 창씨개명으로 인하여 정확한 수를 파악하기 어렵다. 『京城帝國大學一覽』, 戰前期官僚制硏究會 編, 『戰前期日本官僚制の制度·組織·人事』(東京大學出版會, 1981), 447-658쪽.

II. 고등 문관 시험

전통적으로 과거제도가 없었던 일본은 메이지 정부 수립 후 행정 체계가 근대적으로 바뀌며, 초기에는 관리를 서양 지식을 겸비한 막부의 관료들, 양행자, 관립학교 출신자 등에서 충원했다. 다양하지만 체계는 없었다. 고위관리로 나아갈 수 있는 젊은 인재를 선발하는 고등 문관 시험 제도는 1887년에 유럽 특히 프랑스의 방식을 본받아 채택한 것이다.[8] 우수한 젊은이들을 기존 체제 내로 흡수하여 관료로서의 특권을 부여함으로써 체제 옹호의 집단으로 양성하려는 제도였다. 그렇기 때문에 시험 요강에 "사상의 내용 및 표시 방법에 따라 고사" 하는 것이라고 밝혀 놓았듯이, 일제의 체제를 받아들이는 사람만 응시하도록 했다.

예비시험을 통과한 응시자들은 행정과, 외교과, 사법과 중 한 분야를 택하여 본시험을 치러야 했다.[9] 일제시기에 고등학교 또는 대학예과를 수료한 자들에게는 예비시험이 면제되었기 때문에 제국대학생들에게는 수험 준비가 용이했다. 따라서 한국인 중에서는 일제 지배 체제에 동조하는 경성제대(특히 법학과)의 학생들이 고문을 통하여 사회에 진출하려는 전형적 예비 집단이었다. 이들이 고문에 합격하면서부터 구조적인 친일파의 행로에 들어가는 것이다.

한국에서 일제의 고문이 젊은 인재들의 관심을 끈 이유로 전통적인 관존민비의 관념이 그대로 남아 있었던 것을 들 수 있다. 비록 일제하이기는 하지만 과거에 합격해야만 양반으로서의 명예와 사회적 지위 상승을 기대할 수 있었던 사회적 인식이 고문을 통하여 되살아난 것이다. 더구나 당시로서는 일제 지배를 받아들여 비교적 여유 있는 생활이 가능한 중산층 이상의 집안 출신이 많은 경성제대의 학생들이, 자신들의 정체성을 조선인보다는 일제체제의 한 구성원으로 인식할 때, 고문은 적절한 입신출세의 장치로 받아들여졌을 것이다.

---

8) 고문 시험은 1943년 중단되었다.

9) 변호사 시험은 별도였다. 따라서 변호사 시험은 고문에 들지 않는다.

경성제대의 교육은 이들의 소수 엘리트로서의 차별화된 의식을 고조시키기도 했다. 경성제대의 교육은 조선을 지배하는 것을 정당화, 체계화하기 위한 교육일 뿐 아니라, 학문 자체의 깊은 탐구보다 기능적 지식인을 양성하는 데 일차적 목표가 있었다.[10] 소수의 젊은 인재들에게 예외적인 교육적 특혜를 부여하며, 체제 유지를 위한 지식을 전수하는 유리한 조건 속에서 이들은 고문을 통하여 자신들의 정체성을 일반 조선인들과 차별화시켜 갔다고 할 수 있다.

1930년대부터 경성제대 출신 한인 학생들의 고문 합격자가 증가하는 데에는 그 당시의 시대 상황도 함께 고려해야 한다. 1930년대에 들어가면서 일본은 장기적 경제 불황에 빠져들었다. 1929년의 세계 경제공황의 여파가 이를 흡수해, 해결할 능력이 약한(일제 판도 내에서의 경제적 수요·공급의 완결성을 갖지 못한) 일본에는 더욱 큰 충격이었다. 경성제대 졸업생들의 취직에도 직접적인 영향을 주어, 1930년에는 대부분 직장을 찾았던 데에 비해,[11] 1933년에는 고등 인력의 취업난이 심화되고 있었다.[12] 많은 학생은 이에 확실한 지위가 보장되는 행정 관료직으로 나가기 위하여, 공개경쟁 방식의 고문에 응시하려 했다. 특히 고문 합격자는 표면상, 제도상 일본인들과 차별할 수 없다는 매력과 합격만 하면 군수와 같은 고등관으로 관직을 시작, 안정된 출세 코스에 접어들 수 있다는 매력 때문에 주로 법학과의 학생들이 1930년대 이후 고문 준비에 매달렸다.

또한 1930년대는 (1931년 만주사변으로 인한) 일본의 중국 침략이 본격화되면서 일본 국내의 통제는 물론, 한반도에서의 황국 국민화 정책을 강요하던 시기였다. 사회적 명사들이 자발적으로 또는 동조를 강요당해서 일제의 정책을 선전, 설득하던 때이기도 했다. 특히, 당시의 한인 학생들에게 영향력이 큰 문화파 민족주의 지도자들의 실력양성론이 이들에게 명분을 주었던 것은 주목할 만하다. 당시 고문준비를 하여 일제의 관료를 경험했던 홍진기는 후일 다음과 같이

10) 김용덕, 앞의 책, 134쪽.

11) 「新學士 大槪는 就職」, 『동아일보』(1930/02/09).

12) 「專門以上校 今年出身就職은 不過 三分之一」, 『동아일보』(1933/06/01).

해명한 바 있다.

> 1930년대 일제하에서 교육을 받고 법조계나 행정부에 진출했던 소수의 지식층에게까지 비판적이라면 그것은 시대 상황에 대한 인식이 부족한 탓이다. 1930년대에는 국내 항일운동이 절멸되어 있었다. 그때 20세 전후였던 우리 세대의 누구나 민족의식을 가지고 있었다. 그러나 속마음이야 어떠했건 군국주의 권력 통치에 목숨을 건 대결을 할 수 있는 조건이 갖추어져 있지 않았다. 무엇보다 중요한 것은 민족이 살아남는 일이었다. 교육을 받고 지식을 쌓아 머지않은 장래에 올 민족의 자주독립에 대비해야 한다는 것이 우리 세대의 의지이고 신념이었다. 1920년대 항일운동에 몸바쳤던 선배들의 가르침 역시 그랬다.[13]

그러나 명분과 논리는 찾았어도 고문이 당시 또 한편의 젊은이들로부터는 백안시되기도 하여, 갈등을 겪기도 했다. "고등 문관 시험을 치르려는 학생은 지사파(志士派)로부터 날카로운 눈총을 의식해야 하는 고충이 따랐다. 이 때문에 재학 중 고문을 준비하려면 대개 숨어서" 하는[14] 분위기이기도 했다.

또한 고문에 합격해 안정된 고위직에 나간다고 해도 조선인들은 대개 총독부의 핵심직을 맡기보다는 통치 보조직이나 지방직을 맡았다. 조선인 관료는 일본인 관료들에 의해 입안되고 결정된 정책들을 집행하는 식민정책의 행정기술자적 역할을 맡고 있었다.[15] 그들은 조선인으로서, 일제관료였기 때문에 식민통치에 대하여 정당성을 부여해 주는 기능, 조선인들에 대한 회유기능 등을 수행하는 담당자였다고 할 수 있다. 제도상의 차별은 없다고 하나, 조선인 합격자들이 기대하였던 것과 달리 실제적 차별은 엄연히 존재했고, 그들로서는 갈등도 겪어야 했다. 그러나 그들은 공통적으로 몰가치적, 기능주의적 속성을 갖고 일제 통치에 봉사했다.

---

13) 유민 홍진기 전기 간행위원회, 『유민 홍진기 전기』(중앙일보사, 1993), 13쪽.
14) 이충우, 『경성제국대학』(다락원, 1980), 217쪽.
15) 장세윤, 「일제하 고문시험 출신자와 해방후 권력엘리트」, 『역사비평』 23(1993), 167쪽.

III. 미군정의 활용

1945년 8월 15일 해방을 맞이하자 한국인들의 일차적 관심은 일제체제의 청산과 독립된 국가를 건설하는 데 집중되었다. 당연히 친일 관료들의 입지는 사라질 수밖에 없었으나, 미군의 남한 진주와 군정의 실시, 그리고 냉전체제하의 남북분단 등으로 이전의 친일 관료들은 활로를 찾았다.

일본에 진주한 미군 주도의 연합국 최고 사령부에서는 군국주의 체제의 옹호 세력을 제거하기 위하여 이들을 공직 추방령을 내려 몰아냈다. 이로 인해 1946년 초부터 시작된 추방자의 숫자는 1948년 5월에는 20만 3,660명에 이르렀다.[16] 그러나 남한에 진주한 미군 사령부의 방침은 달랐다. 즉, 점령 통치의 효율을 최대한으로 높이기 위하여 총독부의 조직을 그대로 접수하여 이용하겠다는 것이었다.[17]

미 24군단은 1945년 9월 9일 서울에 진주하여 일본군의 항복을 받게 되지만, 그에 앞서 오키나와에 주둔하고 있던 24군단은 8월 15일 이후 서울의 조선군 사령부로부터 한국의 상황을 보고받고 있었다. 당시 한국 내 상황이 혼란스러운 것으로 미군 측에 왜곡되어 보고된 것은 당연했다. 9월 초 24군단장 하지 중장이 그의 참모인 해리스 준장에게 내린 지시, 즉 초기의 한국 점령 정책은 일본의 행정기관을 통해 실시할 필요가 있는바 당분간 조선총독부를 한국 내 합법 정부로 인정해야 한다는 데에서 미군 당국의 초기 인식을 알 수 있다.

태평양군 사령관 맥아더의 포고령 1호인 군정실시 명령도 조선총독부의 기구를 존속시켜, 이를 미군정에서 관리·감독하여 실시하라는 것이었다. 총독 아베 노부유키(阿部信行, 1875~1953)의 지위도 인정한다는 이 방침에 국내의 반발이 거세지자 총독부를 폐지하고 군정청을 설치, 점차 일본인들을 해고시키는 방향

16) 1948년 후반부터 점령 당국의 방향이 이른바 '역코스'를 취하면서 공직추방의 방향이 적색분자 축출로 바뀌게 된다. 1952년 4월 강화조약의 발효로 공직추방령은 효력을 상실한다.
17) 『駐韓美軍史』(돌베개, 1988), 252쪽.

을 취했다. 그러나 일본인들을 대신하여 고위직을 맡는 한국인들이 대개는 일제 치하에서 관료로 경험을 쌓아 온 이른바 친일파 관료들이었다.[18] 이들의 기능주의적 속성이 냉전체제하에서 미국의 세계 전략에 맞는 한반도의 반공체제 구축에 부합되는 것이었다. 친일 관료층을 제거할 틈이 없이, 미군정의 필요에 따라 접착한 것이라고 할 수 있다.

친일 관료들이 사회적으로 안정적 위치를 찾게 된 데에는 공안(公安)조직, 주로 경찰 쪽에 일제체제 유지의 요원들이 그대로 기용되었던 것도 들 수 있다. 1946년 군정청 경찰 간부(경위 이상) 1,157명 중 총독부 경찰 출신이 949명으로 82%를 차지한 것을 보면, 공안 요원은 대부분 해방 후에도 변함없이 자리를 지켜온 것을 알 수 있다.[19] 미군정의 경찰책임자 마글렌 대령의 말처럼, "그들이 일본인을 위해서 훌륭한 업무를 수행했다면 미국인을 위해서도 그럴 수 있는" 것이었다.[20] 미군정에 충성을 다 할 뿐 아니라 이들은 일제하에서 친일 행위를 한 같은 경험의 공유자로서 친일 관료들의 보호막도 될 수 있었다.

친일 관료들이 명분을 찾아 기존의 위치를 상승시키는 데에는 신탁통치 반대 논리가 중요한 고리가 되었다. 한반도에 대한 신탁통치 결정으로 본 우익에서는 1945년 모스크바 3개국 외상회의 결과를 전반적으로 수용하려는 측을 '비국민'으로 비난했다. 집요하게 친일파 청산을 주장해 온 좌익이 비국민으로 공격받는 사이 친일 관료들은 협력관계에 있던 우익과 함께 '애국민'이 되는 명분을 찾았고, 나아가 반공에 앞장서게 되었다. 친일에서 친미, 그리고 반공과 애국으로 진로를 찾은 친일 관료들은 남한에서 세력을 유지·확대할 수 있게 된 것이다. 이러한 친일파의 재생산은 남한에서 '분단체제와 극우 반공 이데올로기라는 양대 지주'로 구조화되었다.[21] 그러나 친일 관료의 재세력화에 무엇보다도 중요한 요인이 된 것은 해방

---

18) 李景珉, 「解放朝鮮の政局と親日派問題」, 『思想』(1989, 12), 61쪽.

19) 방기중, 「8·15 이후의 친일파 집단」, 역사문제연구소, 『인물로 보는 친일파 역사』(역사비평사, 1993), 255쪽.

20) 서중석, 앞의 논문, 33쪽.

21) 서중석, 앞의 논문, 39쪽.

후 한국민을 통합할 수 있는 민족적 구심력이 분산되어 있었다는 사실이다. 물론 미군정이라는 제약이 있기는 했지만, 보수 세력 내에서도 명분 있게 나설 수 있는 '보수 본류'가 미약하여 통합적 구심 역할을 하지 못했다. 이러한 사이에 일제하에서 대학 교육과 관직 경험을 쌓은 관료들이 그들의 월등한 지식과 권력을 기반으로 스스로를 조직화해 가며 유리한 위치에서 새 체제에 맞춰 간 것이다.

Ⅳ. 독재체제의 지지

1948년 8월 15일 정부 수립 후 국민적 기대는 친일파 처단에 있었다. 헌법 부칙에 명기된 친일파 처단 방침에 따라 반민족행위처벌법(反民法) 제정에 착수, 1949년 1월부터 반민족행위특별조사위원회(反民特委)가 친일파 처단을 위한 구체적인 활동을 시작했다. 그러나 이미 이때는 해방 후 3년이 경과한 뒤였고, 이 기간 중 친일파는 친미파로 변신하여 핵심적인 관직을 차지하고 있는 상황이었다.

반민족행위처벌법은 1950년 6월 20일까지로 공소 시한을 두기는 했으나, 사법권을 가진 요원을 자체로 채용할 만큼 반민특위의 활동을 폭넓게 허용한 법이었다. 그러나 반민특위의 활동에 위협을 느낀 친일 세력의 조종 아래에 있던 경찰들이 1949년 6월 6일 반민특위 사무실을 습격하여 반민특위 관계자들에게 테러를 가하고 체포하는 사건이 발생했다.

이에 앞서 5월 20일부터 국회에서는 이른바 공산당 프락치 사건을 일으켜 친일파 처단에 앞장선 국회의원들을 공산당과 연계되었다는 이유로 체포했다. 또한 반민특위 습격 후 6월 26일에는 김구 암살 사건이 발생하여 1949년 5월부터 6월에 걸쳐 조직적인 반민특위 활동에 대한 저지 움직임이 한편에서 작용하고 있었다. 친일파 측에서는 반민특위에 동조하는 이들의 평화통일 주장 등을 반국가 행위로 매도하여 정치적으로 반민특위를 무력화시키는 명분을 찾았던 것이다.

결국 1949년 7월 6일 국회에서는, 1950년 8월 20일까지로 되어 있던 공소시효를 22개월 단축(1949년 8월 31일로)하는 개정안을 통과시켰다. 효과적인 활동 기간은 반년이 채 못 되었다. 이 기간 중 반민특위는 조사 대상 7,000명 중 682건을 취급하여, 특별검찰부에 559건 송치, 408건 영장 발부, 305명 체포, 221건을 기소하였다. 재판이 종결된 것은 40건으로 이 중 사형 1명, 무기징역 1명, 유기징역 10명이 실형 판결을 받았다. 구속되었던 거물급 친일파 인사들은 대부분 병보석, 기소유예 등으로 석방된 후 복권 조치되었을 뿐 아니라 실형을 받은 12명도 다음해 한국전쟁이 발발하기 직전까지는 모두(사형 대상자 포함) 풀려났다.[22)]

친일파 청산과 반일을 정권의 명분으로 내세우고 수립된 이승만 정권은 발족 초기부터 친일 행위자들에 대한 처단이 벽에 부딪치고 말았다. 반민특위 사무실과 인사들에 대한 경찰의 습격 사건 발생 시점에 지휘계통을 장악했던 사람들 중 내무부 차관과 치안국장, 법무부 차관과 법무국장이 모두 고문 합격 후 일제의 관리를 지냈던 사람들이었고 두 명은 경성제대 출신이었다.[23)] 이렇듯 제1공화국의 발족 때부터 정권의 핵심 부서, 특히 공안 부문은 이들에게 맡겨졌고, 이들은 또한 일제체제 유지의 일선조직이었던 경찰을 치안 유지라는 명목하에 인계받아 새 공화국의 공권력으로 이용했던 것이다.

이승만 정권 12년간 장관경력자 가운데 명백한 부일협력자(附日協力者)가 적게 잡아도 30%가 넘는데,[24)] 정권의 명분이나 이승만의 독립운동 경력에 비추어 볼 때 합치되지 않는 점이다. 그러나 정권 획득과 실질적인 정권 유지를 위해

---

22) 4년이 안 되는 나치 점령통치를 받았던 프랑스에서 나치에 부역한 사람들 중 사형 2,071명, 유기징역 3만 9,900명 등으로 책임을 물었던 것과 비교된다.

23) 장세윤, 앞의 논문, 180쪽.

24) 임종국, 『실록친일파』(돌베게, 1991), 275쪽. 이 수치는 연구자에 따라 40% 이상으로 파악되기도 한다(서중석, 앞의 논문, 26쪽).

친일 보수 세력을 포용한 제1공화국으로서는 이에 맞추어 간 것이라고 하겠다. 구조적으로 미군정이래 친일 관료들은 유능한 대체 인력이 없는 상황을 적절히 활용하여 권력의 핵심에 접근했고, 권력자들은 이들의 기능주의적 처신을 권력 유지의 방편으로 받아들였다. 실제로 이승만 정권의 결정적인 순간들—1952년의 대통령 직선제를 위한 발췌 개헌안이나 1955년의 대통령 3선 개헌안은 그 구상부터 국회 통과에 이르기까지 이른바 엘리트 친일 관료 출신들이 핵심적인 역할을 하였다. 특히 한국전쟁을 통해 국가의 방향이 친미반공으로 더욱 굳어져 갈 때, 이들은 새로운 논리와 명분으로 과거 친일 행적을 덮어 갔다.

제2공화국(장면 정권)에서는 친일 경력자들의 진출이 이전보다도 늘어났다. 1년 미만이었지만 장관의 60% 가량을 이들이 맡았다.[25] 물론 장면 총리 자신이 일제에 협력했던 경력의 소유자로서 친일 관료 출신을 기용하는 것을 주저하지 않았다. 대개 고문 출신들로서, 제1공화국에서는 연령상 장관급에 오르기에는 일렀던 층들이 권력의 정상부에 직접 참여하게 되었다. 한편 자유당 정권의 노골적인 독재와 부패에 거리를 두었거나 비판적인 입장을 취했던 고문 출신, 친일 경력자들이 여기에 들어가기도 했다.

1961년 5·16군사쿠데타 이후 18년간의 박정희 정권은 이들이 또 한번 능력을 발휘할 수 있는 기간이었다. 이들은 연령이나 과거 경력에서 집권자와 공통점을 갖고 있었다. 특히 경제개발을 앞세워 모든 면을 기능적으로 통합할 때 이들의 경험과 성향은 적절하게 합치될 수 있었다. 더구나 1965년의 한일협정의 과정에서는 물론, 일본과 국교가 정상화되면서부터 정치·경제·문화 등 여러 부문에 걸쳐 이들은 과거의 인연과 경험을 활용, 일본과의 교류를 이끌어 갔다.

1980년 제5공화국(전두환 정권)의 수립 이후로도 정권 획득의 정당성 여부를 떠나 이들은 협력적 입장을 유지했다. 명분보다는 기능주의적 현실 참여의 방향을 따랐던 것이다. 노년기에 접어든 이들 대부분은 1985년 경성제대 출신 고문

---

25) 임종국, 앞의 책, 334쪽.

합격자가 국무총리직을 끝내면서, 공직자로서의 실무에서는 손을 떼게 되었다.

Ⅴ. 맺음말

해방 이후 남한에서는 친일파의 처단이 명분과는 달리 실제로 이루어지지는 못했다. 이는 혁명적 과정을 거쳐야 하는 것이었으나 현실 여건이 이를 어렵게 하였다. 물론 여러 가지 원인을 들 수 있겠지만, 무엇보다도 친일 경력의 엘리트들을 대체할 인재 그룹이 형성되지 못했기 때문이다. 해외에서 교육을 받은 사람들의 수는 미미했고, 독립운동에 종사했던 사람들은 이미 미군정 이래 뿌리내린 친일파들에 의해 무력화되어 동화되거나, 그렇지 않은 경우 제거되었다.

혁명적 과정을 담당해야 할 정치 중심 세력이 형성되지 못한 채 분산적·분파적 활동으로 결집력을 잃어 갔다. 특히 해방 이후 명분과 실력을 구비한 건전한 보수 세력의 힘이 미약하여, 국민적 통합의 구심점으로서 정국을 이끌어 가지 못했다. 친일파 인사들의 선점(先占)이 있었기 때문이기도 했지만, 상하이에 있던 임시정부조차도 미군정과 화합하는 데 실패해 하나의 정파로 취급되는 형국이었다.

친일파 처단에 최적의 시간을 놓친 것도 주요한 원인으로 꼽을 수 있다. 혁명적 과정은 열기가 고조에 이르렀을 때 그 성과를 얻을 수 있는 것이다. 그러나 1945년 해방 직후의 3년간을 미군정의 지배하에 있는 동안 열기는 식어 갔고 관심은 남북 대립과 통합 방법에 편중되어 있었다. 1948년 정부 수립 후 또 한 번의 기회가 있었으나, 미군정 이래 구조적으로 핵심 세력화한 친일 그룹의 방해로 실효를 거두기 어려웠다. 더구나 한국전쟁 발발 이후 관심은 전후 집중됐고, 정치적으로는 반독재 민주투쟁이 전쟁 후의 정치계를 압도했다. 친일파 청산이라는 명분은 살아 있었어도, 이를 유지·확대할 힘이 다른 정치적 이슈와 중첩되어 가며 분산되고 말았다.

한반도의 분단을 가져온 국제 정세의 변화, 즉 미국과 소련 간의 세력 다툼이 국내의 친일파 청산이라는 혁명적 과정을 중단시킨 점도 간과할 수 없다. 일본에서도 1948년 후반기 이후 전쟁 책임자에 대한 공직 추방을 중단했듯이, 미국은 한국을 미국 국익의 보호 장치로 평가하여, 이 목적 수행에 적합한 집단을 보호하고 키워 간 것이다. 통일을 우선 과제로 내세운 세력들은 당연히 배척되었으며, 친일에서 친미로 변신한 '유능한 인재'들은 협력자로 기용되었던 것이다.

고위직에 나아갔던 친일 관료들, 고문에 합격하여 일제로부터 능력을 검증받았던 사람들은 자신들의 정체성을 기능주의적 입장에서 찾으려 했다. 어떠한 정치적 이념의 가치보다, 자신들이 갖고 있는 능력과 경험을 필요로 하는 쪽에 그들은 힘을 보태어 주었고, 그렇게 하면서 체제 옹호와 유지의 기둥이 되었던 것이다. 특히 경성제대 졸업자들은 보통의 조선인들과는 다른 환경에서 일제가 제공한 최고의 교육적 혜택을 누렸다. 물론 그들 나름의 실력 배양 우선의 명분과 이를 지원한 민족개량론의 지도자들의 계도에 그들은 일단의 정당성을 찾으려고 했다. 또한 그들이 구비한 능력, 지식, 경험이 인재가 부족했던 1945년 이후의 한국적 상황에서 사회적 안정을 이루는 데 일정한 역할을 한 것은 사실이고, 1970년대까지 산업화를 이루는 데 도움을 준 것도 어느 정도 인정할 수 있다. 그러나 그들 자신은 일제에 의한 통치의 일면을 담당하기 위해 교육받고, 관료로서 육성되었다는 엄연한 사실을 스스로 노출시킬 '결단 능력'이 없었다. 오히려 은폐와 구실을 찾는 데에 관심을 기울임으로서 친일파 청산이라는 과제의 대상으로 지금도 남아 있는 것이다.

최종 탈고: 2004년 8월 15일

제 2 부

교류의 제상

교류와 대화를 통한 한일 민간관계 사례 연구

한일 YMCA 관계를 중심으로(1910~1920)

윤경로

Ⅰ. 서문

역사적으로 한국과 일본 관계는 결코 편안한 관계가 아니다. 특히 일본이 한국을 식민지로 강점한 1910년부터 1945년 해방되기까지 35년간의 역사적 한일관계는 더욱 그러하다. 한쪽은 지배하고 다른 한쪽은 지배를 당하는 가해자와 피해자의 관계였기 때문이다. 이렇듯 한일 양국 간의 특수한 역사성으로 양국 관계는 오늘날까지 불편한 관계가 지속되고 있다. 그러나 이와 같은 관계가 향후에도 계속되는 것은 양국 어느 쪽에도 바람직하지 않다는 인식을 공유하고 있기 때문에 그동안 불편했던 지난 과거사를 정리하고 새로운 유대관계를 갖기를 바라면서 점차 노력하고 있다.

그러나 최근에도 여전히 양국 관계의 현실은 서로 바라는 만큼의 '이웃관계'를 맺지 못하고 있다. 여기에는 많은 이유와 요인이 있지만 가장 중요한 요인으로 역시 과거사 문제가 작용하고 있다고 본다. 다시 말해, 한일 양국 사이의 '역사적 관계'에 대한 좀 더 진지한 상호 노력이 부족하다는 점이다. 그동안 한국 측은 피해자로서 가해자인 일본을 비판하고 규탄하는 데 초점이 모아졌으며, 반면 일본 측은 가해자로서의 숙연함과 솔직한 고백이 부족했다.

이 연구는 이상과 같은 양국관계의 특수한 역사성이 이루어졌던 식민지시대, 국제적 민간기구인 한일 YMCA의 관계를 중심으로 한일 양국 사이 민간 차원의 역사적 관계성을 고찰하는 데 목적을 두고 있다. 다시 말해, 정치적으로 양국 관계가 지배자와 피지배자라는 대치된 상황에서 민간 차원의 양국 관계는 어떠한 관계성을 가졌는지를 파악하려는 것이다. 한일 양국 YMCA의 역사적 관계성은 정치적 큰 틀에서는 정복민과 피정복민, 가해자와 피해자라는 범주를 벗어날 수 없었지만, 후술하듯 YMCA라는 국제기구로서의 특수성과 민간단체라는 성격으로 양국 YMCA의 역사성은 결코 부정적인 관계만이 아니었다는 결론에 이르게 될 것이다. 이 연구의 초점은 과연 무엇이 이러한 결론에 이를 수 있도록 한 것인지를 구명하는 데 두고자 한다. 이와 같은 관점의 연구와 노력이, 향후 한일 양국의 과거사 정리의 새로운 방법론과 더 나아가 양국 상호 간의 역사적 이해 도모에 긍정적으로 작용할 것이고 기대해 본다.

II. 1910년대 한일 YMCA의 관계

1. '한일합방'에 대한 일본 기독교계의 반응

1910년 8월 29일 일본의 강압에 의해 '한일합방'이 체결되었다. 1905년 11월 '을사5조약' 체결로 한국의 외교권이 일본에게 넘어간 상태였지만, 1910년 8월 '병탄조약' 체결로 한국은 완전히 일본의 '식민지 조선'으로 전락했다. '합방'에 대한 한인사회의 분노와 비탄에 반해 일본과 일본 기독교계의 반응은 환영 일색이었다. '합방' 이전부터 '일본적 기독교'의 '조선 진출'을 추진했던 일본 기독교계에게 한일합방은 그들이 바라던 바였기 때문이다. '합방'에 대한 일본 기독교계의 반응은 당시 일본에서 발간되고 있던 기독교계 각종 기관지에 잘 나타나 있다. 이에 관한 대표적인 몇 가지 사례를 먼저 보기로 한다.

A. 한국은 드디어 帝國의 판도에 병합되었다. 日章旗가 鷄林의 아침을 비춰서 진실로 선명하라고 마음속에서 엄숙히 하나님께 기도하는 바이다. …… 우리는 조선의 병합을 축하하는 동시에 깊이 근신하여 희망하는 한편 두려워하며 오직 하나님의 뜻에 의지하려는 마음이 간절하다.[1)]

B. 大和風이 強하게 불어 鷄林八道의 草木이 흔들리고, 日章旗 높이 계양되어 千二百万의 生霊 우리 帝威에 굴복하게 되었다. 조선 즉 역사적 연고가 있는 別称이 붙여진 한국의 合併에 대해서는 세계의 列國이 그 당연함을 인정했다. 이리하여 千数百年의 역사를 가진 국가는 금후 일본 제국사의 페이지에 記入되게 된 것이다. 이제는 국제 문제·정치 문제도 대략 落着되어, 지금은 어떻게 이 새 帝國民을 撫育·啓導하여 참된 平安과 행복을 향유시킬 것인가 하는 문제로 들어갔다.[2)]

1910년대 일본 기독교계를 대표하는 기관지 『복음신보』(福音新報)와 일본 감리교회 기관지인 『호교』(護教)에 실린 위와 같은 내용에서 보듯 일본 교계는 한국의 식민지화를 한 목소리로 환영하며, 이제 남은 문제는 '조선 민족'을 일본의 '신제국민'으로 계도하는 일만이 남았다고 하며 '합방'을 적극 지지하고 나섰다. 그 가운데서도 한일합방을 더욱 환영하며 적극적인 관심을 보인 일본 측 기독교단은 일본조합교회였다.[3)] 그들의 기관지인 『기독교세계』(基督教世界) 1408호(1910/09/01)의 사설 「한국합병과 한국전도」(韓國合併ト韓國傳道)에서 한일합방이 "일한 양국 국민의 행복을 이루는 유일한 길임은 추호의 의심할 여지가 없다. …… 오늘날의 경우 한인 1천만 명의 참된 행복은 전적으로 일본인과 同化하는데 있다. 그리고 그들을 참으로 일본인과 잘 동화시킬 길은 일본인의 손에 의한

---

1) 「大日本の朝鮮」, 『福音新報』792호(1910/09/01), 小川圭治, 池明觀, 編, 『日韓キリスト教關係史資料I』(1876-1922)(新教出版社, 1984), 377-379쪽(이하 『日韓資料 I』로 약칭함).
2) 柳原浪夫,「新帝國民ト基督者」, 『護教』1000호(1910/09/24), 『日韓資料 I』, 104쪽.
3) '한일합방'에 대한 일본 기독교인들의 반응에 대해서는 澤正彦,『南北朝鮮キリスト教史論』(日本基督教團 出版局, 1982); 사와 마사히코(澤正彦) 지음, 김숙자·강문규 옮김, 『남북한기독교사론』(민중사, 1997), 46-49쪽 참조.

기독교의 전도를 통하는 것밖에 없다"[4]고 했다.[5] 일본조합교회 측의 '조선 전도론'을 표방한 '조선 식민지' 공략은 통감부시기(1905~1910)부터 강력하게 주창해 온 바였다.[6] 이처럼 '합방'에 대해 일본 기독교계의 반향은 환영 일색이었다. 그러면 일본 YMCA의 입장은 어떠했는가? 자료가 많지 않아 단언할 수는 없지만, 기관지인 『개척자』(開拓者) 6권 1호(1911/01/01)에 실린 호시노 미쓰타(星野光多)의 「조선의 운명 및 장래 전도교화의 방침」의 논설에서 일본 YMCA 입장의 일면을 엿볼 수 있다.

> 조선 문제는 우리나라에게 2천 년간의 문제였다. 가까이는 우리 국민이 國命을 걸고 앞으로는 淸國과 干戈를 맞대고 뒤로는 露國과 雌雄을 決한 것이 실로 이 때문이다. 그런데 이제는 一朝에 全部가 우리의 版圖로 들어왔다. 일본 국민치고 어느 누가 차제에 대만족을 느끼지 않겠는가. 그러나 우리가 한번 조선인의 위치에 서서 그 성과를 볼 때 과연 어떤 감상이 일어날까. 이것이 과연 그들을 위해서 경축해야 할 일인가. 우리는 일본 국민으로서는 물론 이 일을 축하하여 一大快事라고 하겠으나 종교가로서 생각하면 얼마간 마음에 걸리는 바가 없지 않다. 더욱이 世界局外者가 볼 때 뒤에 조선 독립을 표방하여 二大大戰을 決行한 자가 이제 와서 갑자기 이것을 併有하는 것을 보고 비평을 그 입에 담는 것도 부득이한 일이다.[7]

우선 여타 일본 기독교 교단이 '합방'에 대해 즉시 환영의 입장을 밝힌 것에 반해 일본 YMCA는 일단 '합방'을 조선인 입장에서 '과연 경축해야 할 일인가' 하면서 '종교가로서 마음에 걸리는 바가 없지 않다'는 동정론적인 입장을 취하

---

4) 『社說』, 「韓國合併と 韓人傳道」, 『基督敎世界』 제1408호(1910/09/01), 『日韓資料 I』, 404쪽.

5) 그러나 일본 기독교인들 중에는 비록 소수이지만 조합교회 내부에서조차 '조선 전도론'에 대하여 비판적인 이들도 있었다. 예컨대 조합교회의 가시와키(栢木義丹) 목사, 유아사(湯淺治郞), 요시노(吉野作造) 등이 그러했으며, 일본 기독교회의 사토(佐藤繁彦) 목사도 '조선 전도론'을 비판했다[서정민, 『한일 기독교 관계사 연구』(대한기독교서회, 2002), 188-194쪽].

6) 윤경로, 「일제의 초기 기독교정책과 한인기독교계의 대응」, 『韓國史硏究』 114호(한국사연구회, 2001), 153-175쪽 참조.

7) 星野光多, 「朝鮮の運命及び將來傳道敎化の 方針」, 『開拓者』 제6권, 1호(1911/01/01), 『日韓資料 I』, 327쪽.

고 있다. 말하자면, 일본 YMCA는 한국의 병합을 내심 '일대쾌사'(一大快事)라 환영하면서도 나라의 국권을 상실한 한국민의 심정을 고려해야 한다는 입장을 취하였던 것이다. 일본 YMCA는 한일합방을 무조건 '환영할 수만은 없다'는 여운을 남겨 여타 일본 기독교단과는 차별성을 보였다. 그러나 일본 YMCA의 입장은 최종적으로 다음과 같은 방향으로 결론을 맺게 된다.

> 그러나 한번 조선 땅을 밟고 친히 民生의 현상을 감식하고 나아가서 이것을 긴 역사의 거울에 비추어 숙고해 보면 합병이 실로 부득이하다는 것, 이것은 단순히 일본 국민만을 위한 것이거나 또한 동양 평화만을 위한 것이 아니라, 실로 조선인을 위해서 부득이한 일임을 인정하지 않을 자가 있겠는가. …… 원래 조선 인민이 순전이 独立民일 수 없는 인민임은 2千年의 역사, 그중에서도 근래 30~40年의 역사가 증명한다고 할 것이다. …… 그렇다면 일본 국민 이외에 정상적으로 조선 인민을 합병할 權宣을 가지는 자가 없다는 것을 누가 부정하겠는가.[8]

요컨대 망국민으로서의 애통한 심정은 이해하지만 역사적으로 볼 때 한국인은 독립을 유지할 만한 자격이 없으며, 따라서 합방은 부득이한 일이고 다른 국가보다는 일본에 합방되는 것이 일본과 동양은 물론 한국을 위하여도 최선이며 일본만이 그럴 만한 자격이 있다는 입장을 취했던 것이다. 이상과 같은 일본 YMCA의 입장, 곧 '합방'의 불가피론은 이후 식민지시대 한일 YMCA 관계사를 관통하는 일관된 입장이자 논리였다고 할 수 있다.

한편 '한일합방' 이후 한국 YMCA는 어떤 입장을 취했을까. 이에 관한 뚜렷한 반응을 보여 주는 문건이나 자료가 확인되지 않아 한마디로 단정하기는 어렵다. 그러나 저간의 사정을 고려할 때 내면으로는 반대 입장이었으나 이를 표출하지는 못한 채 일단 관망하는 태도였던 것으로 상정된다. 1905년의 을사조약과 1907년의 정미조약을 거치면서 국내에서 반일적인 입장을 취하기는 어려

8) 星野光多, 「朝鮮の運命及び將來傳道敎化の方針」, 『開拓者』 제6권, 1호(1911/01/01), 『日韓資料 I』, 327-330쪽.

운 상황이었다. 특히, 1907년 일제의 '남한 대토벌 작전' 이후 무력 항쟁으로써 국권회복을 추진하던 항일 민족 지도력 대부분이 해외로 망명했으며, 일제의 감시와 통제가 강화되었기에 국내에서 공개적으로 항일운동을 전개한다는 것은 불가능해졌다.

이러한 분위기에서 '합방' 직후 한일 양국 YMCA 지도자들의 교류가 추진되었다. 말하자면 일본 측이 주도하고 한국 측은 이에 피동적으로 응했다. 1911년 8월 2일부터 13일까지 한국인 목사와 YMCA 대표 등 29명이 일본인 경성 YMCA의 주선으로 도쿄를 방문한 사례가 이에 해당한다.[9)]

이때 참가한 한국 YMCA 인사는 김린, 김일선, 이상재, 이원긍, 최상호 등 5명이었다. 이들과 동행한 경성 YMCA 대표는 니와 세이지로(丹羽清次郎), 무라카미(村上唯吉), 소다 가이치(曾田嘉一), 고노(河野) 등 4명이었으며, 니와 세이지로가 인솔 책임을 맡았다. 이들은 도쿄 YMCA 회원들의 열렬한 환영을 받았으며, 후악원(後樂園)에서 열린 환영회에는 혼다 요이치(本多庸一), 우에무라 마사히사(植村正久), 고자키 히로미치(小崎弘道), 모토다 사쿠노신(元田作之進) 등 일본 기독교 인사들이 대거 참석했으며 장내는 입추의 여지가 없을 정도로 성황을 이루었다. 우에무라 마사히사는 인사말에서, "近者의 연구에 따르면 朝鮮과 日本은 그 祖上을 같이한다는 說이 있다. 거기에다 금일에는 政治上으로도 하나가 되어 있다. 더욱이 깊은 信仰上으로 말하자면 主 안에서 하나인 것이다"라고 했다.[10)] 후일 경성 YMCA의 제2대 총무 가사다니(笠谷保太郎)는 이 때를 회상하며 "그것은 우리 교회 有史 以來 空前의 大事業으로서 그 성공에 감사를 표한다"라고 했다.[11)] 그러나 '합방' 직후 정치적으로 민감한 시기인 데다, 총독부가 여행 경비를 부담했다는 점은 이 방문의 배후에 정치적 의도가 담겨 있었음을 부인하

9) 이 방문에 대해서는 『호교』 1045호(1911/08/05), 「제도에서의 조선목사 일행」 및 『복음신보』 841호(1911/08/10), 「조선목사예배」 843호(1911/08/24), 「조선목사의 일본관」 등 참조.

10) 澤正彦, 『南北朝鮮キリスト教史論』, 49쪽; 유동식, 『재일본한국기독교청년회사』, 111쪽.

11) 笠谷保太郎, 『京城基督教青年會 35年小史』, 日本YMCA同盟 研究所記要 1-5; 유동식, 『재일본한국기독교청년회사』, 111쪽.

기 어렵지 않다.

1912년에도 한국 YMCA 인사들이 다시 '조선견학단'이란 이름으로 대거 도일했다. 김린을 단장으로 한 조선견학단은 10월 31일 신바시(新橋)에 도착했다.[12] 일행 중 11명은 '경성에서는 대적할 자가 없다는' 야구단 선수들이었다. 이들의 여정을 살펴보면, 환영회에 참석한 뒤 11월 2일에는 와세다(早稲田)대학 야구단과의 시합을 했고, 3일에는 주일이어서 후지미조(富士見町)교회에서 예배를 드렸다. 4일에는 가정학교와 양육원 방문, 니도베 이나조(新渡戸稲造) 박사와의 오찬, 식물원 구경 등의 일정을 보냈고, 야구단은 에바라(荏原) 중학교와 경기를 했다. 5일에는 아오야마가쿠인(青山學院)과 농과대학(農科大學)을 방문했고, 도쿄 YMCA에서 오찬을 한 뒤 피셔의 다화회에 참석했다. 6일에는 미쓰코시백화점(三越吳服店), 미쓰이물산회사(三井物産會社), 문부성전람회(文部省展覧會), 아사쿠사국기관(浅草國技館)을 방문하고 척식박람회도 참관했는데, 여기에서 "조선관의 진열을 돌아보고 생산품이 풍부한 데 크게 만족"했다고 한다. 7일에는 다시 신바시로 돌아와 도쿄 YMCA의 환영회에 참석했으며, 8일에는 메이지가쿠인(明治學院)을 방문하고 미쓰코시(三越)에서 쇼핑을 했고 야구단은 세이소쿠(正則) 중학교와 시합을 가졌다. 9일에는 무료숙박소 방문, 제생회(濟生會)의 시료방법 견학, 미쓰이(三井)자선병원 방문 등으로 일정을 보냈다.[13]

한마디로 양국 YMCA 지도자 간의 친선을 다지고 견문을 넓히기 위한 방문이었던 셈이다. 또 이들은 가는 곳마다 열렬한 환영을 받았다. 비록 '한일합방' 직후이기 때문에 일본인들에 대한 한국인들의 국민적 감정이야 좋을 수 없었지만, 같은 하나님의 자녀로서 기독교인들의 교류는 많으면 많을수록 좋은 것이었다. 한국 기독교인들을 초청하고 환대한 일본 기독교인들의 호의는 따뜻한

12) 奈良常五郎은 이 견학단이 실질적으로는 YMCA가 구성하여 파견한 것이라고 보았다(『日本YMCA史』, 147쪽).

13) 小山生, 「朝鮮見學團紀行」, 『開拓者』 7권 12호(1912/12/01); 韓國神學研究所, 『韓日그리스도교關係史料』, 543-545쪽; 在京城 一記者, 「조선목사단의 감상」, 『基督教世界』 1458호(1912/11/29); 韓國神學研究所, 『韓日그리스도교關係史料』, 312-315쪽.

것이었다. 그들 스스로 아래와 같이 평가할 정도였다.

> 금번의 목사시찰단은 모두가 대만족으로 日鮮人의 동화융화에 한 발자국 진보를 가져온 것은 확실하다. 이것을 발기하여 성공케 한 청년회의 공로는 크다고 하겠다. 內地의 각 교회 및 동서의 각 신문사가 진실지성으로 그들을 환대하여 이전의 관광단에 비하여 자기들처럼 깊이 환영받은 자가 없다는 느낌을 가지게 했던 역할은 실로 큰 것이었으며, 동시에 우리 관헌이 거의 전례 없는 편의를 베풀었던 것은 모두 감사하기 그지없는 바이다.14)

그러나 '조선견학단'의 방일은 처음부터 많은 문제를 안고 있었다. 애당초 이 일을 추진한 사람은 당시 YMCA 국제위원회 총무 모트(John R. Mott)였다. 즉, 그의 권유로 양국 YMCA의 '친선 도모'를 명분으로 한국 야구단만 보내는 것으로 되어있었다. 그런데 이후 추진 과정에서 김린이 나서 자신이 단장을 맡도록 공작을 꾸미는 한편 야구단의 규모와 성격을 개편시켜 '조선견학단'으로 확대시켰던 것이다. 더욱이 여기에 드는 모든 경비를 총독부에서 받았다. 뿐만 아니라 일본에 머무는 동안 일본 YMCA의 지도자들마저 당황할 정도로 김린은 한국 YMCA의 관할을 일본 측에 부탁하는 친일적인 언행을 자행했던 것이다. '조선견학단' 귀국 후 한국 YMCA가 월권과 추태를 보인 김린을 문책하게 된 것은 이러한 연유에서였다. 이 부분은 후술하는 '유신회사건'의 한 단서가 되기도 했다.15)

이처럼 한국 YMCA 지도자들을 비롯한 교계 지도자들의 일본 방문은 결과적으로 일본 기독교의 조선 진출을 강화해 주는 반면 한국 YMCA를 무력화시키는 수순이 되고 말았다. 이러한 점에서 '조선견학단'에 보여 준 일본 측의 '따듯한 환영과 호의' 이면에는 정치적 의도가 깊게 갈려있었음을 부인하기 어려울

---

14) 在京城 一記者, 「조선목사단의 감상」, 『基督教世界』 1485호(1912/02/29); 韓國神學硏究所, 『韓日그리스도교關係史料』, 315쪽.

15) 유동식, 『재일본한국기독교청년회사』, 111-112쪽.

것이다.

2. 105인 사건과 유신회 사건

105인 사건은 일제가 한국을 병탄한 직후 국내 애국지사들을 단숨에 제거할 목적으로 날조한 대규모의 탄압 사건으로, 사건 당시 공식 명칭은 '데라우치 총독 모살미수 사건'(寺內總督謀殺未遂事件)이었다.[16] 한편 한국 기독교사적 측면에서 보면 이 사건은 한국 교회에 대한 일제의 최대 박해 사건이기도 하다.[17] 일제는 1910년 11월 5일 데라우치 총독이 압록강 철교 낙성식에 참석하기 위해 신의주로 갈 때 그를 도중에 암살하려 모의했다는 구실로 이듬해까지 서북 지역 애국지사 600여 명을 검거했고, 그중 123명을 기소했으며 제1심에서 105명에게 유죄판결을 선고한 대규모의 사건이었다. 이때 구금된 사람들은 물론 기소자와 유죄판결을 받은 사람 대부분이 거의 기독교인이었고 당시 황성기독교청년회 부회장 윤치호가 사건의 주모자로 실형을 받았다.

흔히 이 사건은 신민회를 중심으로 한 서북 지방 기독교 민족운동가들을 탄압하기 위해 일제가 조작한 사건이라고 하지만, 반일적인 YMCA 세력을 제거하기 위한 공작이었다는 견해도 있다. 즉, "표면상으로는 총독부가 그[윤치호]를 신민회 회장이라는 명목으로 체포했지만, 사실은 윤치호를 검거함으로써 YMCA 세력을 꺾기 위함이었다"는 것이다.[18] 이에 대한 구체적인 근거의 하나가 YMCA 학생하령회(學生夏令會)를 총독암살을 위한 '불순단체'로 지목했던 사실에서 확인할 수 있다. 이에 대한 YMCA 총무 질레트(P.L. Gillett)의 보고 내용을 보면 다음과 같다.

---

16) 105인 사건 전말에 대해서는 윤경로, 『105人事件과 新民會研究』(일지사, 1990) 참조.

17) 105인 사건과 기독교의 관계에 대하여는 윤경로, 「105인 사건의 기독교사적 이해」, 『한국근대사의 기독교사적 이해』(역민사, 1992) 참조.

18) 전택부, 『한국기독교청년회운동사』(범우사, 1994), 165쪽.

모든 피고인들이 혹독한 고문에 못 이겨 소위 자백서라는 것을 썼는데, 그 자백서 내용은 즉, 1911년 YMCA 국제위원회 간사들이 조직한 학생하령회는 윤치호와 그 주모자들이 모여서 흉계를 꾸민 중요 장소의 하나라는 것이다. 정부 당국은 그 증거물로서 질레트 총무에게서 입수한 그 참가자들의 명단을 내세웠다. 윤치호 씨는 이 하령회의 대회장이었으며, 에디(G. Sherwood Eddy)·화이트(G. C. White)·와이어(H. H. Wier)·이승만·브로크만(F. M. Brockman), 기타 명사들이 여기에 참석한 사실이 중요하다. 마지막 세 사람은 처음부터 나중까지 학생들과 숙식을 같이하며 모사를 했다.[19]

이 사건에 한국 YMCA 부회장 윤치호가 주모자로 지목되어 구속되자, 미국 측, 특히 기독교계의 비상한 관심을 끌었다. 즉, 미국 남장로교 및 캐나다 장로교 선교부(The Southern Presbyterian and Canadian Presbyterian Boards), 미국 남·북감리교 본부(The Southern, Northern Methodist Boards), 그리고 YMCA 국제위원회(The International Committee of the YMCA) 등에서 깊은 관심을 갖고 사태의 추이를 주시했다.[20] 결국 이 사건은 제1심에서 유죄판결을 받은 105명 중 99명이 제2심에서 무죄판결을 받고, 주모자로 지목된 윤치호, 양기탁, 이승훈, 임치정, 옥관빈 등이 5~6년 형을 받았으나 이들도 1915년에 모두 석방되었다. 이로써 사실상 이 사건의 허구성이 드러나고 말았다. 그러나 이 사건을 통해 국내 비밀결사였던 신민회의 실체가 밝혀져 와해되었고 동시에 한국 YMCA에도 씻을 수 없는 충격과 아픔을 가져왔다.[21] 그 대표적인 사례가 유신회 사건이다.

유신회 사건이란 일본의 조합교회가 1913년 한국 YMCA 부총무 김린[22]

19) P. L. Gillett's Report(date unknown); 전택부, 『한국기독교청년회운동사』, 165쪽.

20) 윤경로, 「105인 사건의 기독교사적 이해」, 198쪽.

21) 105인 사건에 대한 일본 기독교인들의 반응에 대하여는 사와 마사히코, 앞의 책, 50-53쪽 참조.

22) 김린에 대해 전택부는, "그의 신분은 확실치가 않다. 다만 그는 일찍이 일본 유학생이었고, 이상재, 김정식, 이원긍 등 독립협회 지도자들과 함께 감옥 안에서 기독교 신자가 된 것은 사실이며, 그도 역시 처음에는 좋은 동기로 구국운동에 투신했던 사람이지만, 1906년 8월 김정식 한인 총무가 재일본 한국 YMCA의 총무가 되어 가자, 1907년부터 부총무가 되어 처음부터 회관 건축에도 활약한 사람인데, 모종의 사명을 띠고 부총무로 들어왔는지, 아니면 부총무로 들어온 뒤에 매수되었는지는 알 수 없으나 그가 이완용의 심복이었던 것은 사실이다"라고 한다(『한국기독교청년회

을 매수하여 유신회를 조직, 한국 YMCA를 일본 YMCA에 예속시키려 한 사건이다.[23] 이 사건에 대하여 역사학자 박은식은 다음과 같이 기록하고 있다.

> 저들은 교회에 대하여 온갖 방법으로 방해하고 다시 합병운동이 있었다. 일본인 기독교청년회 간사 丹羽清次郎·渡瀬常吉은 한국인 청년회 간사 김린의 무리와 함께 합병을 운동했다. 미국인 간사 吉利泰(Gillet)를 중국으로 내쫓고, 구한국시대에 선제(先帝: 고종)의 진념(軫念: 호의)과 탁지부의 고문 영국인 栢卓安(Brown)의 주선으로 海關稅額 중 매년 1만 원의 기부가 있는 것을 빼앗아 일본인의 組合教會에 귀속시키고자 하니, 여론이 용납하지 않아서 뜻을 이루지 못했다. 이에 이것으로써 감정을 품고 청년회를 '排日党'이라고 지칭하고 죄에 빠뜨리고 그것을 빼앗고자 하여 온갖 계책을 꾸몄으나 다행히 異変은 없었다.[24]

즉, 경성 YMCA 간사 니와(丹羽清次郎)와 조합교회 목사 와다세(渡瀬常吉), 그리고 한국 YMCA 부총무 김린 등이 미국인 간사 질레트를 축출하고, 고종황제의 호의와 탁지부 영국인 고문 브라운의 알선으로 해관세 중에서 매년 기부금으로 1만 원이 청년회에 들어가는 것을 빼돌려 조합교회에 넘기려는 것이 뜻대로 이루어지지 않자 한국 YMCA를 배일당(排日黨)으로 몰았던 것이다.[25]

유신회 사건의 배경에는 일본조합교회의 적극적인 한국 기독교계의 공략이 작용했다. 1899년부터 '조선 전도론'을 내세우며 한국에 진출하기 시작한 일본

운동사』, 144-145쪽).

23) 이 사건에 대해서는 전택부, 『한국기독교청년회운동사』, 171-182쪽 및 李光麟, 「日本 改新教會의 韓國浸透와 維新會事件」, 『改化派와 開化思想 研究』(일조각, 1989) 참조. 이 사건의 성격에 대해 전택부는,"105인 사건은 총독부가 헌병을 풀어 밖으로부터 탄압한 사건인 데 비하여, 유신회 사건은 회원들을 매수하여 안으로부터 파괴하려는 사건이다"라고 했다(『한국기독교청년회운동사』, 171쪽).

24) 朴殷植,『韓國獨立運動之血史』上(瑞文堂, 1975), 123-124쪽. 원문은 다음과 같다. "彼對於教會 沮害萬端 而復有合併運動 日人基督教青年會幹事丹羽清次郎·渡瀬常吉與韓人青年幹事金鱗[麟]輩 運動合併 黜美人幹事吉利泰于中國 舊韓時代 以先帝之軫念及度支顧問英人栢卓安之周旋 就海關稅額中有每年一萬之寄附者 欲得此而 屬之日人組合教會 以與論之不許 而不果乃以此念憾 指青年會 爲排日黨 欲陷之罪 而奪之種設計 而幸無奇禍 ……"(朴殷植,『韓國獨立運動之血史』; 『朴殷植全書』上, 檀國大學校 東洋學研究所, 1975).

25) 이광린, 「일본 개신교회의 한국침투와 유신회 사건」, 325-326쪽.

조합교회는 점차 와다세를 중심으로 일본의 교계와 재계의 적극적인 재정적 지원을 받아 공략에 적극 나섰다. 특히, 1910년 병합 이후 총독부와 본국의 풍부한 재정적 지원을 받아 한국인 류일선 등을 내세워 한국 교계에 침투했다.[26)]

한편 앞서 살펴본 대로 합방 직후 이루어진 한국 기독교계 지도자들의 일본 시찰도 한 배경이라 할 수 있다. 1911년과 1912년 두 차례의 일본 시찰을 이끌어 낸 것도 바로 유신회 사건을 주도한 김린이었다. 일본 시찰을 성사시킨 일로 김린에 대한 일본의 신뢰는 더욱 높아져 극구 찬양을 받았다고 한다.[27)] 말하자면, 유신회 사건은 일제의 정치 공작과 금력에 매수된 김린 일파의 친일 행각에서 비롯된 반민족적인 사건이었다.

유신회가 언제 조직되었는지는 정확히 알려져 있지 않으나, 대략 1912년 말로 짐작된다. 회장은 사일환을 비롯한 김린, 류일선 등을 중심으로 1913년 1월 20일 160여 명의 유신회 회원을 급조하여 '혁신파'를 자처하며 결성한 후 『매일신보』(每日申報)등 친일 언론 매체를 이용하여 자신들의 친일적 입장 표명과 활동을 선전했다.[28)] 총독부 기관지인 『매일신보』에서 이처럼 유신회 선전에 앞장섰던 것을 보아도 유신회가 일제와 밀착된 어용단체였던 것을 알 수 있다. 뿐만 아니라 유신회의 주장이 ①한국 YMCA가 中國·香港의 YMCA와 관계를 끊고 일본 YMCA의 산하에 들어갈 것, ②명칭을 '조선중앙기독교청년회'로 바꿀 것, ③미국인 선교사가 행사하던 운영권을 한국인에게 돌려주고 비리와 불법을 일삼는 미국인 직원을 쫓아낼 것 등 일제 측을 대변했던 것이다.[29)] 따라서 이들이 표면적으로는 한국 YMCA가 한국인들에 의해 자주적으로 운영되어야 한다는 논리를 펴고 있으나 기실은 일본이 한국 YMCA를 통제하는 데 방해가 되는 미국인 선교사들을 제거하고 일본 YMCA 산하로 편입시키려는 데

---

26) 일본조합교회의 조선 전도에 대해서는 한석희 저, 김승태 역, 『일제의 종교침략사』(기독교문사, 1990), 제2장 「일본 기독교의 조선 포교」와 이광린, 「일본 개신교회의 침투와 유신회 사건」 참조.

27) 전택부, 『한국기독교청년회운동사』, 162쪽.

28) 이광린, 「일본 개신교회의 한국침투와 유신회 사건」, 329쪽.

29) 「青年會의 大改革」, 『每日申報』(1913/01/28); 「鍾路青年會改革狀況一般」; 「青年會의 革新案」.

목적이 있었다.

한편 이러한 자신들의 뜻을 관철시키기 위해 유신회 측과 일제 당국은 YMCA 국제위원회 총무인 모트를 회유 동원했다. 앞서 살펴보았듯 모트는 1911년 9월 한국 YMCA를 '中國·韓國 및 香港 YMCA 전체위원회'에서 탈퇴시킬 의도에서 '외국위원회'라는 것을 설치한 바 있다. 즉, 모트는 "한국 YMCA 이사회를 한국인·서양·일본인 각각 3분의 1씩 구성할 수 있다면 아무런 걱정이 없을 것"이라는 견해를 내세워 탈퇴를 유도하는[30] 한편 한국 YMCA의 일본 편입을 강력하게 반대하는 총무 질레트를 해임하려 했다. 뿐만 아니라 당시 유신회를 적극 후원하고 있던 일본조합교회는 사태의 추이를 예의 주시하는 가운데 1913년 1월 기관지 『기독교세계』(1529호, 1913/01/09)에 「조선의 기독교청년회문제」라는 제목으로 다음과 같은 논설을 실어 유신회를 노골적으로 지원했다.

> 京城의 皇城기독교청년회의 조직 변경에 관하여 幹事 金麟氏 등이 솔선하여 이의 개혁안의 실행에 착수한 것은 既報와 같은데 그 후에 선교사 측에서는 지렛드氏를 비롯하여 졸라인 언더웃드 諸氏가 모두 이에 반대를 시도하여, 여기에 一大紛擾를 가져오니 황성청년회가 미국선교사의 손으로부터 독립하여 중앙청년회로 개칭하고 上海의 동맹으로부터 이탈하여 일본의 동맹에 가입하는 案은 부결된 모양이라고 한다. 여기에는 상당히 복잡한 사정도 있으나, 이의 해결은 혹은 못트 박사 일행의 着鮮 後에 볼 수 있을 것이라고 추측되는데, 金麟氏 等 改革派의 결심이 굳어서 결국은 오래지 않아 개혁안의 실행을 볼 것이라고 기다리고 있다.[31]

요컨대 황성기독교청년회를 미국선교사들의 영향권에서 빼돌려 일본 YMCA에 동맹으로 가입시키는 것을 '개혁'이라고 하며 김린을 내세워 자신들의 뜻을 관철시키려 했던 것이다. 이러한 일제의 의도는 아래의 「조선중앙기독교청년회의 혁신운동」(1534호, 1913/02/13)이라는 글에 잘 담겨 있다.

---

30) 전택부, 『한국기독교청년회운동사』, 178쪽.

31) 「朝鮮基督教青年會問題」, 『基督教世界』 제1529호(1913/01/09), 『日韓資料 I』, 193-194쪽.

同青年會 개혁 문제에 대해 자주 보도했으나, 그 진상 및 현황을 탐지할 수 있었으므로 다음에 게재한다. 同青年會는 九年前에 창립되고 회원 一千六百余名을 가지는 東洋有数의 청년회로서 米國 前체신상 워나메이커氏의 기부금 八万圓 및 英米日鮮 有志의 기부금 수만 원을 가지고 京城 鍾路에 一大會館을 설립하여 총독부로부터도 一万圓의 보조금을 받아서, 실업 교육 기타의 교육 사업, 사회 사업에 종사하고 있다. 그런데 同青年會는 헌법 규칙을 가지지 않고, 다만 총무 지렛드氏 및 司事部라고 칭하는 米國人 十一名, 조선인 三名에 의하여 성립되는 회의의 지도 명령 및 議事部라고 칭하는 조선인 十六名에 의하여 성립된 회의에 의하여 운영되면서 上海青年會에 예속되는 것과 같은 관계를 가졌다. 이것을 가지고 금번 同會内의 有志들은 먼저 支那青年會와의 分離独立을 결행하고 그 旧名称 皇城青年會를 조선중앙청년회로 개칭하고, 더 나아가서는 헌법제정의 건의안을 제출하고 그 채용을 議事部 및 司事部에 요청하고 있다. 현재 청년회의 간부도 이의 실천에 대해 고려 중이라고 한다. 이에 개혁파의 사람들은 사무실을 설치하고 歩武堂堂하게 그 운동을 한층 유효하게 하기 위하여 진력 중이다. 만일 이 요구에 응하지 않는다면, 조선의 종교계에 多大한 파란을 일으킬 형세에 있다고 한다.[32)]

말하자면, 미국인 총무 지렛을 비롯한 십 수 명의 미국인들이 중심이 되어 황성청년회의 분리 독립을 반대하고 있으나 이미 청년회 간부들도 돌아섰고, 특히 개혁파 사람들이 사무실을 설치해 보무당당하게 진력 중이며 만일 이 요구가 관철되지 않으면 '조선의 종교계에 다대한 파란이 일어날 것'이라는 고압적인 태도로 압력을 가했던 것이다. 이어 '靈界不偏不党生'이라는 가명으로 투고한 「朝鮮의 청년회와 못드氏」(1535호, 1913/02/20)라는 기고문을 통해 질레트 총무의 경질을 '하나님 뜻'이라고 강변하기까지 했다. 기고문의 일부를 옮겨 보면 다음과 같다.

今日 入手한 基督教世界를 통하여 조선에 있어서의 청년회의 真相을 알 수 있게 되어 이에 대한 생각을 말하려 하는데, 미국인 총무 중에 조선인의 권리를 그와 같이 심

32)「朝鮮基督教青年會問題」,『基督教世界』제1535호(1913/02/13),『日韓資料 I』, 194쪽.

하게 방해하는 자가 있다니 실로 이는 방관할 수 없어서 금번 못드氏의 來遊를 好機로 하여 그 전 총무를 조선에서 전격 해임한 것은 전적으로 하나님이 뜻이라고 생각한다. 못드氏로 하여금 과연 이 일을 결행하게 하였으니 이로써 조선의 평화는 말할 것도 없이, 일본인의 미국에 대한 감정도 크게 완화되었기 때문에 하나님이 못드氏를 금번에 동양에 파견하신 뜻에도 맞아서 실로 극동의 기독교계에 미치는 축복의 크심을 깨닫게 되었다. 바라기는 조선의 동포를 사랑하시는 義侠의 貴紙를 통하여 우리들의 이 희망을 못드氏와 그밖에 관계된 미국인에게 알리기를 삼가 희망하는 바이다.[33]

이상에서 보듯 일제와 일본 기독계는 집요하게 한국 YMCA를 국제사회로부터 분리 독립시켜 일본 측에 복속시키려 했다. 말하자면 한국을 그들의 완전한 식민 통치를 위해 거침돌이 된다고 판단한 한국 내의 기독교세력을 제거하는 데 나섰고 그 일환으로 한국 YMCA를 서구 세계와 단절시켜 자신의 세력권으로 흡수 통합하려 했던 것이다. 그러나 이러한 한국 YMCA를 와해시키려는 시도에 대해 한국 YMCA와 미국 측 또한 보고만 있을 수 없었다. 이 부분에 대해 당시 일본 측으로부터 집중적인 공격을 받은 한국 YMCA 총무 질레트는 당시 상황을 아래와 같이 밝히고 있다.

YMCA 직원 하나가 총독부로부터 기밀비를 타가지고 YMCA를 전복시킬 음모를 꾸미고 있다는 것이 판명되었습니다. 이것은 완전히 YMCA에 대한 반동 행위이기 때문에 나는 이사회의 결의로써 그를 파면했습니다. 이 사람과 다른 불평분자들은 소위 유신회라는 것을 조직했습니다. 이 회의 목적은 순전히 YMCA의 서양인 직원을 몰아내고 그 자리에 앉아 재정권을 잡자는 데 있었습니다. 이 유신회는 총독부에 공식 등록이 되어 재정적 원조를 받고 있다는 사실이 판명되었습니다. 총독부 신문들도 이 사실을 입증하는 논설과 사설을 썼습니다.[34]

한마디로 한국 측과 미국 측 질레트 총무는 특단의 조치를 취했으니, 일본의

---

33) 「朝鮮基督教青年會問題」, 『基督教世界』 제1535호(1913/02/20), 『日韓資料 I』, 194쪽.
34) P. L. Gillett's Letter, 1913. 7. 14; 전택부, 『한국기독교청년회운동사』, 172-173쪽.

하수인 노릇을 하는 유신회 김린을 파면시키는 강력한 조치를 취했던 것이다. 그런데 여기서 말하는 재정권 장악은 무엇을 말하는가. 이는 YMCA 건물의 소유권과 급격히 늘어난 재정적 수입 등을 말하는 것이다. 말하자면, 주도권 싸움 이면에 경제적 이권 문제가 얽혀있었던 것이다. 먼저 YMCA 건물 소유권 문제이다. 황현은 『매천야록』(梅泉野錄)에서 1908년 12월 3일 준공된 황성기독교청년회관의 웅장한 모습을 가리켜 "그 집은 높기가 산과 같고 鐘峴의 천주교당(지금의 명동성당)과 함께 남과 북에 우뚝 서서 장안의 제일 큰집이 되었다"(館既成 屋如山 与鐘峴教堂 屹然 対南北為市中 第一大屋)고 표현했다.[35]

또한 그레그(G. A. Gregg)가 말하기를, "수천 시민의 눈과 눈이 기독청년회관에 쏠리고 있다. 서울은 고층건물의 도시가 아니다. 그 변두리 지역까지 합해서 약 30리 넓이이며, 10자부터 12자 높이의 초가집으로 가득 차 있는 도시이다. 어떤 사람은 말하기를 커다란 버섯의 온상과 같은 도시라 했다. 이처럼 납작한 집들 속에 청년회관이 우뚝 서게 되었다. 이 웅장한 3층 양옥 벽돌집이 온 시가를 한눈에 내려다보게 되니 이 집이야말로 이 나라의 운명이 달려 있는 집이다. 서울만 아니라 전국 각지에서 사람들이 우리를 쳐다보고 있다"했다.[36] 말하자면 YMCA 건물은 당시 서울 장안의 최대의 건물로 이에 대한 소유권을 갖는다는 것은 상당한 것이었다. 즉 당시 YMCA 건물의 재정적 가치는, 1908년 12월 1일 발간된 소책자인 『황성기독교청년회 개관식』에 "본회는 4만 원 가치의 기지가 있으니 이는 전 육군 정령 현흥택과 전 주한미국공사 몰간(E. V. Morgan)과 기타 내외국 유지 신사 제씨의 기부한 바요, 그 기지 위에 신축한 8만 원 가치의 회관이 있으니, 이는 미국의 전 체신대신 와너메이커(Wanamaker, 元雅麦巨)가 기부한 바이오"라고 했다. 실제 YMCA 건물은 당시 시가로 12만 원[37] 이상에 해당하는 상당한 재산이었다.

---

35) 黃玹, 『梅泉野錄』(新志社, 1955), 441쪽.
36) *G. A. Gregg's Annual Report for Year Ending*, 1909. 9. 30.
37) 당시 12만 원은 현재 시가로 환산한다면 적어도 25억이 넘는 금액에 해당한다.

뿐만 아니라 당시 YMCA의 재정 상태 또한 한해가 다르게 커졌다. 예컨대 1907년에 총예산이 1만 2,721원에 불과했던 것이 해마다 늘어 1913년에 이르면 일반 예산 총계가 3만 4,500원으로 3배 가까이 늘었으며, 이 한해 사업부 총 수입만도 1만 2,000원에 이르는 등 재정 상태가 매우 양호했다. 따라서 일제는 상당한 재산과 이권이 잇는 한국 YMCA를 자신들의 소유로 만들 공작을 폈던 것이다.

이 같은 일제 측의 한국 YMCA 재산권 '탈취' 의도는 도쿄 YMCA 간사 출신인 니와가 1910년 4월 16일 일본인 경성 YMCA의 초대 총무로 부임하면서 한국 YMCA 건물을 경성 YMCA 사무실로 사용하면서 가시화된 것으로 보인다. 여기에 '합방' 이후에도 한국 YMCA가 '중국·한국 및 홍콩 YMCA 전체위원회' 산하에 있다는 것은 일본 YMCA 지도자들이 무능의 소치라는 이토(伊藤博文)의 불만 표시도[38] 하나의 요인으로 작용한 것으로 보인다. 다시 말해, 일제 당국은 한국 YMCA를 친일단체로의 회유와 동시에 그 재산 일체를 자신들의 소유하려 했던 것이다. 요컨대 유신회 사건 바로 2년 전인 1911년 가을 이른바 105인 사건을 조작하여 서북 지방의 반일적 기독교 민족 세력을 탄압한 일제는, 서울 한복판에 자리 잡고 있는 YMCA의 반일적 세력도 동시에 제거하려 했던 것이다.

그러나 한국 YMCA와 그 재산권을 일제 측에 복속시키려는 작업은 그렇게 용이하게 진행되지 않았다. 오히려 사태를 더욱 어렵게 만들었다. 1913년 2월 21일 한국 YMCA 이사회에서는 친일적인 입장에 서서 유신회를 조직한 부총무 김린을 파면시키는 강력한 조치를 결행했던 것이다. 그러자 유신회 회장 사일환은 YMCA 국제위원회 총무 모트에게 편지를 보내는 등 구명 운동에 나섰다. 그러나 한국 YMCA 입장은 단호했다. 한국 YMCA 회원들은 2월 27일 긴급회원대회를 열어 이사회에서 결정한 김린의 파면 조치를 지지한다는 결의안을 통

38) 전택부, 『한국기독교청년회운동사』, 144쪽.

과시켰다.

그러자 총독부 기관지 『매일신보』 3월 4일자 「青年會의 紛擾真相」에서 "各種의 陰険흔 手段을 執흐야 改革派의 運動을 沮害코즈" 한다고 한국 YMCA 지도부를 비난했으며, 3월 11일자 「青年會의 改革運動」에서는 유신회에서 강연회를 가지려 했으나 총무 질레트가 회관 문을 잠궈 무산되었다며 "지렛드氏의 専断行為에 対흐야 厳重흔 詰問을 試흠의 覚悟이라 云云" 했다. 3월 14일에는 김린이 한국 YMCA의 회장 저다인, 총무 질레트, 사사부의 언더우드, 그리고 2~3명의 한국인 위원들 앞으로 쓴 「青年會革新에 就흐야」라는 글이 실렸다. 김린은 이 글에서 유신회는 이미 10여 년 전에 설립되었으며 자기는 8년 전에 총무로 임명되어 일해 왔고 조선이 이미 일본의 일부가 되었으니 일본인과의 융합, 친화를 위하여 한국 YMCA는 일본 YMCA와 유대를 가져야 하며, 한국 YMCA는 유신회의 건의 사항을 빨리 수용해야 한다고 주장했다.[39] 또한 유신회의 강경한 일부 회원들은 완력까지 동원하여 질레트를 위협하기도 했다. 당시 정황에 대해 질레트는 다음과 같이 증언하고 있다.

> 그 뒤 곧 이 유신회의 회원 6~7명이 내 사무실에 몰려와 나를 끌어내었으며, 만약 내가 화가 나서 그들에게 손을 대면 나를 경찰에 고발하여 나중에는 국외로 추방하려는 흉계였습니다. 5일간이나 그들(그중 2명은 교회에서 제명 처분을 받은 사람)은 온종일 내 사무실에 와 살면서 별의별 욕설을 다 퍼부었으며, 내가 그네들에게 손을 대게끔 유도했습니다. …… 한 번은 그중 하나를 문쪽으로 밀었더니 그는 일부러 땅바닥에 넘어지면서 크게 다친 것처럼 엄살을 부렸습니다. 알고 보니 이것은 사전에 꾸민 연극이었습니다. 그자는 의사를 불러오고 경찰을 불러오라고 말했지만, 나의 미국인 친구는 처음부터 그 광경을 목격했을 뿐 아니라 거짓말이라고 강경하게 반증했기 때문에 그자는 경찰에 고발하지는 못했습니다. 그러나 이튿날 아침 각 신문에는 나와 내 친구가 그자를 때려 상처를 입혔기 때문에 지금 관립병원에 입원 가료 중에 있다는 기사가 났습니다. …… 이러한 폭력 행위가 시작된 지 5일째 되는 날 총독부 관리

39) 이광린, 「일본 개신교회의 한국침투와 유신회 사건」, 332-333쪽.

들이 Y를 찾아왔습니다. 그네들은 회장과 질레트씨는 사임시켜야 한다는 유신회의 주장을 되풀이했습니다.40)

한편 이 무렵 도쿄에 머물고 있던 모트는 일본 측 요구로 한국 YMCA 임원들을 설득하기 위하여 3월 25일 서울을 방문했다. 그러자 유신회 회장 사일환은 그에게 한국 YMCA를 빨리 일본 YMCA에 예속시킬 것과 부총무 김린을 파면 결의한 것은 불법이라고 강변했다.41) 한편 총독부 측 또한 모트를 만나 저다인 회장과 질레트 총무의 사임 문제를 논의했다.42) 이와 같이 유신회 사건은 유신회 일부회원들과 총독부 그리고 일본 측 언론사 등이 합세하여 한국 YMCA를 그들의 수중에 넣기 위한 의도에서 집요하게 획책되었던 것이다. 그리고 여기에 YMCA 국제위원회 총무로서 상당한 영향력을 가진 모트까지 동원하여 한국 YMCA를 와해시키려 했으나 뜻을 이루지 못한 미수 사건이었다.

3. 한국 YMCA의 명칭 변경과 헌장 개정

한편 총독부의 권력과 언론을 동원한 유신회는 1913년 3월 중국인들을 시켜 YMCA 정문 위에 새겨진 '황성'이라는 두 글자를 쪼아버리는 만행도 자행했다.43) 말하자면 '합방' 단행으로 대한제국이 종언을 고했음으로 '황제의 도성'이라는 뜻의 '황성'이라는 표현을 없애야 한다는 것이었다. 유신회가 한국 YMCA를 일본 YMCA에 복속시키려는 시도는 이후에도 집요하게 추진되었다. 또한 유신회 회장 사일환은 1913년 3월 25일 모트에게 서신을 보내어, "우리는 이미 귀하에게 보낸 서한 중에서 한국 YMCA가 일본 YMCA연합회 산하에 있어야 한다는 것을 말한 바 있습니다. 그러나 YMCA 실무자들은 이것을 실천에 옮기

---

40) P. L. Gillett's Letter, 1913. 7. 14; 전택부, 『한국기독교청년회운동사』, 173쪽.
41) 전택부, 『한국기독교청년회운동사』, 333-334쪽.
42) 같은 책, 173쪽.
43) 같은 책, 177쪽.

지 않고 있습니다. 어찌하여 질질 끌고 있는지 그들의 직무 태만에 대하여 우리는 묵과할 수 없습니다. 끝으로 2월 21일자 회장 저다인 목사의 명의로 공포된 한인 총무 김린 씨의 파면 결의와 동 27일에 회집된 긴급회원대회의 지지 결의는 크리스천으로서는 차마 할 수 없는 불법적인 행위라고 생각합니다. 우리는 이것을 묵과할 수 없습니다"[44]라는 내용의 편지를 보내기도 했다.

이에 질레트 총무는 모트와 브락만(F. M. Brockman)을 내세워 서울의 일본 YMCA 지도자들과 총독부 고위층과의 특별 모임을 주선했다.[45] 1913년 이른 봄 중국을 거쳐 서울에 도착한 모트는 3천여 명이 운집한 대전도집회에 참가했다. 이때 그는 '합방' 이후 '희생불사의 강인한 정신'의 한국인들(strong Korean men)을 직접 목도[46]하는 한편 한국의 학생 YMCA가 '투지에 차있다'(aggressive)는 사실을 확인하면서 한국 YMCA에 깊은 관심을 표명했다.[47] 모트가 동년 4월 10일 '계속위원회' 형식으로 도쿄로 건너가 재협상을 주도하게 된 것도 이러한 인식, 곧 한국인과 한국 YMCA에 대한 강인한 인상을 직접 목도한 것이 주요했던 것이다. 일제 당국 또한 국제사회에서의 모트의 정치적 비중을 고려할 때 그의 중재 노력을 거절할 수 없었다.[48] 같은 해 4월 12일 모트의 중재하에 도쿄에서 한국 측 이상재, 신홍우, 언더우드, 에비슨과 일본 측의 이부카(井深梶之助), 모토다(元田作之進), 사사오(笹尾粂太郎), 니도베(新渡戸稲造), 니와 사이에 재협상이 추진되고 아래와 같은 주목할 만한 6개 항의 합의서가 공포하게 된 것은 이러한 배경에서였다.[49]

---

44) Letter of Sa Ilwhan, President of the Yusin Hoi to Mott, Seoul, March 25, 1913; 전택부, 위의 책, 179쪽.

45) 대한YMCA연맹, 『한국 YMCA운동사 1895~1985』, 107쪽.

46) 모트는 이때 받은 인상을 "나는 이 광경을 내 생애가 끝날 때까지 잊지 못할 것이다"라고 말했다고 하며 이때 동행한 모트 부인의 일기에도 '슬프다' '불쌍하다' '비극적이다'라는 말로 가득 차 있었다고 한다(C. Howard Hopkins, John R. Mott, William S. Berdmans Publishing Co.1979. 대한YMCA연맹, 위의 책, 344쪽 각주, 60) 재인용)

47) 위와 같음.

48) 당시 모트는 윌슨(Woodrow Wilson) 대통령과 오랜 친구로서 그가 대통령에 당선되자 바로 중국 대사직을 맡아달라는 부탁을 받을 만큼 정치적으로 비중 있는 위치에 있었다.

(1) 조선기독교청년회연합회 위원은 15명으로 구성되며, 조선에 있는 모든 조선인 청년회를 관리한다. 본 연합회 위원 중에서 선정된 5명의 위원은 일본 기독교청년회동맹의 위원이 된다.

(2) 일본 기독교청년회동맹 위원은 조선기독교청년회연합회와 기타 조선에 있는 각 청년회의 자치를 인증한다. 다만, 일부 도시 내의 수 개의 기독교청년회가 연합되어도 무방하다.

(3) 조선중앙기독교청년회는 그 회원 중에서 선출된 이사들이 이를 관리한다.

(4) 조선중앙기독교청년회가 소유하는 모든 건축물은 그 건축 기금을 기부한 사람들의 뜻에 따라, 조선중앙기독교청년회가 사용하는 것을 원칙으로 한다.

(5) 조선중앙기독교청년회가 아닌 다른 청년회의 사용과 보관은 조선기독교청년회연합회 위원이 한다.

(6) 일본 기독교청년회동맹 대표위원과 조선기독교청년회연합회 대표위원 간에 체결된 본 계약은 조선기독교청년회연합회 위원의 3/4 이상의 동의 없이는 변경할 수 없다.

이상의 합의 내용이 한·일 YMCA 사이에 정식으로 통과된 것은 1916년 7월 23~24일 고텐바(御殿場) 도잔소(東山荘)에서 열린 일본 YMCA동맹 제5회 총회에서이다. 이 총회에는 12명의 한국 YMCA 대표들이 참석했는데, 여기에서 '조선 YMCA연합회'의 '일본 YMCA동맹' 가입이 위의 6개 조건하에 승인되었던 것이다.[50] 이상의 6개합의 내용은 매우 주목할 필요가 있다. '합방' 이후 한국 내의 모든 정치, 사회단체들이 해산되거나 일제에 편입되었던 점에 유념할 때 주목하지 않을 수 없다. 즉, 위의 6개합의 내용에 따르면 한국 YMCA는 명칭은 비록 바뀌었지만 조선기독교청년회의 '자치'를 인정하고 있으며 조선중앙기독교청년회의 운영 또한 청년회 이사들이 관리할 수 있도록 했다. 이 밖에도 조선중앙기독교청년회가 소유하고 있는 모든 건축물의 사용권을 청년회에 부여했으며, 또한 이상의 합의 사항을 변경하기 위해서는 조선기독교청년연합회 소속

49) 奈良常五郎, 『日本YMCA史』, 147-148쪽. 「조선기독교청년회문제의 해결」, 『福音申報』 929호 (1913/04/17); 韓國神學研究所, 『韓日그리스도교關係史料』, 127쪽.

50) 奈良常五郎, 위의 책, 148쪽.

위원 3/4 이상의 동의 없이는 불가하도록 한 조치 등은 '합방' 이후의 합의사항으로는 매우 '파격적'인 것이었다. 더욱이 유신회 측에서 "①헌장을 개정하는 것이 아니라 근본적으로 뜯어 고쳐야 하며, ②이사 전원을 새로 선거해야 하며, ③재단 이사는 국제위원회의 인준을 받아야 한다는 조항을 삭제해야 한다"[51]는 친일화 주장을 전면 거부하고 이상과 같은 합의사항을 끌어낸 것은 대단한 성과다. 이와 같은 결정을 끌어낼 수 있었던 것은 이를 중재한 모트의 정치적 수완과 동시에 한일 양국 YMCA 지도자들 사이에 기독교적 신앙과 정신, 그리고 양국 YMCA 지도력 간의 인격적인 관계가 당시까지는 유지되었기에 가능했던 것이다.[52]

그러나 이 과정에서 일본 기독교계의 언론이 보여 준 태도는 큰 차이가 있었다. 즉, 『기독교세계』 1534호에 실린 「朝鮮基督教青年會의 加盟」에서는 4월 10~12일 도쿄에서 "조선청년회관으로부터의 요청인 加盟의 件을 협의"[53] 했다고 하여, 마치 한국 측이 먼저 가맹을 요청한 듯이 쓰고 있다. 『신인』(新人) 제14권 4호(1913. 4)에 실린 「覺醒한 朝鮮人基督教青年會」에서는 다음과 같이 주장하고 있다.

> 근래에 조선인 청년회는 결연히 종래의 관계를 일소하여 [중국기독교청년회로부터 —필자주] 독립하려는 계획이 있다고 한다. 이것은 우리가 칭찬을 할 壯擧가 아니겠는가. 조선주재 외국 선교사들이 과연 이것을 찬성하느냐 아니냐는 우리가 명백히는 알 수 없어도 동양의 대세를 熟知하는 선교사들이 반대할 이유를 가지지 않을 것도 우리가 믿고 의심치 않는다. 조선인 청년회가 帝國에 존재하면서 帝國의 청년회와 同盟하지 못하는 이유는 명백하다. 그 임원도 조선인으로 해 내지 못할 이유가 없다. 만일 그들이 미숙해서 일을 하지 못한다면 외국 선교사나 일본의 중요한 크리스천이 고문이

51) F. M. Brockman's Letter to Dr. J. R. Mott, May 25, 1913; 전택부, 『한국기독교청년회운동사』, 180-181쪽.

52) 대한YMCA연맹, 『한국 YMCA운동사, 1895-1985』, 344쪽 주 65).

53) 「朝鮮基督教青年會問題」, 『基督教世界』 제1543호(1913/04/17), 『日韓資料 I』, 195쪽; 韓國神學研究所, 『韓日그리스도교關係史料』, 323-324쪽.

되어 이를 補助하는 것도 결코 문제가 아닐 것이다. 그래도 조선인이 수행치 못한다면 선교사 또는 일본인으로 會長을 선정하는 것도 가능하다. 당분간의 조치로서 이것도 부득이한 일이지만 어쨌든 조선인 청년회가 帝國의 청년회와 동맹하는 데는 아무런 문제도 없을 것이다. 이것이 日鮮人의 융합을 기도하는 일에 있어서 가장 바람직한 방법일 것은 아무도 의심치 않는다. …… 못트 박사의 炯眼은 반드시 여기에 보는 바가 있다. 과거의 관계를 일소하여 여기에서 新面目을 展開할 것을 우리는 바라마지 않는다.[54)]

일본 기독교계는 한국 YMCA가 중국 YMCA로부터 독립해 일본 YMCA와 '동맹 관계'를 갖는 것은 '日鮮人의 융합'을 위해 바람직한 방법이라 하면서 이를 위하여 모트에게 큰 기대를 걸고 있는 것이다. 그러나 4월 12일 회담이 끝난 뒤 『신인』 제14권 5호(1913. 5)에 실린 「조선중앙기독교청년회」라는 제하의 글을 통해 한국 YMCA에 깊이 관계하고 있는 미국인 선교사들에 대해서는 강한 거부감을 보이며 단절할 것을 아래와 같이 촉구했다.

조선청년회는 오래 전부터 외국의 資金을 받지 않고 전적으로 自給의 모습을 유지해 왔다. 會員은 一千五百名에 달한다. 또한 유지회원은 실로 三百名이나 된다고 한다. 그리하여 통감부시대부터는 해마다 參万圓을 공급하여 이를 보조하였다고 하니 団體의 세력은 무시하지 못할 것이 있다. 그런데 이 청년회의 支配權은 누구의 手中에 있느냐 하면 말할 것도 없이 외국 선교사이다. 조선인 측에 한 명의 총간사는 있으나 主權은 일체 외국 선교사의 손에 있다. 이것이 일본청년회와 크게 성질이 다른 점이다. …… 이것은 일견 이해하기 힘든 사실이나 요는 지식과 능력의 결핍을 나타내는 것이다. 그런데 작년의 관광단 來朝以来 조선인은 일본인의 정신과 행위를 보고 크게 분발하는 바가 있어 여기에 청년회의 조직을 개선하고 自治独立을 하려 하며 오는 6월 6일 대회를 열고 전적으로 면목을 일신하려고 한다. 우리는 조선인을 위하여 이 雄圖를 축하해야 한다. 조선인이 언제까지나 후견인을 필요로 할 이유는 없다. …… 京城에서 오는 6월 6일에 열리는 大會는 우리가 刮目하여 보려고 한다.[55)]

---

54) 「覺醒せる朝鮮人基督教青年會」, 『新人』 제14권, 4호(1913년 4월), 『日韓資料 I』, 264쪽.

55) 韓國神學研究所, 『韓日그리스도교關係史料』, 433-434쪽. 이 글에서는 한국 YMCA가 "차제에 회

그러나 이러한 일본 측의 요구와 희망은 실현되지 못했다. 이 문제를 결정하기 위한 YMCA 총회가 1913년 6월 2일 YMCA 강당에서 언더우드의 사회로 열렸다. 이 회의에서, 투표를 통하여 "'皇城' 대신 '朝鮮中央'이 되고, 司事部가 理事部가 되었을 뿐, 헌장을 근본적으로 뜯어고치고자 했던 일제 측과 유신회안은 신흥우, 한석진, 어비슨 등의 강력한 반발과 지도력으로 완전히 묵살"되었던 것이다. 아울러 이사 선거에서도 일본인들과 한국인들로 이사를 선출하자는 유신회의 주장이 모두 무위로 돌아갔다.[56] 한국 측의 뜻이 관철된 것이다.

III. 3·1운동과 한일 YMCA 관계

1. 도쿄 한인 YMCA와 2·8 독립선언

1919년 3·1운동의 도화선이 된 도쿄 한국인 유학생들의 2·8독립선언은 도쿄 한인 YMCA(재일본도쿄조선기독교청년회)가 중심으로 이루어진 것이다. 우선 2·8독립선언이 이루어진 장소가 도쿄의 한인 YMCA였다. 이전부터 도쿄 한인 YMCA는 한국인 유학생들의 회합과 친교의 장소이자, '주일한국대사관' 역할을 했다. 따라서 일제의 감시를 덜 받을 수 있는 비교적 안정된 장소였기 때문에 한인 유학생의 집회 장소 등으로 자주 이용되었고, 이들 가운데 상당수가 기독교인이었다.[57]

도쿄 한인 YMCA의 초대 총무인 금정식이 1916년 귀국하고, 그의 후임으

장도 총간사도 일체 조선인의 손에 돌려주고 일본인과 외국 선교사는 당분간 고문이 되는" 것이 좋다고 희망하고 있다.

56) F. M. Brockman's Letter to Dr. J. R. Mott, June 7, 1913; 전택부, 위의 책, 181-182쪽.

57) 정확한 조사 시점은 알 수 없으나, 212명의 요시찰 인물 중 104명이 기독교인이었다고 한다(유동식, 『재일본한국기독교청년회사』, 152쪽).

로 와세다대 학생이었던 백남훈이 제2대 총무가 되었다. 총무에 취임한 백남훈은 먼저 봄과 여름에 특별 수양회, 즉 춘령회(春令會)와 하령회(夏令會)를 열어 기독교 신앙을 훈련을 다지는 한편 기관지인 『기독청년』(基督青年)과 『현대』(現代)를 발행하는 등 한국 유학생을 하나로 결집하는 일에 진력했다.[58]

그러던 중 학생들은 독립운동 계획을 세우기 위하여 1919년 1월 6일 도쿄 한인 YMCA에서 신년웅변대회를 열고, 지금이 독립운동을 하기에 가장 적당한 때이고, 해외의 동포들이 이미 독립운동을 벌이고 있는 마당에 자신들만 가만히 있을 수 없다는 데 의견을 모았다. 그리고 이를 실행에 옮길 10명의 임시실행위원을 선출했다. 그리고 일본 정부와 의회 그리고 각국 대사관·공사관 등에 독립 청원서를 보내기로 하는 한편 더 효율적인 독립운동 추진을 위해 '조선청년독립단'을 결성하기도 했다. 독립선언서를 작성한 후 이를 송계백과 이광수 편에 서울과 상하이에 보낸 것도 이때 이루어진 것이다.[59]

드디어 2월 8일, 400여 명의 학생들은 학우회 총회를 연다는 구실로 도쿄 한인 YMCA회관에 모였다가 갑자기 '조선청년독립단' 발족을 선언하고 이어 독립선언식을 강행했다. 현장에 있던 경찰들은 이들을 바로 해산시키고 주모자들을 체포했는데, 2·8독립선언문에 서명한 11명 중 금도연, 송계백, 백관수 등이 YMCA 관련자였다.[60] 이어 제2차 운동계획으로 YMCA 2층 최승만의 방에 모여 4~5일 후 히비야(日比谷) 공원에서 전유학생대회를 열어 독립연설회를 갖고 반일선전문을 뿌리기로 했다. 그러나 이는 계획 단계에서 사전 누설되어 반일선언문에 서명한 5명이 일경에 체포되고 말았다. 이때 체포된 최승만은 서울 YMCA 학관 출신으로, 1923년 백남훈의 후임으로 재일 도쿄 한인 YMCA의 총무가 되는 인물이다.[61]

이처럼 "YMCA [지도부가] 직접 2·8독립선언을 주도하진 않았지만 YMCA

58) 유동식, 위의 책, 137-145쪽.
59) 같은 책, 154-156쪽.
60) 전택부, 위의 책, 233-241쪽.
61) 같은 책, 233-241쪽.

건물이 아니었던들"[62] 그리고 그 관련자들의 노력과 협조가 없었다면 역사적인 2·8독립선언은 결행되지 못했을 것이다. 또한 도쿄 한인 YMCA 총무였던 백남훈 등이 체포되자, 이들의 변호를 위하여 도쿄제대 학생 YMCA 간사 후지다(藤田進南)를 찾아가 의논했는데, 그는 이마이(今井嘉幸), 사쿠마(作間耕造) 등을 소개해 주는 등[63] 일본 YMCA 학생회원들의 적극적인 협조가 큰 도움이 되었다. 일본 측의 협조와 도움으로는 이 밖에도 당시 일본 기독교인 정치학자이자 다이쇼 시대 민주운동의 정신적 지도자로 유명했던 요시노 사쿠조(吉野作造) 도쿄제대 교수의 용기있는 자국 정부에 대한 비판이 큰 힘이 되기도 했다. 즉 요시노 교수는 2·8 독립선언이 결행되어 일본 내에서 도쿄 한인 YMCA에 대한 비판 여론이 일자, 일찍이 일본조합교회의 '조선 전도론'의 잘못을 비판하면서 재일 한인 YMCA에 대한 일본 정부의 탄압은 "천박하고 어리석은 짓"이라고 하면서 백남훈을 "진실하고 온후한 신사"라고 옹호하는 글을 썼던 것이다. 글의 일부를 옮겨보면 다음과 같다.

> 들리는 말에 따르면, 東京·神戸 朝鮮人YMCA는 각종 陰謀의 策源地이며, 그 中心人物들은 上海의 独立政府와 연락을 가지고 있으니 이것을 撲滅해 버리든지, 아니면 日本사람이 이것을 관리해야 한다는 意見이 있다 한다. 이것이 만일 사실이라면 이보다 더 어리석은 政策은 없으며, 지금까지 朝鮮統治를 蒙昧하게 했다는 증거일 것이다. 東京朝鮮基督教青年會가 独立運動의 根源地라는 것은 틀림없는 사실이다. 그러나 기독청년회라는 것과 陰謀의 根源地라는 것과는 전혀 별개의 것이다. …… 만약 青年會가 없었다면 저들은 다른 秘密場所를 必然的으로 定하고 그곳에서 오히려 더 危険한 계획을 할 것이 사실인즉 …… 青年會運動이 存在해 있다는 것은 두말할 것 없이 青年會建物=安全弁인데, 이것을 撲滅한다든가 閉鎖한다는 것은 실로 천박하고 어리석은 見解라 하지 않을 수 없다. 다음으로 폐쇄하지 못하면 指導者를 바꾸라는 의견이 있는데, 이것 또한 천박하고 어리석은 의견이다. 지금 청년회 총무로 있는 白南薰氏는 우리들의 親友로서 真實되고 溫厚한 紳士이다. 이 사람을 만약 適任者가 아니라고 한다면, 조선사람 중

62) 전택부, 『한국기독교청년회운동사』, 240쪽.
63) 위와 같음.

> 에 아무도 적임자를 찾아볼 수 없을 것이다. 靑年會가 조선인 靑年學生들에게 울분을 풀어주는 安全瓣이라 한다면, 白君과 같은 溫厚한 人格者가 총무의 地位에 있다는 것 또한 安全瓣인 것이다.[64]

도쿄제대 YMCA 이사장이기도 한 요시노의 이 같은 견해가 일본 YMCA를 대변한다고 할 수는 없겠지만, 일본 YMCA 인사들 중에는 이처럼 재일 한인을 이해하며 지원한 양심적이며 신앙적인 일본 기독인이 있었다는 점은 양국의 역사 발전과 이해·협력에 밑거름으로 작용했다.[65]

2. 3·1운동과 한일 YMCA

3·1운동 관련, 특히 YMCA와의 관련성을 살펴보면 다음과 같다. 한국 YMCA 회우부 간사 박희도가 1919년 1월 23일경 회우부 회원인 연희전문 학생 금원벽 등과 함께 서울 시내 각 학교 대표들을 시내 대관원으로 불러 청년, 학생들을 중심으로 독자적인 독립선언서를 발표하려는 계획을 세웠다. 또한 민족대표 33인 가운데 YMCA 지도급 인사 9명, 정춘수, 최성모, 오화영, 박희도, 박동완, 이필주, 양전백, 이갑성, 리승훈 등이 주도적으로 참여했다.[66] 이러한 사실이 시사하듯 3·1만세운동과 YMCA와는 발단 초기부터 깊은 역사성을 지니고 있다. 그러나 이들이 만세운동에 참여한 것은 개인적 차원이었던 것으로 이해된다. 다시 말해, YMCA라는 공적 기관의 책임자로 참여한 것은 아니었다는 것이다. 그 구체적인 사례를 살펴보기로 한다.

우선 2·8독립선언의 경우와 달리 YMCA 건물이 사용되지 않았다. 그리고

---

64) 『日本の名著(46) 吉野作造』(中央公論社, 1977), 246쪽; 유동식, 『재일본한국기독교청년회사』(재일본한국기독교청년회, 1990), 166쪽.

65) 요시노는 1919년 3월 19일 여명회(黎明會) 모임에서, 도쿄 YMCA 백남훈 총무를 비롯한 한국인 8명을 초청하여 한국의 독립에 대한 의견을 들었는데, 이들은 한결같이 "조선인은 독립을 희망할 뿐 조선은 도저히 일본에 동화할 수 없다"라고 했다(유동식, 위의 책, 159쪽).

66) 전택부, 위의 책, 236, 246쪽.

일제의 한국 침략을 방관하고 묵인했던 미국인 선교사들이 3·1운동에 심정적으로 동조했을지 모르나 이들은 이 운동과 아무런 관계가 없었으며, 오히려 3·1운동이 일어나자 기독교인의 시위가 확산되지 않도록 동분서주했다. 비록 일제에게 의심을 받기는 했지만, 한국 YMCA 소속 선교사들도 마찬가지였다.

또한 당시 한국 YMCA의 대표적 지도자였던 윤치호, 이상재, 신흥우 등의 행적도 크게 다르지 않다. 먼저, 총무 윤치호는 3·1운동이 일어나기 며칠 전 "이 어리석은 소요로 말미암아 일본 군국주의자들이 조선인들을 더더욱 가혹하게 다룰 수 있는 좋은 구실을 얻게 될까 봐 두렵다"[67]고 했으며, 3·1운동이 일어나자 "학생들의 이 어리석은 소요는 무단 통치를 연장시킬 뿐이다"[68] 하며 3·1운동 자체를 '어리석은 짓'으로 판단하고 있었다. 3월 1일 오후 1시가 지나 일본 형사들이 YMCA회관에 들이닥쳐 수색을 하고 돌아가자 3·1운동과 YMCA가 연루되는 것을 막기 위하여 회관문을 닫았으며,[69] 3월 4일에는 YMCA회관에 태극기가 다량 숨겨져 있으며 다음날 오전 YMCA회관에서 시위가 시작될 것이라는 정보에 접하자 곧 회관 내부 수색에 나섰고 회관 내에 외부인의 출입을 통제하는 경비를 강화했다.[70]

이상재 역시 일제로부터 3·1운동에 가담하지 않았는가 의심을 받고 수감되기도 했지만, 그는 3·1운동의 취지에는 찬동하면서도 운동에 직접 참여한 사실은 보이지 않는다.[71] 신흥우 또한 3·1운동에 참여하지 않았으며, 오히려 그가 3·1운동 직전 친일적 행동을 하려 했다는 소문까지 돌았다.[72] 김창제도 3·1운

---

67) 「윤치호일기」(1919/02/26); 김상태 편역, 『윤치호일기』(역사비평사, 2001), 75쪽.

68) 「윤치호일기」(1919/03/02); 김상태 편역, 『윤치호일기』, 79쪽.

69) 「윤치호일기」(1919/03/01); 김상태 편역, 『윤치호일기』, 78쪽.

70) 「윤치호일기」(1919/03/04); 김상태 편역, 『윤치호일기』, 81쪽.

71) 전택부, 『월남 이상재의 생애와 사상』(연세대학교 출판부, 2001), 150-157쪽 참조. 전택부는 "다만 그는 일본 정부와 담판을 하게 될 때 그걸 내세우기 위하여 아꼈다." "이상재 씨는 동지들의 의견에 따라 3·1독립은 제1진·제2진·제3진으로 계속할 것이므로 한꺼번에 다같이 체포되는 것을 전략상으로 반대했던 것도 사실이다"라는 이규갑과의 면담 내용을 소개하여, 이상재가 직접 3·1운동에 참여하지 않은 이유를 설명하고 있다(전택부, 『한국기독교청년회운동사』, 251-252쪽).

72) 전택부, 『人間 申興雨』(大韓基督敎書會, 1971), 132-133쪽; 김상태 편역, 『윤치호일기』, 72, 74,

동이 "애국적이기는 하지만 투기, 미신, 허황된 말, 음모에 기초하고 있어 동조할 수 없었다"고 했고,[73] 이 시기 이미 '친일적'으로 경도되었던 재일본 초대 총무 김정식 역시 같은 입장이었다.[74]

그러면 당시 국내에 있던 일본 YMCA 관계자들은 3·1운동에 대해 어떠한 반응을 보였는가.[75] 이 점을 분명히 보여 주는 자료는 발견되지 않고 있다. 다만 윤치호가 3월 5일 니와와 와다세 등 일본인 기독교 지도자를 만나 "난 진심으로 이번 소요에 반대하고 있으며, 일본은 조선인들의 불만이 어디에 있는지 철저히 규명해야 한다"는 입장 천명과 조합교회의 대표자인 와다세가 3·1운동에 대하여 강한 불만을 나타냈다는 점 등에서 유추해 볼 수 있다.[76] 또한 와다세로 대표되는 조합교회의 반응은 그들의 기관지인 『기독교세계』를 통해서 쉽게 확인되지만, 일본 YMCA의 기관지인 『개척자』에는 이와 관련된 내용이 보이지 않는다. 이러한 점에서 일본 YMCA의 경우는 조합교회 측과는 달리 상당히 신중한 입장을 취했던 것으로 보인다. 다시 말해, 심정적으로 3·1운동을 반기지는 않았지만 그렇다고 내놓고 반대하는 경솔함을 보이지 않았던 것으로 상정된다.[77] 이러한 일본 YMCA의 태도는 앞서 언급한 '합방'에 대해 조합교회 등 일본 기독교 교단이 예외 없이 환영 일색이었던 점에 반해 '동정론'과 '불가피론'을 폈던 것과 맥락을 같이한다고 볼 수 있다.

3. 여운형 사건과 한중일 YMCA

여운형 사건이란, "상하이에 있었던 대한민국 임시정부의 외교 담당자였던

80, 96쪽.

73) 「윤치호일기」(1919/05/03); 김상태 편역, 『윤치호일기』, 109쪽.

74) 「윤치호일기」(1919/03/11); 김상태 편역, 『윤치호일기』, 86쪽.

75) 3·1운동에 대한 일본 기독교인들의 반응에 대해서는 사와 마사히코, 앞의 책, 53-60쪽 및 서정민, 『한일 기독교 관계사 연구』(대한기독교서회, 2002), 197-223쪽 참조.

76) 「윤치호일기」(1919/03/05); 김상태 편역, 『윤치호일기』, 82쪽.

77) 3·1운동에 대한 일본 기독교인들의 반응에 대하여는, 사와 마사히코, 위의 책, 53-60쪽 참조.

여운형이 1919년 11월 조합교회의 중개로 일본에 초대되어 유력한 정치인들과 회담을 마친 뒤 보통 일본 국민들도 잘 들어가 볼 수 없었던 일본의 황실 아카사카(赤坂)의 별관으로 일본 고관의 안내를 받으며 국화전시회를 감상하러 갔었던 사건"이다. 이 일이 있기 전 여운형은 도쿄 제국호텔에서 내외신 기자 등 5백여 명이 모인 자리에서 "나는 우리 민족이 생명을 걸고 주야 분투하는 한국 독립운동의 진상과 그 의의를 밝히려고 이곳에 왔다"고 하면서 "일본에게 생존권이 있다면 우리 한국 민족에게도 생존권이 있다. 왜 일본은 생존권의 자연적 발로로서의 자유와 독립을 갈망하는 한국인들을 총검으로 탄압하고 있는가" 하며, 3·1만세운동의 의의와 한국독립의 정당성을 역설했다.[78] 이와 같은 연설 요지가 일본 언론에 대서특필되자 이는 '마땅히 내란의 예비 또는 음모를 기도'에 해당한다는 여론이 있었다. 그러나 당시 일본 당국은 여운형을 체포 구금할 수 없었고 그를 후대하여 상하이로 보냈다. 이 일로 한동안 하라 내각이 곤경에 빠지기도 했다.[79]

그런데 바로 이 사건이 한일 YMCA 및 상하이 YMCA와 관련이 있다. 당시 일본 정부는 상하이에서 "독립운동을 저지하는 길은 그들을 외부에서 강압하는 방법에 의해서가 아니라 내부로부터 격리, 해체시켜 그것을 궤멸시키는 방도로 나가야 한다"는 판단에서 조합교회를 내세워 여운형을 일본으로 초청해 회유하려 하려 했던 것이다.[80]

이를 위하여 조합교회 목사인 와다세와 후루야(古屋孫次郞) 등이 상하이 YMCA를 통하여 여운형과 접촉했다. 또한 여운형과 친분이 있던 후지다(藤田九皐) 목사가 동원되기도 했다. 1911년 8월 무렵 후루야는 상하이 YMCA 총무 피치(George. A. Fitch)를 통하여 여운형의 도쿄행을 권유했다. 이에 여운형은 처음에 거절했지만 일본 측의 거듭되는 요청과 신변의 안전을 보장한다는 조건하에 적

78) 송건호, 『한국현대인물사론』(한길사, 1984), 94-95쪽.
79) 사와 마사히코, 위의 책, 60-61쪽.
80) 韓晳曦, 『日本の朝鮮支配と宗教政策』(未來社, 1988); 한석희 지음, 김승태 옮김, 『일제의 종교침략사』(기독교문사, 1990), 98쪽.

지(敵地) 도쿄행을 결심했다. 여운형은 자신은 이에 대해 "10월 중국기독교청년회 내에서 기무라(木村) 목사와 요시다(義田) 일본 기독교청년회 총무와 서양 신문기자 3명, 중국기독교청년회 총무 조설경, 나 그리고 이광수 등이 회합을 하여 나의 일본행을 상담한바, 모두 일본행을 권고했다"고 술회한 바 있다. 11월 18일 마침내 11월 18일 도쿄역에 도착한 여운형은 재일 한인 YMCA 간사 백남훈, 유학생 30여 명과 일본 관리 및 목사의 성대한 환영을 받았다.[81] 또 11월 28일에는 한국인 유학생들이 주최로 YMCA에서 강연회를 갖기도 했다.[82] 몇 번에 걸친 강연회와 기자회견 등을 통해 여운형은 일본 측의 기대와는 달리 오히려 조선 독립의 정당성을 당당하게 역설함으로 큰 파장을 일으켰던 것이다. 한마디로 일제 측의 의도대로 되지 않았던 것이다. 따라서 이에 대한 책임논란이 일어나 여운형을 초치한 일본 기독교계는 물론 일본 정국도 곤경에 빠지기도 했다. 요컨대 여운형 사건은 그 자체가 양국 YMCA와 직접 관련된 것은 아니었지만, 한일 및 중국 YMCA의 인사들이 개입된 기억할 만한 사건이라 할 수 있다.

Ⅳ. 1920년대 한일 YMCA의 관계

1. 한일 YMCA 대표자 회의와 YMCA의 분리

1919년 3·1운동을 계기로 한일 YMCA의 관계는 다소 소원해졌고, 일본 YMCA는 한국 YMCA에 대하여 불만을 나타내기 시작했다. 윤치호는 그 이유

81) 한석희 지음, 김승태 옮김, 위의 책, 103-107쪽.
82) 같은 책.

를 다음과 같이 말하고 있다.

> 브로크만 씨가 찾아와 도쿄 YMCA의 펠프스 씨가 보낸 편지를 보여 주었다. 일본 YMCA동맹은 1913년 일본과 조선의 YMCA운동 지도자들이 체결한 통합 협정의 내용을 이행하고 싶어 안달이 난 모양이다. 그들은 이렇게 주장한다. (1) 일본 YMCA동맹은 미국이 보내주는 돈의 배분에 대해 최종 결정권을 가져야 한다. (2) 조선 YMCA 운동의 헌장이나 기본원칙이나 프로그램에 어떤 변화가 생길 경우에는 일본 YMCA동맹의 인준을 받아야 한다. (3) 뉴욕 국제위원회와의 모든 교섭은 일본 YMCA동맹을 통해 이루어져야 한다.[83]

윤치호는 위와 같은 일본 YMCA의 주장이 부당한 것이 아니라는 점을 인정했지만 당시로써는 이와 같은 점을 강요할 때가 아니라는 점을 설득했다. 즉, 지금까지 자율성이 유지되어 왔던 한국 YMCA가 일본 YMCA에 통합된다는 사실이 세상에 알려지면, 한국 내에서의 YMCA는 외면과 지탄을 받게 될 것이며 따라서 한국 YMCA 지도자들은 이 협정을 취소해야 한다는 압력을 받게 될 것이기에 현재의 상태를 유지하는 것이 옳다는 점을 강하게 주장했다.[84] 이 문제를 놓고 장시간 논의 끝에 결국 일본에서 재논의하기로 했다. 1922년 5월 16일 일본 요코하마[85]에서 한일 YMCA 대표자 회의가 개최된 것은 이러한 배경에서였다. 앞서 살펴본 바와 같이, 한국 YMCA는 1913년 3월 12일 도쿄에서 열린 대표자 회의에서 양국 YMCA의 관계 조항을 헌장에 삽입함으로 형식상으로는 일본 YMCA에 예속된 모양이었다. 그러나 후술하듯 금번 '요코하마 대표자 회의'를 계기로 다시 분리, 독립할 수 있는 계기가 마련되었다. 이 점은 대단히 주목할 만한 '사건'이다. 따라서 그 경위를 더 구체적으로 살펴보기로 한다. 1922년 5월 16일 요코하마에서 개최된 본회에 한국 측 대표로는 이상재, 윤치호, 신

83) 「윤치호일기」(1920/10/17); 김상태 편역, 『윤치호일기』, 523쪽.

84) 위와 같음.

85) 전택부, 위의 책, 282쪽에서는 회의 장소가 도쿄라고 되어 있으나, 각주에는 'Yokohama'로 되어 있다.

홍우, 브로크만이 참여했고 일본 측을 대표해서는 이부카(井深梶之助), 모토다(元田作之進), 사이토(斉藤惣一) 등이 참가했다. 그리고 입회인으로 YMCA 국제위원회 총무인 모트와 펠프스(G. S. Phelps)가 동석했다. 당시의 회의록은 양국 YMCA의 관계를 이해하는 데 중요하기 때문에, 다소 장황하지만 당시 정황 파악을 위해 전문을 소개한다.

○ 참석자 전원의 요청으로 모트 박사가 의장으로 선임되다.
○ 모트 박사의 사회와 기도로써 정식 회의가 개회되다.
○ 모트 박사로부터 양국 YMCA의 친밀한 관계 개선을 논의하기 위하여 한 자리에 앉게 된 경위와 상황 설명이 있은 뒤, 그가 일본에 도착하자 양국 YMCA는 보다 긴밀한 협동 관계의 확립을 원한다는 사실과, 그 방법의 하나로서 이 대표자 회의가 모이게 된 것을 다행으로 생각한다는 요지의 개회사가 있었다.
○ 윤치호 씨는 한국인 합동위원회를 대신하여, 그동안의 여러 가지 상황의 변화로 해서 어떤 관계의 개선이 불가피하게 되었다는 것을 진술했다. 그는 두 YMCA가 그 정당한 목적을 달성하는 데 있어서 문제가 된 것은 "정신이 조문(条文)에 희생되어야 하느냐, 아니면 조문이 정신에 희생되어야 하느냐" 하는 문제였다는 평소의 자기 소감을 피력하였다.
○ 이부까(井深) 박사는 그러면 "당신은 어떤 변화가 있어야 한다는 구체적인 제안을 할 수 있느냐?"고 물었다.
○ 윤치호 씨는 "솔직하게 말한다면 현재의 장애물을 제거해야 한다. 즉 1913년 4월 12일에 협정된 가맹조항을 취소해야 한다"고 말했다.
○ 이부까 박사는 "당신은 그러한 조항을 삭제만 한다면 친선 관계가 크게 향상되리라고 생각하는가?"라고 물었다.
○ 윤치호 씨는 "나는 그렇게 생각한다"라고 말했다.
○ 이부까 박사는 "그 협정에서는 한국 YMCA의 자치권을 보장하는 조항이 삽입되어 있다. 그런데 그 규정이 무시된 적이 있었는가?"라고 물었다.
○ 윤치호 씨는 "그렇진 않다. 그러나 감정상으로 무시되었다고 말할 수 있다"라고 대답했다.
○ 이상재 씨는 말하기를 "나는 어떤 간섭을 받았다는 사실을 기억할 수 없다. 그러나 문제는 조문이 정신을 위협해선 안 된다"고 말했다.

○ 이부까 박사는 말하기를 "우리는 어떤 간섭이 있었다고는 생각하지 않지만, 우리가 아는 바로는 그것은 시대의 정신이라고 할 수 있다. 당신네들은 당신네들 이사회에 일본인 이사를 가지고 있고 일본인 이사회에는 한국인 이사를 가지고 있는 줄 알고 있는데, 그러한 정책이 성공적이었다고 생각하는가?"라고 말했다.

○ 윤치호 씨는 "아니다. 성공하지 못했다고 생각한다"고 말했다.

○ 신흥우 씨는 말하기를 "전국연합회 입장에서 볼 때는 아무런 간섭이 없었다고 할 수 있지만 다른 입장에서 볼 때는 있었다고 할 수 있다. 어떤 일본인들은 절대로 압력을 늦추지 않는다. 청년들은 일본청년회가 한국청년회를 흡수하기 위한 하나의 술책으로서, 그것을 일종의 겸직회사(兼職會社)와 같은 것으로 해석하고 있다"고 말했다.

○ 펠프스 씨는 말하기를 "전국연합회 말고 다른 어떤 일본인 청년회가 압력을 가한 일이 있는가?"라고 물었다.

○ 신흥우 씨는 "내가 총무가 된 뒤에는 그런 일이 없었다"라고 말했다.

○ 윤치호(신흥우 씨 전임 총무) 씨는 "나는 이에 대하여 보충해서 말할 수 있는데, 내가 총무로 있는 동안에는 그와 같은 압력을 받았다"라고 증언했다.

○ 모트 박사는 "그러면 현재의 상황으로 볼 때는 전국위원회가 해를 끼친 적은 없으나, 청년들은 그러한 가능성이 있다는 것을 믿고 있다는 말이 아닌가?"라고 말했다.

○ 윤치호 씨는 "그렇다"고 대답했다.

○ 신흥우 씨는 "현재 우리는 거의 전부가 그 협정서에 서명날인한 사람들이기 때문에 상관이 없으나 장래에는 우리가 없어질 것이며 그때에 가서는 이 협정에 대한 해석이 여러 가지로 구구해질 것이다"라고 했다.

○ 사이토 씨는 외부 관계를 규정한 한국 측 헌장 조항이 무엇을 대비한 것인가의 질문을 했다.

○ 신흥우 씨는 대답하기를 "청년들은 우리가 한국의 정신적 독립에 서명한 것인 줄로 안다"고 말했다.

○ 이부까 씨는 "그들은 그것(정신적 독립)을 정치적 독립의 첫 단계로 보고 있느냐?"고 물었다.

○ 신흥우 씨는 "아니다. 왜냐하면 윤치호 씨가 그 원칙을 세웠으나 그것으로 인해서 곤란을 받았기 때문이다"라고 말했다.

○ 모또다 박사는 말하기를 "만약 우리들이 그것은 정치적인 것이 아니라 종교적인

것에 불과하다는 것을 분리해서 선언한다면 그 선언을 청년들은 반대할 것이 아닌가?"라고 물었다.

○ 신흥우 씨는 "그렇지 않다"라고 대답했다.

○ 모또다 박사는 "우리가 그것을 분리하는 경우에, 당신은 어떤 계획을 가지고 보다 나은 관계의 개선을 할 수 있는가?"라고 물었다.

○ 신흥우 씨는 대답하기를 "나는 어떤 목표를 세워 가지고 그것을 추진해 나가는 것이 좋겠다고 생각한다. 우리가 의심을 받지 않게 되면 곧 그 목표를 달성하는 데 힘을 쓸 수 있다. 우리가 어떤 거림직한 것을 가지고 있는 이상 항상 억제감을 느끼기 마련이다"라고 했다.

○ 이상재 씨는 말하기를 "물욕(物慾)이 작용하고 있는 한 정신적 관계는 언제나 실해하는 법이다. 정치적 합병이 정신적 친교를 간섭하지는 못하지만 그러한 변동이 일어난 뒤로 일이 어려워졌던 것이 사실이다"라고 했다.

○ 이부까 박사는 "이 모든 문제를 종합해 보면, ㉮ 일본인 YMCA의 한국인 YMCA에 대한 관계의 문제, ㉯ 한국인 지방 YMCA의 일본인 지방 YMCA에 대한 관계의 문제, ㉰ 한국인 YMCA의 다른 외부단체에 대한 관계의 문제 등 그러면 어떤 절차와 방법이 있겠느냐 하는 문제인데, 모트 박사께서 좋은 권고의 말을 해 주기를 바란다"고 말했다.

이에 모트 박사의 제안에 따라 회의록 초안이 작성되고, 다음과 같은 건의안이 만장일치로 결정되었다. 우리 모두의 서명자들 즉 조선기독교청년회연합회 연합위원회의 대표들과 일본 기독교청년회동맹의 대표들은 일본인과 한국인 청년회에 소속한 여러 단체의 상호 협력관계를 증진시키는 문제에 고민하여, 서로 기도하며 장시간 동안 진지한 논의를 거듭한 끝에, 1913년 4월 12일자 동경회의에서 양측 위원회의 정식대표에 의하여 체결된 협정을 폐기토록 만장일치로 결의하고 이를 해당 위원회에 각각 건의한다. 이 건의안을 작성하는 데 있어서 우리는 해당 위원회들이 본 회록을 정확하게 이해하고 발표하기를 바라는 바이며, 어떠한 정치적 의도도 개재되지 않고 시행되기를 바라며, 오직 우리들이 봉사하고 있는 일반 청소년들이 우리들 모두의 주님이며 선생이신 예수 그리스도의 아래에서 보다 신속하게 보다 완전하게 인도되는 공동 목적을 달성하기 위하여 양측 청년회의 가장 긴밀하고 가장 우호적이며 가장 협조적인 관계를 수립하자는 염원과 목적 이외에는 아무것도 없이 시행되어야 한다.[86)]

이상에서 협의된 사항은 건의안 형식으로 받아들여져 5월 18일에 모트 박사와 펠프스 박사의 입회하에, 한국 측 대표 4명과 일본 측 대표 3명이 서명날인 함으로써 공식적 합의문서로 효력을 갖게 되었다. 한마디로 이상의 합의문서는 한국 YMCA로서는 기대 이상의 성과였다. 일본 측에서 1913년의 협정을 취소하고 한국 YMCA를 분리, 독립시키는 신협정에 이처럼 쉽게 동의해 줄 것으로 기대하지 못했기 때문이다. 이 회의에 참여했던 윤치호의 소감대로 '놀라운 일'이었다.

오후 3시 정각에 모트 박사가 우리가 묵고 있는 호텔에 도착했다. 사이토 씨, 모토타 씨, 이부카 씨도 도착했다. 펠프스 씨도 도착했다. 우리 측에서는 이상재 선생, 신흥우 군, 내가 브로크만과 함께 조선 YMCA 운동을 대표해 참석했다. 내가 대변인을 맡았다. 난 대강 이렇게 말했다. "9년 전 일본과 조선의 YMCA운동 간에 동맹협정이 체결되었을 때, 난 그 자리에 없었습니다. 그러나 내가 그 자리에 있었더라도 이 협정을 지지했을 것입니다. 이 협정을 통해서 양국의 운동이 모두 이익을 볼 거라는 믿음이 있기 때문입니다. 그러나 상황이 변화하면서 이 협정이 양국 젊은이들 간의 장애물이 되고 말았습니다. 우리 앞에 놓인 문제가 바로 이것입니다. 협정 조문에 협정의 정신을 희생시킬 것이냐, 아니면 협정 정신에 협정 조문을 희생시킬 것이냐 하는 겁니다. 전 협정을 고수함으로써 양국 운동 간의 우정을 잃는 것보다는, 형제 관계를 도모하기 위해 협정을 취소하는 것이 훨씬 더 나을 거라고 믿고 있습니다." 놀랍게도 일본 위원회는 간단한 논의를 거친 후 협정을 취소하는 데 동의했다.[87)]

이처럼 일본 YMCA 대표들은 명분에 얽매이지 않고 한국 YMCA 대표들의 입장을 받아들여 양국 YMCA 사이의 감정이 악화되지 않도록 현명한 결정을 내렸던 것이다. 물론 이 회의에 참관하여 적절히 중재한 모트 박사의 정치력과 지도력이 없었다면 불가능했을지 모른다. 이 건의안은 1923년 열린 한국 YMCA

86) Minutes of a Joint Conference of Representatives of the Korean Union Committee of YMCAa and of the National Committee of Japanese YMCAs from 3 to 8 P.M. at the Pleasanto Hotel Yokohama, May 16th, 1922; 전택부, 위의 책, 282-285쪽.

87) 「윤치호일기」(1922/05/16); 김상태 편역, 『윤치호일기』, 526쪽.

연합회 제3차 3년 총회에 보고되었고, 1924년 7월 스위스 제네바에서 열린 YMCA 세계연맹회의에서 통과되었다. 이로써 한국 YMCA는 다시 단독으로 세계연맹에 가입할 수 있게 되었다. 이에 따라 자연스럽게 한국 학생 YMCA도 독립했는데, 이것은 1922년 4월 북경에서 열린 세계학생기독교동맹대회에 우리 대표를 파송하여 얻어낸 성과였다. 이 대회에는 회장 이상재, 총무 신흥우, 간사 이대위, 내시(W. L. Nash) 등과 이화학당의 김활란, 김필례 등이 참석했다. 그리고 신흥우는 영국 하일리그에서 열린 세계학생기독교연맹(WSCF) 총회에 참석하여 한국 YMCA와 YWCA의 학생부를 독립된 단체로 가맹시키는 성과를 올렸다.[88)]

2. 도쿄 한인 YMCA의 시련과 회관 신축

1919년 도쿄 유학생의 2·8독립선언은 우리 민족의 독립의지를 널리 알린 쾌거였으나, 이로 말미암아 도쿄 한인 YMCA는 일제로부터 이전보다 심한 감시를 받게 되어 활동이 크게 위축되었다. 만세운동이 진정된 그해 10월 이후에야 겨우 이전의 모습을 되찾기 시작했다.

그런데 총무 백남훈이 1923년 귀국하게 되자 최승만이 도쿄 YMCA를 의업무를 관장하게 되었다. 그는 2·8독립선언에 참여했으며, 그동안 도쿄제대 교수 요시노가 마련해 준 매월 40원의 장학금도 일본인으로부터 돈은 받을 수 없다며 거절했다.[89)] 한편 그는 새롭게 『젊은이』라는 기관지를 발행하는 등 의욕적인 활동을 하던 중인 1923년 9월 1일에 일본 간토(關東)지방을 강타한 '간토대지진'이라는 불행한 재난에 직면해야 했다. 간토대지진으로 입은 재해는 상당했다. 진재시방재조사회에 따르면 사망자 9만 9,331명, 부상자 10만 3,733명, 행

88) 전택부, 『한국기독교청년회운동사』, 286-287쪽.
89) 유동식, 『재일본한국기독교청년회사』, 184쪽.

방불명 4만 3,476명, 불타 버린 가옥 44만 7,128호, 그리고 피해액이 약 200억 엔에 이르는 엄청난 재해를 입었다. 그런데 이때 재일 한인들이 방화, 약탈, 살상을 했으며, 심지어 우물에 독약을 넣었으며 폭동을 계획하고 있다는 등의 유언비어가 떠돌아 한인들은 감당할 수 없는 시련을 당해야 했다. 즉 이러한 확인되지 않는 소문이 돌자, 이에 흥분한 일본인들이 한인들을 대거 학살하는 불행한 일이 터졌다.[90] 또한 이러한 혼란한 와중에 도쿄 한인 YMCA 건물이 소실되고 말았다. 이때 회원 14~15명은 간신히 야스쿠니 신사 광장으로 피신했고, 총무직을 맡아 보고 있던 최승만과 가족이 경찰에 연행되어 조사를 받기도 했다. 당시 YMCA 기숙사에 거주하고 있던 한인 유학생들이 연합교회의 오기선 목사가 주선한 아오야마가쿠인 신학부 기숙사로 피신하여 있었던 것도 이때의 일이었다.

폭동의 '광풍'이 어느 정도 진정되자 도쿄 한인 YMCA는 서둘러 사태 수습에 나섰다. 한인 YMCA 회원들은 재일 한인들과 함께 '이재동포위문반'을 조직하고 한인들을 방문하여 그들의 피해 상황을 조사했다. 당시 조사에서는 학살된 재일 한인이 약 5,000명이었던 것으로 알려졌으나 이후 조사에 따르면 무려 약 6,500명에 달했던 것으로 밝혀졌다.[91]

이같은 악몽 같은 시련을 겪고 난 1924년 간사 최승만이 제3대 총무에 취임했다. 취임 이후 그가 역점을 둔 사업은 두 가지였다. 대지진 이후 실의에 빠져 방황하는 재일 한인들에게 생활의 터전을 마련해 주는 일과 소실된 회관을 신축하는 일이었다. 회관 신축을 위해 최승만은 재원 마련에 힘을 쏟았다. 그 결과 북미 YMCA동맹으로부터 5만 달러의 원조를 확보했다. 또한 국내에서도 모금 활동이 전개되어 유지 280명으로부터 2,958원을 모금했다. 이때 일본 YMCA 동맹 총주사 사이토가 20만 원이라는 거액을 기부하겠다는 제의가 있었으나 최승만 총무는 이를 거절했다. 이 돈은 일본 YMCA가 민간 차원에서 모금한 것이

90) 유동식, 위의 책, 186-190쪽.

91) 姜德相, 『關東大地震』(中公新書, 1989), 160, 215(표1)쪽 참조.

아니라 일본 정부의 돈이었기에 이를 거절했다. 유언비어를 유포해 수천 명의 재일 한인들이 학살당한 상회에서 일본 정부의 돈을 받을 수 없었기 때문이다.

아무튼 이상과 같은 기금 확보로 1928년 8월부터 건축이 시작되어 이듬해 3월 마침내 도쿄 한인 YMCA회관이 새로 준공되었다. 위치는 도쿄시 간다구(神田区) 裏猿樂町 9번지 4호였고, 대지는 262평, 건평은 219평의 철근 콘크리트 3층 건물이었다. 건축경비는 14만 1,911.48원이 들었다. 북미(北美) YMCA동맹이 보내 준 10만 7,251.48원, 한국의 유지들의 성금 7,958.00원, 그리고 옛 기지 매각 대금이 2만 5,783.30원, 이자 918.67원 등으로 충당했다. 그리하여 드디어 1929년 4월 4일 낙성식을 갖게 되었다. 이날 낙성식에는 일본 YMCA동맹 이사장 이부카 가지노스케(井深梶之助)와 도쿄 YMCA 총주사 사토(斉藤惣一)도 참석하여 축사를 했다.[92] 이로써 도쿄 한인 YMCA는 감당하기 어려운 시련을 극복하고 새롭게 도약할 수 있는 전기와 공간을 새로 구축하게 되었다.

3. 일본인 경성 YMCA 성장과 이순기의 방일기

서울에 일본인을 중심한 일본인 경성 YMCA가 결성된 것은 1907년으로 거슬러 올라간다. 1904년 러일전쟁과 특히 1905년 을사조약 체결 이후 한국에 일본인들이 대거 내한하면서 재한 일본인들 사이에 여러 단체가 생겨나는 일환으로 경성 일본인 YMCA도 생겨나게 되었다. 그 과정을 요약하면 아래와 같다. 1906년 7월 23일 당시 경성 고등법무원 장관 와타나베(渡辺暢)을 중심으로 하여 하시모토 긴타로(橋本金太郎), 소다 가이치(曾田嘉伊智), 마쓰모토 마사타로(松本雅太郎) 등 재한 일본인 13명이 모여 경성 일본인 YMCA를 설립하기로 결정하고 1907년 니와[93]가 본국 YMCA동맹으로부터 경성 일본인 YMCA 총무로 파견

92) 유동식, 『재일본한국기독교청년회사』, 191-212쪽.

93) 니와 세이지로(丹羽清次郎) : 1865.10.22~1957.3.7 도쿄 YMCA 초대 총주사. 오사카에서 태어났다. 오사카 영어학교(大阪英語學校)에 다니다 1년만에 퇴학하고 다이이치은행(第一銀行) 오사카 지부

되면서 정식 출범하게 되었다.[94] 1907년 경성 YMCA의 설립 취지와 목적을 아래와 같이 역설했다.

> 장구한 역사를 가지고 독특한 환경에 있으며, 빈약하다 하더라도 한 국가의 체면을 유지해 온 국민으로서 통감부하에 보호국으로 있는 것을 감수하지 않으려는 것은 자연스러운 일이다. …… 우리가 과연 한국인에게 전도하기에 적당한 시기에 도달하고 있는 것인지 나는 아직 그 시기가 아님을 믿는 자이다. 그러나 무엇보다도 우리의 책임이 있는 곳은 한국에 있는 동포이다. 이제 경성에는 이미 2萬을 넘고 있으며, 여기에 관리·군인을 더하면 그 숫자가 참으로 크다. …… 이러한 다수의 동포를 교화하는 일은 韓國人教化를 위한 第一歩이다. …… 우리는 이상의 말로써 우리 青年會同盟本部 및 각 청년회 여러분에게 滿·韓 및 清 세 나라에 재류하고 있는 동포에게 청년회 설립의 필요성을 크게 강조하고 싶다. …… 그러므로 内地의 청년회는 크게 분발하는 바 있어서 적극적 방법으로 한국에서 설립된 철도청년회, 지금 설립되려고 하는 京城日本人青年會와 같은 것에 유력한 助力을 주고 필요한 主任者를 보냄으로써 청년회는 오늘의 책임을 다해야 한다. …… 특히 동정해 마지않는 것은 많은 청년 철도직원과 먼 곳에 있는 정거장의 직원과 그 가족이다. 이들에게 그리스도의 복음을 전하고 그 축복의 은혜를 주는 것은 급무 중의 급무로서 우리의 전도의 의무는 우선 첫째로 이들 동포를 향하는 것이어야 한다.[95]

급사가 되었다. 1882년 3월 12일 오사카교회(大阪教會)에서 세례를 받았다. 이듬해 도시샤신학교(同志社神學校)에 입학, 1890년 졸업한 후 도쿄 YMCA의 간사(주사)가 되고, 최초의 일본인 주사와 총주사로서 1905년까지 재임했다. 같은 해 도시샤에이학교(同志社英學校) 교장에 취임했다. 1907년 같은 학교를 사임하고, 다시 YMCA에 들어가 일본 YMCA동맹 총주사, 다시 1910년 경성 YMCA 총주사가 되어 1931년에 퇴임했다. 그 사이 조선철도기독교청년회 총주사를 지내기도 했다. 다시 1920년에는 조선은행 총재 미노베 도시키치(美濃部俊吉)와 함께 민간친선단체국제친화회를 창설, 그 이사장을 맡았으며, 워싱턴군축회의(1921)·하와이태평양조사회(1925)에 참석했다. 1938년에는 조선기독교연합회를 창설, 그 위원장이 되었다. 평생을 YMCA에 공헌했지만, 특히 '神田의 青年會館'이라 불리는 도쿄 YMCA 최초의 회관 건설과 YMCA동맹 성립 이전의 지방 YMCA의 육성과 협력·원조 등 초기 YMCA 발전에 힘썼다. 그러나 한국에 있던 기간의 업적에 대해서는, 결과적으로 일본의 조선 통치정책에 가담했다 하여, 조합교회의 조선 전도처럼 평가가 둘로 나뉘어져, 반드시 좋기만 한 것은 아니다[日本キリスト教歴史大事典編纂委員會, 『日本キリスト教歴史大事典』(教文館, 1988), 1080쪽].

94) 奈良常五郎, 위의 책, 126-127쪽.

95) 丹羽清次郎, 「한국 동포에 대한 책임」, 『開拓者』3-7(1908/07/01); 韓國神學研究所, 『韓日그리스도교關係史資料』, 518-521쪽.

즉, 니와는 1905년 '을사조약' 체결 이후 반일 감정이 높아진 한국인에게 전도하는 것보다는 서울에서만 2만을 넘어선 일본인들을 먼저 대상으로 삼은 것이 시급하다는 판단에서 재한 경성 일본인 YMCA를 창립했던 것이다. 위치는 처음에는 아사히초(旭町) 3초메(丁目)의 일본 기독교회 회당 2층을 사용하다가 이후 야마토초(大和町) 1초메(丁目) 대창조사무소(大倉組事務所), 栄樂町通, 南大門通 등으로 이전했다가 太平通에 정식 회관을 설립했다.

그는 이어 1908년 3월경부터 직할사업으로서 조선의 철도연선, 특히 용산과 기타 각 역에서 '철도청년회'사업을 시작했다. 당시 용산에는 일본인이 대거 거주하고 있었는데 철도관사가 850개, 철도원이 3,000명에 이르러 일본인들을 위한 각종 강연회, 오락회, 일요학교 등이 성행했다. 처음에는 경성 YMCA의 니와가 업무를 맡았으며, 세키야 치카쓰구(關玉親次), 이마이 구마타로(今井熊太郎), 이시마루 유조(石丸優三), 야마구치 기요시(山口徹), 모치쓰키 요사부로(望月興三郎), 혼조 게이조(本城敬三) 등이 함께 일했고, 『조선철도청년』이라는 월간지도 발간했다.[96]

이렇게 출발한 경성 일본인 YMCA는 날로 활동과 규모가 커졌다. 1910년 '합방' 이후 더욱 발전해 나간 경성 일본인 YMCA는 1912년 11월부터 재한 일본인을 위한 직업 소개 사업을 개시하여 좋은 반응을 받았으며 그해 12월부터는 독자적인 기관지 『경성청년회보』를 발간하기 시작했다. 제13호부터 『조선청년』으로 개칭하여 발행했으며 1913년 3월부터는 소년사업부를 설치했고 같은 달에 독자적인 회관을 영락정 2정목 5번지로 이전했으며 다시 1915년 9월 남대문통 1정목 구농공은행 자리로 옮겼다. 그 규모와 활동은 해가 갈수록 커져 나갔다.

1917년 7월 회원들을 중심한 일본 야구부를 창설했으며 1919년 6월 다시 회관을 태평로 1정목 60번지로 이전했는데 그 규모가 이전 공간에 2배에 해당

96) 奈良常五郎, 위의 책, 151-152쪽.

할 만큼 크게 확장되었다. 같은 해 10월 독자적 조직의 하나로 음악부가 생기기도 했다. 1919년 만세운동이 한참 진행되었던 혼란기에도 일본인 경성 YMCA는 계속 발전했던 것이다. 즉, 1920년 6월에는 실업청년오락회를 개최했으며 1922년 4월 14일 재단법인 인가를 받아 9월에 야학으로 상업과를 개설함으로 교육기관으로서의 면모를 갖추기도 했으며 1923년 7월에는 그 여세를 몰아 고등수험 준비 하계강습회를 개최하여 명실상부한 교육 재단으로서의 자리 매김을 하기도 했다. 말하자면, 1923년 경성 일본인 YMCA 창립 15주년을 기념하며 일본인 경성 YMCA는 서울에 단단한 뿌리를 내리게 된 것이다. 정식회원 500여 명이 넘어선 일본인 경성 YMCA는 1925년 총독부로부터 '경성 YMCA 학교'를 정식으로 인가를 받아 200여 명의 학생들을 가르치는 교육기관으로 자리를 잡아 나갔다.[97] 이렇듯 1920년대 재한 일본인의 경성 YMCA는 매우 활발하게 운영되었다.

한편 1920년대 접어들어 양국 YMCA 간의 교류가 적지 않았던 것으로 보이나 자료상으로는 별반 확인되지 않는다. 다만, 1926년 6월 중순부터 7월 상순까지 일본 각지의 YMCA를 방문한 이순기의 기행문이 「일본 기독 청년회 인상기」(日本基督教青年會 印象記)라는 제목으로 『청년』에 실려 있다.[98] 아마도 그는 일제강점기 양국 YMCA 교류의 역사에서, 한 달 남짓 동안 일본 각지의 YMCA를 돌아본 흔치 않은 예라 할 수 있다. 따라서 그의 기행문을 소개하기로 한다. 다소 길지만, 그가 개인 자격이 아닌 한국 YMCA에서 파견한 공적인 인물이며 이 기행문은 일종의 보고서 성격을 띠고 있어 전문을 소개하여 당시 양국 YMCA 교류의 일면을 살펴보고자 한다.

> 지난 6월 중순경에 朝鮮基督教青年會聯合會의 파견을 받아 일본 각 도시 기독교청년회 사업을 시찰하기 위하여 일본을 향하게 되었다. 為先 門司基督教青年會를 방문

97) 笠谷保太郎, 『京城基督青年會25年小史』, 23-25쪽.
98) 「日本基督教青年會 印象記」, 『青年』6권 9호(1926. 11), 17-19쪽.

하였다. 門司는 인구 10만에 불과하나 회관은 벌써 10년 전에 상당히 건축하였다. 該會 主事 高次君의 친절한 인도로 관내를 일일이 시찰하였다. 이 청년회 경영인 藤工部에는 조선인 직공 2~3명, 지나인 직공 数人, 일보인 직공 数人이 있는데 동회관 내에서 침식을 한 가지로 하여 한 가족과 조금도 다를 것이 없게 보이며 수입도 상당하여 가히 생산적 사업이라 할 만하다. 공업과 무역이 殷盛한 門司를 등지고 바로 背山臨海한 信戸를 향하여 神戸基督教青年會를 방문하였다. 건물로 보든지 사업으로 보든지 일본 시청년회 중에는 수위를 점할 만하다. 천여 명의 학생이 건물의 대부분을 점하였으며, 실내 운동실에서는 不絶히 기계체조와 운동을 하며 최상층인 제5층에는 수십 실의 양식 기숙사가 있어 行旅의 편의를 圖하는 동시에 相当한 수입도 있으며 도서실, 오락실 기타 비치가 충분하며 총주사 奥村君은 일본청년회 주사급에는 가장 年富力強한 청년으로 민활하고 건실한 것이 대기관을 운전할 만한 능력이 있어 보이며 자매의 관계를 가진 女子基督教青年會와 종교교육기관이며 전문학교인 關西學院·女子學院 등을 참관하는 중 설비와 모든 것이 조선에 비하여 우월한 감이 적지 아니하였다.

漸入佳境의 격으로 일본의 공업 중심지인 大阪基督教青年會를 방문하였다. 偽善觀者의 안목을 끄는 것은 무엇보다도 雄壮美麗한 그 건물이었다. 수년 전에 50여만 원을 들여 건축한 철근 콘크리트의 대빌딩으로 실내 운동실에는 체육에 관한 기구가 無漏備置되었으며 학교 교실은 회관 一隅에 부속되어 천여 명의 학생이 주야로 통학하며 직업 소개, 결혼소개소도 있으며 기숙사, 사교실 등의 설비와 정결한 것은 來客의 위안을 만족해 줄 만하게 되었으며 총주사 三浦君의 활동력과 수완은 사무 촉진에 가장 적임자였다. 大阪 사회사업과 일반을 참관하는 중 大阪女子基督教青年會를 방문하였다. 3층의 회관은 大阪公會堂과 대립하여 美麗를 爭頭하는 듯하며 관내의 설비와 총간사의 씩씩한 활기는 남자청년회에 비하여 조금도 손색이 없어 보이며, 시민관·직업학교 등은 빈민구제기관을 자임하고 있으며 大阪部庁 社會課内 鮮孫 주임의 말에 拠하건데 大阪에 있는 조선인의 노동자는 4만 이상에 달하며 취직난으로 곤궁에 陥한 자도 적지 아니하며 취직한 자 중에도 여간한 수입으로 음주 등 낭비로 생활곤란에 陥한 자 역시 다수라 한다.

煙雲이 朦朧한 大阪을 등지고 寺院이 많기로 유명한 京都를 향하여 京都基督教青年會를 방문하였다. 仏教 全盛이 원인인지 알 수 없으니 기독교청년회는 비교적 빈약하여 보였다. 직원 3인이 오전에는 회원모집에 전력하고 오후부터 개관하고 夜中까지 시무한다 하며 중심사업은 역시 교육사업이었다.

山明水麗한 京都는 섭섭히 고별하고 名古屋을 향하여 폭우를 무릅써 가면서 名古屋基督教青年會를 방문하였다. 본 청년회는 수년 전 14만 원으로 신축하였는데 내부의 구조가 가장 이상적으로 되었으며 4~5명 소수의 직원으로 적당히 분배하여 각부 사업을 如實히 진행하며 교육사업·기숙사 등은 神戸, 大阪과 흡사한 점이 있으며 사교실에 라디오를 설치한 것은 일본청년회 중에는 특색이었다. 총주사 增田君은 사무가이며 근면가인 듯이 보였다.

名古屋을 떠나 바로 東京을 향하여 東京基督教青年會同盟本部를 방문하게 되었다. 마침 도착한 그날에 동맹회관 증축 축하회가 있었다. 不肖도 일석을 차지하게 외어 일본종교계의 知名人을 회견할 만한 기회를 얻게 되었다. 의외에 조선기독교청년회연합회 巴樂萬[브로크만－필자주] 총무와 在東京基督教青年會 총무 崔承萬君도 회견하게 되어 朝鮮基督教青年會會館 신축예정기지와 支那人基督教青年會會館과 東京神田基督教青年會館과 橫浜基督教青年會 등을 동반 참관하였다.

橫浜青年會館은 철근 콘크리트의 견고한 건축물로서 大震災의 폭력을 인하여 다소 파손의 嫌이 없지 아니하며 기숙사로는 共愛館이라는 대건물이 부근에 別로 있어 半営利事業으로 되었으며 총주사 村上君은 청년회 사업에 많은 경험을 가진 선배라 한다.

다시 東京에 돌아와 帝國大學學生基督教青年會와 在東京朝鮮基督教青年會와 青山日本青年會館 기타 사회사업기관을 崔兄의 인도로 유감없이 참관하였다. 神田基督教青年會館은 大震災로 인하여 灰化되어 임시회관을 사용하나 불원한 장래에 160만 원의 거액으로 東洋一의 대회관을 건축하려고 총주사 斉藤君은 여간 분망히 활동하는 것이 아니었다. 君은 素是 사교가이며 敏腕家로 친절하고 인자한 자태가 외면에 표현되어 보이며 일본 총주사계에는 유일한 인격자이며 활동가라 한다. 회관 건축비 160만 원 중 100만 원은 穆德 박사를 통하여 米國으로부터 모금되고 60만 원은 東京에서 모집 중인데 착수한 수월 이내에 벌써 30만여 원을 모집하였다 한다. 일본 기독교청년회의 유지비는 대개 회원의 지출하는 회비금이 중심이 되었으며 기타 수입은 극히 소액이라 한다. 많은 소감을 가지고 7월 상순에 東京을 떠나 조선을 향하였다.

V. 결론

이상에서 일제 강점기(1910~1920) 한일 YMCA를 중심으로 민간 차원의 역사적 관계성을 살펴보았다. 정치적으로 이 시기 양국관계는 매우 불편한 관계였다. 식민지국과 피식민지국, 가해자와 피해자라는 상반된 입장과 처지였기 때문이다. 그리고 이와 같은 특수한 정치적 관계는 자연히 종교, 문화적 분야도 영향을 미쳤다. 따라서 국제기구인 YMCA도 예외일 수 없었다. 유신회 사건에서 보듯 1910년 '한일합방' 단행된 후 국권이 일본에 완전히 강점당하자 한국 YMCA 내부 안에 내홍이 일어나 자발적으로 일본 YMCA에 예속되고자 하는 반민족적 행위가 자행되는 한편 일본 기독교 측과 총독부 측이 이를 부추기고 조장한 사실도 확인되었다. 여기에 세계 YMCA의 지도력이 또한 한국의 국권이 일본에 강점당한 사실에 주목하여 일본 측에 경도되었던 것도 사실이었다.

그러나 한국 YMCA의 집요한 노력과 국제적 균형 감각을 잃지 않았던 모트의 대화 중재, 그리고 일본 YMCA의 양심적 지도력, 위기 때마다 만나 장시간의 대화와 협의를 통해 양국 YMCA 관계를 원만히 해결한 것 등은 매우 높이 평가할 만하다. 1913년 4월 모트의 중재로 도쿄에서 YMCA 양국 대표단이 만나 '6개 항의 합의서'를 끌어낸 것은 식민지국 일본과 피식민지국 한국 사이에 기대하기 어려운 결실이었다. 정치적으로 일본에 완전 복속된 상황에서 한국 YMCA의 독자성을 인정하는 합의를 이룬다는 것은 그렇게 쉬운 일이 아니었기 때문이다. 비록 명칭이 '황성기독청년회'에서 '조선중앙기독청년회'로 바뀌었지만 '조선청년회'의 자치권이 보장되었다는 것은 한국 측으로서는 대단한 성과였던 것이다.

또한 1922년 5월 요코하마에서 한일 YMCA 문제 특히 한국 YMCA의 독자성 문제를 놓고 개최된 양국 대표자 회의에서 한국 YMCA를 일본에 예속시키지 않고 분리, 독립한다는 데 합의함으로써 한국 YMCA는 1924년 세계연맹과 세계학생기독교동맹이 독자적으로 가입할 수 있었다. 말하자면, 정치적으로 일본에 식민지로 전락한 지 10여 년이 지났지만 적어도 민간 차원에서는 한국 YMCA가 독자성을 지닌 단체로 존재할 수 있었던 것이다. 이러한 사실은 당시 정치적 상황을 고려할 때 그렇게 용이한 일이 아니다. 물론 YMCA라는 단체가 지닌 특수성, 즉 세계적 규모의 민간단체라는 점과 1920년대 일제의 식민 통치 정책이 이른바 '문화정치'로 선회했다는 점 등과 무관하지 않을 것이다. 그러나 이보다 더 중요한 점은 YMCA가역시 기독교 정신에 기초한 종교단체라는 특수성, 곧 어느 한쪽이 다른 한쪽을 일방적으로 예속시키는 데 쉽게 동의할 수 없었던 '기독교적 정신'이 그 이면에 작동했기 때문이라고 생각한다. 다시 말해, 일본국의 대표적인 어용기독교단이었던 조합교회 등이 무조건적으로 '한일합방'을 환영하고 찬양한 것에 반해 일본 YMCA의 경우 '역지사지'의 입장을 견지했던 것도 보편적 가치로서의 '기독교 정신'을 견지하고 있었기 때문에 차별성을 보일 수 있었던 것으로 이해된다. 요컨대 대립과 반목 그리고 치자와 피치자의 상반된 입장에 있던 강고한 식민 통치기 우여곡절이 없었던 것은 아니지만 이상에서 확인하듯 한일 YMCA 사이의 풀기 어려운 현안들이 대화와 협상을 통해 이루어졌다는 것은 불편했던 한일 간의 과거사에 비추어 볼 때 매우 주목할 만하다.

최종 탈고: 2004년 8월 23일

'조선농시'를 통해 본 1945년 전후의 한일 상호 교류

도쿠나가 미쓰토시

Ⅰ. 시작하며

이 글에서는 조선 농업시험장의 기사(技師)였던 다카하시 노보루(高橋昇)의 활동을 중심으로 1945년 전후 한일 양국의 농학을 둘러싼 상호 교류를 검토하려고 한다.

이 연구는 이누마 지로(飯沼二郎)등이 편집한 다카하시 노보루의 『조선반도의 농법과 농민』(朝鮮半島の農法と農民)[1]을 기초로 하고 있다. 필자는 제주대학교 부속박물관의 고광민(高光敏)과 공동 조사를 하고, 그 연구 성과로 『사진으로 보는 조선반도의 농법과 농민』(寫真でみる朝鮮半島の農法と農民)[2]을 한일 양국에서 간행했다.

1) 『朝鮮半島の農法と農民』(未來社, 1998).
2) 『寫真でみる朝鮮半島の農法と農民』(일본판·未來社, 한국판·태원사, 2002).

II. 조선농시(朝鮮農試)의 다카하시 노보루

1. 다카하시 노보루의 농촌 조사

『조선반도의 농법과 농민』의 필자인 다카하시 노보루는 1892년에 후쿠오카현(福岡縣)에서 태어나 1918년 도쿄제국대학(東京帝國大學) 농학부 농학과를 졸업했다. 1919년부터 조선총독부 권업모범장(勸業模範場)[3] 수원본부에서 근무하고 1928년에 황해도 사리원(沙里院)에 있는 전작(畑作)연구를 위한 서선(西鮮)[4] 지부장이 되었다. 1944년에 농사시험장 연구기관의 정비통합을 위해 수원장에 돌아가 총무부장이 된다. 패전 후 1945년 5월에 고향인 야메시(八女市)로 돌아와 같은 해 7월 향년 55세로 작고했다.

다카하시가 조사를 본격적으로 시작한 때는 1937년 7월 6~8일, 경상도 조사부터이다.[5] 그 이후 진행된 조사 지역과 조사기간을 살펴보면 다음과 같다. 1937년 7월 29일(경기도), 9월 1일 전후(황해도), 9월 6~7일(경상도), 9월 27일~10월 5일(강원도), 10월 24일~11월 1일(평안도), 12월 7~10일(경기도), 12월 27일~1938년 1월 23일(평안도), 3월 16일(황해도), 6월 30일~7월 16일(함경도), 10월 6~10일(충청도). 1939년 2월 26~28일(전라도), 4월 30일~5월 6일(황해도), 5월 20일~6월 3일(전라도·제주도), 7월 2~8일(강원도), 10월 12~13일(충청도), 10월 13~21일(전라도), 1940년 2월 25일(충청도), 3월 4, 9일(황해도), 10월 26일~11월 3일(함경도), 11월 13~25일(경상도), 1942년 6월 1~5일(강원도), 1943년 7월 3~9일(경기도) 조선반도 방방곡곡을 분주하게 돌아다녔음을 알 수 있다.

---

3) 1906년 일제가 조선의 농축산 기술 향상과 종자개량을 목적으로 설치한 관청—옮긴이.
4) 조선의 서쪽 부분을 가르키는 말, 예컨대 東鮮, 南鮮, 全鮮 등—옮긴이.
5) 『朝鮮半島の農法と農民』(未來社, 1998), 484쪽.

2. 농가가 말하는 것을 진실로 삼아야 한다

다카하시 노보루의 조사 태도를 몇 개의 단편을 통해 살펴보자. 1937년 9월 27일 강원도 횡성군 우천면 도곡리(현 횡성군 횡성읍 도곡리)의 권순업(權純業)의 인터뷰 조사 당시 "오후 1시부터 횡성읍에서 약 10정(町)[6] 떨어져 있는 농가를 방문하여 관행재배법에 대해 묻는다. 군 당국이 말하는 것과 다소 다른 점이 있지만, 이 농가가 하는 말을 진실로 삼아야 한다"[7]고 단언한다.

같은 해 9월 30일 "오늘 인터뷰 조사의 첫 번째 농가는 자신이 직접 밭에 나가지 않고 대부분 고용인에게만 맡겨 농업을 경영하고 있었기에, 답변을 신뢰할 수 없어 부득이하게 도중에 인터뷰 조사를 중지했다. 두 번째 농가에 이르러 답변이 매우 명확하여 충분한 성과를 달성하고 모두 유쾌하게 돌아왔다."[8] 이것은 강원도 원주군 호서면 우산리와 사천리(현 원주시 호서면)의 조사로 희색만면의 다카하시 노보루의 얼굴이 떠오른다.

1939년 10월 13일 전라북도 옥구군의 시마타니(島谷)농장을 방문했을 때의 일이다. 농장이 소작인에게 빌려 주고 있는 비료대금과 농사자금의 금리가 2~3할에 달하고 있는 것으로 추측되고 "농장으로서는 혹은 이 고리대자본에 대해 오히려 관심이 크지 않다고 할 수 없지만, 소작인 입장에서 말하자면 이 고리자본으로부터 영구히 해방되는 것은 어려울 것이다. 남선지장장(南鮮支場長)은 이 농장을 일컬어 전북의 모범 농장이라고 하지만, 의문이 없다고 할 수 없다. 그러나 또한 자세하게는 조사할 필요도 없다. 즉 소작인 한 사람에 대해 도작 상황에 대한 인터뷰 조사를 진행할 것이다"[9]라고 쓰여 있다. 다카하시의 의분을 미루어 짐작할 수 있다.

1942년 6월 5일 오전 9시부터 저녁 4시까지 강원도 평강군 고삽면 원남리

---

6) 1정(町)은 약 10.9 킬로미터-옮긴이.
7) 『朝鮮半島の農法と農民』, 608쪽.
8) 같은 책, 619쪽.
9) 같은 책, 202쪽.

분수령동의 리만순(李萬淳)가의 농구 조사를 실시했다. “가족이 모두 나와 환대해 주었고 성심성의껏 각종 농구를 꺼내 주었다. …… 이 농가는 상당히 유복하고 각종 농구를 가지고 있었다. 점심으로 옥수수로 만든 물엿을 대접받았는데 맛도 매우 달았다. 그저께부터 오늘 조사한 농가를 번거롭게 했기 때문에 상(반찬거리 네 가지, 50엔)을 노인(60세)에게 보낼 생각이다”[10]라고 서술되어 있다. 다카하시의 인품을 회상할 수 있다.

Ⅲ. 조선농시의 재편

다음에 소개할 것은 이누마 지로가 소장하고 있는 「쇼와17(1942)년 11월 농업기술기관 정리 통합안 조선총독부 농사시험장」(昭和17年10月 農業技術機關整理總合案 朝鮮總督府 農事試驗場)이라는 등사판 문서이다. 내용을 보면 다카하시 노보루가 집필한 것임을 알 수 있다. 이 문서는 농사시험장을 비롯하여 모든 농업기술 기관을 재편 통합하고, 각 지역의 실태에 맞춘 연구와 보급 지도를 목적으로 한 것이다. 이 문서의 기본적인 생각은 다음과 같다.

농업기술기관의 “이들은 각 그 소속이 다르며, 또한 이 사업은 개별적으로 진행되어 농업의 절반만을 담당하고 있다. 그렇기 때문에 종합적으로 조선 농업의 전체적 견지에 서서 사업의 진행을 측정하기 곤란하다. 때로는 완급경중 및 균형을 잃고 혹은 중복되는 경우가 없지 않고, 게다가 이 기관에는 농촌이나 농가의 실태를 파악해야 하는 어떠한 기구도 없기에, 실제로 적용할 때 농업 경영의 실태에 부적합한 경우가 적지 않다.”

그렇기 때문에 중앙농업기술기관에서는 서무과, 총무부, 경영부, 시험부 그

10) 같은 책, 681쪽.

리고 사업부를 두기로 했다. 그리고 나중에 소개할 다카하시의 실태 조사를 기반으로 농업지대 구분에 따라, 제1차 농업기술기관 15개소와 그보다 소규모로 제2차 농업기술기관 36개소를 설립하는 안이었다. 총독부 농시의 본지장(本支場)과 각 도의 농시를 일체화하고 그에 더해 시험 연구와 농업 경영을 종합화하려는 시도였다. 무엇보다도 경영부는 매우 새롭고 획기적인 시도였고, 이것은 다카하시의 현장 경험에서 나온 것이라고 해도 좋을 것이다.

1944년 조선총독부농업시험장으로서 재편이 실시되었다. 장장(場長)은 유카와 마타오(湯川又夫), 다카하시 노보루는 총무부장(서선지장장 겸임)이 되었다. 신설 경영부장으로는 사와무라 도헤이(沢村東平)가 취임했다. 시험부장은 와다 시게호(和田滋穂)였다. 8개의 지장(支場)과 10개인가 11개의 지장이 만들어졌다. 아라시 가이치(嵐嘉一)는 광주지장장이 되었다.[11] 또한 전후(戰後) 농업기술연구소의 경영 토지이용 부장은 사와무라 도헤이이고, 이누마는 그곳에서 공부했다. 60년의 세월이 흐르고 다카하시 제자의 제자라고도 할 수 있는 이누마의 노고로 『조선반도의 농법과 농민』(朝鮮半島の農法と農民)이 세상에 나오게 된 것이다.

IV. 전전의 조선 농법 연구

1. 작부 방식의 착안

다카하시 노보루 연구의 중심 테마는 '조선 주요 작물의 작부(作付) 방식과 토지이용'이었다. 작부 방식이란 경지에 한 가지 또는 그 이상의 작물을 시간적 작부 순서와 공간적 작부 비율을 두는 방식을 가리킨다. 조사의 주요 항목은 농

11) 『舊朝鮮における日本の農業試驗場研究の成果』(農林統計協會, 1976), 199쪽.

구, 각 경지의 작부 방식, 재배기술 등이다. 특히 농구와 농작업의 스케치를 곁들인 사이짓기(間作)·섞어짓기(混作) 등 조선반도 독자적 작부 방식을 조사한 기록은 현재에서 보아도 대단히 귀중한 자료이다.

다카하시는 실지 조사에 기초한 조선반도의 작부 방식에 대해 다종다양하게 농가가 멋대로 기분에 따라서 하고 있는 것처럼 보이지만, 실제로는 농가가 오랜 기간에 걸친 고심과 참담의 결과로 만들어 낸 합리적인 것이라고 한다. 1년 2작이거나 2년 3작이고, 무엇보다도 사이짓기와 섞어짓기가 들어간 조합식이며, 서구의 작부 방식보다 훨씬 집약적이며 뛰어난 것이었다는 점을 강조한다. "서구의 돌려짓기(윤작, 輪栽)방식을 세계제일의 합리적 작부 방식인 것처럼 여기는 미몽에서 각성시키는 데에도 효과가 있을지도 모른다"[12)]라고 한다. 메이지 시기에 서구 농학이 수입된 이래 일본 농업의 모델은 서구 농업이었다. 백수십여 년이 지난 지금도 미몽에서 각성하지 못한 것은 아닐까.

단 작부 방식에 대한 관심을 가진 사람은 다카하시만은 아니었다. 조선농시 가운데 작부 방식은 미세하지만 하나의 흐름이 되어 있었다고 생각한다. 다카하시가 은사로 모시는 다케다 소시치로(武田總七郎)는 1919년에 개설된 전작 전문인 조선총독부 권업모범장 서선지장의 초대 지장장이었는데, 일찍이 조선반도의 수준 높은 작부 방식에 주목하고 있었다. '세계 속의 일본 농업 5대 자랑'으로 서선(西鮮)지방의 2년 3작법을 들고 있다.[13)]

2. '아시아 농학'의 발아

미세한 흐름이라도 시간이 지나면 큰 줄기가 된다. 조선 농업의 개량 발달을 위해 '조선농학회'를 만들려고 하는 움직임이 되었다. 1936년 2월에 각 도의 농사시험장 관계자가 모였을 때 논의를 거쳐 1939년 2월에 결성되었다. 사무국

12) 같은 책, 89쪽.
13) 武田總七郎, 『實驗麥作新說』(明文堂, 1929).

은 서선지장에 두었고, 다카하시는 중심이 되어 활약했다. 때마침 조선반도 전 토지의 실태 조사로 동분서주하고 있을 때이기도 하고, 그에게는 가장 충실했던 시기가 아니었을까. 간사로 사와무라 도헤이가 있었다. 그는 서선지장장인 다카하시 아래에서 1928년에서 1933년까지 기술자로 일했다. 아직까지 '농학'은 있어도 '아시아 농학'을 논하는 아카데미즘은 없다.

제2회 총회(1940)의 편집 간사는 다카하시, 사와무라, 다카하시의 부인 역할이라고도 할 수 있는 모리 히데오(森秀男), 그리고 서선지장에서 식물생리를 담당하고 있었던 시로쿠라 노리아키(白倉德明)가 되었다. 제4회 총회(1943)에서는 모리 히데오 대신에 아라시 가이치(嵐嘉一)가 들어오고, 다카하시는 부회장을 역임한다. 그가 발전시킨 실태 조사에 기초한 작부 방식에 관한 연구는 사와무라와 아라시 등이 이어받아 더욱 심화시켜 가게 된다.

다카하시의 연구 태도나 방법을 짐작할 수 있는 몇 가지를 소개하겠다. "도(道)를 하나의 시험구(試驗區)로 생각하자. 그렇다면 조선에는 시험구가 13개가 있다(조선은 13도로 나뉘어져 있다). 5평 2구제와 같은 구차한 생각은 버려야 한다." "농사시험장은 실험실 내의 일이나 장내의 밭 시험에 지나치게 구애하고 있다. 그래서 시험장의 성과가 농가와 유리(遊離)되고 있다. …… 우선 농가로 뛰어들어 겸허하게 배워야 한다."[14]

아시아의 농서와 조선의 고문헌도 폭넓게 섭렵하고 있었다. "농업 연구자는 문헌이라고 하면 영문으로 쓰인 것만 생각하는데, 인식 부족이 심각하다. 더 가까운 곳에 있는 아시아 농서를 왜 공부하지 않는 것인가."[15] 서구를 숭배하는 것이 아닌 아시아의 역사적 전개 속에서 아시아의 농업을 살펴 나가는 것이 중요하다는 것을 자각하고 있었다.

전전기에 조선농시의 다카하시 노보루를 중심으로 한 그룹의 조선 농법 연구 안에서, 농업에서 중요한 작부 방식 시점, 현장주의, 역사적 관점이 생겨나고

---

14) 『舊朝鮮における日本の農業試驗場研究の成果』, 798, 801쪽.
15) 같은 책, 787쪽.

있었다.

V. 전후 일본에 살아남은 '조선농시 그룹'

1. 아시아 농학의 방법

1950년대의 연구로 구마시로 유키오(熊代幸雄)와 니시야마 다케이치(西山武一)가 중국농서『제민요술』(齊民要術)을 교정, 역주한『교정역주 제민요술』(校訂譯註齊民要術)[16]이 있다. 그들은 둘 다 전전부터 베이징(北京)대학의 농촌경제연구소에서 일하던 사이였다. 구마시로는 후에『비교농법론 : 동아시아전통농법과 서유럽 근대 농법』(比較農法論: 東アジア傳統農法と西ヨーロッパ近代農法)[17]을, 니시야마는『아시아적 농법과 농업사회』(アジア的農法と農業社會)[18]를 정리했다. 중국농법을 가까이 봄으로서 구체적인 비교농법론을 전개할 수 있었다.

한편 니시야마는 앞서 소개한 다카하시의 아시아 농서 연구에 대해 "조선농사시험장의 선학들(예컨대 사리원지장장의 故 다카하시 노보루 박사)의 달성에도 많은 도움을 받았다"고 적고 있다.[19] 이 시기 유럽 농서에서만 추상하는 것이 아닌, 아시아의 농서에서 일본을 포함한 아시아의 현실의 농업을 생각한다는 움직임이 있었던 것도 간과해서는 안 된다. 그 연원 중 하나로 다카하시의 연구가 있었던 것이다.

1950년대에 또 한 가지 중요한 작업이 있었다. 사와무라가 집필한『일본의

16)『校訂譯註 齊民要術』(農林省農業總合研究所, 1957-9).
17)『比較農法論: 東アジア傳統農法と西ヨーロッパ近代農法』(御茶の水書房, 1969).
18)『アジア的農法と農業社會』(東京大學出版會, 1969).
19) 같은 책, 405쪽.

윤작 계보』(日本の輪作の系譜, 1950)와 『전지작부 방식의 유형과 구조』(畑地作付方式の類型とその構造, 1952), 『수전농업의 작부 방식에 관한 연구』(水田農業の作付方式に關する研究, 1957) 등 일본의 작부 방식에 관한 일련의 연구이다.[20] 그 외 『전전윤환의 경영 구조』(田畑輪換の經營構造)[21]가 있다. 또한 전후 농학 연구는 벼 중심이고 잡곡을 연구하는 사람은 전무했지만, 사무라와가 『농학대계 작물 부문 잡곡편』(農學大系作物部門 雜穀編)[22]을 집필했다.

20세기 후반 일본의 농법사 연구에서 서구유형의 농법론이 아닌 일본열도의 실태에 기초한 작부 방식에 관한 실증적 연구는 매우 드물었기에, 그 선구적인 연구로서 사와무라의 연구는 대단한 것이다. 그러나 이 귀중한 작업은 일본에서 주요 곡식인 벼 이어짓기(연작, 連作)이라고 하는 주류적 견해하에 평가된 적이 없었다.

한편 사와무라는 서선지장장인 다카하시 아래에서 1928년에서 33년까지 기술자로 근무하고 다카하시에게 배웠다. 또한 사와무라의 전전의 연구는 이누마의 노력 덕분에 『근대조선의 면작면업』(近代朝鮮の棉作綿業)[23]으로 출판되었다. 이누마는 전후의 농업기술연구소 경영 토지이용부에서 부장인 사와무라에게 직접 배웠다.

사와무라는 모리와 함께 『새로운 농업 경영』(あたらしい農業經營)[24]을 편집했다. 그리고 모리(오치아이, 落合) 히데오(森秀男)에게는 저자의 사람됨을 아는 데에 알맞은 지침인 「조선총독부 농시 서선지장장 '다카하시 노보루'」[25]가 있다.

전전에 조선총독부의 소작관으로 근무했던 히사마 겐이치(久間健一)는 다카하시의 조선반도 지대 구분론을 더욱 발전시켜 『조선 농업 경영지대의 연구』(朝

---

20) 『農業技術研究所報告』 平成 3年 7月 15日, 20號.

21) 『田畑輪換の經營構造』(農林水産業生産性向上會議, 1960).

22) 『農學大系作物部門 雜穀編』(養賢堂, 1951).

23) 『近代朝鮮の棉作綿業』(未來社, 1985).

24) 『あたらしい農業經營』(朝倉書店, 1954)

25) 「朝鮮總督府農試西鮮支場長'高橋昇'」, 『舊朝鮮における日本の農業試驗場研究の成果』(農林統計協會, 1976), 771-813쪽.

鮮農業經營地帶の硏究)[26]를 정리했다. 그는 이 책에서 "시종 변함없는 격려와 유익한 조언을 마다하지 않았던 전 총독부 농사시험장, 총무부장· 故 다카하시 노보루 박사에게도 추모와 감사의 뜻을 금치 않을 수 없다"라고 말했다. 더욱이 사가단계(佐賀段階)[27]를 분석한 『농업 경영의 구조』(農業經營の構造)[28]에서는 존경하는 친구 사와무라 도헤이에게 깊은 감사의 뜻을 표한다고 적고 있다. 히사마와 사와무라는 1933년부터 한때 황해도의 행정청에서 함께 근무한 사이였다.

그렇게 보면 다카하시 노보루를 시작으로 전전의 조선반도에서 농업연구에 관련해 특이한 그룹이 떠오른다. 그들을 전후 사회과학연구에 큰 영향을 끼친 야마다 모리타로(山田盛太郎) 등의 '만테쓰[29] 그룹'에 견주어 '조선농시 그룹'이라고 이름을 붙이자. 내지(內地)의 아카데미즘에 휘둘리지 않고 식민지하의 '조선반도의 농법과 농민'에 애정을 쏟은 사람들이었다. 그들의 실태 조사, 작부 방식, 현장주의, 사회적· 역사적 배경을 중시하는 등의 연구 태도가 농법사 연구를 진전시켰던 것이다.

2. 21세기의 아시아 농학을 위해

아라시 가이치로 대표되는 '입지 생태 균형계'의 관점이 1970년대에 나왔다.[30] 아라시는 자연발생적으로 가변하면서 어떠한 평형 상태에 다다른 농지의 농업 관행을 중시한다. 아라시 또한 전전에 사와무라 등과 함께 조선 농업시험장에서 일했다. 그는 다카하시 노보루를 제2의 스승으로 모시고 "다카하시는 일본과는 입지 조건이 현저하게 다른 조선의 전작 연구에서는 먼저 현지에서 배우는

---

26) 『朝鮮農業經營地帶の硏究』(農業總合硏究所, 1951).
27) 1930년대 규슈 사가평야에서 가장 많은 쌀을 생산하게 된 과정을 일컬음－옮긴이.
28) 『農業經營の構造』(養賢堂, 1956).
29) 만테쓰(滿鐵)는 남만주 철도의 약칭－옮긴이.
30) 『日本赤米考』(雄山閣, 1974); 『近世稻作技術史』(農文協, 1975); 『犁耕の發達史』(農文協, 1977).

것을 기조로 두어야 한다고 하면서, 조선 전체(全鮮)의 농가를 직접 인터뷰 조사해 매우 구체적이며 충분하고 명확한 실태 조사를 진행해 나갔다"라고 말하고 있다. 그리고 앞에서 언급한 『옛 조선에서 일본이 행한 농업시험 연구의 성과』(舊朝鮮における日本の農業試驗研究の成果)를 편집했다.

아라시는 『근세도작기술사』(近世稻作技術史)에서 규슈(九州)대학 농학부의 야마다 다쓰오(山田龍雄)에게 사사(謝辭)의 뜻을 전했다. 야마다는 전전(1938~41)에 조선총독부의 전라북도 소작관보로 근무하던 중 마침 실태 조사로 나날을 보내고 있었던 다카하시와 만나지 않았을까. 야마다의 『사가현 농업사』(佐賀縣農業史)[31]와 주요 곡식의 화전(畑) 1년 3작 방식을 명확하게 밝힌 『규슈 농업사 연구』(九州農業史研究)[32]에는 작부 방식 시점이 일관되게 나타나고 있다.

조선 농업시험장의 다카하시 노보루 등 '조선농시 그룹'을 통해 만들어진 농학 연구의 시점 즉, 실태 조사, 작부 방식, 사회적·역사적 배경의 중시 등은 21세기의 아시아 농학을 고찰하는 데 매우 중요하다. 이후의 검토 과제는 이와 같은 시점이 1948년 이후의 한국의 농학 연구에서 어떻게 발휘되었는지가 될 것이다.

마지막으로 '조선농시 그룹'의 사와무라 도헤이나 오치아이 히데오와도 인맥을 가진 이누마 지로의 작업을 소개하며 마치기로 하겠다. 이누마는 이 글에서 소개한 조선농시의 다카하시 노보루의 작업을 재평가하고 천여 페이지가 넘는 『조선반도의 농법과 농민』(朝鮮半島の農法と農民)을 간행했다. 또한 만년에 한국어를 독학으로 공부하고 리춘녕(李春寧)의 『이조농업기술사』(李朝農業技術史, 未来社, 1989)를 번역해 출간했다.

젊은 연구자를 조직해서 식민지 시기 조선반도 연구를 진행하고 강재언(姜在彦)과 공동편집으로 『근대조선의 사회와 사상』(近代朝鮮の社会と思想, 未来社, 1981), 『식민지 시기 조선의 사회와 저항』(植民地朝鮮の社会と抵抗, 未来社, 1982)을 출판했다. 또한 『조선 근대사연구총서』 전 15권(「朝鮮近代史研究双書」, 未来社, 1985~1997)

---

31) 太田遼一郎와 공저, 『佐賀縣農業史』(佐賀縣, 1967).
32) 『九州農業史研究』(農文協, 1977).

을 편집한 젊은 연구자들과 착실하게 조선사를 연구한 사람들의 연구를 세상에 알렸다. 그중 첫 번째 책이 바로 사와무라 도헤이의 『근대조선의 면작면업』(近代朝鮮の棉作綿業, 1985)이다. 이누마 자신도 『조선총독부의 미곡조사제도』(朝鮮総督府の米穀調査制度, 1993)를 저술했다. 이리하여 이누마는 근대 조선사 연구에 한 획을 긋게 된다.

이누마 지로의 연구 근저에는 풍토에 따라 농업발전 방식은 다르다고 하는 지역유형론적 농법론이 자리 잡고 있다. 이것이 바로 '조선농시 그룹'의 발상을 계승했다고 할 수 있다. 그러나 전후 근대화 추진 과정에서 가요 노부후미(加用信文, 『日本農業論』, 御茶の水書房, 1972)의 역사 발전 단계적 농업법이 폭넓게 수용되었다. 농법은 '생산력적 농업생산양식'으로 정의되어, 일본 농업도 세계사적 발전 법칙을 바탕으로 이 농업 근대화 역발상이 근대 일본의 농업발전을 식민지 조선에 강제로 적용하는 것이라고 할 수 있다.

이누마는 『풍토와 역사』(風土と歴史, 岩波親書, 1970), 『농업은 재건할 수 있다』(農業は再建できる, ダイヤモンド社, 1990)에서 지역 "전통에 뿌리를 둔 근대화"를 주장했다. 서양을 '흉내'낸 대규모화를 목표로 할 것이 아니라 가족경영을 기본에 두어야 하며, 주산지형식의 단작화를 꾀하고 시장이나 농협을 통한 출하가 아닌 다품목 복합 경영할 것을, 또한 산지에서 소비자에게 직접 연결할 것을 주장했다.

이누마 지로는 2005년 10월 24일에 작고했다. 현재 미국 주도의 국제 표준이 추진되는 가운데 이누마의 뜻을 이어받아 21세기 아시아 농학을 구책하는 것이 남아 있는 우리들의 학문적 책무이다. 삼가 고인의 명목을 빈다.

최종 탈고: 2005년 11월

번역: 김우영(성공회대 일본학과)

제 3 부

역사인식

이선근의 한국사 연구와 역사관

박찬승

Ⅰ. 서론

이선근(李瑄根, 1905~1983)은 해방 이후 한국사학자 가운데 가장 이력이 화려한 인물이다. 그는 문교장관을 비롯하여, 국사편찬위원장, 한국정신문화연구원장 등 역사학자로서 거칠 수 있는 영향력 있는 주요 직위를 모두 거쳤다고 해도 과언이 아니다. 그는 일제시기 이후 대학에서 최근세사를 연구한 최초의 연구자로서 그의 최근세사 연구는 이후 상당 기간 학계의 정설로 되어 있었다. 해방 이후 그는 화랑도 연구에 착수하여 우익청년운동의 이념을 제공했고, 나아가 학생들에게도 애국 청년의 상징으로서 화랑도를 가장 먼저 손꼽게 한 역할을 했다. 이처럼 그는 해방 이후 현실적으로 가장 큰 영향력을 발휘한 학자 중의 한 사람임에도 불구하고 그의 생애와 역사학 연구, 그리고 역사관에 대해서는 아직 이렇다 할 정리가 되어 있지 않다.

기존의 이선근에 대한 연구로 구양근과 로버트 오펜하이머의 연구가 있다.[1] 구양근은 그의 친일 경력과 이승만, 박정희 정권기의 권력 추구, 화랑도 연구, 국난극복사 연구의 이데올로기적 성격을 중심으로 그의 생애를 살핀 글

1) 구양근, 「이선근」, 『청산하지 못한 역사3』(청년사, 1994); Robert Oppenheim, Yi Son-gun, Hwarangdo, and the Genealogy of "Youth"(2001년 5월 미시간대학에서 열린 학술회의 "Between Colonialism and Nationalism" 발표문).

을 썼다. 로버트 오펜하이머는 이선근의 화랑도 연구와 우익청년단 활동이 어떤 연관을 갖고 있으며, 화랑도 연구가 어떠한 정치적 목적을 지니고 있는지 정리했다.

하지만 이선근의 경력 가운데 만주국협화회 활동은 아직 정리가 되어 있지 않고, 또 주 전공 분야인 최근세사에 대한 그의 연구 내용 또한 검토가 되어 있지 않다. 따라서 이 글에서는 우선 이선근의 한국 최근세사 연구가 어떤 자료들을 참고하면서 어떤 역사관 위에서 전개되었는지 검토하면서, 일제시기와 해방 이후 그의 최근세사 연구에는 어떤 변화가 있는지도 살피고자 한다. 해방 이후 그가 심혈을 기울인 화랑도 연구의 동기는 무엇이었고, 그의 화랑도 연구에 영향을 미친 글들은 무엇이며, 그가 화랑도 연구를 통해 말하고자 하는 바가 무엇이었는지를 확인할 것이다.

그리고 그가 자신의 사관이라 자처한 그 나름의 이른바 '민족사관'이란 무엇이며, 그에 기초한 그의 한국사 체계는 무엇인지 살펴본다. 끝으로 그의 역사관과 깊은 연관이 있어 보이는 그의 세계관, 특히 반공주의와 국가주의와, 이러한 반공주의와 국가주의는 어떤 과정을 거쳐서 형성되었는지를 알아볼 것이다.

II. 이선근의 생애

먼저 이선근의 생애를 그가 쓴 글, 연보와 기타 자료들을 중심으로 살펴보자.[2)]

그는 1905년 경기도 개풍군 홍교면에서 전주 이씨 이연교의 차남으로 출생했다. 그는 1911년 일곱 살 때 선친이 설립한 쌍빈의숙에서 공부했는데 이는 소

2) 그의 연보는 하성이선근박사고희기념논문집간행회 편, 『하성이선근박사고희기념논문집』(형설출판사, 1974)에 실려 있다.

학교 예비과 같은 것이었다. 여기서 2년 동안 『동몽선습』(童蒙先習)을 공부한 뒤, 아홉 살 때인 1913년 4년제 소학교에 입학하여 열세 살 되던 해인 1917년 졸업했다. 소학교를 마친 뒤 1년 동안 집에서 부친으로부터 『맹자』와 『대학』 등을 배웠는데, 이때 그는 부친을 통해 단재 신채호라는 인물을 알게 되어, 그의 『을지문덕전』과 『이태리건국삼걸전』등을 읽었다. 1918년 4월 그는 서울에 올라와 휘문고보에 입학했다. 1919년 2월에는 그의 형 이종근(동양대학 재학)이 2·8독립선언에 참여했고, 그의 부친과 누님들도 고향인 개풍군과 송도에서 만세운동에 참여하여 투옥되기도 했다고 한다. 당시 휘문고보에는 황의돈·권덕규(한국사)·김도태(서양사) 등의 역사학자와, 민형식·민광식 등 한학자들이 있어 이들로부터 많은 가르침을 받았다고 한다. 또 선배로서 홍로작·박종화·안석영 등, 동기생으로 정지용·유동진·안동혁 등이 있었다. 1922년 그는 휘문고보를 졸업했다.[3)]

1923년 그는 일본에 건너가 와세다일고(早稻田一高)에 입학했다. 대학에 진학하기 위해서는 조선에서의 고보 학력으로는 불가능했기 때문이다. 그는 당시 러시아 문학에 심취했는데, 특히 투르게네프의 소설과 푸시킨의 시를 탐독했고, 러시아 문학을 전공하려 했다. 1925년경 와세다(早稻田)대학에 입학한 그는 대학 재학 당시 전진한, 이하윤, 이헌구, 정인섭 등과 함께 한빛회, 외국문학연구회, 협동조합체, 신간회 도쿄지회 회원으로 활동했으며, 당시 와세다대학에 재학 중이던 이병도, 김상기, 이상백 등 훗날 한국의 대표적인 역사학자들과 교유했다. 1927년 그는 귀국하여 개성의 김진한의 장녀 김순정과 결혼했다.

1929년 그는 와세다대학 사학과를 졸업했는데, 그의 지도교수는 서양사 전공자인 게무야마 센타로(煙山專太郞)과 자유주의자인 쓰다 소키치(津田左右吉)였다. 게무야마은 『정한론 실상』(征韓論實相)의 지은이다. 이선근의 졸업논문은 「大院君時代의 鎖國과 開國」였는데, 졸업논문을 쓰는 과정에서 유자후와 최남선을 만났고, 특히 유자후로부터 많은 도움을 얻었다고 한다.

---

3) 이선근, 「학생시절의 회고 : 소학, 중학시절」, 『民族의 危亂과 克服』(심신문화사, 1995), 490-492쪽.

여기까지가 그의 생애 제1기 '소년 시절과 학창 시절'이었다고 한다면, 1929년 조선에 돌아온 이후 1937년 만주로 가기 이전까지는 그의 생애 제2기 '국내 언론·교육 활동기'라고 할 수 있다. 1929년 그는 와세다대 선배인 안재홍이 사장으로 있던 조선일보사에 입사하여, 정치부장을 거쳐 2년간 편집국장을 역임했다. 이때 그는 안재홍과 한기악에게 많은 것을 배웠다고 한다. 당시 안재홍은 신채호의 민족사학을 계승하고자 하는 입장에 있었고, 이는 이선근에게도 큰 영향을 준 것으로 보인다. 한편 그는 신문사에 재직 중이면서 동시에 경신고등보통학교에 교유로도 나가고 있었다. 그리고 1931년에는 신문사를 그만두고 아예 개성 송도고등보통학교 교유로 부임하여 3년간 근무했다. 그리고 1932년에는 고려시보사 주간을 겸임하기도 했다. 또 1934년에는 한성도서주식회사 상무취체역을 맡아 3년간 일하기도 했다. 1936년에는 연희전문학교에 1년 6개월간 강사로 나갔다.

1937년 중일전쟁이 발발하는 등 국제적인 상황이 크게 변화하는 가운데 그는 돌연 만주로 떠났다. 이로써 그의 생애 제3기 '만주 활동기'가 시작된다. 당시 만주는 조선의 지식청년들에게 신천지와 같아 보였다. 그는 만주 만몽산업주식회사에서 상무취체역과 전무취체역을 차례로 맡았으며, 안가농장개척사무소장을 맡기도 했다. 또 1942년에는 만주 우창현(五常縣)에 대동농사학교를 설립하여, 교장을 겸임하기도 했다. 우창현은 당시 빈장성(濱江省)의 수도인 하얼빈(哈爾濱)의 동남쪽에 있는 농촌이었고, 안가농장은 당시 만주로 이주한 조선인 농민들로 구성된 농장이었던 것으로 보인다.

그는 1940년 만주국협화회 빈장성(濱江省) 협의원으로 선출되어 이에 참여하게 된다. 만주국협화회는 1932년 7월에 만들어졌는데, 만주국의 국가기구나 국가기관은 아니었지만, '만주국 건국정신을 받들어 주민들을 사상적으로 교화하는 정치적 실천조직체'였다고 할 수 있다.[4] 당시 일본인들은 흔히 이를 '익찬

---

4) 高橋貞三, 『滿洲國基本法』(有斐閣, 1943), 219쪽.

적 성격'을 지닌 조직이라고 보았다.[5] 협화회는 창립 당시에는 협화당이란 이름으로 되어 있었는데, 그 강령으로 ①만주 현 주민과의 협화를 기한다, ②봉건적 폐정을 배제하고 민중적 정치의 확립을 기한다, ③자본주의의 전유경제를 배격하고, 공산경제를 배척하며, 국가통제경제의 확립을 기한다, ④치안 유지에 전념하고, 민생의 복리 증진을 기한다, ⑤산업의 흥륭을 도모하여 민도의 향상을 기한다 등을 들고 있었다.[6] 협화회는 중앙 본부를 신징(新京)에 두고, 각 성에는 성본부를 두고, 현·기·시에도 각각 본부를 두었다. 그리고 그 하부조직으로 분회와 반을 두었다. 협화회는 각 단위별로 연합협의회를 두어 의사를 모으도록 했다. 이에 따라 전국연합협의회, 성연합협의회, 현연합협의회 등이 만들어졌다.[7] 당시 전국연합협의회는 모두 174명의 지방 대표로 구성되었는데, 민족별로 보면 일본계가 50명, 조선계가 16명, 만주계가 102명, 몽고계가 6명이었다.[8] 이선근은 이 16명의 조선인 대표의 한 사람으로서 연합협의회에 참여했다.

이선근은 1940년과 1941년 전국연합협의회 회의에 참석한 것으로 기록에 나와 있다. 연합협의회 회의록을 살펴보면, 그는 빈장성 농촌 대표로서 주로 식량 증산 문제, 농산물 가격 정책 문제 등을 언급했다. 하지만 1941년의 발언 첫 부분을 보면, "우리 농촌으로서는 만주 인구 4,300만의 식량을 책임질 의무가 있다. 그다음은 정부 당국에서 누누이 설명해 온 것처럼 국가 비상시에 제 물자를 획득하는 최대 자원으로서의 농산물을 내지 않으면 안 된다는 책임도 농촌이 짊어지고 있다. 또 긴급한 경우에는 언제라도 몇백만의 노무자를 공출하지 않으면 안 된다는 중요한 책임을 짊어지고 있다"고 발언했다.[9]

이선근은 1943년 1월 홍병철(전 동아일보 당진지국 기자)이 경영하던 만주학해

---

5) 小山貞知, 『滿洲協和會の發達』(東亞新書, 1941), 32쪽.
6) 같은 책, 37쪽.
7) 高橋貞三, 앞의 책, 222-224쪽.
8) 小山貞知, 앞의 책, 58쪽.
9) 滿洲帝國協和會, 『康德7年度 全國聯合協議會記錄竝各部分科委員會記錄』(1940), 『康德8年度 全國聯合協議會記錄竝各部分科委員會記錄』(1941.10), 225-226쪽 참조(연세대 임성모 교수 자료 제공).

사에서 펴낸 『半島史話와 滿洲樂土』라는 책에 기고한 「滿洲와 朝鮮」이라는 글에서 자신의 만주관을 피력했다. 그는 만주는 우리 조상들이 세운 부여, 고구려, 발해의 옛 영토였고, 고려시대에는 이를 되찾기 위한 노력이 있었지만, 조선에 들어와 만주를 점차 잊게 되었다고 보았다. 그는 "일본 제국의 힘찬 후원 아래 만주국이 건설되었고, 그 구성 요소의 하나로 우리 겨레도 參劃을 허용받았으며, 더욱이 제국 정부의 국책으로서 이주 개척을 장려케까지 된 이상 그 무엇 때문에 대륙 진출을 주저할 것이랴. 옛날도 남의 땅이 아니라 우리 祖先의 살던 곳이요, 오늘은 '鮮滿一如'라는 부르짖음 아래 불가분 관계를 맺게까지 되었으니 무엇보다 머릿속에 박힌 백두산, 압록강, 두만강 하는 경계선적 관념을 버리고 이웃 동리, 우리 벌판을 왕래하고 親密 私協한 정신 아래 가장 용감한 개척민으로 진출해야만 될 것이다"고 하여, 조선인들의 만주 진출을 적극 장려했다.[10] 만주는 조선 민족의 옛 영토인데, 이제 일본 제국이 만주국을 건설하여 조선인도 진출할 수 있는 길이 열리게 되었으므로 적극적으로 만주에 진출하자는 주장이었다. 이 글은 그 자신이 왜 만주에 가게 되었는지, 그리고 협화회와 같은 단체에 적극 참여하게 되었는지를 잘 말해 준다.

1945년 8월 9일 소련의 대일 선전 포고와 만주 진공은 이선근의 만주활동기를 마감하게 만들었다. 그는 8월 16일에서야 일본의 항복 선언 소식을 들을 수 있었다고 한다. 그리고 다음 날부터 만주의 구질서가 붕괴되면서 백주에 '불법과 폭력'이 난무하는 가운데, 일본인들과 괴뢰 만주국의 관료들이 만주인들에게 모든 것을 빼앗기고 구타당하는 모습을 보게 되었다. 또 북만주 각지에서 소련군이 진주해 들어오고 있다는 소식도 듣게 되었다. 하지만 그는 바로 서울로 돌아오지 않았다. 서울도 그와 같은 경력을 가진 이에게는 안전한 곳인지에 대한 자신이 없었기 때문이다. 그는 서울의 소식을 듣기에 열중했고, 9월 초 서울에서 건국준비위원회가 발족되고, 거기에 자신의 이름이 들어 있다는 소식을 듣고 비로소 안심하

10) 이선근, 「滿洲와 朝鮮」, 『半島史話와 滿洲樂土』(滿洲學海社, 1943), 94-96쪽

고 만주를 떠나 남하길에 오르게 된다. 당시 그는 농장의 농민들 백 수십 명과 함께 남하길에 나섰다고 한다. 하지만 그는 펑텐(奉天)에 도착하여 38도선으로 한반도가 분단되어 미군과 소련군이 주둔하게 되었다는 소식을 듣게 된다. 그는 신의주에 도착하여 그러한 소문이 사실임을 확인했고, 일주일 동안 기차를 기다린 뒤 기차를 타고 여현역까지 와서 강제 하차당한 뒤 개성까지 백 수십 리를 단숨에 달렸다고 한다. 그것은 그 다음 날부터 38도선 전역을 소련군이 경비한다는 소식 때문이었다. 소련군에게 체포될 경우 그의 운명은 어찌 될지 알 수 없는 일이었기 때문에 그는 서두르지 않을 수 없었던 것이다. 이선근은 1945년 8월 15일 여운형과 안재홍 등으로 구성된 건국준비위원회의 위원으로 이름이 올라가 있었다. 그의 이름은 아마도 조선일보사에 같이 근무했던 안재홍의 주장으로 들어갔을 것이다.[11]

서울로 돌아온 이선근은 이제 그의 생애의 제4기 '우익청년단, 교수, 군인, 관료 활동기'에 들어가게 된다. 그는 이미 안재홍도 떠난 건국준비위원회에 들어갈 수 없었다. 그는 사태의 추이를 지켜보다가 1945년 12월 조선청년동맹 책임위원과 조선청년당 위원장직을 맡았다.[12] 1945년 12월에는 삼척시멘트 사장을 맡았다고 한다. 아마도 적산 관리인으로서 들어간 것으로 보인다. 그는 신탁통치 문제가 대두되자 반탁운동에 적극 나섰다. 1946년 1월 그는 반탁학생연맹 고문을 맡았다. 1946년 11월에는 안재홍이 창간한 한성일보사 주필을 맡게 된다. 또 1947년 9월에는 이청천이 창단한 대동청년단의 부단장 겸 훈련원장을 맡았다.[13] 1947년 말 그는 『대동신문』(大東新聞)을 인수하여 대동청년단의 기관지로 만들고, 여기에 화랑도에 관한 글을 싣게 된다.[14]

---

11) 이선근, 「민족의 긍지」, 『주간한국』(1972/12/10)(『民族의 危亂과 克服』, 202-204쪽).

12) 鮮于基聖, 『韓國青年運動史』(錦文社, 1973), 657쪽. 조선청년동맹은 '토지는 농민에게, 광공업은 국영으로'라는 슬로건을 내걸고 결성되었는데, 책임위원으로는 엄요섭, 유진산, 이선근, 오광선, 오정방, 선우기성 등이 뽑혔다. 조선청년동맹은 이승만계의 대한독립촉성 전국청년연맹(위원장 전진한)에서 노선 차이로 떨어져 나온 조직이었다.

13) 鮮于基聖, 앞의 책, 734쪽.

14) 구양근, 앞의 책, 84쪽.

한편 미군정 당국은 이선근에게 국대안 파동 이후 아직도 좌익 학생들이 상당히 포진하고 있던 서울대의 숙정을 맡기게 된다. 그는 1947년 11월 서울문리대 정치학과 주임교수로 부임하면서 학생처장을 3년간 겸임하게 되는데, 그가 맡은 주요 임무는 좌익 학생들을 축출하는 것이었다. 1949년 2월 그는 서울법대 학장 서리도 겸임하여 1년간 맡게 된다.

그러나 그는 이것으로 만족하지 않았다. 그는 돌연 1950년 2월 국방부의 정훈국장으로 들어가게 된다. 1948년 여수 14연대 봉기 등 군 내부의 반란사건과 남로당원 색출 작업 등이 있은 후에도 일부 장교들이 38선을 넘어 월북하는 사태 등이 일어나자, 1949년 3월 육군본부에 정훈감이 신설되면서, 정훈장교 62명이 선발되었다. 정훈조직은 1949년 10월 국방부로 옮겨져 제2국으로 개편되었다. 초대 정훈국장은 강세형 박사였고, 2대 정훈국장은 이종찬 소장이었는데, 그에 이어서 1950년 2월 이선근이 문관으로서 정훈국장을 맡은 것이었다. 그는 뒤에 대령을 거쳐 준장에 이르게 된다. 이선근은 정훈국을 맡은 뒤, 38선에서의 대북방송에 비중을 두었으며, 월남 부대의 환영 대회, 전리품 전시회 등을 열었다고 한다. 그런 가운데 미처 예견하지 못했던 6·25전쟁이 발발했다. 그가 이끄는 정훈국은 서울 철수냐 사수냐를 놓고 우왕좌왕하다가 28일 철수하여 수원을 거쳐 대전으로 이동하게 되었다. 그리고 7월 14일에는 대전에서 다시 대구로 철수하게 된다. 이후 펼쳐지는 낙동강 방어전에서 이선근의 정훈국은 사상전, 선전전, 심리전을 맡았다. 1950년 7월 그는 대한학도의용대 총지휘관을 맡기도 했다. 그리고 인천상륙작전 이후 국군이 38선을 넘어 북상함에 따라 그의 정훈국은 5년 동안 인민군 치하에 있었던 북한 지역의 주민들을 대상으로 한 대민공작에 주력했다. 당시 군에서는 민간의 우익단체, 즉 국민회·대한청년단·대한부인회·대한여자청년단 등의 대원들과, 기독교를 중심으로 한 종교지도자들을 재교육해 군에서 제작한 각종 선전 문서들을 들고 북한에 들어가 대민공작을 펴도록 했다고 한다. 1·4후퇴와 서울 재수복 이후 이선근의 정훈국은 주로 대내활동, 즉 군인들의 정신 무장과 교양 훈련에 비중을 두게 되었다.[15]

전선이 어느 정도 고착화되는 가운데 1952년 2월 그는 육군 준장으로 예편했다. 그는 서울대 문리대 정치학과 주임교수로 복직했다. 하지만 한국전쟁기 정훈국장으로서 활동한 그의 이력은, 이후 이승만의 신임을 크게 얻어 주요 관직으로 나아갈 수 있는 발판이 되었다. 이후 그는 1953년 한국정치학회 회장, 재향군인회 부회장, 1954년 자유당 당무위원 겸 훈련원장을 거쳐, 1954년 4월 문교장관을 맡았다. 그는 문교장관에 2년 2개월 동안 재직했는데, 이때 대통령 이승만의 한글 간소화 지시를 추종하다가 한글학회 등 학계의 반대에 부딪쳐 결국 이를 취소하는 이른바 '한글 파동'을 일으키게 된다. 그는 문교부 장관시 국사편찬위원회 위원장직을 겸임했고 유네스코 한국위원회 위원장직도 맡았다.

그는 1957년 이후 2년 반 동안 성균관대학교 총장직, 1959년 2년간 재향군인회 회장직을 맡았다. 이승만 정권의 붕괴와 함께 그의 제4기 활동도 마무리된다. 이제 4·19 이후 그는 잠시 휴식기를 갖지만, 1961년 5·16쿠데타 이후 새로운 제5기 '관변학자로서의 활동기'에 들어가게 된다. 그는 1962년 경희대학교에 교수로 돌아가 7년간 재직하게 된다. 하지만 이 시기 그는 단순한 교수가 아니었다. 그는 이승만에 이어 박정희의 신임을 받고 그의 측근이 된다. 5·16쿠데타는 박정희 등 만주군 출신들이 중심이 되었고, 이후 제3공화국에서 만주 인맥은 화려하게 부활했는데, 이선근은 이들 만주 인맥의 학문적·사상적 스승 역할을 하게 된 것이다. 이선근과 박정희의 관계에 대해 이상우는 다음과 같이 말한다.

> 박정희가 가까이했던 역사학자들로서는 이병도, 이선근 그리고 문인으로 이은상이 있었다. 박정희는 집권 초 5·16 정권의 정신적 바탕을 민족사에서 찾으려 했다. 충무공에 심취하여 기념사업에 열을 올린 것도 이런 데 이유가 있었다. 집권 초기, 박정희는 역사학자들을 번갈아 초치하여 강의를 들었다. 부인 육영수도 함께 강의를 들었으며, 나중에는 중앙관서의 고위 관리들을 상대로 정기적인 국사 강의를 하도록 했다. 가장 빈번하게 박정희와 접촉하여 국사 강의를 한 것은 李瑄根이었다. 그는 거의 정기

15) 이선근, 「政訓戰小史」, 『韓國戰亂1年誌』(1951), 『民族의 危亂과 克服』, 414-449쪽.

적으로 청와대를 출입했고, 정부의 장차관급을 상대로 국사학 강의를 실시했다. 朴鍾鴻은 철학 쪽에서, 이선근은 역사 쪽에서 박정권의 정신적 기반을 만들어 주었다고 할 수 있을 것이다.[16]

이선근과 박정희의 관계는 박정희의 저서로 되어 있는 『우리 민족의 나갈 길』에서도 잘 나타난다.[17] 이 책의 제2장은 "우리 민족의 과거를 반성한다"로 되어 있는데, 그 내용은 뒤에 보게 될 이선근의 한국사 인식 체계와 거의 같다. 예를 들어, 화랑도를 강조한 내용, 조선시대 당쟁을 강력히 비판한 내용, 이순신, 의병, 동학농민운동을 강조한 내용 등이 거의 같다. 아마도 이 부분은 이선근이 대필한 것으로 보인다. 1972년 3월 박정희는 대구에서 열린 '총력안보를 위한 전국교육자대회'에서 '주체적 민족사관의 정립'을 강조했는데, 이선근은 "역사학도의 한 사람으로서 이를 전폭적으로 지지하고 있다"고 쓰고 있다.[18] 박정희의 이른바 '주체적 민족사관'이란 바로 이선근 자신이 만들어 박정희에게 주입한 것일 것이다.

이선근은 1968년 박종홍이 기초한 「국민교육헌장」을 함께 심의한 공로로 대통령 감사패를 받게 된다. 또 1969년 대한민국 문화재위원회 위원장직을 맡았고, 1969년 아세아반공연맹 이사, 1969년 독립운동사 편찬위원회 위원을 거쳐, 1969년에는 박정희가 청구대학을 인수하여 새로 만든 영남대학교에 총장으로 부임하게 된다. 1970년 정부로부터 국민훈장 무궁화장을 받았고, 1972년 문교부 국사교육 강화위원회 위원장, 공주 우금치 동학혁명군 위령탑 건립위원회 위원장을 맡았으며, 10월 유신을 적극 지지하는 글을 여러 곳에 썼고, 1973년 유신학술원 고문을 맡았다. 그는 1973년 사단법인 왕인박사 현창협회 회장과 충무학회 회장을 맡았고, 1974년에는 5·16민족상 학예상을 수상했다. 그리고

16) 이상우, 『박정권 18년, 그 권력의 내막』, 161쪽.
17) 박정희, 『우리 민족의 나갈 길』(동아출판사, 1962).
18) 이선근, 「국난극복의 지도자상」, 『世代』(1972.7), 『역사와 민족』(한성학술재단, 1986), 330쪽 재수록.

1978년 6월부터 1980년 10월까지 한국정신문화연구원 원장을 맡았으며,[19] 1983년 세상을 뜨게 된다. 이로써 그의 학자, 언론인, 관료, 군인으로서의 화려한 이력은 마무리된다.

III. 최근세사 연구

이선근이 주로 연구한 시기는 대원군 집권기부터 한말에 이르는 시기였다. 따라서 그의 저서도 주로 이 시기를 대상으로 한 것들이다. 최근세사와 관련된 그의 저서들을 보면 다음과 같다.

『조선최근세사』(유성사서점, 1931)
『조선최근정치사』(정음사, 1949)
『한국독립운동사』(상문사, 1956)
『한국사(최근세편)』(진단학회 편, 을유문화사, 1961)
『한국최근세사연구』(휘문출판사, 1985)
『한말의 풍운과 민족의 저항』(휘문출판사, 1987)

그러면 이들 최근세사에 나타난 그의 한국 근대사상은 어떠한 것일까. 이선근이 가장 먼저 쓴 책은 1931년에 출간된 『조선최근세사』였다. 이 책은 그가 조선일보에 대원군 시대 10년간에 대해 연재한 글을 묶은 것으로 와세다대 졸업논문으로 쓴 대원군 시대에 관한 글을 보완한 것으로 보인다. 이 책은 출판될 당시 민세 안재홍이 권두에 「서언」을 써 주었다. 이선근이 쓴 「자서」를 보면, 그의 대원군 시대에 관한 역사상이 어느 정도 그려져 있다. 그는 대원군의 집정 10년

19) 한국정신문화연구원의 명칭은 그가 지은 것으로 보이는데, 이는 1932년 일본 문부성이 만든 '국민정신문화연구소'의 명칭을 연상케 한다. 由井正臣, 『大日本帝國の時代』(岩波書店, 2000), 142쪽.

간은 "대내적으로 본다면 모든 결함과 부패가 극도에 달한 귀족정치를 파괴하고 비로소 왕실 중심의 중앙집권제로 옮긴 시기이며, 대외적으로는 조수같이 밀려오는 서구 문명과 종래의 쇄국주의가 결정적 항쟁을 연출한 시기"이니, "태조 건국 이래 4백여 년간 조선 근세사의 총결산을 짓고, 고종 이래 오늘까지 내려온 최근세사의 제1장을 형성하는 시기"라고 그 성격을 규정했다.[20] 그는 조선시대 역사의 총결산이자, 최근세사의 제1장을 연 시기로서 대원군 시대의 성격을 중시했던 것이다.

하지만 당시 이선근은 아직 신진학자에 불과했고, 따라서 가장 기본적인 사료인 고종실록이나, 승정원일기, 일성록 등을 볼 수가 없었다. 따라서 그는 이들 사료를 이능화가 쓴 『조선기독교급외교사』에서 인용된 자료들을 통해서 부분적으로 접할 수밖에 없었다. 당시 이능화는 조선사편수회에 편수위원으로 있었기 때문에 고종실록 등의 자료를 볼 수 있었다.[21] 따라서 이선근은 이 책의 서술 과정에서 이능화의 『조선기독교급외교사』를 가장 많이 인용하고 있다.

그 밖에도 이선근은 「자서」에서 자신이 참고한 자료와 서적들을 열거, 기록해 두었다.[22] 이들 서적 가운데 이선근이 자주 인용한 것으로는 박은식의 『韓

---

20) 이선근, 『朝鮮最近世史』(流星社書店, 1931), 11-12쪽

21) 이능화는 1921년 52세의 나이로 조선총독부 학무국 편수관이 되었으며, 1922년 조선사 편찬위원회 위원에 위촉되었고, 1925년 위원회가 조선사편수회로 개칭되었을 때도 위원으로 재위촉되었다. 그는 1938년 69세 때 조선사편수회를 사직할 때까지 17년 동안 이 기관에서 일을 했다. 「이능화연보」, 『이능화 연구: 한국종교사학을 중심으로』(집문당, 1994).

22) 조선 측 서적들은 『國朝寶鑑』, 『文獻備考』, 『通文館志』, 『大東紀年』, 『韓國痛史』, 『大院君과 明成皇后』(張道斌), 『純宗實記』(李覺鍾), 『太上翁筆札集』 등으로 소수에 지나지 않고, 일본 측 서적으로는『韓半島』(信夫淳平), 『征韓論實相』(煙山專太郎), 『征韓論의 舊夢談』(佐田白茅), 『韓國政爭志』(幣原坦), 『朝鮮開化史』(恒屋盛服), 『朝鮮王國』(菊池謙譲), 『朝鮮通史』(林太輔), 『朝鮮文化史論』(細井肇), 『佛艦來襲』(杉本正介), 『淸及韓』(箭內亙), 『朝鮮半島』(山道襄一), 『朝鮮彙報』(山中峰雄), 『居留民之昔物語』(藤村德一), 『朝鮮倂合史』(釋尾東邦), 『日淸戰役外交史』(巽來次郞), 『露國大政策』(加藤房藏), 『露國侵略史』(須崎芳三郞), 『朝鮮史講座』(朝鮮史學會編), 『明治四十五年史』(時事新聞社編) 등으로 가장 많고, 그밖에 『中國近時外交史』(劉彦),『支那外交秘史』(李正夷), 『朝鮮事情』(달레) ,『韓國誌』(露國大藏省編), 『隱遁國朝鮮』(그리퓌스), 『朝鮮과 그 隣國』(비숍), 『朝鮮史』(로쓰), 『極東問題』(커즌卿), 『朝鮮』(하밀톤), 『朝鮮加特力敎史』(파리선교협회) 등 중국 측과 구미 측 서적들도 일부 포함되어 있었다(『朝鮮最近世史』, 14-16쪽).

國痛史』, 러시아 대장성의 『韓國誌』, 그리퓌스의 『隱遁國朝鮮』, 시노부 준페이(信夫淳平)의 『韓半島』, 게무야마 센타로(煙山專太郎)의 『征韓論實相』 등이었다.

이선근은 대원군 정권 등장 이전의 조선사회에 대해 매우 부정적인 시각을 갖고 있었다. 그는 당시 조선을 '4백여 년간 쇄국주의를 뒤집어쓰고 좁다란 울안에서 스스로 내부의 부패만을 길러 온 은둔국 조선'이라고 표현했다.[23] 그는 한 나라가 멸망하는 데에는 외세의 압력 외에도 내적인 원인이 있는 법이라면서, 그 내인으로서 '보수적 유교사상'과 '이조 건국 초부터 국시가 되다시피 한 사대적 한화주의', 그리고 그 산물이라 할 '부패한 문약정치'와 그에 따른 '사색당쟁의 폐해'와 같은 정치적 원인 그리고 양반 계급의 가혹한 주구 아래 피폐한 산업과 고통받는 민중들의 봉기와 같은 사회적 원인을 들었다.[24] 그는 위와 같은 논지를 펴면서 러시아 대장성의 『한국지』(韓國誌), 시데하라 히로시(幣原坦)의 『韓國政爭志』, 오다 쇼고(小田省吾)의 『李朝政爭略史』(朝鮮史學會 編, 『朝鮮史講座』3책 수록), 하야시 야스스케(林泰輔)의 『朝鮮通史』, 그리퓌스의 『隱遁國朝鮮』등을 자주 인용했다. 그런데 이 가운데 『韓國政爭志』나 『李朝政爭略史』는 식민주의 사관에 입각하여 조선의 당쟁을 부정적으로 서술한 대표적인 책으로 평가되고 있다. 이선근은 젊은 시절 이들의 당쟁론에서 큰 영향을 받았고, 이후 그의 말년까지도 당쟁에 대해서는 같은 시각을 견지했다. 이는 1920년대 안확(安廓)이 『朝鮮文明史』에서 당쟁을 근대 정당정치의 싹으로 보았던 것과 크게 대비되는 것이었다.

그러면 그는 대원군 시대에 대해 어떻게 서술하고 있을까. 제2장 '대원군 집정과 내치외교'의 제1절 '대원군의 내정' 부분은 '대출척(大黜陟)과 인재 등용' '서원 철폐' '경복궁 중건' '재정 개혁' '국방주의' '문교 정책과 풍속 개량' 등으로 항목을 나누어 서술했다. 그는 위와 같은 대원군의 내정개혁 부분에 대해서 비교적 긍정적인 평가를 내리고 있다. 특히 그동안 소외되었던 남인, 북인 등의 인재

---

23) 『朝鮮最近世史』, 19-20쪽.

24) 같은 책, 20쪽.

등용과, 백성들에 대한 수탈의 주체가 되어 온 서원의 철폐, 군포를 호포로 바꾸고 환곡제를 대폭 손질한 재정 개혁, 연해의 경비를 강화하여 두 차례의 양요를 승리로 이끈 것 등을 높이 평가했다. 경복궁 중건에 대해서는 경제적으로 볼 때에는 국력을 소모한 실정(失政)으로 보았지만, 예술적 가치로 본다면 이조 건축 문화의 정화를 남긴 것이라고 긍정적으로 평가하기도 했다. 이 부분의 서술은 일본인으로서 한국사에 대해 최초의 통사를 쓴 하야시 야스스케의 『조선통사』(1912)나 『조선 근세사』(1901)의 영향을 받은 것으로 보인다. 하야시 야스스케는 『조선통사』의 대원군과 관련된 서술에서 ①대출척을 행하다, ②경복궁의 영건, ③제도의 개혁(의정부 복설 등), ④『대전회통』과 『육전조례』의 간행, ⑤의복제도 개량, ⑥서원 철폐, ⑦신포 징수 등으로 나누어 서술했는데, 이와 매우 유사하다.

제2장 제2절 '대원군 시대의 대외 관계'는 '서교도(西敎徒) 학살의 유래와 프랑스 함대 내침' '대미 관계와 미국 함대 내습' '대일청 관계' 등의 항목으로 나누어 서술했다. 그는 서교도 학살과 관련해서는 당시 대원군은 러시아의 남하를 막기 위해 프랑스나 영국의 힘을 빌릴 필요가 있다고 생각했고, 서교도가 그 가교 역할을 해줄 것을 기대했으나 역할을 충분히 하지 못해 그러한 기대를 버리게 되었다고 보았다. 또 당시 조정 일반의 척사적인 분위기가 점차 고조되고, 러시아의 남하에 대한 위기의식이 약화되는 가운데, 청국에서 서교도를 학살했다는 소식이 들려오자 조선 조정에서도 서교도 탄압론이 강경해졌고, 대원군도 이를 막기 어려워졌던 것이라고 서술했다. 그는 1866년 프랑스군의 침략과 퇴거에 대해서는 대원군의 쇄국주의의 기세를 더욱 돋우어 주고, 서교도에 대한 가혹한 살육을 강화하는 결과만을 가져왔을 뿐이라고 평가했다. 같은 해 제너럴셔먼호 사건과 1871년 미군의 침략과 퇴거에 대해서도 쇄국양이주의와 서교도 초멸의 강화만을 가져온 결과가 되었다고 보았다. 그리고 "외인을 일층 경모케" 하는 결과도 가져왔다고 지적했다. 일본과의 관계에 대해서는 메이지(明治) 유신 이후의 서계 접수 문제와 일본 조야에서의 정한론 등을 다루었는데, 그의 지도

교수 게무야마의 『정한론 실상』에 많이 의존하여 서술하고 있다. 그는 당시 일본에서 정한론자들이 세력을 잃고, 얼마 뒤 조선에서 대원군이 세력을 잃은 것은 역사가 다음 단계로 발전하기 위한 필연적인 귀결이었다고 보았다.

이선근은 이 책의 결론 부분인 제3장 제2절에서 '대원군 정치의 이해득실'을 논했다. 그는 대원군이 외척의 전횡을 금하고, 붕당의 싸움을 일소하고, 전국의 서원을 철폐하여 양반 유생의 발호를 누른 후, 재정 개혁에 힘써 국방의 충실을 도모하고, 폐풍악습을 고쳐 민기(民氣)의 갱신을 촉진하고, 국방에 유의하여 종래 문약에 빠졌던 사기를 진작시킨 일은 긍정적으로 평가했다. 그러나 그의 외교는 부분적으로는 과단통쾌하여 칭찬할 만한 점도 있지만, 전체적으로 볼 때에는 대실책을 범했다고 보아야 한다고 논했다. 즉, 국제정세의 변천이나 일본의 내정 변화를 살필 만한 식견은 가지지 못했다고 본 것이다. 그리하여 맹목적인 쇄국양이주의만을 고수하여 국민의 국제적 진보에 큰 악영향을 주었다고 보았던 것이다.[25] 더 구체적으로 그가 대원군의 긍정적인 업적으로 본 것은 ①외척 제재, ②인재 등용, ③당벌 타파, ④서원 철폐, ⑤재정 개혁, ⑥풍속 개량, ⑦국방주의 등이었으며, 해악을 끼친 정책으로는 ①기독교도 학살, ②쇄국주의와 프랑스·미국 양군 격퇴의 척화양이책, ③간리(奸吏)를 과신한 것, ④과대한 역사(役事)로 가렴주구가 있었던 것 등을 들었다.[26] 그리하여 그는 공과를 비교해 말한다면, 서로 반반이 된다고 말할 수 있을지언정, 일방을 과장할 수 없다고 보았다.[27] 이선근의 대원군에 대한 평가는 하야시 야스스케의 경우와 매우 유사하다. 하야시 야스스케는 『조선통사』(1912)에서 "대원군의 정치에는 利와 害가 있어 아직 이를 논하기 어렵지만, 朋黨門閥의 弊를 타파하고, 衆民의 困苦를 덜고, 尙武의 氣象을 作興하고, 邊疆의 防備를 굳게 하고, 勤儉의 風을 장려하고, 紀綱을 振肅한 것은 그 당시에 効益이 있었던 것으로 숨길 수 없는 사실

25) 같은 책, 203-204쪽.
26) 같은 책, 209쪽.
27) 같은 책, 210쪽.

이다. 하지만 살육을 마음대로 한 것, 조세를 무겁게 한 것, 鄕會나 邑會와 같이 민중이 서로 돕고 구하는 良風美俗도 모두 금지한 것은 역시 暴政이라 하지 않을 수 없을 것이다. 요컨대 그의 剛斷猛厲함으로 조금도 逡巡 顧慮하지 않고 令을 내려 행하게 했으니, 이는 오로지 그 內治에서만 그러한 것이 아니라, 외국에 대해서도 또한 그러했다"고 평가했다.[28]

한편 이선근의 대원군의 공과에 대한 평가는 박은식의 『한국통사』의 대원군 평가와 약간 차이가 있다. 이선근은 1974년 세종대왕기념사업회에서 펴낸 교양 국사 총서의 하나인 『대원군의 시대』라는 책에서 대원군에 대한 기존의 평가를 검토했는데,[29] 이선근과 박은식의 견해에는 약간 차이가 있었다. 박은식은 내정개혁에 대해서는 "銅柱鐵壁 같이 굳어진 累世의 온갖 폐풍과 악습을 대원군은 단번에 때려 부쉈으니, 그는 진실로 이 나라 정치상의 대혁명가였다"고 평가했다. 반면에 대외정책에 대해서는 "대원군은 아깝게도 외교 지식을 배운 적이 없었으므로 배척을 위주하고 鎖國을 고집하다가, 腹心의 변란이 터지게 되어 무서운 殃禍가 나라에 미치게 되니, 중흥의 기회를 아주 상실하고 말았다. 애석하고 통탄할 일이라. 한국의 痛史는 진실로 이에서 시작된다"라고 썼다.[30] 즉, 박은식은 내정=긍정적, 외교=부정적이라는 평가를 내렸던 것이다. 박은식의 이와 같은 평가는 이분법적이고 다소 단순한 것이라고 할 수 있는데, 이선근은 박은식의 평가를 참작하면서도 하야시 야스스케의 평가를 더 따랐던 것이 아닌가 여겨진다.

이선근은 1946년 『조선 최근정치사』라는 책을 펴냈다. 이는 1934년 『동아일보』에 "속 조선최근세사"라는 제목으로 연재한 글로서 1874년 민씨 정권이 들어선 때부터 1893년까지를 다룬 것이었다. 이 책의 목차를 보면, 제1장 '민비정권의 성립과 개국의 경위', 제2장 '임오군란 전후', 제3장 '갑신정변과 그 영향',

---

28) 林泰輔, 『朝鮮通史』(富山房, 1912), 523-424쪽.

29) 이 책의 내용은 1931년의 『조선최근세사』의 내용을 시대에 맞게 환골탈태해서 새로 쓴 것이라 생각된다. 하지만 전체적인 기조에는 큰 변화가 없다고 해도 과언이 아니다.

30) 박은식, 『韓國通史』(大同編譯局, 上海, 1915), 1-2쪽.

제4장 '구미열강과의 외교관계', 제5장 '갑신 이후 10년간의 내외 정세'로 구성되어 있다. 즉 갑신정변을 가운데에 놓고, 그 이전 10년과 이후 10년의 역사를 서술한 것이다.

이선근은 이 책에서 갑신정변을 '독립당'(獨立黨) 대 '사대당'(事大黨)의 대립으로 표현했다. 물론 독립당을 개화당이라고 표현한 경우도 있다. 하지만 개화당보다는 독립당이라는 표현을 더 자주 사용했다. 이는 민씨 일파의 대청 사대주의를 더 부각시키기 위한 표현이라 할 수 있는데, 이와 같은 표현은 1901년 하야시 야스스케가 『근세조선사』에서 가장 먼저 사용한 것으로 여겨지고, 1912년에 나온 『조선통사』에서도 역시 같은 용어가 사용되었다.[31] 이후 쓰네야 세이후쿠(恒屋盛服)가 1904년에 펴낸 『조선개화사』(朝鮮開化史)에서도 '독립당'이라는 표현이 나온다. 그리고 다보하시 기요시(田保橋潔)가 1940년에 펴낸 『일선관계의 연구』(日鮮關係の硏究)도 역시 같은 표현을 사용했다. 반면에 박은식의 『한국통사』나 장도빈의 『임오군란과 갑신정변』에서는 그러한 표현이 전혀 없다. 따라서 이 부분은 이 책에서 이선근이 간간이 인용한 하야시 야스스케의 『조선통사』에서 따온 것이라 볼 수 있을 것이다.

이선근은 갑신정변이 실패한 원인으로 다음 네 가지 사실을 들었다.

① 국민의 힘을 배경으로 하여 그 지지를 받지 못한 것
② 완전한 준비공작이 없이 너무 급격하게 大事를 진행시킨 것
③ 自力 본위로 못하고 힘에 겨운 外力을 이용해 보자고 한 것
④ 시시각각으로 변하는 국제 정세의 추이를 통찰하지 못한 것[32]

위의 네 가지 사실 가운데 그가 가장 먼저 국민의 힘을 배경으로 그 지지를 받지 못한 것을 든 것은 주목할 만한 부분이다. 그는 수구 사대당의 완고한 국책

31) 林泰輔, 『近世朝鮮史』(早稲田大學出版部, 1901), 397쪽; 『朝鮮通史』(富山房, 1912), 551-552쪽.
32) 이선근, 『朝鮮最近政治史』(정음사, 1949), 222쪽.

을 깨뜨리고 국가 대정을 단연 쇄신하여 조선이 독립국가로서 위신을 가지고 국제무대에 새롭게 등장하도록 하기 위해서는 국민과 더불어 그들의 힘을 모으지 않고서는 불가능하다고 생각했다. 그런데 당시 인민들은 독립당의 행동을 전혀 이해하지 못한 채 '역적모의한 것'이라고 보는 것이 일반적이었다는 것이다. 따라서 그는 독립당이 먼저 국민을 깨우쳐 그들의 열렬한 포부와 원대한 이상을 충분히 이해시킨 뒤에 국내 대세와 민심을 휘어잡았어야 했다고 지적했다.[33] 또 외력을 이용하려 한 것을 비판하는 부분에서는 "동서고금을 물론하고 자국의 주권 확립과 내정 개혁을 도모하려는 자는 외국의 힘을 빌어 성공한 예가 거의 없다"고 지적했다.[34] 또 독립당이 국제 정세에 어두웠던 것을 비판한 부분에서는 "(독립당이) 일, 청 양국의 정치적 동향에도 아주 어두웠으니, 저 불청전쟁의 추이를 스스로 살피어 독자적인 입장에서 이를 판단하지 못하고, 겨우 일본으로부터 한 달 늦게 도착되는 신문지를 통하여 그 윤곽을 짐작"하는 수준일 정도로 국제 정세에 어두웠다고 지적했다.[35]

그리고 그는 갑신정변이 실패한 이후, 독립당이 키워 놓은 인물이 없어 개혁을 계속해서 추진할 수 없었던 것을 안타깝게 생각했다. 갑신정변 이후 10년사에 대해 그는 이 책의 말미에서 이렇게 서술했다. "東學의 大亂이나, 淸日의 戰局은 결국 갑신 이후 태평 10년간에 朝鮮이란 老木을 좀먹어버린 戚臣 貴族 事大黨들의 죄책이 아니고 무엇이랴. 조선을 중심한 외세의 관계로 보아 모처럼 닥쳐왔던 이 '태평 10년'의 호기회도 정권을 잡은 무리들의 끝없는 실패에서 헛되이 지내고 말았다"고 아쉬워했다.[36]

한편 그는 이 책에서 여러 책들을 인용하고 있는데, 주요 인용 서적은 윤효정의 『風雲 韓末秘史』, 朝鮮史學會 編의 『朝鮮史講座』(3책), 기쿠치 겐조(菊池謙讓)의 『朝鮮雜記』(1931), 『大院君傳』, 이능화의 『朝鮮基督教及外交史』, 시

33) 같은 책, 223쪽
34) 같은 책, 226쪽
35) 같은 책, 228쪽
36) 같은 책, 358쪽

노부 준페이의 『韓半島』, 장도빈의 『壬午軍亂과 甲申政變』, 『大院君과 明成皇后』 등이었다.37)

1963년 이선근은 진단학회에서 펴낸 『한국사』의 최근세편을 담당해 집필했다. 이 책에서 그는 19세기 초 세도정치기부터 1894년 이전까지의 역사를 서술했다. 이 책은 대체로 보아 앞서 살핀 『조선최근세사』와 『조선 최근정치사』의 내용을 다소 보강하여 서술한 것으로 볼 수 있다. 다만 그가 해방 이후 관심을 새롭게 가진 동학의 창도와 동학사상 부분이 추가되었다고 할 수 있다.

이 책에서는 앞서 본 두 책에서 인용하지 않았던 사료들을 추가로 인용하면서 서술했다. 예를 들어, 조선사편수회에서 편찬한 『조선사』 제6편 제4권(1864~1894년에 대해 서술, 1932~1940에 편찬)을 자주 인용하고 있는데, 이에는 『고종실록』의 자료가 다수 인용되어 있기 때문이었다. 부분적으로는 직접 『고종실록』을 인용하고 있으나, 이 시기 그가 직접 실록을 열람하고 인용했는지는 확실하지 않다. 그밖에도 다보하시가 1940년 조선총독부 중추원에서 출판한 저서인 『근대일선관계연구』(近代日鮮關係研究, 상, 하)도 자주 인용하고 있다. 개항 이후 일본과 조선 간의 관계에 대한 서술에서는 이 책에 상당히 의존하고 있다고 할 수 있다. 그리고 일본에서 새로 펴낸 『일본외교문서』(日本外交文書) 자료집도 새로이 인용하고 있는 주요 자료이다.38)

이제 이 책의 내용을 좀 더 자세히 살펴보자. 『한국사』 최근세편의 제1편 제1장의 제1절은 '왕조의 쇠미와 세도정치'이다. 그는 여기서 왕조 쇠미의 원인으로 사대사상의 폐해, 사색당쟁의 해독, 양대 전란의 피해를 들고 있다. 또 척

37) 그밖에 많이 인용한 글과 책들은 다음과 같다. 羽島半次郎, 「江華條約締結當時の追憶」, 『青丘學叢』5(1931); 필자 미상, 『倭史日記』; 細井肇, 『女王閔妃』(1931); 金玉均, 『甲申日錄』; 민태원, 『金玉均實記』; 『朝鮮京城事變始末書』(井上特派全權大使復命書)(1928), 『明治文化全集』6권 수록; 『伊藤博文秘錄』; 林泰輔, 『朝鮮通史』(1912).

38) 그밖에 이 책에서 자주 인용하고 있는 책들은 다음과 같다. 황현, 『매천야록』; 헐버트, *The History of Korea*; 이능화, 『朝鮮基督教及外交史』; 尹孝定의 『風雲 韓末秘史』; 박은식, 『韓國痛史』; Griffis, *Corea the Hermit Nation*; 渡邊勝美, 『朝鮮開國外交史研究』(1941), 경성; 細井肇, 『女王閔妃』, 東京, 1931; 朝鮮史學會編, 『朝鮮史講座』(3책)(1923, 1924).

족의 발호와 세도정치, 지방행정과 아전·토호의 발호, 삼정문란과 민중의 항쟁 등을 쓰고 있다. 조선 후기에 대한 이와 같은 서술은 앞서 본 『조선최근세사』의 서술 내용과 거의 같다. 아직 자본주의 맹아론, 조선 후기 사회변동론이 나오기 이전인 1960년대 초에 이 책이 나왔기 때문이라고 볼 수도 있지만 뒷날 쓴 다른 책들에서도 그는 자본주의맹아론 같은 것은 언급하지 않았다. 그는 다만 실학사상의 대두에 대해서는 이를 받아들이게 된다.

다음 대원군에 대한 평가 부분을 보면, "대원군은 內政에서는 여러 치적을 드러내면서 국민들의 사기를 진작하고 국력의 충실을 기하였다. 그러나 대원군은 격동하는 국제 정세에 지식이 희박하였고, 정부 관료들과 재야의 사림들도 그러한 안목과 지식을 가진 인물들이 거의 없었기 때문에 대원군의 대외정책은 서양 세력의 침략에 제대로 대응하지 못하고 말았다. 그러나 대원군의 10년간의 업적을 역사적으로 평가할 때 외교 면에서의 실패를 가지고 너무 과소평가할 수는 없다"는 내용으로 요약된다. 이 또한 앞서 본 『조선최근세사』의 내용과 거의 같다.

갑신정변에 대해서는 『조선최근정치사』에서 서술한 내용과 거의 같은 내용으로 서술하고 있다. 즉 그는 갑신정변의 실패 원인으로서, 독립당이 이를 일으킨 동기는 나무랄 수 없으나, 그 실패 요인으로 국민 대중을 계몽시키지 않고 대중들과 유리된 채 거사를 했다는 것, 준비 공작이 너무 조급하고 소루했다는 것, 일본의 외력을 이용하고자 했다는 것, 급변하는 정세를 파악하여 이에 대처할 줄 몰랐다는 것 등을 들었다. 아울러 독립당의 패배는 대내외적으로 무서운 반동과 역효과를 초래했다는 것을 아울러 지적했다. 하지만 그는 이 책에서는 "그러나 그들의 패배와 참담한 수난이 결코 무의미한 바도 아니었으니, 그들은 실로 근대국가(민족)주의(=Nationalism)의 선구자들이었다. 왕조 말기의 이 나라에서 그래도 정치적으로 '人民平等의 權'을 내세워 민주주의의 편모를 찾고 자주독립의 개혁을 시도해 본 인사가 있었다면 그들이 최초가 아니더냐" 하여, 근대국가 수립을 위한 민족주의 운동의 선구로서 그들을 평가하기도 했다.[39] 그의 갑신정변에 대한 시각에서 약간의 변화가 있었음을 엿볼 수 있다.

이선근의 근대사 연구와 관련된 또 하나의 주요 저작은 『한국독립운동사』(상문사, 1956)이다. 이 책은 제목은 한국독립운동사이지만, 실제 내용은 1876년 개항부터 1919년 3·1운동까지의 역사이다. 따라서 그동안의 『조선최근세사』, 『조선최근정치사』에서 미처 다루지 못했던 1894년 이후부터 1919년까지의 역사가 새로이 추가된 것이라고 할 수 있다. 그는 1894년 이후의 역사를 제4장 '동학란과 갑오경장', 제5장 '열강의 각축과 독립협회운동', 제6장 '을사보호조약과 항일투쟁', 제7장 '민족의 궐기 기미독립운동'으로 나누어 서술하고 있다.

우선 그는 동학과 동학란은 "단순한 일개 종파와 신도들의 신앙만을 위한 항쟁이 아니었고, 근대 우리 민족의 고유한 민족 신앙과 독립정신 아래, 안으로 양반 귀족의 부패한 정치를 혁신하여, 밖으로 청, 일본, 러시아 등의 外力를 배제한 다음, 문자 그대로 護民 救國하자는 空前의 혁명적인 운동이요, 또 항쟁이었다"고 높이 평가했다.40)

갑오개혁에 대해서는 일제의 무력과 음모 아래 자주독립을 위한다는 내정개혁이 시작되었으니, 그 자주와 그 개혁은 제대로 될 리 없었다고 낮게 평가했다. 그는 군국기무처의 개혁은 "일제의 무서운 무력 앞에 청일전쟁의 銃砲聲과 그 戰禍를 받으면서 심의하고 추진한 것이라 民度와 民心이 솔직하게 이를 용납하고 소화할 수는 도저히 없었다"고 평가했다. 다만 그는 비록 강제 당한 개혁일망정 그 내용이 획기적인 것임에는 틀림없었다고 보았다.41)

그러면 그는 명성황후에 대해서는 어떻게 평가했을까. 그는 1894, 95년에 있었던 이준용 옹립사건, 제2차 김홍집 내각 붕괴, 박영효의 재몰락 등을 모두 민비와 관련시켜 서술했다. 그는 앞의 두 사건을 통하여 "한동안 거세당했던 왕실과 외척의 세력이 민비의 종횡 기민한 책략과 수완 앞에 복구되었다"고 지적

39) 진단학회 편, 『한국사』 최근세편(을유문화사, 1961), 670쪽.
40) 이선근, 『韓國獨立運動史』(尙文院, 1956), 110쪽.
41) 같은 책, 128쪽.

하고, 민비는 "실로 深宮에 처한 여성일망정, 우리 역사에 보기 드문 權謀術數의 화신이며, 變通自在한 政略家였다"고 평가했다. 박영효가 다시 몰락하고 일본으로 재차 망명하게 된 것에 대해서는 "자주독립이라는 조국을 위하여 내정개혁 등에 열중하던 그도 이제 와서는 민비의 무서운 정략에 우롱당하고 희생된 것"일 뿐이라고 지적했다.[42] 1895년의 을미사변에 대해서는 '30년에 걸친 왕실의 골육상쟁', 즉 대원군과 민비 사이의 복수전의 결말이라고 보면서, "그러나 그들의 싸움이 종막을 고했다고 해서, 그것이 초래한 결과는 그다지 시원할 것도 없었으니, 이 최후의 비극은 무엇보다도 왕실의 주권과 국가의 위신을 처량하게도 실추시킨 때문"이라고 비판했다.[43]

그는 을미사변 이후의 김홍집 내각에 대해서는 비판적으로 서술했고, 특히 단발령에 대해서는 매우 비판적이었다. 그리고 아관파천에 대해서는 "내 궁전을 버리고 남의 공사관을 찾아들게 된 고종의 심정은 저 을미사변 이래로 그 궁전이 공포요 전율인 이상 아무것도 아니었기 때문에 오히려 무리가 아닐지 모르나, 하룻밤 사이에 감쪽같이 이 나라의 주권인 국왕을 잃어 버리게 된 그 정부와 그 국민의 느낌이니 몰골은 그 무엇으로 형언할 수 있을까"라고 하여, 고종의 아관파천을 비판했다.[44]

이선근은 서재필의 독립협회 설립, 독립문 건립, 『독립신문』 발간 등에 대해서는 이를 매우 높이 평가했다. 그것은 서재필이 갑신정변 이후 미국으로 망명했다가 다시 돌아온 뒤 대신의 지위를 맡지 않고 민중 계몽을 위해 노력했다고 하는 점 때문이다. 이선근은 갑신정변기부터 개화파가 먼저 해야 할 일은 정변보다는 민중 계몽에 있었다고 생각했기 때문이다. 그는 "독립협회기에 뿌려진 민주, 혁신의 씨앗은 오늘의 민주대한을 건설하는 위대한 원동력으로도 되어 온 것이니, 독립협회의 힘찬 운동이야말로 우리 민족의 민주, 독립운동을 비

42) 같은 책, 151, 156쪽.
43) 같은 책, 169-170쪽.
44) 같은 책, 181쪽.

로소 기초 세운 역사적 위업이었다"고 평가했다.[45] 독립협회에 대해 높이 평가하는 대신, 그는 대한제국의 성립에 대해서는 비판적이었다. 그는 "형식과 체면만을 갖추어 놓고 자주독립의 내용과 실천이 그에 따르지 못한다면, 그 무엇이 떳떳한 독립이냐. 신생 '대한제국'이란 형식과 명칭뿐이었고, 내실에 있어서는 의연 상술한대로 제로(帝露)의 농락에 좌우되는 것이었다"라고 비판했다.[46]

이후 그는 러일전쟁과 '을사보호조약'의 강제와 의병봉기, 조선통감부의 설치, 헤이그 밀사사건과 정미7조약, 군대해산, 안중근 등의 의거 등 한말의 정치사에 대해 개략적으로 서술했다. 또 1910년 일본의 한국병합과 총독부의 설치, 총독 정치 등에 대해 서술한 뒤, 마지막으로 2·8독립선언과 3·1독립만세운동에 대해 서술했다. 그는 그의 형 이종근이 대표의 1인으로 참여한 2·8독립선언에 대해 자세히 서술하고 그 의의를 높이 평가했다. 3·1운동에 대해서는 자신이 직접 겪은 서울에서의 독립선언과 시위에 대해 주로 자세히 서술했지만, 각 지방에서의 시위에 대해서는 비교적 간단한 서술에 그쳤다. 전체적으로 보면, 3·1운동의 발발 과정에서 2·8독립선언에 참여한 학생들의 영향과 민족 대표 33인과 그들을 지원한 이들의 활동을 강조했다고 볼 수 있다. 상하이에서의 여운형 등 신한청년당의 활동에 대해서는 전혀 언급하지 않았다. 3·1운동 이후의 독립운동에 대해서는 의열투쟁을 중심으로 간단한 언급이 있을 뿐 전혀 쓰지 못했다. 따라서 이 책의 제목은 '한국독립운동사'이지만, 이 책은 실제로는 독립운동의 초기 부분에 대해서만 서술한 책이다.[47]

---

45) 같은 책, 239쪽.

46) 같은 책, 211쪽.

47) 『한국독립운동사』의 목차는 다음과 같다.

제1장. 독립정신과 사대사상
제2장. 개화독립운동의 대두
제3장. 개화독립당과 갑신정변
제4장. 동학란과 갑오경장
제5장. 열강의 각축과 독립협회운동
제6장. 을사보호조약과 항일투쟁
제7장. 민족의 궐기, 기미독립운동

Ⅳ. 화랑도 연구

이선근은 근대사 연구자였지만, 해방 이후에는 고대사 가운데 특히 화랑도에 주목하여 이와 관련된 책 세 권을 펴냈다. 가장 먼저 나온 책은 1949년의 『화랑도 연구』(해동문화사)였으며, 두 번째 책은 1971년의 『화랑도』(형설출판사)였고, 세 번째 책은 1974년 『화랑도와 삼국통일』(세종대왕기념사업회)이었다.

그가 화랑도에 주목하게 된 것은 해방 이후 그가 우익청년운동과 관련을 맺으면서부터였던 것으로 보인다. 그는 1946년 1월 반탁학생연맹 고문을 맡았으며, 1947년 9월 대동청년단 부단장 겸 훈련원장을 맡았다. 그리고 1947년 11월 서울문리대 정치학과 주임교수로서 학생처장을 겸임(3년간)하면서 좌익 학생들을 축출하는 역할을 맡게 되었다. 그리고 1948년 대한민국 정부가 수립된 이후 문교장관 안호상의 지시로 각 대학에는 총학생회가 아닌 '학도호국단'이 조직되었는데, 그가 첫 번째 책을 펴낸 것은 1949년 11월이었던 것이다. 그런데 그가 이 책에 실은 내용은 이미 대동청년단의 기관지인 『대동신문』에 연재한 것이었다고 하는데, 현재 그 신문을 구해볼 수 없어 그 시기가 언제인지는 명확지 않다.

이선근은 『화랑도 연구』의 「서언」에서 1948년 12월 19일 기존의 우익청년단들이 모두 대한청년단으로 통합된 것과 1949년 4월 학도호국단이 결성된 사실을 들면서, "청년과 학도들은 그 어느 민족, 어느 국가를 막론하고 그 기본역량인 동시에 내일의 흥망성쇠를 스스로 담당하는 전위적인 사명을 갖고 있다"고 지적했다. 그는 "대한의 청년과 학도가 민족통일의 대업을 앞에 두고 이처럼 단일조직체계 아래 재편성된 것은 일대 광명"이라면서, 이제 이들 운동은 어떤 역사적 배경 아래 무엇을 지향하고 금후의 발전을 기대할 것인지를 찾아보아야 할 것이라 했다. 그는 대한의 청년운동이나 학도운동은 미국이나 영국의 청년처럼 부유한 자본주의 국가의 역사와 문화를 계승하려는 것도 아니요, 소련의 청년처럼 공산주의 철학을 계승하여 무산독재를 꿈꾸려는 것도 아니며, 이미 몰락한 군국주의나 나치즘을 들추어 보고자 나온 것도 아니라고 말했다. 그는 "동방의 빛이요 동방의 샘인 배달민족의 한 마음 한 뜻과 한 나라 한 살림을 알뜰히 이루어 보고저 그 문화, 그 역사를 오로지 계승하여 나온 것이니 그 연원은 오래고 깊으며 그 배경은 넓고도 큰 것"이라고 말하고 있다. 그가 말하는 연원이란 바로 화랑도를 가리키는 것이었다. "신라 화랑도에서 그 혼, 그 기백을 찾을 수 있고, 낭도들의 씩씩한 기질, 용감한 행동에서 오늘의 강령, 오늘의 신조도 찾을 수 있는 것"이라고 말했다. 그는 "화랑도는 대한청년운동, 학도운동 나아가 우리 국민운동의 역사적 배경이오, 연원이며, 郎徒들의 일체 행동은 오늘의 젊은이들에게 불멸의 귀감이오 또 道標인 것"이라고 주장했다.[48] 결국 이 책은 해방 이후 우익청년단과 우익 학생운동의 이념적 뿌리를 찾기 위한 것이었다고 할 수 있다.

앞서 본 것처럼 그는 한국전쟁이 발발하기 직전인 1950년 2월 국방부 정훈국장을 맡았고, 한국전쟁이 발발한 뒤 정훈국장으로서 보도·선전 등을 담당했다. 그리고 1950년 7월에는 대한학도의용대 총지휘관을 맡았다. 이후 1952년 3월 서울문리대 정치학과 주임교수로 복직할 때까지 약 2년 동안 군문에 있었다. 1950년 10월 이선근은 이 책의 재판을 출판했는데, 이때 이 책의 서문을 당시 육군참모총장인 정일권이 썼다. 정일권은 서문에서 "역사를 회고하여 군인의 귀감이 될 인물, 사업, 주의를 더듬어 볼 때 우리는 민족의 遺財로서 짐짓 花郎道를 들지 않을 수 없다. 화랑도야말로 모든 국난을 극복할 수 있는 우리의 基幹精神이며, 우리 조국이 영원히 발전할 수 있는 '意志'인 것"이라고 썼다.[49]

이 책의 목차를 보면 다음과 같다.

제1장. 新羅의 隆興과 花郎道
제2장. 麗朝 建國 以後의 花郎道
제3장. 事大思想과 李朝의 黨爭禍
제4장. 黨爭과 李朝의 國難

48) 이선근, 「序言」, 『花郎道研究』(海東文化社, 1949).
49) 이선근, 『花郎道研究』(東國文化社, 1952), 재판 서문.

식민지 시기 화랑에 대한 연구는 주로 일본인 식민주의 역사가들과 한국인 민족주의자들에 의해 이루어졌다. 일본인들로서는 이마무라 도모(今村鞆), 아유가이 후사노신(鮎貝房之進), 이케우치 히로시(池內宏), 미시나 아키히데(三品彰英) 등이 화랑에 관한 글을 남겼다. 이 가운데 이케우치 히로시는 신라문화의 특색을 화랑정신에서 찾고, 화랑정신의 핵심을 무사적 정신에 두었다. 한편 미시나 아키히데는 민족학적 방법으로 화랑을 연구하고자 했는데, 그는 화랑제도가 남방 제 민족의 남자집합조직과 유사하다고 보았으며, 그 기능을 군사적 측면에서 찾아 화랑을 군사적인 국가 봉사단적 성격으로 규정하고자 했다. 아유가이 후사노신는 문헌고증적 방법론을 동원하여 화랑정신의 원류가 일본의 무사도에 있다는 것을 증명하고자 애썼다. 한국의 민족주의 사가들 가운데 화랑을 가장 먼저 연구한 이는 장도빈이었다. 그는 화랑의 활동과 덕목에 관해 초점을 맞춰 화랑에 대해 서술했다.[50] 이어서 화랑에 대해 연구한 이가 바로 신채호였다.

신채호는 「조선역사상 1천년래 대사건」이라는 글에서 화랑에 대한 새로운 해석을 시도했다. 신채호는 랑유불(郎儒佛) 3가의 원류에 대해 서술하면서, "郎은 곧 신라의 花郎이니, 花郎은 본래 上古 蘇塗 祭壇의 武士, 곧 그때에 '선비'라 칭하던 자인데, 고구려에서는 皁衣를 입어 皁衣仙人이라 하고, 신라에서는 美貌를 취하여 花郎이라 하였다. 화랑을 國仙·仙郎·風月徒 등으로 칭하였다. …… 화랑은 곧 신라 이래 國風派의 重鎭이 되어, 사회사상계의 一位를 점령하였던 것이다" 하고 썼다. 신채호는 고려 이후에도 낭가(郎家) 사상은 전승된다고 본다. 즉, 태조가 불교를 국교로 삼고, 유교와 화랑 또한 참용했는데, 그 뒤에 점점 유교를 존숭하고, 광종대에 이르러 쌍기를 써서 과거제도를 개설한 뒤부터 유교가 가장 중시되었다고 보았다. 유교는 불교와는 배타적인 성격이 강하여

50) 최광식, 「화랑에 대한 연구사 검토」, 『화랑문화의 신연구』(문덕사, 1996), 56-58쪽.

낭도를 누르고자 했고, 성종은 유교를 더욱 숭상하여 태조 이래 진행되어 온 낭도의 화랑회와 불교의 연등회, 팔관회를 폐지했다고 보았다. 이에 이지백이 성종에게 거란의 침입에 대응하기 위해 연등, 팔관, 선랑회를 회복하고 신명에 고한 연후에 거란과 맞서 싸울 것을 주청했다고 한다. 여기서 그는 선랑회란 바로 화랑회를 가리킨다고 본 것이다. 이후 예종대에 이르러 예종과 윤관은 여진과 싸우기 위해 화랑도를 부활시키고자 노력했다고 보았으며, 인종대에 이르러 여진의 금나라에 대응하는 태도를 놓고 묘청과 윤언이 일파가 칭제북벌론을 주장하다가 결국 김부식 일파에게 거꾸러지고 말았다고 보았다. 그는 김부식이 『삼국사기』를 지으면서 사대주의적인 입장에서 이에 거스르는 사료와 비유교적인 색채의 사료는 모두 인멸했다고 주장했다. 신채호는 "김부식 이전의 조선사는 거의 부식의 이상과 배치되어 疆土는 遼河를 건너 東蒙古까지 연접한 때가 있으며, 사회는 郎家의 宗教的 武士風을 받아 孔孟의 遺訓과 다른 방면이 많았다"고 주장했다. 그는 또 "郎家에서 女教師를 源花라 하고, 男教師를 花郎이라 한 것이거늘 삼국사기에는 원화와 화랑의 구별을 혼동했으며, 斯多含傳에 사다함이 진흥왕 26년에 화랑이 되었거늘 本紀에 진흥왕 27년에 源花 花郎이 시작되었다고 하여 그 연대를 착오했으며, 화랑은 고구려 皁衣仙人을 모방한 者이어늘 그 내력을 말살했으니 可惜한 일"이라고 지적했다.

신채호의 화랑론을 계승한 이는 백낙준으로서, 그는 1933년 『동광』(東光)에 실린 「고조선의 國風 花郎道란 무엇인가」라는 글에서 화랑도를 크게 부각시켰다. 그는 "어느 민족이든지 그 品性과 趣向과 좋게 여기는 습관이 있나니 그것이 劃然히 드러나 다른 민족과 다른 점을 나타내게 되면 우리는 그것을 國風 혹 民風이라고 일컬을 것"이라 했다. 그는 우리 민족의 민풍으로서 현저히 들 만한 것은 "신라의 국민적 긴장을 일으켰던 화랑도"를 들 수 있을 것이라 했다. 그는 앞서 본 신채호의 글을 인용하면서, 그의 글을 통해 화랑도의 유래와 정신의 윤곽을 알 수 있을 것이라 했다. 백낙준도 역시 화랑도를 일종의 인재 등용의 제도로 보아 이 제도를 통해 현좌충신과 양장용졸(良將勇卒)을 뽑을 수 있었다고 긍정적으로 보았다. 즉, 화랑제도의 목적은 인물 양성과 인재 등용에 있었고, 이를 통해 나라를 크게 일으키려 했다는 것이다. 이어서 그는 화랑의 전기 내용들을 열거하면서, 이들 화랑도의 정신을 한마디로 말하면 '臨戰無退'요 '見義輕生'이라 할 수 있다고 보았다. 그는 "인재를 배양하되 이러한 정신을 주입함은 勇將烈士를 만들기 위함이요, 良將勇卒을 기름은 欲興邦國이었으니, 화랑도의 발달은 물론 民氣鼓昴과 國勢激揚을 의미함이다"라고 주장했다. 백낙준의 주장은 화랑제도를 단순한 인재 양성과 등용을 위한 제도의 수준을 넘어 용장열사를 양성하기 위한 제도였다고까지 나아갔다. 그는 또 화랑 귀산전에 나오는 고승 원광법사의 세속오계를 들면서, 제5계의 살생유택은 화랑도의 임전무퇴 정신과 충돌하는 듯 보이지만, 사실은 이를 불교의 입장에서 중화시키기 위한 것으로 볼 수 있고, 세속오계는 전체적으로 볼 때 화랑도의 정신이었다고 주장했다.[51] 그밖에도 화랑을 연구한 한국인 연구자로서는 유창선이 있었다. 그는 화랑제도의 기원을 사마니즘에서 구하여 화랑을 종교 집단의 하나로 보았으며, 그러면서도 화랑제도의 근본정신을 무사적 정신에서 구하여 화랑을 일종의 청년무사단으로 보았다.[52]

해방 이후 이선근의 화랑도 연구는 앞서 본 신채호와 백낙준의 글의 연장선 위에 서 있는 것으로 보인다. 이선근은 『화랑도 연구』라는 책의 부록으로 아예 신채호의 「조선역사상일천년래 대사건」을 전재해 놓기까지 했다. 그러면 이제 이선근의 화랑도론을 살펴보자.

이선근은 화랑도의 연원에 대해서는 "이제 화랑도의 연원부터 따져보건대 그 칭호에 있어서는 源花니 國仙이니 仙郎 혹은 風月 등의 同名異稱이 있는 터이오, 신라뿐만 아니라 고구려에 있어서도 皁衣仙人같은 유사한 존재가 있었다고 한다. 따라서 문헌을 초월한 추론을 용인할 수 있다면, 연대나 기원 같은 것도 진흥왕 이전에서 탐구하여 볼 수 있는 것이다. 그러나 우리가 소유한 사료의

51) 백낙준, 「古朝鮮의 國風 花郞道란 무엇인가」, 『東光』 제40호(1933.1), 29-32쪽
52) 유창선, 「신라화랑제도의 연구」, 『신동아』, 1935년 10, 11, 12월, 1936년 1, 2, 3월.

범위 내에서는 역시 진흥왕 시절을 중심하여 표면화된 청년신라의 애국운동으로밖에 규정할 수 없는 것이니, 그 비롯한 연대를 지적하기는 매우 어려우나 진흥왕 27년 고령가야의 激戰에서 勇名을 날린 장군 斯多含傳에 '時人이 청하여 화랑으로 받들매, 不得已爲之라. 그 무리 무려 1천인이나 모다 그 환심을 얻게 되었다(三國史記)' 하고 기록한 것으로 보아 진흥왕 23년보다 훨씬 앞서 민간청년의 애국운동으로 이미 발단한 것이 틀림없는 것이다"라고 주장했다.[53]

또 "화랑도의 현묘 심원한 기원은 申丹齋같은 분의 所論대로 진흥왕 시대보다 훨씬 앞서 삼국시대 초엽일지도 알 수 없으며 신라에 국한한 것이 아니라 삼국 중 그 어느 나라에나 제대로 움돋아 온 것일지도 알 수 없다. 그러나 이것이 청년을 상대로 한 애국운동의 형태로 가장 씩씩하게 체계화하고 조직화하기는 역시 진흥왕 초엽의 신라임에 틀림없는 것이오, 이 운동이 일보 진전하여 국가적인 방침 아래 권위와 신망을 갖추게 되기는 진흥왕 37년의 사실임에 틀림없다"고 했다.[54]

그러면 화랑도와 세속오계에 대해서는 어떻게 보았을까. 이선근은 이 책에서 『삼국사기』 귀산전에 나오는 원광법사의 세속오계(사군이충, 사친이효, 붕우유신, 임전무퇴, 살생유택)와 관련하여, "이상의 기록 가운데 花郎의 五戒라고 명시한 바는 없으나, …… 연대로 보아 이즈음은 화랑도가 전성했던 시기이요, 국가적인 방침과 권위 아래 청년교육, 청년훈련의 지침이 되었던 터이라. 어느 모로 비추어 보든지 불교승이 보살 십계 이상으로 당대 청년에게 권할 수 있는 것이라면 비록 '세속'이라 했지만 화랑도의 '戒'이었음이 틀림없다"고 주장했다.[55] 이와 같은 주장은 이미 앞서 본 백낙준의 것을 그대로 이어받은 것이었다. 이선근의 이와 같은 주장 이후 한동안 원광법사의 '세속오계'는 화랑도의 것이라는 설이 정설이 되다시피 했다. 하지만 오늘날 한국사학계에서는 이와 같은 주장은 거

53) 같은 책, 3쪽.
54) 같은 책, 4쪽.
55) 같은 책, 6-7쪽.

의 부정되고 있다. 세속오계는 오히려 신라 일반 국민들의 것이지 화랑도의 특정한 집단의 것이 아니라고 보는 것이 일반적인 견해이다.

또 이선근은 화랑도 집단의 성격과 관련하여 신라가 화랑을 키운 것은 용장과 열사를 길러 호국의 지주로 삼기 위한 것이었다고 보았다.[56] 즉, 화랑을 '국토방위와 국위선양에 동원'하기 위해 양성했다는 것이다. 이는 화랑을 '전사단, 준군사적 집단'으로 본 것이라 할 수 있다. 이러한 주장 또한 앞서 본 백낙준의 주장을 그대로 이어받은 것이었다. 하지만 오늘날에 와서 이와 같은 시각은 크게 비판받고 있다. 전사단, 준군사적 집단의 성격을 강조하는 것은 일제시기 식민사학자들의 연구 경향을 답습한 것으로 지적되고 있는 것이다. 거기에다 해방 이후 이선근의 이와 같은 주장은 위에서 본 바와 같이 해방 직후의 우익청년단, 학도호국단, 그리고 국군의 이념적 토대를 만들고자 하는 비학문적 의도가 담긴 것이었다. 따라서 오늘날 학계에서 이와 같은 주장은 크게 약화되고, 대신 화랑을 기존의 주장처럼 '인재 양성을 위한 집단' 정도로 보거나, 아니면 가무집단, 종교제사집단 등으로 보는 여러 시각이 제기되고 있다.[57]

이선근의 『화랑도 연구』는 전체적인 틀에서 신채호의 것을 그대로 따르면서 그 내용을 좀 더 풍부하게 한 것이라 볼 수 있다. 그는 고려 이후 화랑도가 어떻게 존속했고, 또 어떻게 몰락해 갔는지를 신채호의 「조선역사상 1천년래 제일 대사건」의 틀에서 그대로 빌려 쓰고 있다. 그리고 조선시대 이후에는 사대한화주의(事大漢化主義)와 존명숭유주의(尊明崇儒主義), 그리고 당쟁에 의해 화랑도, 민족정기와 독립정신이 완전히 압살되었다고 쓰고 있다. 다만 임진왜란 때 충무공 이순신에 의해 다시 되살아났다고 보았다. 그는 "충무공의 행적과 사상의 배경은 역시 우리 민족의 고유한 전통이요 고유한 신앙이며 우리 민족의 독립정신이오 자주이념인 화랑도를 떠나서 생각할 수 없다"고 주장했다.[58] 그는 충

56) 같은 책, 12쪽.
57) 최광식, 앞의 글; 최재석, 「화랑연구의 성과」, 『화랑문화의 신연구』(문덕사, 1996).
58) 이선근, 『花郎道研究』(海東文化社, 1949) 112쪽.

무공이 화랑도에 대해 몰랐을 리 없다고 주장하면서 그 근거의 하나로서 충무공과 동시대의 인물인 이수광이 쓴 『지봉유설』(芝峰類說)에서 국속에 '선'(仙)이라 일컫는 것이 신라 때 화랑 국선의 '선'에서 기원한 것이라 했고, 다시 영랑, 술랑의 사선사화를 밝힌 다음, "이제 時俗에 男巫를 가리켜 花郞이라고 일컬으나 이것은 그 本旨를 상실한 것"이라고 논파하여 그동안 무시당해 온 화랑을 변호했다는 것이다.[59)]

이선근은 화랑도의 독립정신은 이후 최제우의 동학 창도로 이어졌다고 보았다. 그는 최제우가 화랑도의 발상지인 경주 출생이며, 화랑도 사료 가운데 가장 귀중히 여겨지는 난랑비 서문의 작자인 최고운의 후손이며 호(號)도 고운을 본받아 수운이라 했다는 것, 수도한 방법과 득도한 경로가 신라의 국선화랑인 김유신의 전기와 유사하다는 것 등을 지적했다. 그는 또 사상적 측면에서도 동학은 유불선, 즉 ①仁과 義를 강조한 유교, ②자비와 평등을 주지로 삼는 불교, ③무욕과 청정을 강조한 도교를 수렴한 것인데, 이는 최고운의 난랑비 서문에서 풍류가 유불선 삼교를 포함하고 접합시킨 것이라 한 내용과 유사하다고 지적했다.[60)] 그는 동학은 천도교로 이어졌고, 천도교가 주도한 3·1운동에서 화랑도의 정신인 자주독립 사상이 꽃피우게 되었다고 보았다. 그리고 그는 이 책의 결론 부분에서 3·1정신은 대한민국의 건국이념으로 이어진다고 보았다. 그의 결론은 이러했다. "대한민국의 건국이념은 확실히 3·1정신의 계승이니 3·1정신은 곧 우리 민족 고유의 전통이요 신앙인 화랑도와 동학도와 천도교를 거쳐 기미운동에 뻗친 사상적 요소를 뼈로 한 것이며, 이에 다시 근대 세계의 민주주의 사조를 수입함으로써 민족적인 자각 아래 체득 발견한 독립정신이 갑신정변을 거치고 독립협회를 거쳐 기독교로부터 기미운동에 뻗친 사상적 요소를 살로 한 것이다"라고 주장했다.[61)] 대한민국의 건국이념의 연원을 화랑도에서 찾고자

59) 같은 책, 113쪽.
60) 같은 책, 140-141쪽.
61) 같은 책, 198쪽.

하는 것이 그의 궁극적인 목표였던 것이다.

이선근이 1971년에 낸 『화랑도』는 앞서 본 1949년의 『화랑도 연구』를 다시 조판하여 낸 것이며, 1974년에 낸 『화랑도와 삼국통일』은 진흥왕의 화랑도 창설, 국난에 앞장선 화랑들, 신라의 삼국통일 과정을 서술한 것으로 일반인들을 위한 교양서적이었다.

Ⅴ. 주체적 민족사관론과 한국사상(韓國史像)

1960년대 이후 1980년대까지 한국사학계는 민족주의 역사관이 주류를 이루어 왔다고 할 수 있다. 그러나 당시 학계의 민족사학론 내부에는 다양한 경향이 있었다고 여겨진다. 한편에서는 유물사관의 방법론을 빌려 내재적 발전론의 이론을 만들어 가는 이들이 있었고, 다른 한편에서는 해방 직후 손진태, 안재홍 등의 신민족주의 사학의 계승을 주창하는 이들이 있었는가 하면, 다른 한편에서는 신채호, 박은식 등 일제시기 민족주의 역사학의 계승을 주창하는 이들이 있었다. 세 번째 범주에 들어가는 이들은 다시 ①민족주의 역사학의 심화, 발전을 구상한 강단 민족주의사학, ②정권 측의 민족주의론을 뒷받침하는 관변 민족주의 역사학, ③국수주의적 입장에서 민족주의 역사학을 확대·발전시키려 한 재야국수주의사학의 세 조류로 나뉘었다고 보이는데, 이선근은 두 번째 경우에 해당한다고 여겨진다. 이선근은 앞서 본 것처럼 국사편찬위원회 위원장, 문교부 장관, 한국정신문화연구원 원장 등을 맡으면서 그 나름의 이른바 '주체적 민족사관'론을 폈다. 이제 이선근의 민족사관론을 좀 더 자세히 살피기로 한다.

이선근은 우선 자신의 학문관과 역사관과 관련하여, "學問이나 史觀이 우리 민족의 줄기찬 생명력과 전통, 그리고 생활과 문화를 떠나서는 생각할 수 없다고 확신한다. 이러한 신념은 …… 우리 민족이 역사적으로 보여 준 훌륭한 창조성과 불멸의 저항 정신이야말로 한국사의 주조라고 믿기 때문이다"라고 주장했다.[62] 이어서 그는 민족사관에 대해서는 "원래 민족사관은 그 맹아를 실학사상의 근기학파의 사론에서 찾을 수 있으나 특히 민족의 주체성과 자주성을 강조하기 위하여 문호개방 이후 열강의 침략기에 태동하여 일제 식민지하에서 민족 독립운동과 함께 발전한 것이다. 이는 민족사의 정통성과 일제에 의하여 왜곡 내지 변개된 민족사를 민족사의 발견, 즉 국난 극복의 의지와 저항 정신 속에서 올바르게 파악함으로써 민족사의 재발견과 민족의 독립정신을 고취하는 데에서 그 특징을 찾을 수 있을 것"이라 하여, 식민지 시대에 민족사의 재발견과 민족의 독립운동을 고취하기 위해 만들어진 것이라고 보았다. 그는 이와 같은 민족사관은 박은식, 신채호에 의해 정립되고, 정인보에 의해 계승·발전되었다면서, "내가 일제하에서 거의 한각(閑却)되다시피 한 한국근대사 내지 최근세사에 주목하고 이를 연구한 것도 이러한 민족사관을 바탕으로 민족사의 정통성을 찾고, 줄기찬 민족의 저항 정신을 밝혀 보자는 데 있었다"고 주장했다. 그가 생각하는 민족사관이란 민족사의 정통성을 찾고, 민족의 저항 정신을 밝히는 데 목적이 있는 것이었다. 그리고 그는 "어떤 경우에도 민족사관의 입장을 버릴 수 없다는 것이 나의 일관된 생각"이라고 말하면서, "내가 말하는 민족사관 또는 민족주의사관은 고전적 의미에서 한 걸음 더 나아가 근대적으로 심화된 것"이라고 설명했다.[63] 그는 민족주의 사학의 계보가 박은식·신채호—정인보—이선근으로 이어진다고 스스로 생각하고 싶었던 것이다.

그런데 그의 민족사관은 그의 이른바 '민족주체사상'과 결합하여 '주체적 민족사관'이라고 부를 수 있는 것이었고, 앞서 본 것처럼 실제로 그의 영향을 받은 박정희는 '주체적 민족사관'이라는 말을 자주 사용하고 있었다. 이선근의 이른바 '민족주체사상'이란 바로 사대주의에 대립되는 개념이었다. 그는 한국 민족이 외세의 끊임없는 침략을 받으면서도 오늘날까지 나라와 역사를 보존해 온

62) 이선근, 「일제관학영향사론의 청소」, 『역사와 민족』(하성학술재단, 1986), 540쪽.
63) 같은 글, 540-541쪽.

것은 민족의 주체사상과 독립정신을 끈질기게 보유해 왔기 때문이라고 보았다. 그는 그 예로서 신라의 삼국통일 대업 완수, 고려의 대몽항쟁, 조선의 임진, 병자년의 국난 극복, 대원군기의 두 차례의 양요에서의 승리 등을 들었다. 그러면서 그는 조선의 대명의존주의, 민씨 정권기의 친청·친일파의 등장 등은 바로 사대주의와 노예사상이라고 비판했다. 이처럼 그는 한국사에서 민족의 주체사상과 독립정신의 의미를 대단히 강조했는데, 이러한 점에서 그의 민족사관은 '주체적 민족사관'이라고 부를 수 있는 것이었다.

그러면 그는 '주체적 민족사관'의 입장에서 한국사 체계를 어떻게 세우고 있었을까. 이를 「역사와 민족」이라는 글을 통해 살펴보기로 한다.

그는 우선 "우리 민족의 고대 국가로서 가장 먼저 발전한 것은 고구려였으며, 우리 겨레의 용기와 진취성을 가장 잘 대표한 것도 고구려였다"고 보았다.[64] 그는 "고구려는 갑자기 쇠망하게 되었는데, 이것은 결코 그 국민의 씩씩한 기상이 쇠약해진 까닭이 아니라, 지배층 내부의 분열과 상잔에 기인한 것이었음을 우리는 기억해야 할 것"이라고 강조했다.[65] 그리고 "백제는 고구려 다음으로 일찍 발전하여 …… 바다 건너의 중국과도 교역하여 스스로의 우수한 문화를 이룩했으며, 한편으로 일본에 문화를 전달하여 일본 문화의 바탕을 만들어주기도 하였다"고 서술했다.[66]

한편 "신라는 반도의 동남쪽에 위치하여 국토가 비옥하지 못했고, 외부와의 문물 교류조차 심히 불편했던 까닭으로, 3국 중 가장 후진성을 벗어나지 못하였다. …… 그런데 이와 같은 불리한 위치에 놓여 있던 신라가 고구려, 백제의 강력한 두 세력을 꺾고 민족통일의 대과업을 달성할 수 있었던 역사적 사실은 신비스럽기 짝이 없다"고 썼다.[67] 그는 "신라에 있어서 삼국통일의 힘의 원천은 무엇보다도 씩씩하고 불요불굴한 화랑도의 정신이었다. 화랑도의 근원은 이미

64) 이선근, 「역사와 민족」, 『역사와 민족』(하성학술재단, 1986), 10쪽.
65) 같은 글, 11쪽.
66) 위와 같음.
67) 위와 같음.

옛날부터 하느님의 큰 권능과 법리를 믿고 광명정대하게 살아온 우리 민족의 고유한 신념과 줄기찬 정신력이라 할 것이다. 여기에 다시 유, 불, 선의 사상적 요소가 잘 내포되고 융합되어 신라인의 생활이념으로 소화 발전하였다"고 주장했다.[68] 그는 "(世俗五戒의) 훌륭한 지도 이념 아래 신라의 청소년들이 단합하여 학술과 무예를 연마하고, 저마다 인격의 도야와 사회생활의 수련을 쌓았다. 그리고 그들은 민족의 번영을 향하여 개인의 생명을 아끼지 않고 분투노력하였으므로 지정학적인 약점을 충분히 보강하고도 남게 되어, 삼국통일의 과업을 성취할 수 있었던 것이다"라고 주장했다.[69] 이어서 그는 신라 문무왕의 해중릉, 장보고의 해상 활동, 불국사와 석굴암, 그리고 원효의 불교를 찬양했다.

이어서 그는 고려의 역사와 관련해서는 "고려 태조는 첫째 우리 민족의 영역이던 고구려의 옛 강토를 다시 회복하고 개척하기 위하여 만주 대륙으로 발전하자는 북진정책을 추진하였다. 다음으로는 이러한 적극책을 뒷받침하기 위하여 신라불교의 호국정신과 함께 삼국통일의 원동력이었던 화랑도의 기풍을 변함없이 계승하게 함으로써 민족의 주체성과 진취성을 간직하고자 힘썼다. 그리고 발해의 유민을 끝까지 포섭하여 민족의 융화와 단합을 이룩하였다"고 보았다.[70] 그리고 그는 고려의 불교, 고려청자, 팔만대장경 등 고려 문화를 높이 평가했다.

그러나 그는 "우리 민족 고유의 그토록 자주적이고 진취적인 기상은 고려왕조 말엽 이후부터 점차로 쇠퇴하기 시작하였다"고 보았다. 그는 "특히 조선왕조에 와서는 事大와 崇儒를 국시와 국학으로 내세우게 되어 상당한 위축을 보게 되었다. 조선왕조의 사대정책은 당시의 국제관계로 보아 부득이한 점도 있었으나, 진실로 우리 민족의 전통적인 주체 의식과 自主自助의 기상을 저해하는 결과가 되었다. 동시에 儒學 일변도로 국가의 교학을 삼게 된 것은 민족국가의 정

68) 같은 글, 12쪽.
69) 위와 같음.
70) 위와 같음.

신적 원천이었던 화랑도와 호국불교의 굳건한 진취성과 융화성을 꺾어 스스로 편협되고 반목하는 국민성을 조장하는 결과로 나타나게 되었다고 할 수 있다" 고 주장했다.[71]

하지만 그는 "다행하게도 그 전통, 그 기상이 완전히 쇠퇴하지는 않았다. 15세기 초 세종대왕 때에는 민족을 본위로 한 주체적인 문화가 다시 한 번 찬란하게 꽃피게 되었다. 민족의 문자인 훈민정음이 이때 창제되어 오늘에 빛나는 한글 문화의 역사적인 기틀을 마련하게 되었고, 나아가 동양의 전통적인 음악을 종합 정리하여 雅樂으로 보존해 오게 되었다. 더욱이 세계 최초의 測雨器를 제작 사용하였고, 북변을 개척하여 압록강, 두만강까지 강토를 넓혀서 반도 전체를 국토로 확정지었다"고 평가했다. 그는 "이와 같이 우리 민족의 능동적인 주체의식은 그래도 우리 혈맥 속에 지하수처럼 깊이 흘렀다. 16세기에 왜적의 침입인 임진왜란을 당하여 양반관료의 정권은 민족을 배반하듯 도망치기에 바빴으나, 이순신 같은 불세출의 영웅이 나타나고, 민중 속에서는 스스로 의병이 각지에서 일어나 이 미증유의 국난을 극복할 수 있었다"고 하여, 임란 때의 이순신과 의병을 높이 평가했다.[72]

그러나 그는 임란 이후 "미증유의 임진왜란은 이 나라의 민생을 통틀어 피폐시키고 쇠잔하게 만들었다. 거기에다가 이미 오래전부터 고질이 되어 온 지배계급 내부의 사색당쟁은 날이 갈수록 치열의 도를 더하여 국가와 민족을 도탄 속에 몰아넣었고, 이 통에 다시 또 북방 여진족의 침입인 병자호란을 초래하게 되었다"고 하여, 당시 지배층을 비판했다.[73]

그는 물론 희망이 전혀 없었던 것은 아니라고 보았다. 즉, "쇠잔해 가던 우리의 현실을 직시하고 그 과감한 개혁을 부르짖은 사람들"이 있었으니, 그들은 바로 실학파 학자들이었다는 것이다.[74] 하지만 그는 실학자들이 대세를 점하지

---

71) 같은 글, 17-18쪽.

72) 같은 글, 18쪽.

73) 같은 글, 19쪽.

74) 위와 같음.

는 못했다는 점을 강조했다.

그는 "事大崇儒를 내세우고 알맹이 없는 명분론으로 일당 일파의 이익만을 위한 정권 쟁탈에 집착해 있던 당시의 집권자들은 이 새로운 사상을 받아들여 실행할 만한 인물들이 못 되었다. 더구나 조선왕조 후기에서 말기로 가까워질수록 서구 자본주의 침략 세력의 동점 현상이 노골화해 가고 있었으니, 이때야말로 우리 민족사는 일찍이 없었던 내우외환의 절박한 시기에 직면하게 되었다"고 주장했다.[75]

이선근은 "이러한 시기에 우리 민족은 물론이요, 동양사람 전체의 참다운 염원을 대변하고 나선 것이 최제우의 東學思想"이었다고 주장했다. 그는 특히 동학의 인내천 사상, 유불선 사상 융합 등을 강조했다.[76] 그리고 그는 이 시기 나타난 대원군을 높이 평가했다. 그는 "대원군은 왕조의 오래된 양반 지배계급이 뽐내고 써먹던 이른바 勢道政治의 여러 가지 병폐를 과감하게 혁신하고자 나섰다"면서, 그 예로 호포, 서원철폐, 군비강화 등을 들었다. 그는 또 병인양요 시 "대원군은 온 국민의 주체 의식과 적개심에 호소하여 이들을 강화도에서 격퇴"했으며, 또 신미양요 때에는 "용감하고 처절한 항전 끝에 이들을 격퇴시켰다"고 평가했다.[77]

이상에서 살펴본 것이 이선근의 고대 이후 19세기 중엽까지의 한국사상이었다. 위와 같은 인식에서 그는 이제 그 나름의 민족문화론을 펼쳤다.

그는 "이제 우리는 새로운 역사의 창조를 위해서 전력을 기울여야 한다. 무에서 유를 창조해 낼 수는 없다. 역사상의 모든 창조와 건설에는 반드시 가꾸고 길러 온 문화적, 역사적 유산의 전승이 전제가 되는 것이다. 새로운 역사의 창조라고해서 결코 전통의 기반 없이 되는 것은 아니다"라고 말해, 전통에 입각한 새로운 역사의 창조를 주창했다. 그러나 그는 "전통의 기반만으로 새로운 창조가

---

75) 같은 글, 20쪽.
76) 위와 같음.
77) 같은 글, 24쪽.

저절로 이룩되는 것도 아니다. 전통은 창조를 위한 밑바탕이 되는 것이지만, 단순히 전통만을 고루하게 지킨다면 오히려 침체와 퇴폐를 계속하게 될 뿐으로, 새 창조를 이룩할 수 없는 것은 당연한 원리이다"라고 주장했다.[78] 새로운 문화의 수입이 필요하다는 주장이다.

하지만 그는 "최근에 근대화가 곧 서구화라는 풍조와 사고방식이 국내에 도도하게 유행하게 되었다. 이 풍조를 타고 구미식 혹은 그 아류의 문화 양상이 거리낌 없이 조수처럼 들어와서 범람하고 있다"면서 이를 비판적으로 보았다. 즉, "발전을 위해서는 훌륭한 외래문화의 섭취가 두말할 것도 없이 계속되어야 한다. 더구나 서구의 합리적이고 과학적인 문화유산은 우리가 서두르는 근대화 과업에 큰 무기가 될 수 있는 것들이다. 그러나 이 섭취라는 뜻 속에는 이미 우리 자신의 주체 의식이 전제로 되어 있어야 한다. 주체 의식을 상실하고 이루어지는 섭취는 결국 참다운 섭취가 아니라 맹종이나 단순한 모방에 그치고 마는 것"이라 하여, 주체 의식을 상실한 가운데 무분별하게 외래문화를 수입하여 이를 맹종, 모방하는 것은 문제가 있다고 지적했다.[79]

그러면 그가 생각하는 한국인의 역사적, 문화적 전통은 무엇인가. 그것은 화랑도, 불교(호국불교), 유교, 동학, 외세에 대한 저항 정신 등이었다. 그러나 그는 이 가운데 유학에 대해서는 비교적 비판적이었다. 그는 "유교학문, 특히 그중에서도 정주학은 고려 말엽에 수입되어 근세 조선왕조에서는 국가의 지도 이념으로 확정되었다. 주자학으로 통칭되는 이 유학은 국력이 약하던 송나라가 강력한 북방 민족의 압제하에서 자기들만이 유일한 정통왕조라는 것을 강조하기 위한 이념 체계를 세운 것인바, 그 후 조선왕조를 창건한 지배층은 왕조의 기반을 굳히기 위해 중국 민족의 정통주의를 그대로 수입했다. 그리하여 이것으로 안전하게 정권을 유지하면서 반대 세력을 눌러오게 되었다. 그러나 이 의례적인 정통주의는 민족 역사에 큰 폐단을 빚어내게 되었다"고 주장했다. 그는 그 폐

---

78) 같은 글, 44쪽.
79) 같은 글, 45쪽.

단으로서 "우선 그 독선적인 배타성은 이때까지 우리 문화의 대표격이었던 불교를 배척하고 가혹하게 박해함으로써, 오랜 전통의 단절 현상을 초래하게 되었다. 뿐만 아니라 그 배타성은 지배층 내부에서 아전인수격의 전통을 고집하는 데 이용되어 권력을 독점하려는 士禍와 黨爭을 빚어내게 되었다"고 하여, 유교가 지닌 배타성을 맹렬히 비판했다.[80] 따라서 그가 긍정적으로 계승해야 된다고 생각한 한국의 역사적, 문화적 전통은 화랑도, 불교(호국불교), 동학, 외세에 대한 저항 정신 등이었다고 할 수 있다.

Ⅵ. 반공주의와 국가주의

위에서 이선근의 '주체적 민족사관'과 한국사상을 살펴보았다. 그런데 그의 역사관과 결합되어 있는 그의 세계관 내지는 사상적 기초 가운데 가장 두드러진 것은 반공주의와 국가주의였다.

앞서 본 것처럼 이선근은 해방 이후 대동청년단이라는 우익청년단에 훈련원장으로 참여한 바 있었다. 당시 이즈음 그가 쓴 글인 「민족의 위기와 청년의 진로」는 당시 우익청년운동의 이념적 기반을 만들기 위해 쓴 것으로 보인다. 이 글에서 그는 "공전절후의 이 위기에 직면하여 민족을 구하고 나라를 세우며 질서를 찾고 문화를 살릴 자 누구이냐. …… 통일 초의 신라 때 화랑도의 젊은 기백과 애국의 정열이 없었던들 동맹국의 미명 하에 이 나라에 진주한 채 물러가지 않고 그대로 주저앉으려는 唐나라의 8년 駐兵을 그 무엇으로 물리쳤을 것이며, 제1차 대전 후 아이레나 터키가 그들의 청년을 총집결한 민족적 투쟁이 없었던들 그 어디서 자유와 독립을 쟁취할 수 있을 것이랴"라면서, 청년의 역할을

80) 같은 글, 49-50쪽.

강조했다.[81] 나아가 그는 "한국 청년운동의 이념을 어디서 찾을 것인가. 공산주의, 자본주의, 이태리의 파시즘. 히틀러의 나치즘, 중국의 삼민주의는 모두 위험천만이다. 우리 민족의 지도 이론은 한국의 역사에서 찾고, 한국의 문화에서, 한국의 과학에서, 한국의 현실에서 이것을 찾아야 한다"고 주장했다.[82] 여기서 그가 말하는 한국의 역사에서 찾아야 할 지도 이론은 무엇이었을까. 이선근은 1973년에 선우기성이 쓴 『한국청년운동사』(韓國青年運動史)의 서문을 쓰면서 한국 청년 운동의 뿌리를 화랑에서 찾았다. 아울러 그는 고려의 강감찬, 윤관, 최영 등과, 조선의 이순신, 동학혁명운동을 화랑의 계승자라고 서술했다. "화랑 → 고려의 강감찬, 윤관, 최영 → 이순신 → 동학혁명운동" 등이 한국청년운동의 맥이라고 본 것이다. 이들 청년운동은 대체로 외세에 대한 저항을 공통분모로 한다. 그렇다면 그는 우익청년운동이 외세에 대한 저항의식을 어떤 측면에서 계승해야 한다고 생각했을까. 그는 이를 반탁운동과 반소운동으로 계승해야 된다고 생각했다.

그는 해방 직후 우익청년단의 반탁운동을 적극 지지했다. 그는 완전 독립이 아닌 신탁통치는 우리 민족이 도저히 수락할 수 없는 것이라고 주장했다. 그는 소련에 대해서는 2차 대전 이후 세계에 평화와 안전 대신 새로운 분규와 불안이, 자유와 번영 대신에 새로운 억압과 빈궁이 깃들기 시작했는데, 이는 거의 전부가 공산당 독재 정권인 소련의 비우호적, 비인도적, 비민주적 행동에서 비롯된 것이라고 주장했다. 그는 전후 미, 영, 불 등 민주주의 국가가 군축을 단행한 것에 반해 소련은 국비 확장을 꾀했고, 이를 기반으로 소련은 세계 각지에 볼셰비키 정권을 세우고, 자유세계의 국가 내부의 질서를 파괴하기 위해 전력을 다해 왔다고 보았다. 그는 이러한 소련의 행동은 국제협약과 국제신의를 배반하는 것이며, 자유민주사회를 위협하는 것이었기 때문에 세계는 점차 서로 용납할 수 없는 두 개의 진영으로 분열되어 상충하게 되었다고 보았다. 1947년 이후

81) 이선근, 「민족의 위기와 청년의 진로」, 『민족의 이념과 진로』, 395쪽.
82) 같은 글, 419쪽.

의 냉전의 기원을 그는 소련의 '적색 제국주의'에서 찾고 있었던 것이다. 그는 소련이 한국 문제와 관련해서도 미소공동위원회에서 신탁통치에 반대하는 정당, 단체들을 참여시키지 않으려 한 것은 "오직 소련의 명령에 맹종하는 소수의 볼셰비키 집단만으로 정부를 조직하여 한국 전체를 소련의 속령으로 만들려는 음흉하고 상투적인 계책"이었다고 주장했다.[83] 이처럼 그는 반탁운동, 반소운동을 '애국적인 저항운동'으로 간주하고, 이를 앞서 본 것처럼 화랑도 이후의 외세에 대한 저항운동의 계승으로 해석했던 것이다. 그런데 그의 반탁운동과 반소운동은 근본적으로는 반공주의와 관련된 것이었다.

그의 반공주의가 언제부터 형성되었는지는 불확실하다. 다만 일제시기 조선일보 재직 시 안재홍의 영향, 그리고 그의 친일 경력 등이 좌익에 대한 반감과 두려움을 갖게 만들었던 것으로 보이고, 그는 여기서 우익청년운동을 적극 지원하게 되었던 것으로 보인다. 그는 한국전쟁기에 쓴 것으로 보이는 글에서 '볼셰비키'에 대해 맹렬한 비난을 퍼부었다. 그는 볼셰비키는 "유물사관, 계급투쟁, 폭력 혁명, 프롤레타리아 독재라는 일련의 독단적인 이론을 조작하고, 그것을 실천에 옮기기 위하여 집권적이고, 기계적인 공산당조직을 조성, 조종했다. 그리하여 그들이 이른바 목적을 위해서는 수단을 가리지 않는 가장 잔인하고 악독한 방법으로 세계 도처에서 불안과 무질서를 양성하기에 전력을 다하여 왔다. 그리하여 그들의 수중에 들어간 모든 지역에서 그들은 인민의 권리와 자유를 박탈하고 모든 귀중한 인류 문화의 유산을 파괴하고 기만과 폭압과 비밀경찰과 우민정책과 대량적 양민 학살로써 그들의 절대적인 독재 권력을 확보했던 것이다"라고 하여 소련의 볼셰비키 정권을 격렬히 비난했다. 그는 이어서 "볼셰비키의 이와 같은 행동은 결코 그들이 항상 선전하는 바와 같이 근로 대중의 복리를 위하거나 약소 민족의 해방을 위한 것이 아니다. 금일에 있어서 볼셰비키 지배하의 노동자 농민은 어떠한 자본주의 국가의 그것보다도 비참한 생활수준과 가혹한 노

---

83) 이선근, 「전쟁목적론」, 『民族史의 血脈』(雄辯社, 1969), 464-465쪽.

예 노동에 신음하고 있으며, 볼셰비키 괴뢰정권의 통치하에 있는 약소 민족은 전혀 조그마한 자주권도 가지지 못한, 오로지 크레믈린의 예속물에 지나지 않는다는 것은 너무나 명백한 사실"이라고 주장했다.[84] 여기에서 보면 그의 반공주의는 반볼셰비키주의, 즉 반소주의와 사실상 내용을 같이하는 것이라 할 수 있다.

그의 반공주의는 한국전쟁기에 들어서면서 멸공주의로 발전했다. 그는 6·25전쟁을 '멸공성전'(滅共聖戰)이라 불렀다. 그는 반공이나 방공(防共)이라는 문구는 상대방의 객관적 존재를 인정하는 것을 의미하는데, 다른 나라의 경우에는 어떨지 몰라도 우리 국민, 우리 민족으로서는 멸공일로로 나가야 한다고 주장했다. 그 까닭은 이 전쟁은 자유와 독립과 생존권을 지키기 위한 싸움인데, 이를 위협하고 침략하는 것이 공산주의자이므로 "우리 자신을 위하고 내 조국을 위하여 자유세계의 전위부대임을 자각하고 적을 격파하여 전멸하지 않으면 안 된다"는 것이었다.[85] 이를 통해 그의 반공주의가 얼마나 극렬한 것이었는지 잘 알 수 있다.

한편 이선근은 항상 공산주의자들로부터 침략의 위협을 당하고 있고, 또 민족통일이라는 대업을 목표로 하고 있는 대한민국의 경우, 개인의 자유나 인권은 유보하더라도 국가에 충성하는 것이 더 중요하다고 주장하고 있었다. 그가 박정희 정권을 장기 집권, 특히 1972년의 10월 유신을 적극 지지한 것은 이러한 그의 생각에서 비롯된 것이었다. 그는 10월 유신을 옹호하는 글에서 "10월 유신에는 두 가지 목적이 있다. 하나는 조국의 근대화를 위한 것이며, 둘째는 전 국민이 일치단결해서 국력을 길러 남북통일의 대업을 이루는 것"이라고 먼저 전제했다.[86] 그는 "오늘의 일부 종교계 등 지식인사나 소수 정치인들이 10월 유신 이후의 현 체제를 이해 못하고, 국민의 총화단결을 저해하는 이의와 반론

---

84) 같은 글, 469쪽.

85) 이선근, 「6·25동란과 세계사적 의의」, 『民族의 危亂과 克服』(심산문화사, 1995), 141-144쪽.

86) 이선근, 「우리민족의 이념과 진로」, 『공군』(1973.12). 그는 이 글에서 '維新'이라는 말도 '명치유신'에서 따온 것이 아니라, 대원군의 '咸與維新', 신라의 국호인 '德業日新 網羅四方'의 뜻을 계승한 것이라고 주장했다.

을 제기하되 언필칭 자유와 인권의 수호를 외치고 강대한 외세에 추파를 보내는 것은 도대체 그 내심과 저의가 어디에 있는가. 국가라는 大我 앞에 개인이라는 小我를 희생할 줄 모르고 민족의 대의보다도 사리사욕에 치우친 때문이다"라고 주장했다.[87] '국가＝대아'와 '개인＝소아'를 서로 대비시키면서 국가를 위한 개인의 희생은 당연한 것이라고 주장했던 것이다. 그는 "국민이 무사안일에 도취하여 부패 타락할 경우, 우리 앞에 둔 남북통일은 어떻게 되겠는가. 또 국론이 분열되고 당파싸움이나 하면 어떻게 통일을 이룩할 수 있겠는가. 그러므로 국력을 조직화하여 총화단결을 해야만 한다"면서, 10월유신의 지지, 새마을운동의 강화, 안보태세의 강화, 총화단결의 성취 등은 우리 역사 속에서 삼국통일을 이룩한 신라의 화랑정신을 계승하는 것이라고 주장했다.[88]

자유와 인권의 유보, 그리고 이를 통한 총화단결은 그가 1970년대 내내 강조하던 말이었다. 그는 한국의 현실은 미국이나 일본과는 다르다는 것, 즉 한국은 공산주의의 직접적인 위협에 직면하고 있다는 것을 항상 강조하면서, "공산 침략자를 앞에 놓고 우리 국민이 만약 무제한의 자유를 요구한다고 국가가 용인한다면 이것은 공산주의가 우리의 후방을 교란하는 데 좋은 기회를 줄 위험성은 다분하다"고 주장했다. 따라서 그는 "우리나라는 반공민주국가로서 거기에 맞는 법을 제정해놓고 법에 복종해야 한다"고 주장했다.[89] 그는 볼셰비키의 적색전제에 대해서는 맹렬한 비난을 퍼부었지만, 백색전제에 대해서는 이를 '공산주의자들의 침략 앞에 불가피한 것'이라고 합리화하고 있었던 것이다.

이상을 통해서 볼 때 그는 명백히 '국가주의자'라고 말할 수 있다.[90] 그리고 그것은 당시 박정희의 장기 집권을 합리화하기 위한 관변, 어용 이데올로기로

87) 이선근, 「내일을 위한 한국의 역사적 고찰 : 민족국가의 생존권을 위해서는 독선적 개인의 자유는 자제해야 한다」, 『총력안보』(1974.12)(『민족의 위난과 극복』, 377쪽).

88) 이선근, 「민족통일 1300周年을 맞이하여」, 『통일정책』(1976.5.1)(『민족사의 혈맥』, 436-437쪽).

89) 이선근, 「오늘날의 국가와 민족」, 『민족문화협회보』(1978.3.15)(『역사와 민족』, 545쪽).

90) 한국의 국가주의에 대해서는 박찬승, 「20세기 한국 국가주의의 기원」, 『한국사연구』 117호(2002)를 참조할 것.

서 봉사할 수 있었다. 이와 같은 그의 국가주의는 어디에서 비롯된 것일까. 아마도 1930년대 이후 일본의 국가주의적 통치로부터 알게 모르게 많은 영향을 받았을 것이다. 그가 직접 간여한 만주국협화회의 전국연합회 회의록에서 이와 관련된 대목들을 찾을 수 있다. 1940년의 회의록을 보면, 안건 가운데 '國民訓練의 徹底, 國民組織의 確立, 青年自興運動' 등이 들어 있었다. 또 회의록을 보면, 협화회 총무부장 미나가와(皆川)의 발언 가운데, "협화회의 운동은 결국 국민의 훈련과 조직화에 있으며, 협화회원은 그 중핵에 서서 민중에게 국가관념, 즉 개인주의나 자유주의가 아닌 국가를 위해 봉사한다는 정신을 고취해야 한다"고 말했다.[91] 또 청년자흥운동에 대해서는 수도의 대표가 청년자흥운동의 취지를 설명하면서, "고래로 역사를 움직여 온 것은 언제나 청년이었다. 나치스운동, 파시스트운동의 泰西 諸國의 예를 빌릴 것도 없이, 메이지 유신의 대업을 翼贊하고 받든 盡忠報國의 國士는 모두 20세, 30세의 青年志士들이었다. …… 이제 전 세계에 걸쳐서 폭위를 떨쳐온 大英帝國은 崩壞하고 있다. 이는 19세기부터 20세기에 걸친 近代 泰西文化의 弔鐘이다. 백인침략주의는 세계의 몰락을 상징하는 것이다. 세계의 대세는 유물사상에 기초한 個人主義, 自由主義시대로부터 全體主義, 國家主義의 시대로 變轉 推移하고, 정치나 경제는 말할 것도 없고, 문화의 영역에서도 이러한 기조를 갖지 않은 자는 국가나 민족이나 모두 탈락, 쇠미의 길을 걷고 있다"고 말했다.[92] 1930년대 만주국협화회의 이와 같은 국가주의적 분위기는 이선근에게도 영향을 미쳐 국가주의적인 사고를 갖게 했을 것으로 짐작된다.

91) 滿洲帝國協和會, 『康德7年度 全國聯合協議會記錄竝各部分科委員會記錄』(1940), 『康德8年度 全國聯合協議會記錄竝各部分科委員會記錄』(1941.10), 51쪽.

92) 같은 책, 54쪽.

VII. 결론

이상에서 이선근의 생애와 그의 한국사연구와 역사관, 세계관 등을 두루 살펴보았다. 이선근의 생애는 '소년 시절과 학창 시절' '국내 언론·교육 활동기' '만주 활동기' '우익청년단, 교수, 군인, 관료 활동기' '관변학자로서의 활동기' 등 모두 5기로 나누어 볼 수 있다. 그는 1930년대 만주국협화회에 참여하는 등 친일의 흔적을 남겼다. 물론 그는 주관적으로는 일본의 만주 침략을 계기로 조선인들도 고구려의 고토였던 만주로 적극 진출하자는 생각을 갖고 있었던 것으로 보이지만, 객관적으로는 일본의 조선인 만주 이주정책과 괴뢰 만주국의 협화회 정책에 협조한 셈이 되었다. 해방 이후 서울로 돌아온 그는 우익청년단의 이데올로그로 활동했으며, 서울대 교수로 부임하여 대학가의 좌익 학생들을 내모는 일을 맡았다. 또 그는 한국전쟁 발발 직전 국방부 정훈국장이 되어 한국군의 정신 무장과 대북 선전활동을 담당하는 책임자가 되었다. 전쟁이 소강상태에 이르자 그는 대학으로 돌아왔지만, 1954년 이승만 정권의 문교부 장관이 되었고, 국사편찬위원장도 겸임했다. 그러나 이승만의 무리한 한글정책 등을 앞장서 추진하다 여론의 거센 반발을 받아 장관직에서 물러나게 된다. 1960년 4·19 이후 그는 잠시 평범한 대학 교수로 돌아갔지만, 이듬해 만주군 출신들이 주동이 된 5·16쿠데타로 인해 만주 인맥이 부활하자 그는 박정희의 역사교사 역할을 맡게 된다. 이후 그는 박정희에게 이른바 '주체적 민족사관'을 만들어 주입시키게 된다. 그는 박정희 정권기에 국민교육헌장의 제정 과정에 참여했고, 문화재위원회 위원장, 영남대학교 총장, 그리고 한국정신문화연구원 원장직 등을 차례로 역임했다. 이처럼 그는 언론인, 학자, 군인, 관료 등으로 화려한 변신을 거듭하면서, 이승만-박정희 정권기에 관변학자로서 계속해서 요직을 차지하면서 학계에 막강한 영향력을 행사한 인물이었다고 할 수 있다.

이선근의 한국사 연구는 일제시기에 최근세사 연구로부터 시작되었다. 그는 대학 졸업논문을 쓰면서 대원군에 대한 연구를 시작했고, 이를 더 발전시켜서『조선일보』에 연재했다. 그런데 이때 그의 최근세사 연구에 큰 영향을 미친 것은 역시 일본인 학자들이었다. 조선시대 당쟁에 대해서 그는 말년까지 부정적인 생각을 버리지 않았는데, 이는 시데하라 히로시와 오다 쇼고의 당쟁론을 그대로 따른 것이었다. 최근세사 부분에 대해서는 정한론을 연구한 그의 지도교수 게무야마와 하야시 야스스케의 최근세사 연구가 큰 영향을 미쳤던 것으로 보인다. 물론 박은식이나 장도빈 등 민족주의 사학자들의 영향을 받기도 했지만 상대적으로 그 영향은 작았다. 자료상으로는 이능화의 저술에서 큰 도움을 받았던 것으로 보인다. 해방 이후 그의 최근세사 연구는 3·1운동기까지 연장되었는데, 이때에는 고종실록이나 일본 외교문서 등의 자료를 더 풍부히 인용하고 있는 것을 볼 수 있다. 하지만 아직까지도 1940년 다보하시가 펴낸 책을 자주 인용하는 등 일본인 학자들의 영향력에서 벗어나지 못하고 있었다. 이러한 점은 시대적 한계라고 볼 수도 있겠지만, 그가 일본인 식민주의학자들의 당쟁론, 정체성론 등에서 벗어나지 못한 것은 사실이었다.

그가 최근세사 연구에서 가장 중점을 둔 시기는 대원군시기였다. 그는 대원군의 정치와 관련하여, 내정에서 상당히 긍정적 평가를 받을 수 있는 부분이 있었지만 다소 부정적 측면도 있었다고 보았고, 외교에서는 부정적 평가를 받을 수밖에 없다고 평가했다. 반면 대원군의 정적이었던 민비에 대해서는 '권모술수의 화신'이라는 매우 비판적인 평가를 내렸다. 갑신정변에 대해서는 '독립당'과 '사대당'의 대립이라는 하야시 야스스케의 용어를 그대로 이어받으면서 독립당은 정권장악보다 민중 계몽을 선행했어야 했다는 시각을 보였다. 해방 이후 쓴 글에서는 갑신정변을 근대국가를 수립하려 했던 선구적인 운동으로 보아, 더 긍정적인 평가로 변화했다. 한편 그는 대원군의 국방강화 정책에 대해서는 높이 평가했고, 이러한 시각에서 1970년대 박정희를 설득하여 강화도의 전적지들을 정비하도록 했다.

한편 그는 한국전쟁을 전후한 시기에 우익청년단, 학도호국단, 그리고 군인들의 정훈을 위한 이념으로서 신라의 화랑도에 주목하고 신채호의 화랑도에 관한 주장을 더욱 발전시켰다. 그가 화랑도에 주목한 이유는 외래 사상인 유교나 불교가 아닌 한국 고유의 사상으로서 선교, 화랑도를 주목할 필요가 있다는 것과, 화랑도의 임전무퇴 사상이 군인들의 정훈 교육의 이념으로서 적절한 것이라고 생각했기 때문이었다. 그는 신채호의 설을 그대로 이어받아 한국사를 유교와 선교·불교 간의 대립·투쟁으로 보았고, 조선시대 이후 유교가 한국의 사상계를 완전히 장악함으로써 주체성이 사라지고, 사대주의가 득세한 나라가 되었다고 비판했다. 다만 이순신을 통해 화랑도는 일시 부활했을 뿐이라는 것이 그의 생각이었다. 그는 화랑도는 이후 유불선을 통합한 동학에 의해 계승되었고, 천도교가 주도한 3·1운동의 정신으로 이어졌으며, 궁극적으로는 3·1정신을 계승한 대한민국의 건국정신으로 이어졌다고 보았다. 그런데 그의 화랑도 연구에는 많은 문제가 있었다. 우선 화랑도를 준군사집단으로 보았는데, 이는 오늘날 무리한 해석으로 평가되고 있다. 또 원광법사의 세속오계를 화랑도의 계율로 보았지만, 오늘날 학계에서는 신라 국민 일반의 계율로 보는 것이 일반적이다.

이선근은 자신의 역사학이 '주체적 민족사관'에 기초한 것이라고 스스로 생각했다. 그의 민족사관에 입각한 한국사상은 사실상 신채호의 그것과 큰 차이가 없었다. 그는 고구려의 씩씩한 기상과 진취성, 백제의 활발한 해외 진출, 신라의 불요불굴의 화랑도 정신과 우수한 불교문화 등을 들어 고대의 한국 역사를 높이 평가했다. 고려의 경우에도 초기에는 고구려의 옛 영토(故土)를 회복하려는 북진정책, 화랑도의 계승과 호국불교 등이 있어 자주적이고 진취적인 기상이 계승되었지만, 고려 말엽 이후 그러한 기상은 점차 쇠퇴하기 시작했다고 보았다. 그리고 조선시대에 들어와서는 사대주의와 유학 숭배로 인해 주체 의식과 진취성, 융화성이 쇠퇴하게 되었다고 보았다. 세종대의 한글 창제, 임란 때의 이순신의 분전 등이 그 전통을 한때 되살렸지만, 임란으로 인한 민생의 피폐와 사색당쟁의 등장으로 국력은 크게 기울어졌다고 보았다. 여기에 서구 자본주의 세력의 침략이 시작되어 민족사는 내우외환의 위기에 직면하게 되었다는 것이다. 그는 이때 나타난 것이 동학사상이었으며, 대원군의 개혁정치였다고 그는 보았다. 결과적으로 그가 생각하는 한국의 고유한 역사적, 문화적 전통은 화랑도, 호국불교, 동학, 그리고 외세에 대한 저항 정신이었고, 새로운 역사의 창조시에도 이와 같은 전통은 연면히 계승되어야 한다는 것이 그의 생각이었다. 이와 같은 그의 한국문화 전통론은 신채호의 사론을 계승, 발전시킨 것이라 할 수 있다. 그러나 그러한 역사관은 기본적으로 관념론적 역사관에 치우친 것이라 할 수 있고, 이는 많은 문제점을 안고 있었다. 조선시대의 역사가 '숭유'(崇儒) 때문에 고려시대보다 후퇴한 것으로 보는 것이 그러한 예 중의 하나일 것이며, 또 외세의 침략에 대한 저항 정신이 과연 한국에 고유한 것인가 하는 의문을 갖게 한다.

이선근의 이른바 '주체적 민족사관'과 그에 입각한 한국사상은 그의 세계관과 밀접하게 연결되어 있었다. 그의 세계관 내지 사상적 기초 가운데 두드러진 것은 반공주의와 국가주의였다. 그는 해방 이후 우익청년단에 참여하면서부터 반공주의를 강조했고, 이는 한국전쟁기에는 멸공주의로까지 이어졌다. 그는 해방 직후에는 반탁운동, 반소운동을 주창했는데, 그는 이를 한국인의 '애국적인 저항운동'의 전통을 계승하는 것으로 생각했다. 그의 반탁, 반소주의는 반공주의로 연결되었고, 반공주의는 그가 군의 정훈국장을 맡으면서 더욱 강고해져, 한국전쟁기에는 '반공'이 아닌 '멸공' 일로로 나아가야 한다고까지 주장했다.

한편 그는 박정희 정권기에 개헌과 유신을 통해 정권 연장을 꾀하는 박정권을 지지하는 관변 어용학자로서의 역할에 앞장섰는데, 그때 그가 내세운 것은 개인의 자유나 인권보다 국가에 대한 충성이 더 중요하다는 것이었다. 그는 조국의 근대화와 남북통일의 대업을 이루기 위해서는 국민의 총화단결이 필요하고, 이를 위해서는 국가라는 대아(大我) 앞에 개인이라는 소아(小我)를 희생할 줄 알아야 한다고 주장했다. 이와 같은 주장은 전형적인 국가주의라 할 수 있는데, 그의 국가주의는 일찍이 1930년대 일본의 국가주의로부터 영향을 받아 형성된 것으로 보인다. 그는 당시 만주국협화회에 참여하고 있었는데, 만주국협화회에서도 개인주의, 자유주의를 비판하고 국가주의, 전체주의를 고취하는 운동이 강력히 전개되고 있었고, 그는 이러한 당시의 분위기로부터 큰 영향을 받았을 것으로 짐작된다. 이는 같은 시기 만주에 있었던 박정희도 마찬가지였고, 이선근은 박정희의 10월 유신을 강력히 지지하면서 그 이론적 바탕이 되는 국가주의의 이데올로그로서 역할을 충실히 했던 것이다.

결론적으로 볼 때 관변사학자로서의 이선근의 생애와 역사학은 결코 분리될 수 없는 것이었으며, 그의 이른바 '주체적 민족사관'과 한국사상은 관념적 민족주의사관의 계승의식, 국가주의와 반공주의의 세계관, 그리고 권력에의 참여욕구 등이 결합되어 만들어진 것이라고 할 수 있을 것이다.

최종 탈고 : 2003년 9월

이선근의 主要 著書 목록

『朝鮮最近世史』 1931, 流星社書店
『花郎道硏究』 1949, 海東文化社
『朝鮮最近政治史』 1949, 正音社
『國旗制定의 역사적 고찰』 1950, 國防部
『軍人精神讀本』 1951, 陸本政訓監室
『建國理念과 學生』 1954, 新鄕社
『韓國獨立運動史』 1956, 尙文院
『韓國史 (最近世史)』 1961, 乙酉文化社
『民族의 閃光』 1968, 民衆書館
『花郎道』 1971, 螢雪出版社
『國史槪要』(共著) 1972, 螢雪出版社
『大院君의 時代』 1974, 세종대왕기념사업회
『花郎道와 三國統一』 1974, 세종대왕기념사업회
『韓國最近世史硏究』 1985, 徽文出版社
『歷史와 民族』 1986, 霞城學術財團
『韓末의 風雲과 民族의 抵抗』, 1987, 휘문출판사
『民族史의 血脈』 1988, 휘문출판사
『民族의 理念과 進路』 1989, 휘문출판사
『民族의 危難과 克服』 1995, 心山文化社

일본사·조선사 연구와 재일조선인사

국사로부터의 배제를 둘러싸고

도노무라 마사루

Ⅰ. 머리말

21세기 초두인 오늘날, 재일조선인[1]에 관한 역사 연구는 어느 정도 축적되었다고 할 수 있다. 일본에서는 재일조선인사(在日朝鮮人史)라는 용어가 널리 쓰이게 되기도 했다. 그러나 지금까지 재일조선인사 연구가 어떻게 전개되었고, 어떤 점에서 과제를 남기고 있는지 등에 대한 연구사 정리는 극히 적었다.[2] 동시에 재일조선인사 연구가 어떤 배경에서 시작되었고 성립해 왔는지에 대한 검토는 아직 이루어지지 않았다고 볼 수 있다.

그 점에서 보면, 우선 일본사나 조선사와의 관계를 생각할 필요가 있다. 재일조선인의 생활 기반이 일본에 있다면, 재일조선인의 역사는 일본사의 한 부분이라고 할 수 있다. 또 재일조선인이 조선반도 사람들과 관련을 갖고 조선반도의 역사에 영향을 주었는가, 혹시 주려고 했다면 재일조선인의 역사는 조선

1) 이 글에서는 한국 국적의 사람들도 포함하여 재일조선인이라는 말을 사용한다. 이 글에서 고찰 대상으로 하는 시기에 일본사회에서는 재일한국인이나 재일한국·조선인이라는 용어가 일반적이지 않았기 때문이다. 조선사, 조선인, 조선어, 조선반도라는 말을 쓰는 것도 같은 이유에서이다.

2) 일본어로 된 연구로는 예컨대 박경식(朴慶植)의 『8·15解放前在日朝鮮人運動史』(三一書房, 1979)나 졸저, 『在日朝鮮人社會の歷史學的研究: 形成·構造·變容』(綠蔭書房, 2004)의 서장에서 그런 시도를 하고 있지만 둘 다 본격적인 연구사 정리는 아니다.

사의 한 요소이기도 할 터이다. 특히 재일조선인 자체에 초점을 맞춘 논고가 제출되기 이전에 일본사나 조선사가 재일조선인의 어떤 동향을 편입했는가, 아니면 편입하지 않았는가, 그리고 그 이유는 무엇인가를 생각하는 것은 그 후 재일조선인사 연구의 양상과 관련하여 중요한 점이다.

그리고 역사 인식이 아이덴티티와 밀접한 관계를 갖는 것을 고려하면, 재일조선인의 아이덴티티 양상이나 아이덴티티가 형성되는 방식을 생각하는 데도 일본사·조선사가 재일조선인을 어떻게 다루어 왔는지를 살펴보는 일은 의미 있는 일이다.

따라서 이 글에서는 일본사·조선사에서 재일조선인이 어떻게 다루어져 왔는지와 함께 그것에 입각하여 재일조선인사가 어떻게 시작되었는지를 생각해 보기로 한다. 대상 시기는 기본적으로 1945년부터 1950년대 말까지로 한다. 이는 1950년대 후반에 본격적인 재일조선인사 연구가 시작되었다는 것, 그리고 이 시기까지 남·북조선이나 일본에서 새로운 상황에 대응한 국사가 구축되었다는 것에 따른 것이다. 그러나 다양한 사상(事象)이 역사로 기록되기 위해서는 애당초 동시대에 어떤 관점에서 봤는지도 생각할 필요가 있으므로, 먼저 1945년 이전에 재일조선인을 어떻게 보고 있었는지에 대해서도 관련하여 다루기로 한다.

그리고 마지막으로 일본사·조선사와 재일조선인사의 관련 양상이 재일조선인의 아이덴티티 형성에 어떤 영향을 미쳤는지도 말하고자 한다.

II. 동시대 사회분석에서 재일조선인에 대한 착목
: 1920~1940년대 전반

1920년대 이후 일본에서 생활하는 조선인이 증가한 것은 주로 조선 농촌의 피폐에 따른 인구 유출과 일본 내지의 일부 자본가가 저임금 노동력으로 조선인 노동자를 요구하고 있었기 때문이다. 그리고 점차 자본가들이 필요로 하는 수 이상의 조선인 노동자가 일본 내지로 유입되었고, 도일한 후에도 실업자나 반(半)실업자로 일본 내지에 체류하는 사람들이 늘어나게 되었다. 나아가 대도시에서 독자의 문화를 유지하며 사회를 형성한 재일조선인들은 거기에 의존하는 사회운동을 전개하고 있었다. 그 때문에 1920~30년대 재일조선인의 동향은 사회문제로 주목을 받게 되었다.

이른 단계에서부터 이를 분석한 것은 일본인 행정관계자였다. 1920년대 전반이라는 이른 단계에는 조선총독부나 조선인 노동자 수가 증가하고 있던 오사카시(大阪市), 고베시(神戶市), 도쿄시(東京市) 등이 재일조선인에 대한 사회조사 보고서를 펴냈다.[3] 조사 항목은 남녀별·연령별 인구, 내왕한 이유, 직업, 가계, 주택이나 교육을 둘러싼 상황 등이었다. 이후에도 1930년대 중반까지 동일한 사회조사를 실시해 보고서로 정리했다.

또한 같은 시기 일본 내지의 대도시에서 실시된 사회조사에서는, 특히 재일조선인만을 조사 대상으로 하지 않더라도 특별히 조선인에게 주의를 기울인 경우가 적지 않았다. 구체적으로 말하면 불량주택 지구나 수상(水上) 생활자, 영세공장의 노동자, 날품팔이 노동자, 셋집과 관련된 분쟁 상황 등의 실태를 기록한 보고에서는 흔히 '내선별'(內鮮別) 분석이 제시되었다.[4] 즉 이 시기에는 한 지역의 하층사회, 노동자 시장 등의 내부에 민족문제가 얽혀 있다는 것을 의식하고 있었던 것이다. 동시에 그것이 한 도시나 일본 내지라는 공간에서 완결된 문제가 아니라 조선반도나 그 주변 지역과 관련된 문제라는 것도 당연히 파악하고 있었다. 예컨대 오사카시 사회부 조사과가 펴낸 『조선인 노동자 문제』(朝鮮人勞働者問題)[5]에서는 '내왕 원인'이라는 장을 두어 조선반도의 산업·경제·교통·농민의 생활이나 소작제도·노동자의 임금 등을 상세하게 분석하고 있고, 나아가 일본

3) 이것들은 박경식이 편한 『在日朝鮮人關係資料集成』(三一書房, 1975~76, 이하 『集成』 약칭)에 수록되어 있다.

4) 특히 오사카시 사회부가 작성한 「사회부 보고」가 그런 경향이 강하다.

5) 『朝鮮人勞働者問題』(弘文堂, 1924).

내지 이외의 국외('만주'나 러시아 극동 지방)로 흘러 나간 조선인 인구 등도 언급하고 있다.

일본 내지의 경찰 당국은 재일조선인이 전개한 사회운동에 대한 조사 보고서를 정리하기도 했다. 내무성 경보국(警保局)이 1920년대 중반 이후 매년 작성한 『사회운동상황』(社會運動の狀況)[6]에는 일본 내지 외의 사회운동, 구체적으로는 노동운동, 농민운동, 수평운동(水平運動)[7] 등과 나란히 '재류 조선인 운동'(在留朝鮮人の運動)에 대해 단체의 결성 상황이나 방침, 특기할 만한 사건을 상술했다. 즉 재일조선인들의 운동은 일본사회운동의 한 요소로 인식되었던 것이다. 그리고 여기에서도 조선 내부나 국외 조선 민족해방운동과의 연관성을 의식하고 있었고, 『사회운동상황』에는 연차에 따라 조선인이 조선, 만주, 상하이 등에서 활동한 상황을 기술한 항목이 첨부되어 있다.

이러한 행정 당국의 보고서 외에도 경제학자, 노동문제나 도시문제 연구자, 사회운동가, 또는 재일조선인이 직접 쓴 논고가 그 시기 일본 내지의 학회지나 좌익이론지 등에 발표되었다.[8] 여기서 논하고 있는 내용은 조선인의 내왕과 그에 따라 발생하는 사회문제의 실태, 노동시장에서 차지하는 조선인의 위치, 송출 배경과 송출 지역의 경제에 미치는 영향, 사회운동 전개의 실정 등이었다.

또한 이 시기에 간행된 사회과학사전류에도 재일조선인과 관련된 항목이 들어 있었다. 먼저 1929년 스기모리 고지로(杉森孝次郞)가 엮어 사회사상연구소에서 펴낸 『사회과학사전』(社會科學辭典)에는 '재일본조선노동총동맹'이라는 항목이 있는데 '도일(渡日) 선인(鮮人) 노동자 단체'의 전국연합체라고 적혀 있다. 또

6) 정식 제목은 『쇼와 ××년의 사회운동상황』(昭和××中ニ於ケル社會運動の狀況)으로 연차 표시가 들어간다.

7) 수평사운동이라고도 한다. 수평사는 일본의 백정에 비슷한 '에다'나 '비인'(非人)의 해방을 위해 1922년에 만들어진 단체이다. 이 단체는 인간의 존엄과 자유, 평등의 가치를 기초로 하여 완전한 계급해방을 기치로 내걸었으며 일정 정도 마르크스주의의 영향도 받았다. 수평사가 결성된 지 1년 후에는 3부 21현에 약 300개의 지부가 조직되었다. 일본에서 수평사가 결성된 다음해인 1923년에 조선에서는 백정해방운동 단체인 형평사가 만들어진다—옮긴이.

8) 朴慶植, 『朝鮮人强制連行の記錄』(未來社, 1965) 이 책의 권말 부록 등을 참조하라.

이듬해인 1930년 가이조샤(改造社)에서 간행한 『사회과학사전』(社會科學辭典)에는 '조선인 노동자 문제'라는 항목[소하라 다쓰(莊原達)가 집필한 '재일조선인 노동자 문제'라는 표제어가 있고 "'조선인 노동자 문제'를 보라"라고 지시되어 있다]이 올라 있다. 기술한 내용은 일본 내지로 도항한 사람의 수·귀환자 수·도항관리제도, 지역 분포, 직업, 생활 상태, 도항의 배경, 조선인 운동 등인데 정확하고 요령 있게 잘 정리한 것이다. 이것들은 당시 일본의 사회과학 연구와 현상(現狀) 분석에서 재일조선인 문제를 이해할 필요하다고 인식했다는 것을 보여 준다.

그리고 상세한 분석은 아니더라도 이러한 학회지나 좌익관계 이론지 등에 비해 더 널리 유통된 잡지에서도 재일조선인과 관련된 논고가 게재되었음을 확인할 수 있다. 요시노 사쿠조(吉野作造)의 「조선인의 사회운동에 대하여」,[9] 김중정(金重政)의 「재일본 조선노동자의 현 상황」[10] 등이다. 또 널리 사회문제를 다룬 서적 등에도 재일조선인에 관한 연구가 포함되어 있다. 예컨대 '시사문제 강좌'라는 이름을 내건 시리즈 중 한 권인 아베 이소(安部磯雄, 1865~1949)의 『실업문제』(失業問題)[11] '제2장 실업문제의 원인'에서는 경기순환, 산업합리화나 기계의 발달 등과 함께 조선인 노동자가 유입되었고, 게다가 "노동 임금의 경우도 간신히 입에 풀칠할 정도의 임금으로 견뎌야 하는 사람이 많아진" 상황은 일본 내지 노동시장에서 일본인의 실업문제를 악화시키는 원인이 되었다고 주장했다.

이상은 주로 일본인이나 재일조선인이 집필한 논고의 경우이다. 그러나 동시대에 조선반도에 살고 있던 조선인 중에서도 재일조선인에 착목한 사람이 있었다. 『동아일보』나 『조선일보』 등의 민족지는 다수의 조선인이 조선반도를 떠나지 않을 수 없는 상황은 조선인 지배정책에 기인한 것이라고 비판하고, 나아가 일본 내지에서 자주 발생하는 조선인 학대사건이나 재일조선인의 사회운동 전개에 대해서도 크게 보도하고 있었다. 또는 홍종인의 「오사카 재류 조선인동

9) 吉野作造, 「朝鮮人の社會運動に就いて」, 『中央公論』(1923년 5월).
10) 金重政, 「在日本朝鮮勞働者の現狀」, 『中央公論』(1931년 7월).
11) 安部磯雄, 『失業問題』(日本評論社, 1929).

포 문제」,[12] 곽복산의 「백만 도일 동포의 생활 보고」[13] 등 본사에서 파견한 특파원들이 쓴 르포나 「교토·오사카·고베 조선인 문제 좌담회」[14]가 게재된 예도 있다. 또 조선인 경제학자 백남운[15]은 「조선노동자 이동 문제」라는 제목의 글을 『동아일보』 1936년 1월 2일자에 게재했다. 이런 것에서 보면 조선반도에 있던 조선인들이 재일조선인이라는 존재를 자신들과 분리된 먼 존재라고 파악한 것은 아니었고, 또 재일조선인의 형성을 식민지 정책의 문제 가운데 하나로 인식되어 있다는 것을 확인할 수 있다.

중일전쟁이 장기화되고 전면화되면서 전시체제가 구축된 1930년대 말이 되면, 조선인의 도일 실태나 재일조선인의 생활상 등을 자세히 조사하고 동시대의 정책을 비판적으로 분석한 논고는 나오지 않게 된다. 조선어로 된 문헌도 사라진다. 그러나 침략 전쟁을 수행하기 위해 민족 대립을 피하거나 제거함으로써 재일조선인의 전쟁 협력을 이끌어내는 것, 노동력의 수급을 조정하여 새롭게 조선인 노동자를 대량으로 일본 내지에 배치하여 최대한 효율적으로 일을 시키는 것은 국책상 중요한 과제가 되었다. 그것에 대응하여 1940년대 전반은 '내선일체'의 필연성을 설파하는 논고나 조선 내의 노동력 재편성과 관련된 노동력 이동의 정책 제언, 조선인에 대한 노무 관리에 관한 연구가 다수 제출되었다. 또 이 시기에 노무관리 일반이나 사회정책에 초점을 맞춰 출판된 서적에서도 조선인에 대한 언급을 찾아볼 수 있다.[16]

이들 논고의 내용은 전력 증강이라는 국책상의 결론이 선행되어 깊이 있는 고찰이 이루어졌다고 말하기는 힘들다. 그것을 집필한 연구자도, 이를테면 연구

---

12) 『조선일보』(1934/10/06-10/28).

13) 『동아일보』(1939/07/05-07/14).

14) 『조선일보』(1936/04/29-05/09).

15) 1895년생으로 수원고등농림학교, 도쿄상과대학에서 수학한 후 이 시기에는 연희전문학교 교수였다. 해방 후에는 남한에서 좌익계 정당의 간부를 역임한 후 북한으로 갔고, 조선민주주의인민공화국 건국 후에는 교육상 등의 요직을 역임했다[外務省アジア局監修, 霞關會 編, 『現代朝鮮人名辭典』 1962年版(世界ジャ-ナル社, 1962)].

16) 앞에서 언급한 박경식의 『조선인 강제 연행의 기록』 목록을 참조할 것.

에 '동원된' 측면이 있었다는 것은 틀림없는 사실이다. 그러나 당시 일본사회의 양상을 생각할 때 재일조선인이라는 존재에 유의해야 한다는 인식은 현실과 마주한 연구자들 사이에 널리 공유된 사실이라는 것만은 분명하다.

그 외에도 이 시기 사회과학의 분석 대상이 되지는 않았지만, 동시대 사람들 사이에서 생생한 기억의 대상이 된 재일조선인과 관련된 사건이나 움직임이 있었다는 것도 잊어서는 안 된다. 즉 1923년 간토대지진(關東大震災) 때 일어난 조선인 학살 사건이나 노동현장에서 빈번하게 발생하는 조선인 학대사건, 일본인에 의한 습격사건, 전시 근로 동원에서 조선인에 대한 폭력적인 연행과 연행해 간 곳에서 강요된 노예와 같은 노동 등이 그것이다.

이 가운데 간토대지진 때 일어난 조선인 학살 사건에 대해서는 당시 일본내지에서 생활하고 있던 거의 모든 사람들이 실제로 보고 들었다. 그런데 관헌은 사건 발생에 대한 보도를 제한함으로써, 실제로 조선인의 범죄행위가 있었고 그것이 학살의 배경이 된 듯한 인상을 주려고 애썼다. 그러나 학살 행위의 배경이 된 조선인의 방화나 우물에 독약을 투약한 것 등이 근거 없는 유언비어였다는 것은 사건 후에는 널리 알려진 사실이었고, 또 사건의 배경에는 조선 식민지 지배 문제나 민족적인 편견이 있었다는 것을 정확히 파악한 일본인도 있었다.[17] 그 다음해 이후 일부 재일조선인들은 9월 1일을 '학살기념일'로 지정하고 일본 제국주의를 비판하는 활동이나 추도행사를 계속했으며, 1930년대 전반까지의 사회주의운동 고양기에는 일본인들 사이에서도 '백색테러'를 규탄하는 기념일 투쟁의 형태로 이 사건을 기억하려는 사람들이 있었다. 거기에서는 관헌이 일본인 노동운동가나 아나키스트들을 학살한 가메이도(龜戸)사건[18]과 아마

---

17) 요시노 사쿠조 등. 요시노의 「조선인 학살 사건에 대하여」(朝鮮人虐殺事件に就いて, 『中央公論』, 1923. 11) 등의 글에는 그러한 인식이 드러나 있다.

18) 1923년 일본 간토대지진 때 도쿄 가메이도에서 일본인 노동운동가·한국인 등이 군대에 의해 참살된 사건이다. 한국인 학살 사건·오스기 사카에(大杉榮) 살해 사건과 함께 간토대지진의 3대 사건으로 불린다. 지진으로 인한 혼란의 와중에서 한국인이 폭동을 일으킬 것이라는 유언비어가 퍼지면서 가메이도 경찰서는 한국인·사회주의자·노동조합원의 검거·보호 방침에 따라 많은 한국인과 난카쓰노동회(南葛勞動會)의 가와이 요시토라(川合義虎), 순(純)노동자조합의 히라자와 게

카스(甘粕)사건이 크게 다루어지는 경향도 있었지만,[19] 적어도 일부 일본인들은 조선인 학살 사건의 중대함을 인식하고 식민지 지배 문제와의 관련성을 파악하고 있었다. 사회주의자들이 대중에게 호소하여 정치자금을 모으는 활동에서 9월 1일의 '대지진기념일'은 8월 29일의 '일한병합 국욕(國辱)기념일'과 연계하여 행해졌고, 일본의 가혹한 식민지 지배의 실태나 그에 대한 조선인의 투쟁이 있었다는 것, 그것이 조선인 학살의 배경이 되었다는 것 등을 호소했다.[20]

그리고 1931년 7월 일본 공산당 당원의 치안 유지법 위반 사건 공판(公判)에서, 공산당 결성에서 1929년 탄압까지의 역사를 설명한 이치카와 쇼이치(市川正一, 1892~1945)의 진술을 정리한 『일본 공산당투쟁소사』(共産黨鬪爭小史)[21]에도 간토대지진 때의 조선인 학살을 다룬 부분이 있다. 이것은 이 사건이나 가메이도 사건이 일본 공산당에 대한 탄압으로 이어지는 '백색테러'이고, 그것이 당시 고양되기 시작하던 일본사회운동에 영향을 끼쳐 '해당주의'(解黨主義)[22]를 낳았다는 맥락에 놓여 있다. 다소 길지만 '대지진 테러(조선인 학살, 가메이도 사건)'라는 표제가 붙은 관련 부분의 기술을 보면 다음과 같다.[23]

이시치(平澤計七) 등 노동자 10명을 검속, 기병 제13연대 장병이 9월 3일 밤부터 이튿날에 걸쳐 비밀리에 참살했다. 이 사건은 10월 10일에 보도되었지만 진상은 가려졌고 일본노동총동맹과 자유법조단이 규탄운동에 나섰으나 권력에 의해 묵살되었다 — 옮긴이.

19) 예컨대 일본 공산당 기관지 『무산자신문』의 1927년 9월 전후의 지면을 보면 9월 5일자에 「가메이도 사건 4주년이 왔다, 9월 3일을 무산자계급의 전국 기념일로 하라!」가 있었고 9월 15일자에는 「아마카스 사건 기념일이 다가온다, 무산자계급은 이날을 잊지 말라!」가 게재되었지만 조선인 학살 문제에 대한 기사나 논설은 없었다. 다만 9월 5일자 「가메이도 사건 4주년이 왔다」에는 조선인 학살 사건에 대한 언급은 있었다.

20) 예를 들어, 『프롤레타리아 과학』(プロレタリア科學) 1931년 9월호에 게재된 후카타니 스스무(深谷進)의 「대지진 대 일어난 군사적 백색테러의 의의」(震災における軍事的白色テロの意義)라는 글에서는 "조선의 노동자·농민 여러분은 일본 제국주의의 조직적 착취와 탄압 아래에서 도탄에 빠진 고난을 지속하고 있는 것", 그리고 "조선의 독립운동, 반제국주의운동은 일본 제국주의자들에게는 결정적인 치명상"이며 "일본의 제국주의자가 지난 대지진"에서 "조선 민족에 대한 민족적 반감을 한층 불러일으키는 데 힘쓴 까닭은 여기에 있다"라고 썼다.

21) 『共産黨鬪爭小史』 1932년 7월 일본 공산당 중앙위원회 선전선동부에서 출판.

22) 비합법적인 공산주의 운동에 나타나는 분파 주장의 하나로 비합법적인 활동을 그만두고 그 조직을 해체하여 합법주의, 의회주의의 범위 내에서 활동할 것을 주장하는 것이다 — 옮긴이.

23) 여기서는 일본 공산당 중앙위원회 선전선동부가 1932년에 간행한 텍스트를 참조할 수 없었으므로 1946년 10월 쇼코쇼보(彰考書房)에서 출판된 책(76-77쪽)을 참조했다. 또한 다음 인용에서 "수

부르주아지는 이를 내란 진압을 위한 연습에 이용했다. 계엄령하에서 군대의 손으로, 또 자경단(自警團)이라는 반동적인 소부르주아 무장조직을 만들게 해서, 그 무엇보다 먼저 일본 제국주의자가 항상 자기 발밑에 꽉 눌러두고는 있지만 언젠가 세차게 튕겨 나와 자신들을 쓰러뜨리지나 않을까 하고 두려워하던 존재인 조선인들을 학살하는 대사건을 저질렀다. 의지할 것도 없고 저항할 수도 없는 수만 명의 조선인들이 일본 부르주아의 악선전으로 인해, (지금은 누구에게나 분명한) 완전히 거짓 악선전에 학살당한 것이다.

또 그 대지진에서 일본 부르주아지는 가메이도 사건이라는 이름으로 일본 노동자의 가슴에 씻을 수 없는 커다란 원한을 심어 주었다. 그것은 혁명적 노동자, 우리 당 밑에 있으면서 공산청년동맹의 지도자였던 동지 가와이 요시토라(河合義虎)를 비롯한 혁명적 노동자 9명을 잔혹하게 학살한 일이다. 당은 이 영웅적 희생자를 영원히 일본 프롤레타리아 운동으로 기억하게 하기 위해 1927년 재조직 때 그들을 일본 공산당 당적에 올렸다.

일본 부르주아지는 오히려 이들 노동자 학살, 조선 민족 학살에 만족하지 않고 대지진을 틈타 칙령으로 치안 유지를 한다는 명목을 내세워 벌칙 같은 것을 만들었으며, 결국 이를 오늘날의 치안 유지법으로 바꾸어 놓았다.

이처럼 일본 부르주아 정부는 한편으로는 이 진재(震災) 때 부르주아지의 이익을 위해 진재어음보상법이라는 이름의 부르주아 보호를 위한 약탈적인 보상 법안을 만들었고, 다른 한편으로는 프롤레타리아나 피압박 민족에 대해 그런 수단을 취한 것이다.

한편 조선 내의 민족지(民族紙)도 엄격한 제한을 받긴 했으나 간토대지진 때 일어난 조선인 학살 사건은 보도했다. 이러한 과정에서 조선 내 일부에서는 추도집회를 열고자 했다. 또 상하이에 있던 대한민국임시정부 기관지 『독립신문』 특파원은 재일조선인들과 함께 사건 조사를 했고, 『독립신문』에 조사 보고서를 실었다.[24] 사건의 중대함을 생각하면 당연한 일이지만, 이 사건은 조선 민족 전체에 커다란 사건으로 인식되었던 것이다.

만 명이나 되는 조선인이 …… 학살당했다"라고 되어 있는데, 간토대지진 때 학살당한 조선인의 수는 약 6천 명이라거나 2, 3천 명이라고 하는 것이 일반적인 설이다.

24) 山田昭次, 『關東大震災時の朝鮮人虐殺: その國家責任と民衆責任』(創史社, 2003).

노동현장에서 일어나는 조선인 학대나 조선인 노동자에 대한 일본인의 습격 사건은 이미 1910년대에도 확인되었고 일본 신문에 보도되기도 했다. 가장 큰 문제로 거론된 것은 1922년 7월에 발생한 니가타현(新潟縣) 시나노가와(信濃川) 전력발전소 공사현장에서 발생한 조선인 노동자 학대 사건이다. 이 공사 현장에서는 가혹한 노동에서 도망치려고 한 조선인 노동자를 사살하거나 강에 던져 넣은 일이 발각되었는데, 일본 내지의 『호치신문』(報知新聞)이 이를 보도했고, 『동아일보』도 특파원을 파견해 조사하여 연재 기사를 실었다. 그리고 이를 계기로 조선인의 연설회가 열리고 조선인 노동 상황에 대한 조사도 실시되었다.[25]

이에 비해 전시 노무동원에서 벌어지는 폭력적인 연행이나 노예적인 노동 강제에 대한 동시대의 기록은 거의 남아 있지 않다. 언론의 자유가 박탈되었고 애초에 당사자들이 그것을 기록으로 남길 수 있는 물리적 환경이 아니었으므로 어쩌면 이는 당연한 일이었을 것이다. 다만 현실에서 그런 일이 벌어지고 있었고, 그것을 보고 듣고 경험한 사람들을 통해 동시대 조선반도에 살고 있던 조선인들 사이에 그런 소문이 퍼져 나갔다는 것을 확인할 수 있다.[26] 이런 일이 일본인이나 재일조선인들 사이에 얼마나 알려져 있었는지는 분명하지 않지만, 적어도 그것을 보고 들은 사람들이 적지 않았다는 것만은 분명하다.

지금까지 본 것처럼 1945년 8월 이전에도 일본 내지·조선반도의 어떤 지역에서나 또는 일본인·조선인 어느 입장에서나 재일조선인이라는 존재와 그와 관련된 사건이나 사상(事象)은 다양한 형태로 주목을 받아 기록되었으며, 때로는 사회과학의 분석 대상이 되었다.

물론 그런 기록이나 분석이 모두 재일조선인의 활동이나 그들이 직면한 문제를 다루었다고는 말하기 어려우며, 오늘날의 시점에서 봤을 때 다양한 문제를 안고 있었다는 지적을 할 수 있다. 물론 경찰 당국의 조사는 치안 유지를 위한 경계나 단속을 위한 것이었다. 행정 당국이 수행한 사회조사는 샘플 수도 많

25) 金贊汀, 『雨の慟哭』(田畑書店, 1979).

26) 졸고, 「朝鮮人强制連行: その概念と史料から見た實態をめぐって」, 『戰爭責任硏究』,(2004. 9).

고 상세한 부분까지 질문 항목을 설정한 것은 확실하지만, 그것은 동화정책이나 근대적 주체로서의 교화 시책과 관련된 것이었다. 또 이런 일본인이 주체가 되어 일본어로 시행한 조사는 재일조선인의 독자적인 문화나 사회의 중요한 면을 시야 바깥에 두었을 것이고, 다양한 사상(事象)을 내재적으로 이해하지 않고 오해한 경우도 있었을 것이다. 한편 조선인 측은 민족적 연대감을 기초로 문제의 본질에 다가가려고 했으나 체계적인 정리나 면밀한 분석을 제시한 것이 아니라 단속적이고 단편적인 기록에 머물렀다.

그러나 그런 문제가 있었다고 하더라도 동시대 일본사회의 노동문제나 도시문제, 사회운동 등을 고찰한 사람들은 그 안에서 조선인이라는 존재가 중요한 요소라는 것을 인식하고 있었다. 또 조선반도에 살고 있는 조선인들이, 재일조선인 운동은 조선사회운동의 일부이고 재일조선인에 대한 박해는 민족 전체의 문제라는 의식을 가지고 있었다는 것은 확인할 수 있다.

그렇다면 그런 동시대의 기록이나 분석이 1945년 8월 이후에는 어떻게 역사로 정리되고 기술되었는지, 혹은 그렇게 되지 않았는지를 살펴보자.

III. 전후 일본의 역사 연구에서 재일조선인과 관련된 기술들 : 1945~1950년대 중반

1945년 8월의 일본 패전은 일본에서 역사 연구의 전환을 가져왔다. 대동아공영권 건설이 다가올 미래가 아니게 되었고, 관념적인 천황 중심의 역사관을 강요하는 일은 정지되었다.

이런 과정에서 일본 제국에 의해 억압당했던 사람들, 그리고 그것에 저항하는 활동을 전개해 온 사람들을 조명하는 새로운 일본사 연구가 가능해졌다. 재일조선인이라는 사회집단은 바로 그런 일본 제국에 억압당했고, 그것으로부터의 해방을 목표로 싸운 존재들이었다.

그러나 패전 직후의 일본사 연구와 관련된 상황에서는 오히려 재일조선인이라는 존재를 보기 어렵게 하는 조건도 나타났다.

우선 이 시기의 일본사 연구는 어떻게 새로운 일본을 건설해 나갈 것인가 하는 문제의식과 깊이 결부된 채 진행되었다. 그 당시의 새로운 일본에는 당연히 조선이나 타이완 등의 식민지는 포함되지 않았다. 따라서 식민지하의 조선이나 타이완 등에 속한 사람들의 움직임은 일본 근대사의 틀 밖에 놓였고,[27] 식민지와 관련된 문제가 일본 전체에 끼친 영향에도 그다지 주의를 기울이지 않게 되었다.[28]

또한 이 시기 직전인 전시하에서는 군부의 전제적인 정치 밑에서 대부분의 사람들이 동일하게 경제적 궁핍이나 기본적인 인권의 억압, 전쟁 피해 등에 직면하고 있었다. 그것은 역사학자들로 하여금 군부(또는 그와 아울러 관료, 지주, 자본가 등의 지배층) 대 일본 민중(이 시기에는 인민이나 국민이라는 말이 사용되었지만)이라는 도식을 강조하도록 했다. 바꿔 말하면 민중 내부의 다양한 차이를 사상(捨象)하는 경향을 낳았던 것이다. 그리고 이 시점에서 일본의 역사 연구는 거의 일본인들 사이에서만 이루어지고 있었다. 아무리 자신들이 입은 피해에 민감했다고 하더라도, 한층 냉엄한 상황에 놓여 있던 타자를 의식하는 환경은 아니었던 것이다.

그리고 이 시기 일본 역사학계에서 마르크스주의의 영향력이 강했던 것도, 재일조선인의 역사를 발굴하는 일에 부정적으로 작용했다. 공식적인 마르크스주의 역사관에서 변혁의 주체는 전위당(前衛黨)이 이끄는 조직된 노동자이다. 그러나 대부분의 재일조선인은 그런 존재가 아니었으므로 주목받기가 어려웠다. 동시에 사회분석에서 계급이라는 계기가 가장 중시되었고 노동시장이나 노동

---

27) 조선이나 타이완과는 다른 위치에 있던 오키나와에 관한 기술 역시 이 시기 일본사 개설서에서는 아주 드물다. 이것도 오키나와가 일본에서 분리되어 있던 것과 관련 있을 것이다.

28) 다만 식민지화에 이르기까지 조일관계(朝日關係)는 비교적 상세하게 서술되어 이 시기 일본사 개설도 3·1운동 등에 대해서는 다루고 있었다.

운동 내부에 있는 민족문제는 무시되거나 경시되었다.

이러한 과정에서 1950년대 중반까지는 일본사 분야의 연구에서 재일조선인에 관한 언급은 거의 없는 것이나 다름없었다. 이 시기에 나온 몇몇 새로운 일본사 개설서에는 노동문제나 전시 노무동원을 다룬 기술에서도 조선인이 등장하는 일은 없었다.

예컨대 대표적인 마르크스주의 역사학자인 하니 고로(羽仁五郎)가 전후에 저술한 일본통사이며, 근대 특히 노동자의 생활상이나 운동을 비교적 자세하게 기술하고 있는 『일본 인민의 역사』(日本人民の歴史)[29]에는, 1920~30년대 조선인 노동조합인 재일본조선노동총동맹(在日勞總)의 활동이나 그것이 나중에 합류하게 되는 일본노동조합전국협의회(全協)[30]에서의 조선인 노동자의 동향에 대한 기술은 없었다. 전시하라는 상황에서도 "일본 제국주의는 …… 노무징용령(勞務徵用令)에 따라, 일본 인민의 경우 12세에서 70세까지의 남녀를 어떤 산업이든 아무리 먼 지역이든 어떤 기간이든 상관없이 강제노동에 징발하기 시작했다. 일본 인민은 빨간딱지[31]에 의해 군대에 소집되거나 백지(白紙) 영장에 의해 강제노동에 동원되는 숙명적인 공포에 부들부들 떨어야 했다"[32]라는 노무동원에 대한 설명은 있지만, 조선반도에서 있었던 동원에 대한 언급은 없다. 같은 페이지에 소개되어 있는 징용이 초래한 생활 파괴의 비극도 일본인으로 보이는 고베의 청년 노동자의 예이다. 그리고 이 저서에는 전시하에 모순이 확대되어 '일본 노동자 계급'이 저항한 증거로 노동쟁의 건수와 노동쟁의 참가자 수가 소개되어 있으나 거기에는 노무동원되어 온 사람 등 재일조선인 노동자와 관련된 통계 숫자는 포함되어 있지 않았다. 아울러 하니 고로가 소개하고 있는 통계는, 1942년의 쟁의 건수 262건에 참가자 수 1만 4,373명, 1943년의 쟁의 건수 443건에 참가자 수 1만 6,694명, 1944년의 쟁의 건수 296건에 참가자 수 1만 26명

29) 羽仁五郎, 『日本人民の歴史』(岩波書店, 1950).
30) 일본 공산당이 지도하고 있던 가장 좌파적인 노동단체로 재일노총이 여기에 합류한 것은 1930년이다.
31) 구일본 군대의 소집 영장을 가리킨다. 빨간색 종이를 쓴 데서 아카가미(赤紙)라고 했다—옮긴이.
32) 『日本人民の歴史』, 201쪽.

등이지만,[33] 재일조선인과 관련된 통계는 1942년의 쟁의 건수 467건에 참가자 수 2만 4,505명(그 가운데 노무동원된 노동자와 관련된 것은 295건에 1만 6,006명), 1943년의 쟁의 건수 324건에 참가자 수 1만 6,693명(노무동원된 사람만), 1944년의 쟁의 건수 303건에 쟁의 참가자 수 1만 5,230명(노무동원된 사람만)이다.[34] 조선인 역시 '일본 노동자 계급'의 일원이고 식민지를 포함하지 않는 일본 국내라는 공간적인 틀에서도 일본 제국주의의 압박과 그것에 대한 반항을 생각할 때, 조선인이 매우 중요한 존재였다는 것은 위의 통계만 봐도 분명하다. 그러나 실제로는 재일조선인이라는 존재는 무시되었다. 또한 같은 시기 이 책 이외의 개설서에서는 노동운동이나 노동문제, 전시하의 동원정책과 관련된 항목에서도 조선인에 대한 특별한 언급은 보이지 않는다.

일본사 전반의 개설서가 아니라 노동운동 분야의 통사를 봐도, 이 시기에 새롭게 쓰인 저서에는 조선인에 관한 언급이 적다. 사회경제노동연구소[35]에서 펴낸, 전후에 쓰인 최초의 일본 노동운동사인 『근대일본노동자운동사』(近代日本勞働者運動史)[36]에는 1930년의 조선인 노동조합의 전국 조직인 재일노총이 전협에 합류한 사실을 포함하여 재일조선인에 관한 언급이 전혀 없으며, 노동쟁의 통계에도 재일조선인이 관계된 것은 포함되지 않은 숫자가 사용되었다. 기시모토 에이타로(岸本英太郎)의 『일본노동운동사』(日本勞働運動史)에도 재일조선인과 관련된 것은 무산정당과 노동단체의 관계를 나타내는 계통도 가운데 노농당(勞農黨) 계열 조합의 하나로 '재일조선노동총동맹'이 있다고만 적혀 있을 뿐이다.[37]

---

33) 하니 고로는 밝히고 있지 않지만 내무성 경보국(警保局)이 발행한 『사회운동상황』(社會運動の狀況) 각 연도 판에 기초한 숫자로 보인다.

34) 朴慶植, 『在日朝鮮人運動史』(三一書房, 1979), 339쪽. 여기서 제시한 것은 내무성 경보국에서 발행한 『사회운동상황』 각 연도 판과 『특고월보』(特高月報)의 각 호에 따른 통계라고 한다.

35) 대표 저자는 고야마 히로타케(小山弘健)이다. 다만 처음에 와타나베 도루(渡部徹)가 전편을 쓰고 고야마가 감수하여 1947년 봄까지 작성한 초고를 가지고 토의를 거쳐 완성한 원고라고 한다.

36) 社會經濟勞働硏究所, 『近代日本勞働者運動史』(白林社, 1947).

37) 岸本英太郎, 『日本勞働運動史』(弘文堂, 1950), 197쪽.

다만 스에히로 이즈타로(末弘嚴太郎, 1888~1951)의 『일본노동조합운동사』(日本勞働組合運動史)는 재일조선인을 언급하고 있다. 이 저서는 앞에서 언급한 두 책과 달리 노동조합운동의 전개 과정뿐 아니라 노동조합 조직의 양상이나 기능, 형태라는 '분석적 서술'의 장을 마련했다. 재일조선인에 대한 기술은 이 '분석적 서술' 안의 조직 상황을 서술한 항목에 있는데, "또한 마지막으로 간과하기 힘든 것은 조선인의 조직 운동이다. 그들은 일반적으로 일본인의 인종적 차별 때문에 노동관계에서도 비교적 학대를 당하고 있었다. 당시 일본에 있는 조선인 31만 1,247명 중에서 약 56%가 노동자였다. 그들이 그들만의 조합을 만든 것은 드물었지만, 그들 사이의 민족주의적 독립운동과 합류하여 무정부주의 운동으로 내닫거나 공산주의 운동에 뛰어들었다. 특히 그들의 조직 운동이 대체로 공산주의 계열인 전협으로 기운 것은 주목할 만한 사항이다"[38]라는 것이었다. 이 설명 가운데 조선인이 민족의 독자적인 노동조합을 만들지 않았다는 것은 사실과 다르지만,[39] 민족 차별이 존재했다는 것과 당시의 조선인 노동자가 민족 독립도 과제로 삼았다는 것은 중요한 지적이다. 조직의 실태를 주시하려는 연구 태도와 1920~30년대의 노동문제를 이미 연구자의 눈으로 보고 있었던 것이 이런 점을 파악할 수 있게 한 것으로 보인다.

그 후 1954년 7월에는 조선인 노동자가 전체 조직 인원 중에서 상당한 비율을 차지하고 있던 좌파 계열 노동조합인 전협에 초점을 맞춘 연구가 발표되었다. 와타나베 도루(渡部徹)가 쓴 『일본노동조합운동사: 일본노동조합전국협의회를 중심으로』(日本勞働組合運動史: 日本勞働組合全國協議會を中心として)가 그것이다. 이 책은 일차 사료를 바탕으로 운동 방침이나 자금 모금 활동, 개별적인 노동쟁의의 지도(指導)까지 포함하여 전협의 활동을 그려내고 있다. 여기에는 재일노

38) 末弘嚴太郎, 『日本勞働組合運動史』(共同通信社, 1950), 82쪽.

39) 1929년에 프로핀테른(적색노동조합 인터내셔널)에서 민족별 조직을 만들어서는 안 된다는 지시가 내려왔고 재일노총이 해체된 것은 사실이지만, 그 이전에는 오히려 민족별 노동조합이 일반적이었다. 또 1930년 이후에도 공산당의 영향력과 무관한 사람들 사이에서는 독자적인 조선인 노동조합이 만들어졌다.

총이 전협으로 합류한 사실[40]이 기록되어 있는 것 외에도 조선인 노동자의 숙소가 습격당하고 쟁의를 지도하던 전협 본부위원이 살해당한 1933년의 이와테현(岩手縣) 게센군(氣仙郡) 야하기무라(矢作村) 국철(國鐵) 오후나토선(大船渡線) 공사장 쟁의에 대한 기술도 비교적 상세하게 나와 있다.[41] 그러나 그 외의 부분에서는 '일본과 조선 노동자'에 의해 ○○공장 쟁의가 전개되었다고 운운하는 부분에서 조선인이 운동에 관여했다는 사실만 알 수 있는 정도로 기술되어 있다. 그리고 앞에서 말한 오후나토선 공사현장의 쟁의도 포함하여 노동현장에서 일본인과 조선인이 어떤 관계에 있었는지, 또는 민족 차별 반대의 과제가 어떻게 받아들여지고 있었는지에 대한 언급은 없다. 동시에 운동 방침에 관한 분석으로, 예컨대 기관지의 조선어판 발행(이것은 실제로 이루어짐) 등 조선인 노동자와 관련된 문제는 서술하고 있지 않다. 전체적으로 이 책은 조직에서나 운동의 구체적인 전개에서나 실제로는 중요성을 가지고 있었을 조선인이라는 속성은 숨긴 채 노동자라는 속성으로 묶인 사람들의 역사로 서술하고 있다.

이 시기 노동문제 일반에 관한 분야나 경제사와 관련된 논고와 저서에서도 조선인 노동자에 관한 기술은 그다지 보이지 않는다. 일본인이 아니라 미국 전략폭격조사단이 정리한 『일본 전쟁경제의 붕괴』(The effects of strategic bombing on Japan's war economy)[42]나 코헨(Cohen, Jerome B.)의 『전시 전후의 일본 경제』(Japanese economy during and after the War)[43]는 전시하의 조선인 노무동원의 실태나 조선인이 탄광 등 각종 산업의 노동력 구성에서 상당한 비율을 차지하고 있었다는 것 등을 기술하고 있다. 그러나 야나이하라 다다오(矢内原忠雄)가 편한 『현대일본소사』(現代日本小史)[44]의 '노동' 항목[오코우치 가즈오(大河內一男)가 집필]에

40) 渡部徹, 『日本勞働組合運動史: 日本勞働組合全國協議會を中心として』(靑木書店, 1954), 138쪽.

41) 같은 책, 276-279쪽.

42) アメリカ合衆國戰略爆擊調査團 編, 正木千冬 譯, 『日本戰爭經濟の崩壞』(*The effects of strategic bombing on Japan's war economy,* 日本評論社, 1950).

43) J.B. コーヘン, 『Japanese economy during and after the War』(岩波書店, 1950~51).

44) 矢内原忠雄 編, 『現代日本小史』(みすず書房, 1952).

는 조선인에 관한 언급이 없다.

그런데 이와 반대로 이상과 같은 일반적인 동향이 아니라 간토대지진 때 일어난 조선인 학살 사건은 거의 모든 일본사 개설서가 언급하고 있다. 그 가운데 하나인 도야마 시게키(遠山茂樹)·이시모다 쇼(石母田正)·다카하시 신이치(高橋磌一)의 『세계의 역사 : 일본』[45](世界の歷史: 日本)에 나온 조선인 학살 사건 관련 기술을 보면 다음과 같다.

> 일본 공산당은 창립 이듬해에 이미 일제 검거의 폭풍 속에 있었다. 그 여운이 가시기도 전인 9월 1일 간토 지방 일대에 대지진이 일어났다. 사람들의 불안감은 '조선인이 폭동을 일으켰다'는 유언비어를 낳았고 정부는 이를 묵인하거나 음으로 양으로 조장하고 이에 편승하여 계엄령을 내리고 반동 정책을 펼쳐 나갔다. 각지에서 다수의 죄 없는 조선인들이 학살당했다. 아나키스트 오스기 사카에(大杉榮)와 그의 처자, 그리고 9명의 노동운동가가 헌병이나 경관의 손에 암살되었다. 사회운동에는 다시 암흑기가 찾아왔다. 한편으로는 정세의 어려움에 몰렸고, 다른 한편으로는 보통선거의 환영에 의해 의회를 통한 노동운동이 가능하지 않을까 하는 생각을 하게 되었다. 거기에서 개량주의와 합법주의 경향이 강해졌다.

즉, 간토대지진 때 일어난 조선인 학살 사건은 일본 공산당을 중심으로 한 사회운동의 고양에 대해 관헌 측이 대항한 것이고, 이를 계기로 우경화되어 사회운동 내부에 분열이 발생했다는 맥락으로 설명하고 있는 것이다. 이는 이노우에 기요시(井上淸)의 『나라의 발자취 비판 : 올바른 일본 역사』(くにのあゆみ批判: 正しい日本歷史)[46]나 앞에서 나온 하니 고로의 『일본 인민의 역사』, 시오다 쇼베(鹽田庄兵衛)의 『신일본사 강좌 자본주의 시대·사회주의 운동의 발전』(新日本史講座 資本主義時代·社會主義運動の發展)[47]도 마찬가지이다.

이렇게 파악하는 방법은 앞장에서 본 『일본 공산당 투쟁 소사』의 기술과 기

45) 『世界の歷史: 日本』(每日新聞社, 1949).
46) 『くにのあゆみ批判: 正しい日本歷史』(解放社, 1947).
47) 『新日本史講座 資本主義時代·社會主義運動の發展』(中央公論社, 1951).

본적으로 같다.[48] 『일본 공산당 투쟁 소사』는 1946년 10월에 간행되어 일반적으로 널리 읽혔다. 앞에서 말한 것처럼 이 시기 일본 역사학계에서는 마르크스주의의 영향력이 강했으므로 실제로 위의 개설서의 저자[49]도 『일본 공산당 투쟁 소사』를 참조했던 것으로 보인다.

그러나 『일본 공산당 투쟁 소사』와 이 시기에 쓰인 일본사 개설서에서 간토 대지진 때 일어난 조선인 학살 사건을 다룬 것을 비교하면 중요한 차이가 드러난다. 『일본 공산당 투쟁 소사』에는 "일본 제국주의자가 항상 자기 발밑에 꽉 눌러 두고는 있지만 언젠가 세차게 튕겨 나와 자신들을 쓰러뜨리지나 않을까 하고 두려워하던 존재인 조선인들을 학살하는 대사건을 저질렀다"라는 구절이 있고, "자경단(自警團)이라는 반동적인 소부르주아 무장조직"이 학살에 관여했다는 언급도 있다. 다시 말해 조선인 학살 사건은 식민지 지배와 관계가 있으며 일본 민간인도 조선인을 박해한 일이 있음을 밝히고 있는 것이다. 그런데 전후의 일본사 개설서에는 이런 것들이 기록되지 않았다. 바꿔 말해 이 시점에는 간토 대지진 때 일어난 조선인 학살 사건의 역사가 (식민지를 포함하지 않는 영역인) 일본 국내의 관헌 대 일본 민중이라는 틀의 문제로 규정되어 버렸다.

이렇게 보면 1945년 이전의 동시대 사회분석에서 주목받았던 재일조선인의 동향은 전후의 일본사 연구에는 거의 포함되지 않았음을 알 수 있다. 전후에 새로운 구축을 지향한 일본의 '국사'는 이 시기 군국주의를 비판하고 민주주의 이념에 기초하려고 한 점에서 의의를 가졌다는 것은 확실하지만, 거기에서 재일조선인은 배제되었다. 설령 언급이 있었다고 해도, 지배층에 대항하거나 지배층에게 탄압받는 민중이나 노동자 계급의 일원으로 취급되었고, 노동문제나 사회운동 내부의 민족문제나 식민지 지배와의 관계는 사상되었다.

한편 같은 시기 일본에서는 조선사 연구도 진행되고 있었다. 일본인들 사이

---

48) 다만 『일본 공산당 투쟁 소사』에는 무정부주의자인 오스키 사카에를 학살한 아마카스 사건에 대한 언급이 없다.

49) 모두 일본 공산당원이거나 일본 공산당과 가까운 입장에 있던 연구자이다.

에서 일본에서 분리된 조선에 대한 관심은 적지 않았고, 그 연구가 꼭 활발했다고는 할 수 없지만 식민지 지배를 긍정하기 위한 역사가 아닌 서술 조건이 생겨나 새로운 저서로 정리되었다. 그리고 이 시기 조선사 연구에서는 일본사 분야와 달리 개설서에도 재일조선인과 관련된 기술이 보인다. 그것은 다음과 같은 것이었다.

우선 김두용(金斗鎔)의 『근대조선사회사화』(近代朝鮮社會史話)[50]에는 노무동원에 의해 조반(常磐) 탄광에 배치된 노동자의 상황에 대한 언급이 있고, 임광철(林光澈)의 『조선역사독본』(朝鮮歷史讀本)[51]에서는 3·1운동의 선구가 된 도쿄의 조선인 유학생의 움직임이나 도쿄의 유학생들이 만든 사상단체 북풍회(北風會)가 조선공산당 운동과 연결된다는 것, 조선 농촌의 피폐와 그것을 배경으로 일본을 포함한 국외로의 인구 유출에 대해 설명하고 있다.

전전(戰前)의 조선사 연구를 반성하고 새로운 연구를 해야 한다고 주장한 일본인 연구자 하타다 다카시(旗田巍, 1908~94)가 저술한 『조선사』(朝鮮史)에도 재일조선인과 관련된 기술이 있다. 식민지 지배로 새로운 빈민이 생겨나고 "정처 없이 일본이나 만주로 건너가는 흰옷의 무리"가 나타난 것,[52] 1923년 도쿄에서 유학생들이 사상단체인 북성회(北星會)를 조직한 일, 1920년대 초 상하이와 나란히 "도쿄는 조선 사상운동의 2대 중심지였으며 이 두 지역의 혁명 사상이 조선으로 유입되어" 조선공산당 성립으로 이어졌다는 것[53] 등이다. 이 외에 일본 내지의 노동 실태에 대해서 다루고 있지 않지만, 전시동원과 관련된 기술은 있다.[54]

이상을 보면 물론 재일조선인의 생활이나 운동이 상세하게 기술되어 있는 것은 아니지만, 적어도 전후 일본에서 조선사의 대상이 공간적으로 조선반도라

---

50) 『近代朝鮮社會史話』(鄕土書房, 1947).
51) 林光澈, 『朝鮮歷史讀本』(白楊社, 1949).
52) 旗田巍, 『朝鮮史』(岩波書店, 1951), 225-226쪽.
53) 같은 책, 229쪽.
54) 같은 책, 224쪽.

는 영역에만 한정되지 않았고 일본에 거주하고 있는 조선인까지 시야에 넣고 있었음을 알 수 있다. 또 이 점은 재일조선인 연구자나 일본인 연구자나 마찬가지였다. 다만 전시동원에 대해 서술한 "학도 동원·징용·훈련 등 **일본에서 있었던 것**과 똑같은 일이 아무런 발언권도 갖지 못한 식민지 민중에게 적용되었다"[55]라는 하타다의 글을 볼 때 "조선인의 고뇌를 자기의 고뇌로 삼는 것"[56]을 목표로 한 성실한 역사학자의 경우에도 여전히 조선인이 직면하고 있던 고난과 일본인이 직면하고 있던 고난의 차이를 이해하지 못한 것이 아닌가 하는 의문이 든다. 만약 그렇다면 이는 재일조선인이 직접 조선의 역사를 배우고 연구하는 의의가 크다는 것을 의미한다.

Ⅳ. 해방 후 조선의 역사 인식에서 재일조선인과 관련된 사항 : 1940년대 후반

1945년 8월 일본 제국이 패전을 맞아 조선 민족은 비로소 일본 제국주의에 대한 비판의 자유를 얻었다. 또 일본 제국이 은폐하려고 했던 다양한 사실을 알 수 있고 전할 수 있게 되었다. 그 과정에서 조선반도에서는 새로운 국가 건설을 위해 과거를 돌아보고 정리하는 작업이 시작되었다. 일본 제국의 지배하에서 조선 민족이 어떤 고난을 당했는지를 밝히고, 동시에 민족해방을 위한 어떤 투쟁이 있었으며 어떻게 오늘에 이어지고 있는지를 여러 조선인들이 말하기 시작한 것이다.

조선반도에 사는 사람들이 식민지 시기의 고난을 말할 때 재일조선인과 관

55) 같은 책, 224쪽, 강조는 인용자.
56) 같은 책, 서문.

련된 사실도 포함했다는 것을 확인할 수 있다. 예컨대 1945년 12월에 간행된 김종범과 김동운의 『해방 전후의 조선진상』(조선정경연구사) 제1집(총독 정치의 죄악 폭로)을 보자. 이 저서에는 역대 총독의 범죄 책임이나 교육, 경찰, 언론 탄압 등의 문제가 무작위로 기술되어 있다. 그 가운데 '조선인의 일본 도항 단속 문제'라는 항목이 있는데, "일본 정부는 일본 노동자의 실업 방지를 목적으로 중국 노동자의 입국을 금지하고 조선 노동자의 도항을 저지했으며 자신들의 필요에 따라 단체로 모집하여 입국시키는 것 외에는 자유롭게 도항하는 것을 금지하려고 이른바 도항증명서를 발행했다. 그리고 그 증명서를 소지한 사람 외에는 임의로 왕래할 수 없도록 했다. …… 조선 노동자들은 물론이고 그것을 구실로 일반 지식계급까지 일본을 왕래할 때는 이른바 도항증이 필요했다. 그래서 그 불편함과 손해 그리고 어려움은 아주 컸다"라고 말하고 있다.[57)]

또한 '놀랄 만한 조선동포 대학살 사건' 항목에서는 사망자가 '약 3,500명'이라고 기술한 '간도 조선인 대학살'(=간도 출병 때의 학살), '약 3,000명'이라는 '시베리아 거주 조선인 학살'(=시베리아 출병 때의 학살), '약 7,000명'이라는 '기미년 독립만세운동'(=3·1운동 때 탄압으로 사망한 자)과 함께 '약 5,500명'이라는 '도쿄대지진 때'(=간토대지진 때)의 학살을 들고 있다. 같은 항목에서는 "최근 일본 마이즈루항(舞鶴港)에서 조선인 징용자와 노동자 7,000여 명을 태운 군함이 폭파되면서 조선인 5,400여 명이 수장되었다는" 우키시마마루(浮島丸) 사건도 언급하고 있다.[58)]

이 외에 일본 내지의 노동현장에서 발생한 학대 사건은 구체적으로 다루고 있지 않지만, '전시 민중 수난의 진상'에서는 '이번 8년간의 전쟁'(노구교사건에서 일본 패전까지)에서 조선 민중이 체험한 '전무후무한 고통'의 하나로 "징병이나 징용으로 인한 본의 아닌 희생"도 들고 있다.[59)]

---

57) 『해방 전후의 조선진상』, 82-83쪽.

58) 우키시마마루가 침몰한 것은 기뢰(機雷)와 충돌했기 때문인데 조작인지 아닌지는 분명히 밝혀지지 않았다.

59) 『해방 전후의 조선진상』, 85쪽.

그 후 간행된 더욱 본격적이고 체계적으로 역사를 정리한 서적에서도 재일 조선인의 고난을 기록하고 있다. 우선 최남선의 『조선독립운동사』[60]는 1922년 니가타현 시나노가와 수력발전소 공사장에서 일어난 조선인 학대사건과 간토대지진 때의 조선인 학살 사건을 언급하고 있다. 전자는 도쿄 유학생들이 노동문제에 주의를 기울이게 된 계기로 언급하고 있을 뿐이지만, 후자는 자경단이 총검이나 죽창으로 조선인을 가해한 사실을 말하고 "이는 중세 유럽의 유태인 학살보다 가혹한 만행이며 일본인의 잔인한 본성을 적나라하게 보여 준 것이다" "이 사실이 전해지자마자 고국의 동포들은 울분은 물론, …… 이러한 원인악업(怨因惡業)을 행한 이상, 두 나라의 화합은 영원히 기대할 수 없을 것이라고 했다"라는 등의 설명을 덧붙이고 있다.

또한 1948년 8월에 출판된 『사회과학대사전』에도 '니가타현 조선인 노동자 학살 사건' '도쿄대지진 학살 사건'이라는 항목이 있다. 그리고 같은 사전의 '강제 사역장'이라는 항목은 일반적인 단어 설명을 한 뒤 다음과 같이 설명하고 있다.

> 일제시대 일본에서는 1920년대를 기점으로 조선인 노동자를 감언이설로 모집하여, 새벽부터 밤늦게까지 일체의 외출과 귀국을 허락하지 않은 채 혹사시켰다. 여기에서 그 유명한 니가타 학살 사건도 일어났다. 그 밖에도 수많은 노역장은 근대적인 강제 노역장이라고 할 수 있다. 이 강제 노역장은 일제의 착취기관이 없어질 때까지 [존재했다]. 즉 태평양전쟁 때는 징용과 보국대 등의 형식으로 인민을 모집하여 근대적인 강제 노역장에 수용하여 혹사시켰다.

이 기술에서는 이 시기에 조선반도에 있던 조선인들이, 노동현장에서 재일 조선인들이 당한 고난을 기억하려고 했으며 전시기의 노무동원에서도 가혹한 노동을 강요당한 것으로 인식하고 있었음을 확인할 수 있다.

60) 최남선, 『조선 독립운동사』(동명사, 1946).

또한 재일조선인의 형성과 관계되는, 식민지 시기 조선 농촌의 피폐와 인구 유출에 대해서는 전석담(全錫淡) 등이 쓴 『일제하 조선사회경제사』(朝鮮金融組合連合會)[61]에서 약간 다루고 있다.

한편 조선 민족해방 투쟁의 역사를 밝히고 정리하는 작업은 새로운 국가건설이 어떤 이념에 기초하는가와 밀접한 관련을 가지며, 이는 일본 제국주의의 갖가지 박해나 억압을 제시한 것에 비해서도 아주 중요한 일이었다.

미군이 점령하고 있는 38도선 이남의 남조선에서는 우선 1946년 2월 앞에서 말한 최남선의 『조선 독립운동사』가 출판되었다. 이는 노선상의 분기가 진행된 1920년대 이후의 상황에 대해 우파만이 아니라 좌파 세력의 동향까지 기록한 종합적인 독립운동사였다. 이 책에서는 재일조선인과 관련된 다음과 같은 기술이 포함되어 있다.

> 일본, 특히 도쿄 지방은 조선의 지식 청년이 모여들어 시대에 대한 예민한 감각과 과감한 실행력을 가졌으며, 그 이전부터 항상 민족운동의 선구적인 역할을 했다. 그러나 사회과학 사상에서 얻은 노동운동의 방법을 민족투쟁 노선에 도입하는 풍조가 역시 도쿄에 거주하는 청년학생들 사이에서 시작되었다. 병합 후에 다수의 노동자가 일본에 가서 탐욕스런 자본가의 착취 대상이 되었는데, …… 임술년[1922]에 니가타 현의 시나노가와 수력공사 현장에서 800명의 조선 노동자가 학대와 부당한 착취를 받은 사실이 유학생 청년들에 의해 사회적으로 폭로됨으로써 조선인 노동자 문제가 갑자기 세상의 주목을 끌었고 민족운동 전선의 일부로 전용되어 의외의 진전을 보게 되었다.
>
> 그 전후부터 도쿄 유학생들 사이에 사회과학 연구 열기가 일어나고 궁색한 민족전선을 사회운동으로 타개하려는 움직임이 일어났다. 이러한 풍조가 조선에 침투한 임술년 4월 경성에서 종래의 조선청년연합회 가운데 좌익분자가 새롭게 서울청년회를 조직하고, 그해 여름에는 도쿄의 학생이 돌아와 신사상연구회를 조직했으므로 이때부

---

61) 『일제하 조선사회경제사』(朝鮮金融組合連合會, 1947) 이 저서의 집필자 중 한 사람은 전석담이다. 전석담은 한국전쟁 전후에 월북하여 "조선민주주의인민공화국에서 근대경제사 연구의 원로라고 할 만큼 잘 알려진 연구자"가 된다. 해방 전에는 도호쿠(東北)제국대학, 경성제국대학 대학원에서 공부한 경력이 있다[全錫淡 外, むくげの會 譯, 『朝鮮近代社會經濟史』(龍溪書舍, 1978), 역자 후기].

터 청년층 가운데 좌경화하는 자가 많아졌다.

이에 이어 최남선은, 그 이듬해부터 사상단체나 노농단체, 조선공산당이 결성되어 활동을 전개하고 그 움직임이 신간회의 결성으로 이어졌다는 사실을 기록하고 있다. 즉 도쿄 유학생들이 새로운 사상을 흡수하여 조선 내에 가지고 들어온 일이 조선 내의 사회주의 운동을 고양시켰다는 파악이다. 이는 김종국이 우파를 중심으로 민족해방 투쟁을 정리하여 편한 『한국최근세사』에서도 그대로 답습되고 있다.62)

또한 1948년 8월에는 좌파계 지식인들이 편찬 작업에 임했던 『사회과학대사전』이 문우서관(文友書館)에서 출판되었다. "현재 조선의 민주주의 운동이나 건국 운동을 하는 사람들이 가장 절실하게 느끼는 정치, 경제, 세계 일반의 사회운동사, 철학, 위대한 각국의 선인들 소개, 조선사회운동의 일반 문제 등을 광범위하게 총망라하여 조선의 민주주의 운동에 투신하는 후배들에게 하나의 참고자료를 제공하려는 데에 주안점을 두었다"고 하는 이 사전에는 '재일본 조선인 운동' '재일본조선인연맹' '재일조선청년동맹' '일월회'(一月會)라는 항목이 포함되어 있다.

이 가운데 '재일본 조선인 운동' 항목은 시기적으로 1920년대 말까지인데, 사회주의 계열의 움직임에 한정되지만 구체적인 활동을 정확히 기술한 것이다. 즉 도쿄 유학생이 사회주의 사상의 흡수와 보급에 커다란 역할을 한 점, 1925년 유학생들에 의해 사상단체 일월회가 만들어지고 기관지 등의 간행과 함께 재일본조선노동총동맹을 결성하고 지도하며 조선 내의 사상단체에 파벌 극복을 호소하는 활동을 한 점, 1927년 일월회가 해체된 후 조선공산당 일본총국과 고려공산청년회가 설립되어 그 지도 아래서 노동운동이나 청년운동, 신간회의 운동

62) 김종국, 『한국최근세사』(盛文堂, 1947). 김종국의 경력 등에 대해서는 분명하지 않지만 홍성공립여자중학교 교장이라는 직함이 붙어 있다. 또 책머리에 이승만의 글이 있는 것으로 볼 때 이승만과 가까운 입장에 있었던 것으로 보인다.

을 "내지(=조선 내)와 보조를 맞춰 전개한" 점, "재일본 조선인의 특수한 폭압과 차별 대우에 항쟁하기 위해, 또 조선 내의 노동자, 농민 및 학생 투쟁을 원조하기 위해 재일본 조선인 공동 투쟁체로서 조선총독의 폭압 정치 반대 동맹을 조직하고 활발한 투쟁을 전개한" 점, 1928년 8월의 탄압 후 "노동운동의 국제적 원칙에 실천적으로 각성하고" 재일노총이 전협으로 해소된 점 등을 기록하고 있다. 이 과정에서 후쿠모토이즘[63]의 영향이라는 운동의 부정적인 측면도 다루고는 있지만, 그 이외에 비판적인 견해의 제시는 없고 전체적으로 재일조선인 운동의 역사를 긍정적으로 평가하고 있다. 특히 마르크스주의 사상을 조선에 도입한 역할을 높이 평가했다. "조선의 산업 발전은 저해되었고 노동자라고 해도 철도 종업원이나 항만 노동자 이외에는 있을 리 없었고, 이와 함께 조선 문명의 후진성 때문에 국내의 현대적 지식분자도 극히 희소"했던 1920년대, "사회주의 사상은 도쿄에 있는 조선 유학생들 중에서 가장 우수한 사람으로부터 흡수되었다"라고 했으며, 특히 일월회의 활동에 대해서는 "조선 내의 마르크스주의 계몽 문서의 보급은 그들의 공로를 도저히 간과할 수 없다"라고 했다.

또 일월회를 논한 항목에서는, 1925년 여름에 그 간부가 조선으로 건너갔을 때 "화요파와 서울파(조선 내 사회주의 운동의 파벌)의 간부를 한자리에 불러 진영의 통일과 대립의 지양을 종용하여 적잖은 감명을 주었다."라며 파벌 해소의 움직임에 기여한 것도 소개하며 높이 평가하고 있다. 동시에 1926년 11월에 파벌을 해소한 조선공산당이 성립되었을 때, 일월회 계열의 신문인 『대중신문』이나 잡지 『이론투쟁』이 당의 기관지로 지정된 일도 기술하고 있다.

'재일본조선청년동맹'이라는 항목에서는 1928년에 결성했다는 것과 주요 간부의 이름을 명기한 사항을 설명하였고, '재일본조선인연맹' 항목에서는 조직

---

63) 당시 일본 공산당의 지도자인 후쿠모토 가즈오(福本和夫)의 이론으로 "결합 전에 분리"하여 전위당을 건설하라는 주장이다. 그러나 후쿠모토이즘은 대중운동과 공산당의 괴리를 낳았고 코민테른에서도 그 폐해를 지적했다. 조선공산주의운동에서도 후쿠모토이즘은 1930년대부터 이미 그 내부에서 비판받고 있었다. 하지만 운동의 실태를 볼 때 후쿠모토이즘의 영향이 있었던 시기 조선인들의 운동은 오히려 전위당과 대중운동의 결합이 확대되고 있었던 것으로 보이기도 한다.

의 경과나 강령을 소개함과 아울러 1946년 2월에 "남조선민주주의민족전선(민전)에 가맹하여 그 일익을 담당하고 조국민주주의 건설에 적극 참여했다"라고 적고 있다.

이와 같이 『사회과학대사전』은 재일조선인 운동에 관한 사항을 비교적 상세하게 설명하고 있는데, 그것은 조선 민족해방운동의 한 요소이며 공헌도 적지 않았다고 평가하고 있다.

이러한 재일조선인 운동에 관한 기술을 가능하게 한 것은 『사회과학대사전』 작성에 참여한 사람들의 경력과도 무관하지 않을 것이다. 집필자로 이름이 거론된 37명 가운데 고경흠, 이북만, 이우적, 인정식, 정희영, 최익한 등 여섯 명은 1920년대 후반에 일월회나 조선공산당 일본총국 등에서 운동을 했던 인물이다.[64] 각 항목 집필자의 서명은 기록되어 있지 않지만 재일조선인 관계 항목은 아마 이 인물들, 즉 과거에 실제로 운동을 담당했던 사람들이 집필한 것으로 봐도 틀리지 않을 것이다.

이 『사회과학대사전』에는 재일조선인 노동단체에 관한 항목은 없다. 그러나 재일조선인 노동자 운동도 조선노동운동의 역사에 포함되고 현재의 조선 노동운동으로 연결된다는 인식은 이 시기 남조선에도 존재하고 있었다. 해방 후 남조선의 좌파계 노동단체 전국노동조합평의회(전평)에서 활동한 김양재의 『노동조합교정(教程)』[65]에는 '조선노동운동의 회고와 전망'이라는 장에서, 조선반도 내의 운동 전개를 설명한 다음 "또한 일본으로 간 노동자로 조직된 재일본조선노동총동맹과 그 발전적 해소로 조직된 전협 조선인위원회 등의 혁명적 투쟁 역시 조선 노동자 운동의 일익을 담당한 것으로 높이 평가되어야 한다"라고 적혀 있다. 그리고 "이상의 제국주의하 조선 노동자 운동의 고난에 찬 유산의 초석 위에 오늘의 전평이 서 있다"라고도 분명히 말하고 있다. 또한 이 저서의 서문에

---

64) 이 인물들의 경력은 근대일본사회운동사 인물대사전 편집위원회가 발간한 『近代日本社會運動史人物大事典』(日外アソシエーツ, 1997)에 기재되어 있다.

65) 김양재, 『노동조합교정』(前進社, 1947).

는 동지 이재유의 묘 앞에 이 책을 바친다는 취지의 글이 실려 있다. 이재유가 1920년대 후반에는 재일본조선노동총동맹에서 활동했으므로, 어쩌면 이 책의 저자도 일본에서 노동운동을 경험했을 가능성이 있다.

그러나 이렇게 재일조선인의 고난을 기억하고 그 과정에서 전개된 운동을 조선 민족해방운동의 일환으로 평가했던 사회주의자들은 남조선에서 합법적인 활동의 장을 점차 잃어가고 있었다. 그리고 1948년 8월 대한민국 정부 수립을 전후한 시기까지 그들 가운데 대부분은 38선을 넘어 북으로 이동했다.

38선 북쪽에서는 1948년 9월, 월북한 사회주의자(=해방 전부터 조선 내에서 활동하고 있던 사람들이 많았는데, 이들은 국내파로 불림)나 중국공산당과 함께 연안(延安)을 근거지로 항일투쟁을 계속해 온 세력(=연안파), 소련에서 생활하며 교육받고 해방 후에 북조선으로 찾아온 사람들(소련계 조선인)을 정권에 참여시킨 채, 김일성 등 만주에서 항일 빨치산 투쟁을 한 그룹(=만주파)을 중심으로 한 조선민주주의 인민공화국이 성립한다. 그리고 다음해 10월에는 『조선 민족해방 투쟁사』가 정리된다.[66)]

서문에 따르면 이 책은, "인민의 반제반봉건 투쟁에 대해 사학(史學)에 관심이 있는 동지들이 계통적으로 분담 집필한 것을 대학(김일성대학)에서 과외로 특별히 강의했고, 우선 그것을 잠정적인 원고로 하여 공간(公刊)한 것"이라고 한다. 일본어 번역본에 따르면 이 책의 주체는 '조선역사편찬위원회'라고 되어 있다.[67)] 그러나 원본으로 보이는 책(와세다대학 중앙도서관 소장)의 표지에는 '조선민주주의 인민공화국 내각 국사편찬위원회 편'이라고 인쇄되어 있다.

이상에서 보면 이 저서가 확정적인 원고가 되지는 않았다고 하더라도 조선

66) 이 책은 일본어로 번역되어 『朝鮮民族解放闘爭史』(三一書房, 1952)로 출판되었다.
67) 정영욱, 「남북한 역사학계의 민족해방운동사 인식의 특징」, 『남북한 역사 인식 비교 강의』(일송정, 1989). 여기에서도 이 저서를 '조선역사편찬위원회 편'이라고 하고 있다. 그러나 이것은 아마 원본을 확인한 것이 아니라 일본어 번역본만 보고 판단한 것일 것이다. 정영욱의 논문에 "『조선 민족해방 투쟁사』의 해방 후 부분이 소련인 샤브시나에 의해 쓰인 것은 특이하다, 운운"이라고 설명하는 것(실제로는 샤브시나의 글은 일본어 번역본에만 있고 원본에는 없다)에서 그 점을 알 수 있다.

민주주의인민공화국의 정사를 지향한 것이라는 사실은 확인할 수 있다. 따라서 당연히 이 책은 마르크스주의에 입각해 있고 김일성의 투쟁을 축으로 하고 있다. 서문에서도 이 점이 명확히 나타나는데 "조선 민족의 해방 투쟁의 원칙적인 노선은, 러시아 10월 혁명의 영향을 받은 마르크스·레닌주의의 사상운동에서, 조직적이며 대중적인 지도를 담당한 공산주의운동으로 발전해가는 과정에서 반제반봉건투쟁의 형태로 전면적으로 전개되었다. 특히 마르크스·레닌주의에 입각한 항일무장투쟁의 지침이 되었으며, 장백산을 근거지로 한 김일성 장군의 빨치산 운동은 그 대표적이고 주도적인 역할을 담당했다"라고 하는 것을 통해 알 수 있다.

다만 나중에 나온 북조선 역사서와 달리 김일성의 업적에 극단적으로 많은 양을 할애하고 있지는 않다. 그것에 관한 기술은 실제로 그가 항일 빨치산 운동을 한 1930년대의 동향에 한정되어 있다. 참고로 식민지기에 대한 부분 구성을 보면, '제4장 일제식민지 통치의 제1기와 3·1운동' '제5장 조선프롤레타리아운동' '제6장 일제의 대륙 침략하의 반일무장투쟁' '제7장 소동맹의 대일전쟁과 조선해방'[시기 구분은 1919년=3·1운동, 1931년=만주사변, 1941년=태평양전쟁(米日戰爭)]이다. 제6장에 '제3절 김일성 장군의 항일무장투쟁'이 있으나 거기에서는 김일성과 다른 계통인 조선 독립동맹과 조선의용군(＝연안파)의 동향도 서술하고 있다.

이 저서의 내용에서 먼저 주목되는 것은, 조선의 노동자·농민의 상세한 생활상뿐만 아니라, 이들이 일본을 포함한 이역으로 흘러나가지 않을 수 없었던 구체적 상황에 대해서도 다루고 있는 점이다.

제4장에서는 고율의 소작료 등을 배경으로 농민이 몰락하고 이역으로 흘러나가는 사람들이 늘었다는 것, "1917~1927년 사이에 일본으로 67만 명이 흘러나갔고 1909~1925년 사이에는 그 밖의 각지로 27만 8,339명이 흩어져 나갔다. 이는 일제의 기록에 남아 있는 것으로 실제는 이보다 훨씬 많았다"라고 서술하고 있다.[68] 1920년대를 다룬 제5장에도 '토지에서 이탈한 농민' 등의 과잉 인구가 만주로 가거나 "아니면 현해탄을 건너 일본 자본가의 쇠 채찍 밑으로 가 낮

은 임금노예가 되는 것이 상례였다"[69]라는 구절이 있고, 1930년대를 논한 제6장에는 다음과 같은 설명이 있다.

일본에 거주하는 조선인의 수는 1934년에 53만 7,000명이었는데 1935년에는 62만 5,000명, 1936년에는 69만 명, 1937년에는 73만 명, 1938년에는 76만 8,000명으로 매년 증가했고, 1942년에 이르러서는 120만 명을 돌파했다. 그들 대부분은 강제 징용으로 인해 탄갱의 갱부나 그 밖의 기초산업의 노동자가 되었고, 매년 8~9만 명의 노동자를 대량으로 수출했다.

…… 이런 방대한 노동력의 원천을 조선 농촌에 강요한 일제는 조선 농촌의 청장년은 물론 처녀에 이르기까지 강제로 징용하기 위해 온갖 만행을 자행했다. 그 때문에 종래 농촌의 과잉 인구는 일변하여 농업 노동력의 부족을 초래하게 되었다.

…… 이른바 '생산 증강'이라는 목표 아래 노동의 능률 증진, 노동 시간 연장의 강화 등에 의한 무제한적인 착취와 안전·위생이 결여된 위험한 노동으로의 강제 취업은, 징발된 노동자의 심신장애와 사망률을 아주 높인 일제의 고의적 은폐에도 불구하고 강제 징용에서 돌아온 사람들이, "염라대왕의 사자(使者)한테 붙들렸다가 살아 돌아온 것 같다"라는 말로 구사일생으로 살아난 심정을 포현한 것이 그 한 예이다. 또 그들의 군사비밀 노역장에 강제 징용된 청장년들을 그 공사가 끝나면 군사기밀을 보장한다는 이유로 비밀리에 전원 학살해 버린 일은 저간의 상황을 여실히 보여 주는 것이다.[70]

그리고 민족해방운동에 대해서도 재일조선인과 관련된 기술이 있다.

우선 제4장에는 3·1운동과 관련하여, 이에 앞서 "2월 8일 재일 도쿄 유학생들이 조선 독립선언서를 발표한 것이 국내로 전파되자 이에 따라 곧 반일사상은 더욱 고조되었고, 반일투쟁과 봉기의 기세는 어떤 힘으로도 막을 수 없는 정도로 앙양되었다"[71]라고 기록되어 있다.

제5장에는 재일조선인과 관련된 기술이 더욱 많아졌다. '제2절 조선 프롤레

68) 『朝鮮民族解放鬪爭史』, 138쪽.
69) 『朝鮮民族解放鬪爭史』, 249쪽.
70) 『朝鮮民族解放鬪爭史』, 292-293쪽.
71) 『朝鮮民族解放鬪爭史』, 207쪽.

타리아 계급과 민족해방운동'에는 조선공산당 결성 이전의 사상단체나 대중단체의 조직에 대한 설명이 있고, 도쿄 유학생들이 결성한 북풍회나 일월회에 대한 언급도 있다.[72] 노동단체의 조직에 대해 언급한 부분도 조선 내의 개별적인 노동자 운동을 서술한 후 다음과 같이 적고 있다.

> 근로 대중은 각 정파 지도층의 분열주의적 분파 행동을 극복하고 1924년 4월 20일, 근로 대중의 전국적 통일기관으로서 '조선노농총동맹'을 조직했다.[73]
>
> 같은 해 12월 일본 도쿄에서 재일본조선노동총동맹이 조직되었다.[74]

그리고 사회주의 사상의 보급과 관련하여 다음과 같은 구절도 있다.

> …… 재일본 도쿄 유학생 가운데 사회주의 사상 서클에서 『전진』, 잡지 『대중시보』, 『척후대』 등을 간행했으며 사회주의적 계몽사상운동을 전개했다. 이 외에도 1925년 이후 일본에서 간행된 잡지 『사상운동』과 1927년 일본에서 간행된 조선공산당 기관지 『대중신문』, 그리고 잡지 『이론투쟁』은 당시 마르크스·레닌주의의 선전 잡지로서 많은 공헌을 했다.[75]

또한 이 절에서는 "당시 조선프롤레타리아는 자연 성장의 초기 단계로, 가령 계급진영 내에 분파적인 대립이 있다고 해도 기본적으로 반제반봉건적인 투쟁 실천을 통해 광범위한 근로 대중의 조직운동을 촉진시켰다. 이렇게 해서 조선프롤레타리아 계급은 대중적 조직 역량을 토대로 민족해방 투쟁에서 선봉 역할을 담당해 왔다"라고 맺고 있다.

이에 이어지는 제5장 제3절의 '조선공산당'은 이 당의 창당 과정에서부터 탄압을 받고 붕괴되기까지의 과정을 다룬 것으로, 탄압에 대해서는 조선반도

---

72) 『朝鮮民族解放鬪爭史』, 258-259쪽.

73) 『朝鮮民族解放鬪爭史』, 260쪽.

74) 재일노총이 실제로 결성된 것은 1925년 2월 22일이다.

75) 『朝鮮民族解放鬪爭史』, 262쪽.

내의 동향 외에 "조선공산당 일본총국 검거사건으로 수많은 공산당원과 공청원(共靑員)이 일제경찰의 독수(毒手)에 체포되어 투옥되었다"라고 기록하고 있다.[76]

이러한 기술은 『조선 민족해방 투쟁사』의 작성에 관련된 사람들의 실제 체험이나 견문을 반영한 것으로 보인다. 왜냐하면 제4장에서 제7장까지를 담당한 최창익은 연안파에 속하는 인물이었지만, 1920년대에는 일본에서 대학을 다녔고 일월회 계통의 활동가가 계획에 참여한 시기의 조선공산당(ML파 공산당)에서 활동한 경험을 가지고 있기 때문이다.[77] 그리고 다른 부분의 담당자이지만 이 저서의 집필자 중에는 남조선에서 출판되었으며 앞에서도 언급한 『사회과학대사전』의 작성에도 관여한 백남운, 그리고 1920년대 말부터 재일조선인 운동의 이론적 지도자이며 1947년경까지 일본 공산당 조선인부에서 활동한 김두용이 포함되어 있었다.

이와 같이 1940년대 후반 조선반도에서 활동한 사람들 사이에서도 식민지기의 재일조선인의 고난이나 그들이 전개한 민족해방운동의 역사가 망각되거나 무시되지 않았음을 알 수 있다. 오히려 재일조선인의 활동은 사회주의 이론의 흡수와 보급에 기여한 것으로 높이 평가되는 편이었다. 그것은 조선민주주의인민공화국의 국사에도 포함되려 하고 있었다. 그리고 그러한 역사 기술은 실제로 재일조선인 운동을 담당한 사람들이나 그런 인물들과 가까운 입장에 있던 지식인들을 통해 이루어졌음을 확인할 수 있다.

그러나 이 시기 조선반도에서 나온 저서에서 재일조선인과 관련된 기술은 풍부하다고 말할 수 있는 수준은 아니었다. 재일조선인의 고난이라고 해도 시나노가와 수력발전소 공사장에서 일어난 학대나 간토대지진 때의 학살, 전시하

---

76) 『朝鮮民族解放闘争史』, 266쪽.

77) 1925년 니혼(日本)대학을 졸업하고 소련의 극동근로자대학에서 수학한 다음 만주에서도 활동했으나, 1927년 조선으로 돌아와 ML파 공산당 간부로 활동하다 검거되었다. 1935년 출옥한 뒤 만주로 건너가 다시 연안으로 옮겨갔다는 것이 해방 전의 그의 경력이다. 또한 해방 후에는 북조선에 귀국하여 조선신민당 부위원장이 되었고 북조선노동당이 결성된 후에는 그 간부가 되었다. 이 시기는 재정상이라는 지위에 올랐다 [木村誠 ほか編, 『朝鮮人物事典』(大和書房, 1995)].

의 강제노동은 알려졌으나, 재일조선인의 일반적인 생활 실태를 다룬 문헌은 없었다. 그리고 재일조선인 운동에 대해서도 유학생이나 사상단체의 활동이 중심이었으며 1930년대 이후의 동향은 공백에 가까웠다. 그러나 새로운 국가 건설을 추진하는 단계이며 역사 연구자도 그렇게 많지 않았던 이 시기에 조선 역사학계에 더욱 상세한 재일조선인사 연구를 기대하는 것은 무리일 것이다. 그러한 작업을 할 것으로 기대된 것은 조선반도에 있는 조선인 역사학자가 아니라 일본에 있던 조선인 역사학자들이었다.

Ⅴ. 재일조선인사의 체계화, 국사로의 접합 모색과 좌절

1945년 8월 이후에도 일본에 머물렀던 조선인들 사이에서는 조선반도에 있던 사람들과 마찬가지로 식민지기의 고난이나 그것에 대한 저항에 떨쳐 일어섰던 사람들을 역사에 기록하려는 시도가 시작되었다. 1946년 재일조선인연맹(朝聯) 계열의 조선 민중신문사에서 간행된 사진집 『해방』[78]에는 그런 과거의 사실과 관련된 사진이 수록되어 있다. 즉, 3·1운동 때의 민중학살, 간토대지진 때 살해된 조선인의 시체, 앙상한 모습으로 일본 형무소에서 출옥하는 조선인, 재일노총이나 전협에서 활동하다 투쟁의 과정에서 죽거나 살해당한 활동가들의 모습, 국내외에서 활동하던 민족운동가들의 모습 등을 담은 사진들이다. 또한 이 시기 재일조선인연맹은 이미 사회주의자가 주도권을 쥐고 있는 조직이었기에 일본 공산당의 일본인 간부의 사진도 수록되었다. 그러나 조선인 민족운동가의 경우는 특별히 우파를 배제한 것이 아니라 폭넓은 세력을 대표하는 인물

78) 판권장이 아니라 안쪽 표지에는 '민중신문사·대중신문사 편찬'이라고 쓰여 있다. 모두 재일본조선인연맹 계열의 신문사이다[1994년 신칸사(新幹社)에서 간행한 이 책 복각본의 해설인 미즈노 나오키(水野直樹)의 「〈해설〉사진집 『해방』과 그 시대」(〈解說〉寫眞集『解放』とその時代)에 따른다].

이 선택되었다.

같은 해에는 후세 다쓰지(布施辰治, 1880~1953) 등이 쓴 『운명의 승리자, 박열』(運命の勝利者 朴烈)[79]도 출판되었다. 박열은 일본에서 무정부주의운동을 전개하고 있던 무렵인 1923년 황태자 암살을 기도한 혐의로 체포되어 1945년 10월까지 옥중에 있었던 인물이다. 그리고 그는 이 해에 우파계 재일조선인 단체인 재일본조선거류민단(나중의 재일본대한민국거류민단＝한국민단)의 초대 단장이 되었다. 그리고 이듬해에는 김병직(金秉稷)의 『간토대지진 백색테러의 진상』(關東震災白色テロルの眞相)[80]과 김두용의 『일본의 반조선 민족운동사』(日本における反朝鮮民族運動史)[81]도 나왔다. 다만 이것들은 개인의 회상을 편집한 것에 머물러 역사서라고 하기는 힘들고, 또 재일조선인 운동을 선전하기 위한 요소를 전면에 드러내고 있기도 하다. 이 외에 간토대지진 때 학살된 조선인을 위한 추도집회가 열렸다거나 전시하 조선인 노무동원과 관련하여 일본 국가를 비판하는 글이 재일조선인 단체의 기관지에 실리는 것을 볼 때 재일조선인들이 자신들의 가까운 과거에 무관심하지 않았다는 것을 확인할 수 있다. 그러나 1940년대 후반에는 정리된 역사 연구의 성과가 없었다.

역사 연구자들이 재일조선인사에 초점을 맞춰 쓴 논고는 1950년이 되어서야 제출되었다. 임광철의 「도항사 : 및 그 성격」(渡航史: 竝にその性格)[82]이 그것이다. 임광철은 『역사학 연구 별책·조선사의 제문제』(歷史學硏究 別册·朝鮮史の諸問題, 1953年6月)에 「재일조선인 문제 : 그 역사적 발전에 대하여」(在日朝鮮人問題: その歷史的發展について)를 발표했다. 이 논문들은 해방 전 재일조선인의 추이나 일본 정부의 도항관리 정책의 변천, 도일의 배경이 된 조선 농촌의 경제 파탄 상황, 재일조선인의 직업이나 생활상, 재일조선인 운동에 대해 개관한 것인데, 특히 후자는 해방 후의 생활 상태, 민족단체의 조직, 일본 정부, 연합군총사령부

79) 布施辰治, 『運命の勝利者 朴烈』(世紀書房, 1946).

80) 金秉稷, 『關東震災白色テロルの眞相』(朝鮮民主文化團體總連盟, 1947).

81) 김두용의 『조선근대사회사화』(朝鮮近代社會史話, 鄕土出版, 1947) 제2판의 부록으로 붙어 있다.

82) 林光澈, 「渡航史: 竝にその性格」, 『民主朝鮮』, 1950年7月.

(GHQ)의 조선인 정책, 조선반도의 정세와 그것에 대한 재일조선인의 활동 등도 기록하고 있다.

그러나 1950년대 전반 단계에서도 재일조선인의 역사를 다룬 눈에 띄는 논고는 이 정도에 불과하다. 재일조선인 역사 연구자 수 자체가 적었을 뿐 아니라 냉전의 심화와 조선전쟁이라는 정치 정세 속에서 연구 활동이 어려웠다는 사정도 이와 무관하지 않았을 것이다. 그동안 일본 공산당의 지도를 받고 있던 좌파 계열 재일조선인 운동은 반공주의를 강화하고 있던 GHQ나 일본 정부의 탄압을 받아 1949년에는 조련 및 조련계 조선인 학교 사태에 직면했다[조련의 후신인 재일조선통일민주전선(民戰)이 결성되어 민족교육도 공립학교 안에서 지속하는 노력 등이 지속되었다]. 그리고 조선전쟁하에서는 조국방위를 내건 비합법적인 실력투쟁을 전개하여 경찰과 충돌하는 사건을 자주 일으켰다.

그러나 1953년 조선전쟁의 정전협정이 맺어지고, 이듬해 저우언라이(周恩來) 중국 수상과 네루 인도 수상이 '평화 5원칙'을 제창하는 등의 과정에서 동아시아의 긴장은 완화되는 방향으로 나아갔다. 그리고 1955년 5월 재일조선통일민주전선을 재편한 조직인 재일본조선인총연합회(조총련)가 결성되었다. 조총련은 재일조선인을 조선민주주의인민공화국의 공민으로 하고 일본 공산당이 주도하는 민주혁명에 참가한다는 당시까지의 재일조선인 운동의 기본 방침에서 전환하여 일본의 정치에는 관여하지 않는다는 태도를 분명히 내세웠다. 이것으로 일본 국내에서의 민족관계도 (일본인의 민족 차별이나 배외주의가 없어진 것은 아니지만) 일단 안정적인 틀을 갖추게 되었다.

이러한 상황 속에서 1950년대 후반에는 재일조선인에 의한 역사 연구의 성과도 늘어갔다. 근대사 분야에서는 강재언(姜在彦)과 박경식이 중심적인 역할을 담당했다. 그들은 해방 후에 본격적인 역사 연구를 시작한 임광철보다 젊은 세대에 속했다.

박경식은 1922년생으로 어린 시절 부모와 함께 일본으로 건너왔다. 민족문화에 접한 일이 거의 없는 상태에서 자랐지만 해방 후 아나키스트계 독립운동가인 이강훈(李康勳)의 연설을 듣고 감명을 받아 민족운동과 관계를 맺게 되었다. 처음으로 관계를 맺게 된 단체는 우파 민족단체였으나 나중에 조련으로 옮겨 갔고 1949년부터는 조련계 민족학교의 교사로도 일했다. 그러나 반공주의에서 공산주의로 옮겨 간 것은 아니었다. 이 시기에 조선문화협회 기관지 『문교신문』(文教新聞)에 쓴 논설 등을 보면 그는 오히려 극좌파와 거리를 두면서 좌우합작을 바라는 태도를 취하고 있었음을 알 수 있다. 역사 연구에서는 당초 고대사를 연구하고 있었으나 나중에는 근대사에 흥미를 느껴 조선민주주의인민공화국에서 나온 『조선민족해방 투쟁사』를 자신이 중심이 되어 일본어로 번역하는 일도 했다.[83]이 책의 역주는 모두 박경식이 담당했으며, 그중에서도 재일조선인의 생활을 비교적 상세하게 기록한 것도 있다.[84] 한편 1926년생인 강재언은 1950년에 일본으로 왔는데, 그 전에는 서울에서 대학을 다녔다. 그 동안 정치적으로는 중도 좌파적 입장에 있었던 "여운형 선생의 좌우합작 운동에 공명하여 그를 위원장으로 하는 '근로인민당' 창당 준비위원회의 중앙학생지도부에 소속되어 각 대학을 대상으로 조직 활동을 하고 있었다." 또한 "존경하는 백남운 선생이 소장을 맡고 있던 민족문화연구소"에도 드나들었다.[85] 이런 경력을 보면 두 사람 모두 정치적으로는 공산주의 이데올로기를 우선시한다기보다 민족통일을 중시하는 입장을 취하고 있었다. 그리고 해방 전의 민족운동사에 관한 지식도 만주파 이외의 마르크스주의자나 민족주의자로부터 수용하는 환경에 있었다고 할 수 있다.

한편 박경식과 강재언은 1957년 산이치쇼보(三一書房)에서 『조선의 역사』(朝鮮の歴史)를 간행했다. 이 저서는 고대에서 현대까지 조선의 통사를 기록한 것이지만 재일조선인과 관련된 기술도 약간 있다. 즉 1920년대 조선 농촌의 피폐를 배경으로 "해마다 증가하는 일본으로의 이민이 일본 노동시장에서 저렴한 노동

---

83) 박경식의 경력은 박경식의 『재일조선인: 나의 청춘』(在日朝鮮人: 私の青春, 三一書房, 1981) 및 『재일조선인·강제 연행·민족문제』(在日朝鮮人·强制連行·民族問題, 三一書房, 1992)에 따른다.

84) 『朝鮮民族解放闘爭史』(三一書房), 332쪽.

85) 姜在彦·竹中惠美子, 『歲月は流水の如く』(青丘文化社, 2003), 45쪽.

력"이 된 일이나[86] 일하고 있던 농민을 몸에 걸치고 있는 옷차림 그대로 트럭에 태워 끌고 와서는 감시를 붙여 일을 시킨, 전시하의 노무동원[87] 등도 언급하고 있다.

그리고 박경식과 강재언은 이 책을 출판할 무렵 재일조선인사에 초점을 맞춘 논문들을 발표했다. 이는 두 사람이 소속된 조총련계 연구 기관인 조선연구소의 기관지에 게재되거나 자료로서 간행된 것이었다. 즉 박경식은 조선연구소의 기관지인 『조선연구』의 제4, 6, 8·9합병호(1957년 3월, 5월, 7·8월호)에 「일본제국주의하의 재일조선인 운동 : 그 사적 고찰」을 게재했고, 강재언은 1957년 3월 『조선월보』 별책으로 『재일조선인 도항사』(在日朝鮮人渡航史)를 냈다. 강재언은 이 외에도 재일조선인의 형성 과정과 생활, 전후까지를 포함한 운동 상황을 개략적으로 서술한 「조선인 운동」[88]이라는 논문을 발표하기도 했다.

이 가운데 강재언의 『재일조선인 도항사』는 조선 농촌의 상황이나 도항관리제도, 일본 측의 노무동원정책 등에 입각해 넷으로 시기구분(1910~20년, 1921~30년, 1931~38년, 1939~45년)하여 재일조선인의 도항 과정을 서술함과 아울러 전전(戰前) 행정당국의 사회조사 자료 등에 의거하여 도일 이유나 일본에서의 취업, 임금, 가계, 주택, 교육을 둘러싼 상황 등을 밝힌 것이었다. 이는 임광철의 선행연구를 더욱 풍부하게 한 것이다.

한편 박경식의 논문은 재일조선인 운동에 초점을 맞춘 본격적인 역사 연구로는 첫 번째 것이고, 동시에 역사적 사실에 대한 평가 전환의 요소도 가지고 있었다.

이 시기까지 일본인들의 연구는 앞에서 말한 대로 노동운동의 동향을 볼 때도 재일조선인이라는 존재를 무시했거나, 아니면 인정했다고 해도 독자적인 과제에 대한 운동 전개에 대해서는 주의를 기울이지 않았다. 그리고 박경식이 말

86) 『朝鮮の歴史』(三一書房, 1957), 245쪽.

87) 같은 책, 275-276쪽.

88) 大河内一男 ほか編, 『日本の社會主義革命』(河出書房, 1957).

한 것처럼 재일조선인 연구자의 그 이전 논문도 "모두 체계적인 연구라기보다 문제점을 지적한 것에 그친 것이었다."[89] 또 좌파 계열 재일조선인 운동이 일본 공산당의 지도 아래서 일본의 민주혁명을 기본 방침으로 한 시기에 쓰인 임광철의 논문에는 재일조선인 운동의 민족적 성격에 대해 그다지 높이 평가하지 않은 측면이 있었다. 특히 1950년의 논문에서는 재일조선인 운동의 '민족주의적 편향'을 지적하고 "어떻게 하면 이 점을 의식적으로 극복하면서 조선인 대중을 일본의 전위적 혁명 세력으로 결집시킬 것인가, 이것이 조선인 운동에서 모든 문제의 열쇠라고 해야 한다"라는 문장으로 결론내리고 있다. 그리고 구체적인 해방 전의 재일조선인 운동에 대한 기술은 1920년대에 재일노총 등의 조직이 있었다는 것과 그것이 탄압을 받았다는 사실을 말한 뒤 다음과 같이 서술할 뿐, 1930년대 이후의 구체적인 사실(史實)에 대해서는 언급하지 않았다.

> 김두용 등 잔류한 간부들은 두 번에 걸친 검거로 조직이 거의 파괴당하게 된 점을 검토하고, 종래의 신간회를 주요 투쟁 기관으로 한 민족주의적 편향을 지적했다. 이후 조선인 노동운동은 일본 공산당의 원조와 지도 아래 놓이지 않을 수 없게 되었다.
>
> 이 이후의 조선인 노동운동의 주류는 대체로 일본 공산당과 같은 길을 걸었다고 할 수 있다.

또한 임광철의 1953년 논문에서는 1920년대 후반의 재일조선인 운동이 조선공산당의 지도 아래 있었다는 것을 지적하고 "계급적 해방 투쟁의 입장에서 민족 독립운동"의 측면을 가지고 있었다는 것을 지적하고는 있지만, 그것이 "일본 노동자 계급과의 연대가 약해지는 결함을 갖고 있었다"는 부정적인 평가를 덧붙였다. 1930년대 이후의 상황에 대해서도 "그 이후의 혁명적인 재일조선인 운동은 일본 노동자 계급의 해방운동과 거의 같은 길을 걸었다"라고 할 뿐 구체적인 활동은 전혀 언급하지 않았다. 강재언의 「조선인 운동」도 1920년대에 대

89) 「일본 제국주의하의 재일조선인 운동」.

해 재일조선인 운동이 조선공산당에 의해 지도되는 '민족혁명의 한 부분'이라고 그 성격을 규정하는 지적은 하고 있지만, 구체적인 활동 사실은 거의 제시하지 않았다. 1930년 이후도 일본 공산당의 지도 아래로 들어간 일, 1935년 이후에는 탄압으로 '질식 상태'에 있었다는 지적이 있을 뿐, 구체적인 움직임에 대한 기술은 없다.

이에 비해 박경식은 해방 전 재일조선인 운동의 총체를 민족해방운동으로 파악해 적극적으로 평가해 주려고 했다. 논문의 구성이 'Ⅰ머리말' 'Ⅱ재일조선인 운동사에서 나타난 약간의 문제점' 'Ⅲ제1기 민족해방운동의 여명기(1910~1920)' 'Ⅳ제2기 민족해방운동의 앙양기(1921~1930)' 'Ⅴ제3기 민족해방운동의 발전기(1931~1945)'로 된 점을 봐도 박경식의 의도는 분명해 보인다.

구체적인 내용을 보면, 우선 1910년대의 도쿄 유학생들을 "일본으로 건너왔을 때는 입신출세의 꿈을 꾸었던 청년들이 귀국할 때는 폭탄을 안고 돌아간다는 말조차 생겼다"라고 할 만큼 대체로 민족주의적이었다고 파악했다. 특히 1919년 2월의 활동을 3·1운동의 선구로서 높이 평가하고 "소수 학생들만의 문서 활동이었으며, 결과적으로 그들 자신의 입신출세가 주요 목적이었다"라고 한 임광철의 견해를 분명하게 비판했다.

뒤이어 1920년대 전반에 대해서는 유학생들이 결성한 북성회가 조선 내에 사회주의 사상을 선전한 것 등을 말하고 있다. 그리고 1920년대 후반에 대해서는 더욱 상세하게 기술하고 있다. 즉 일월회가 민족통일전선의 확충과 강화를 호소했다거나 친일파를 제외한 재일조선인 단체의 움직임 외에도 같은 시기 조선에서도 민족통일전선인 신간회가 성립하고 그 일본 지부도 생겨났다는 것 등을 기술하고 있다. 그리고 신간회에 대해서는 "혁명적 민족 부르주아도 포함한 민족통일전선체로서 민족의 반제 투쟁의 역량을 총결집하는 데 커다란 역할을 했다"라고 긍정적인 견해를 보여 주었다. 또한 재일노총에 대해서도 "사상단체의 성격도 겸해 조선공산당의 지도 아래 일본 공산당 및 일본 노동조합과 연계를 가지면서 조선 민족의 독립, 해방 투쟁을 적극적으로 추진했다"고 하고 있고,

노동쟁의의 지도 외에 3·1(3·1운동), 8·29(한국 합병), 9·1(간토대지진) 등의 기념일에 민족해방을 위한 자금 모금 활동을 했다고 기록하고 있다. 재일노총이 전협으로 해소된 것에 대해서는 탄압이 강화되는 가운데 일본인과의 공동 투쟁이 요청되는 상황이었고, "그런 의미에서 전협으로의 발전적 해소는 더욱 치열한 투쟁을 위한 발전적 형태라고 할 수 있다"라고 말하고 있다. 그러나 동시에 해소의 과정에서 그때까지 재일노총이 "조선 내의 민족적 투쟁과 결합하여 …… 혁명적 조합 투쟁을 방해한" "신간회의 결성을 제창하여 …… 노동자 계급의 독자성을 해소하게 했는데, 그렇게 해서 얻은 것은 일본 제국주의의 특수한 폭압뿐"이었다는 의견도 있었는데, 이에 박경식은 다음과 같이 비판을 가했다.

> 조선인 운동이 국내, 국외를 불문하고 민족적 색채를 강하게 띤 것은 당시 조선이 식민지 반봉건사회였다는 역사적 조건에서 보면 불가피한 것이었다. 그리고 "민족적 투쟁을 포기하고 혁명적 노동조합으로서 투쟁한다"라고 하며 양자를 대립적으로 생각하려는 것, 민족주의적 경향이 강하며 해당주의를 가지고 신간회를 조직했기 때문에 일제의 특수한 폭압을 받았다는 일면적인 사고는 잘못된 것이다.

다소 이해하기 어려운 글이지만, 재일노총이 민족적 과제를 내세워 운동을 전개한 것이야말로 오히려 평가할 만하다는 인식을 보여 준 것일 것이다.

1930년대 전반에 대해서는 전협에서도 민족 차별 반대나 식민지 노동조합과의 제휴, 조선·타이완의 완전한 독립을 행동 강령으로 내세웠고, 산하의 각 조합은 조선인 노동자의 조직화에 힘썼다는 것, 그리고 각 조합에서는 기관지 등의 조선어판을 낸다는 것을 분명히 했고, "전협은 재일조선인 운동의 중심을 이루었고 합법적인 면에서 선도적인 역할을 했으며 재일조선인의 의식 고양, 조선 민족해방을 중심 목표로 삼았다"는 평가를 내렸다. 1930년대 중반에 대해서는 코민테른의 인민전선 방침을 받아들인 활동이 있었다는 것, 그리고 1937년 이후부터 패전까지의 전시체제하에서도 학생 등의 민족주의·공산주의 그룹의 활동이 있었다는 것을 소개하고 있다. 이 가운데 1937년 이후의 동향에 대해서는 "침략 전쟁의 수행 과정에서도 공산주의 그룹과 민족주의 그룹이 상당히 존재하여 독립을 위한 투쟁을 계속한 것은 큰 의의를 갖는다" "재일조선인 학생·생도의 운동은 재일조선인 운동에서 선진적인 역할을 했고 또 조선 본국의 민족해방운동에도 커다란 영향을 끼쳤다"고 하며 높이 평가하고 있다.

필자가 본 바에 따르면, 박경식의 이 논문은 민족적 과제를 위해 싸운 세력을 되도록 많이 발굴하여 평가하려는 의도가 앞선 나머지 무리해서 사료 해석을 한 구석도 보인다.[90] 그러나 여기서 그것은 문제가 안 된다. 중요한 것은 동시대적인 의미이다.

다시 말해 박경식의 이 논문은 일본사회운동의 한 부분인 재일조선인 운동을 배제하거나 무시해 온 일본사 분야의 연구에 반성을 촉구하는 것이었다. 그 이후 일본사회운동사 안에 재일조선인을 포함시키려는 노력이 충분했다고 말하기는 어렵다고 하더라도, 1960년대에 들어 이와무라 도시오(岩村登志夫)에 의해 재일조선인 운동에 대한 연구가 진전된 것을 보면,[91] 이 점에 대해서는 박경식의 문제제기가 어느 정도 받아들여졌다고 할 수 있을 것이다.

한편 박경식의 논문은 조선 근대사 연구에 충격을 주었다는 의미도 있었던 것으로 보인다. 즉 조선 근대사 안에 재일조선인의 더욱 상세한 동향을 넣기 위한 계기가 될 수 있었을 것이다.

하지만 사태는 반대 방향으로 진행되었다. 조선사에서 재일조선인은 오히려 배제되었던 것이다.

우선 반공이 그 무엇보다 우선하는 사회였던 이 시기 한국에서는 역사 연구

---

90) 애초에 민족해방 투쟁이 항상 발전했다고 파악하는 방법은 무리가 있다. 한 가지 예를 들면 박경식은 이 논문에서 1940년대 이후 '친일 집단'이 감소했다고 말하는데, 이 주장은 문제를 안고 있다. 이 시기의 실태는 민간에서 결성되어 있던 '내선융화단체'조차도 해산을 당하고 동화정책을 추진하는 협화회(協和會)에 재일조선인이 편입되었으며, 예전 민족운동의 지도자들도 그 안에서 활동하지 않을 수 없는 상황이었기 때문이다. 이에 대해서는 졸저, 『在日朝鮮人社會の歷史學的硏究: 形成·構造·變容』(綠蔭書房, 2004)을 참조할 것.

91) 岩村登志夫, 「世界大恐慌期の在日朝鮮人勞働者のたたかい」, 『日本史硏究』 第66號, 1963年5月; 岩村登志夫, 「在阪朝鮮人勞働者階級の形成」, 『歷史評論』 第152-153號, 1964年4-5月.

에서도 공산주의 계열의 움직임은 평가의 대상이 아니었다. 애당초 조선공산당의 활동에 대한 평가 자체가 터부였던 상황에서 박경식이 밝힌 공산주의 계열의 재일조선인 운동이 주목을 받을 리는 없었던 것이다.

한편 사회주의 국가인 조선민주주의인민공화국에서는 앞 장에서 본 것처럼 건국 초기의 역사 연구에서는 다양한 민족해방운동이 평가되고 재일조선인 운동과 관련된 움직임도 기록되었다. 그러나 그러한 연구를 더욱 풍부하게 하는 길은 닫히고 있었다. 이는 잘 알려진 것처럼 1950년대 중반까지 김일성 등 만주파 이외의 사람은 정치적으로 축출된 사정과 관계되어 있다. 『조선 민족해방 투쟁사』의 집필자 가운데 한 사람인 최창익은 1953년에 숙청되었고,[92] 백남운도 1960년 이후에는 실각했으며 김두용도 한직으로 쫓겨났다.[93] 그 밖에 재일조선인 운동과 관련을 가지거나 그런 인물과 가까웠던 국내파 공산주의자들도 대부분 실각했을 것이다. 그러한 과정에서 김일성의 항일무장투쟁을 중심으로 한 국사가 확립되었고, 반대로 1920년대의 사상단체나 조선공산당의 활동에 대해서는 부정적인 시각이 강해져 그다지 다루어지지 않게 되었다. 그리고 김일성의 지도와는 관계없는 1930년대 사회주의 계열의 재일조선인 운동에 대해서 언급할 수 있는 여지도 사라졌다. 덧붙이자면, 만약 그 운동에 대해 서술한다면 일본 공산당과의 관계에 대해 설명하지 않으면 안 되고, 이 시점에서 일단 우호관계에 있던 조선노동당과 일본 공산당 사이의 마찰을 일으킬 것이며, 조선인에게 적대적인 일부 보수적인 일본인을 자극할 요소가 될 수 있다는 사정도 존재하고 있었다.

그리하여 조선민주주의인민공화국의 민족해방운동사에 재일조선인이 등장하는 일은 없었다. 1961년에 정리된 조선민주주의인민공화국 과학원 역사 연구소가 편찬한 『조선 근대혁명운동사』에는 도쿄의 사상단체가 조선 안에 사회주의 사상을 보급한 활동이나 재일노총을 결성한 일, 조선공산당 일본총국의 존

92) 木村誠 ほか編, 『朝鮮人物事典』(大和書房, 1995).
93) 같은 책.

재에 대한 언급은 없다. 그리고 노동쟁의·소작쟁의나 '반일폭동'이 일어난 지점을 기록한 「1920년대 말~1930년대 초의 주요 노동운동 지역도」에서도 조선반도 외에 만주는 포함하지만 일본열도는 포함하지 않았다.[94)]

그렇지만 김일성주의에 기초한 조선민주주의인민공화국의 국사는 조총련 구성원에게도 강요되었다. 박경식이나 강재언의 역사 인식도 그것과 다르다고 해서 비판의 대상이 되었다. 앞에서 말한 박경식·강재언의 『조선의 역사』에 대해, 이 책이 간행된 직후 조선민주주의인민공화국 과학원 역사 연구소에서는 "1920년대의 민족해방 투쟁의 분파에 대한 해명 및 1930년대 김일성의 항일빨치산투쟁의 전면적이고 올바른 평가가 이루어지지 않은 것", 국내파 공산주의자이며 분파분자로 숙청된 "박헌영 등의 죄악상을 폭로하는 것"이 결여되어 있다는 점을 지적했다.[95)] 그리고 이를 배경으로 조총련 내부에서도 박경식과 강재언, 이 두 사람이 소속된 조선연구소에 비판을 가했다. 그리고 "사상적으로는 우경 기회주의(현재의 수정주의) 조류를 선포하는 거점이 되었다"고 규정된 조선연구소는 조선문제연구소로 흡수됨과 동시에 박경식과 강재언은 연구원에서 배제되었다. 조선문제연구소는 한덕수(韓德銖) 조총련 의장 등이 중심이 된 단체이다.[96)] 또 조선연구소는 앞에서 말한 강재언의 『재일조선인 도항사』 외에도 재일조선인 관계로는 '연구 자료'로서 『재일조선인의 상공업 실태』(在日朝鮮人の商工業の實態), 『재일조선인 운동사 연표』(在日朝鮮人運動史年表), 『재일조선인의 역사』(在日朝鮮人の歷史)[97)]의 간행을 예정하고 있었으나[98)] 모두 출판되지 않았고,

---

94) 만주를 당연히 포함하는 것은 김일성의 항일투쟁과 관계가 있기 때문이다. 이 시기에는 재일조선인 노동자의 노동쟁의가 상당히 활발하게 전개되었으므로 조선인의 '노동운동 지역도'에 일본열도를 포함시키는 것은 가능하다.

95) 1960년에 나온 『조선의 역사』(朝鮮の歷史, 三一書房, 1989) 재3쇄에 붙여진 「재판에 즈음하여」에 따른다. 이 글은 1959년 4월 26일자로, 지적을 받고 "기본적인 오류에 대해서는 정정했다"는 것도 적혀 있다.

96) 朴慶植, 『解放後在日朝鮮人運動史』(三一書房, 1989), 391-392쪽.

97) 『在日朝鮮人の歷史』, Edward W. Wagner의 "*The Korean minority in Japan 1904~1950*"(1951)의 번역.

98) 『朝鮮月報』, 1956년 12월호의 광고.

조선문제연구소의 사업으로도 이월되지 않은 것으로 보인다.[99]

그리고 그 후 조선 문제연구소의 소장이 된 김병식(金炳植)이 「재일조선인 운동사」를 작성했으나 조선민주주의인민공화국은 이것 역시 부정했다[그 시정 지시를 받아 학습이 진행된 것이 1961년 8월이어서 이 지시는 통칭 '8월 제강(提講)'이라고 불렸다]. 이 「재일조선인 운동사」는 조총련 내부의 학습 자료로만 이용되고 외부로 공표되지는 않았기 때문에 필자도 아직 보지 못했다. 그러나 그것은 한덕수 개인을 중심으로 서술한 것이라고 하며, 조선민주주의인민공화국 측은 "계급적 관점이 확립되어 있지 않고 영도의 핵심이 명확하지 않다. 특히 1930년대 김일성이 영도하는 항일무장투쟁과 아무런 관계도 없이 서술되어 있는데, 이것은 결정적인 오류이다"라는 지적을 했다고 한다.[100]

한덕수는 초기 단계부터 조선민주주의인민공화국과의 연결을 갖고 조총련의 결성을 주도한 인물이며, 김일성주의에 충실한 태도를 취하고 있었다. 그러나 그 경력을 보면 1930년대 전반에 전협의 일원으로 반제국주의 투쟁을 전개했다는 것을 확인할 수 있지만,[101] 해방 전부터 김일성의 지도를 받은 것은 아니었다. 한덕수만이 아니라 해방 전부터 투쟁한 경험을 가진 재일조선인 활동가는 모두 그렇다. 김일성의 이름은 확실히 일본에도 알려져 있었다. 그러나 만주의 밀림에서 항일무장투쟁을 전개하고 있던 김일성이 재일조선인을 조직했다거나 그들에게 운동 방침을 내렸다는 것은 물리적으로 불가능하다. 이런 것을 보면 사실에 근거한 역사를 포기하지 않는 한, 이 시점에 이미 재일조선인의 민족해방운동의 역사는 조선민주주의인민공화국의 국사와 접점을 가질 수 없게 되었다고 해도 별 지장은 없을 것이다.

그리고 실제로 그 이후 재일조선인 운동사가 조총련계 단체나 거기에 소속된 역사학자가 정리한 일은 없었다. 동시에 반공주의를 내세운 한국을 지지하

---

99) 다만 *Edward W. Wagner*의 "*The Korean minority in Japan 1904~1950*"은 일본 정부 외무성 아시아국 북동아시아과가 참고 자료로 1961년에 번역했다.

100) 朴慶植, 『解放後在日朝鮮人運動史』(三一書房, 1989), 406-409쪽.

101) 木村誠 ほか編, 『朝鮮人物事典』(大和書房, 1995).

는 한국민단 측이 사회주의의 영향력이 강했던 재일조선인 운동의 역사를 정리하는 것도 곤란했다.

이렇게 보면 1950년대 후반에 이루어지려고 했던, 민족해방운동을 축으로 한 재일조선인사의 체계화와 국사의 접속 시도는 최종적으로 좌절되었음을 확인할 수 있다. 이는 이 시기 남·북조선에서 구축해나가고 있던 국사의 양상과 관계되어 있다. 그것은 폭넓은 세력이 민족해방＝새로운 국가 건설에 기여한 것을 인정하는 것이 아니라 북쪽에서는 김일성 등 만주파 공산주의자, 남쪽에서는 반공민족주의자를 축으로 한 것이었다. 아이러니컬하게도 이러한 과정에서 재일조선인들은 남·북조선의 국사와 연결하려고 하면 일본 지역에서 전개된, 자신들과 관계가 깊은 민족해방 투쟁의 역사적 사실을 버릴 수밖에 없는 상황에 놓인 것이다.

이리하여 1960년대 이후 재일조선인 자신들에 의한 재일조선인 운동사 연구는 정체될 수밖에 없었다. 그렇지만 1960년대에 재일조선인과 관련된 역사 연구가 재일조선인들 사이에서 두절된 것은 아니었다. 이 시기에는 간토대지진 때의 조선인 학살 사건의 실태나 그것이 식민지 지배의 문제와 민족 배외주의를 배경으로 한 것이라는 것의 실증,[102] 전시 노무동원에서 받은 다양한 박해에 관한 연구가 시작되었고,[103] 이후 사실 발굴도 더욱 진척을 보게 된다. 이 시기에 이러한 연구는 여전히 일본 제국주의의 가해 사실을 똑똑히 확인하려는 일본인이 적은 상황에서 볼 때 아주 커다란 의의를 가진 것이었다. 또 그것은 조

102) 姜德相, 「關東大震災に於ける朝鮮人虐殺の實態: 特に40周年を記念して」, 『歷史學硏究』, 1963年7月; 姜德相, 「つくりだされた流言: 關東大震災における朝鮮人虐殺について」, 『歷史評論』, 1963年9月 등.

103) 朴慶植, 『朝鮮人强制連行の記錄』(未來社, 1965). 조총련 내에서 비판받은 박경식은 그 후 논문을 발표하지 않는 시기가 잠시 있었으나 1960년대 전반, 이른바 '조선인 강제 연행'에 대한 조사를 진행하고 조총련계 잡지 등에 정력적으로 논고를 발표했다. 그것들을 모은 것이 이 책이다. 또한 필자가 박경식에게 들은 바에 따르면 조총련 지도부는 박경식의 이 연구에 대해서도 비판적이었다고 한다. 이는 박경식이 조직 내의 비주류파였을 뿐 아니라 제일조선인이 일본 제국주의의 가해 사실을 발굴하여 일본사회에 알리는 것이 일본인의 배외주의를 자극할지도 모른다는 염려와 관계가 있을 것으로 생각된다.

선반도 사람들까지 포함하여 그들이 공유하고 있던 재일조선인에 대한 박해의 기억을 역사로 기록한다는 의미도 지니고 있었다. 그러나 그때 초점이 맞춰진 것은 주로 일본 제국 측의 정책이고, 어떤 구체적인 시점이나 시기의 가해 사실이었다. 따라서 재일조선인이라는 주체에 입각해 재일조선인사를 체계화하는 일로는 이어지지 않았다.

결국 재일조선인의 손으로 재일조선인사를 체계화한 저작의 간행은 1979년까지 기다려야 했다 이 해 1910년대에서 1945년까지의 운동사를 축으로 재일조선인의 역사를 체계적으로 정리한 『8·15해방전 재일조선인 운동사』(8·15解放前在日朝鮮人運動史)가 산이치쇼보에서 출판되었다. 저자는 이 시기에 이미 조총련을 떠난 박경식이었다.

Ⅵ. 맺음말

이 글에서는 1950년대까지를 대상으로 일본사나 조선사 연구가 재일조선인에 관한 역사를 어떻게 다루어 왔고, 또 재일조선인사 연구가 어떻게 시작되었으며 일본사나 조선사 연구와 어떤 관련성을 갖고 있는가에 대해 살펴보았다.

지금까지 말한 것을 요약하면 다음과 같다.

1945년 8월 이전에 재일조선인이라는 존재는 결코 무시되지 않았으며 동시대 사회 분석의 대상이 되었다. 그러나 전후 일본사 분야에서 일본인 연구자는 구식민지를 시야 바깥에 두고 민중이나 노동자 계급 내부의 민족문제에 유의하지 않게 되었다. 그러므로 재일조선인의 동향은 배제되었다. 이에 비해 해방 후의 조선에서는 재일조선인에 대한 박해나 재일조선인이 전개한 사회운동의 역사를 잊지 않았다. 특히 1920년대 사회주의 계열의 운동에 대해서는 조선민주주의인민공화국 최초의 국사에도 기록되었다.

재일조선인사 연구는 정치 정세의 격동도 있어서 해방 직후에는 진척되지 않았고 1950년대 후반에야 가까스로 본격적인 연구가 시작되었다. 그 담당자는 조총련에 소속된 재일조선인 연구자들이었으며 민족해방 투쟁을 축으로 재일조선인사를 체계화하려 시도했다. 그러나 이미 이 시기 조선민주주의인민공화국의 국사는 역시 김일성이 중심이었다. 그러나 해방 전의 재일조선인 운동은 김일성의 지도와는 관계가 없었다. 그러므로 재일조선인사를 조선사에 편입할 수 없었고 또 재일조선인에 의한 재일조선인사의 체계화 작업도 정체되었다.

이상에서 본 것에 입각하여 마지막으로 그러한 역사 연구의 양상이 재일조선인 사회에 어떤 영향을 끼쳤는가와 관련된 몇 가지 문제를 지적하고자 한다.

먼저 재일조선인의 역사가 체계화되어 제시되지 않은 상황은 아이덴티티 형성에 부정적인 영향을 끼쳤을 것이다. 재일조선인사가 일본사에도 편입되지 않고 조선사와도 접점을 갖지 않은 상황에서는 재일조선인이 일본에 대해서도 조선에 대해서도 안정적인 귀속 의식을 창출하기란 어려웠을 것이다. 만약 귀속 의식을 만들어 내려고 한다면 여러 가지 무리한 점이 발생했을 것이다.

특히 젊은 세대의 재일조선인에게 조선에 대한 귀속 의식을 심어 주려고 할 경우, 조선과의 관계에서는 민족이나 현존하는 국가의 훌륭한 점에 대한 추상적이고 관념적인 교화만이 강요될 것이다. 한편 일본과의 관계에서는 원래 특별히 좋아서 사는 것이 아니라 지금도 임시로 살고 있다는 점이 강조될 것이다. 더욱이 실제로 조선을 쉽게 방문할 수 없는 상황이거나 일본인 측에 재일조선인에 대한 차별 의식이 존재하는 경우, 그런 경향은 더욱 두드러질 것이다. 남·북조선, 또는 남·북조선과 재일조선인 사회의 관계에 변화가 생기고 일본사회 측에서도 약간이긴 하지만 재일조선인을 사회의 일원으로 인정하는 자세가 나오게 된 1980년대 후반 이후야 어쨌든 간에, 그 이전에는 실제로 재일조선인들 사이에 그런 경향이 존재했던 것으로 보인다.

반대로 말하면 재일조선인이 일본사회의 일원으로 인정되고 조선과의 유대를 어떤 형태로든 유지해 가기 위해서는 재일조선인사는 더욱 풍부해질 필요가 있으며, 조선사 연구는 재일조선인사에서 더욱 많은 접점을 찾아내고 일본사 연구는 재일조선인과 관련된 움직임을 더욱 고려해 나갈 필요가 있다.

그리고 그 작업은 박경식처럼 꼭 사회운동을 축으로 할 필요는 없으며, 종교라든가 스포츠, 음식문화 같은 것까지 포함하는 넓은 의미의 문화, 또는 생산이나 유통 같은 것을 포함하는 경제 활동 등도 시야에 넣어야 할 것이다. 또 구체적인 지역이나 인물 등에 입각한 연구도 필요할 것이다. 따라서 그 작업은 아마 단순한 재일조선인사의 체계화나, 재일조선인사가 일본사나 조선사에 편입되는 것이 아니라 별도의 명칭으로 불리는 틀(예컨대 조선인 네트워크 커뮤니티사, 지역사회의 민족관계사, 민중문화교류사 등이 상정될 수 있다)을 만들어 낼 가능성을 갖고 있다. 즉 그것은 오늘날에도 여전히 부당하게 큰 영향력을 갖고 있는 국가라는 공간이나 민족이라는 단위를 전제로 하여 역사를 생각하는 사고방식=국사의 틀을 필연적으로 상대화해 나가는 일과 연결될 것이다.

최종 탈고: 2005년 1월

번역: 송태욱(연세대 강사)

한일회담에서 나타난 한일 간 역사 인식의 상위

이원덕

Ⅰ. 서론

1951년 10월 최초로 열린 한일회담 석상에서 한국 측 수석대표인 양유찬(梁裕燦)이 한일 간의 불행한 역사적 경위를 설명한 후 "이제 화해합시다"(Let us bury the hatchet) 하고 발언하자 일본 측 수석대표인 이구치 사다오(井口貞夫)는 "도대체 무엇을 화해하자는 말입니까?"(What is bury the hatchet?)라며 반론했다고 한다. 유진오는 이를 다음과 같이 회고하고 있다.

> 말하자면 이쪽은 원한을 버리고 지금부터 선린관계를 설계하려고 하는 전향적인 자세를 취 한데 반해서, 일본 측은 묻어버리지 않으면 안 될 양국 간의 악업이 도대체 뭐가 있다는 말이냐고 정면으로 반박하는 태도를 취했던 것이다.[1)]

향후 파란과 우여곡절로 점철될 수밖에 없는 한일회담을 예고해 주는 상징적인 장면이다. 한일회담이 14년간 중단과 재개를 반복하면서 난항할 수밖에 없었던 가장 큰 이유는 과거 36년간의 식민지 시대에 대한 한일 양국의 역사 인식의 근본적 차이에 있었다. 한일 과거사 인식의 문제는 비단 한일회담에 그치

---

* 이 글은 『한국사 연구』 131(2005.12)에 게재된 필자의 논문(「한일 회담에서 나타난 일본의 식민지 지배 인식」)을 가필 수정한 것임을 밝혀 둔다.

1) 유진오, 「남기고 싶은 이야기: 한일회담 23」, 『중앙일보』(1983/09/26).

지 않고 전후 한일관계를 마찰과 대립의 악순환으로 끌어가는 최대 아킬레스건으로 여전히 남아 있다고 해도 과언은 아니다.

한일회담에서 양국의 역사 인식 차이와 직결되는 의제는 기본 관계와 청구권 문제라고 할 수 있다. 기본 관계가 과거사의 정신적인 청산과 관련된 의제라면 청구권 문제는 물질적인 청산을 다루는 내용이라고 규정할 수 있다. 과거사 처리와 관련되는 기본 관계 문제란 단적으로 말하면 한국병합 조약의 해석 문제라고도 말할 수 있다. 즉, 일본의 식민 통치를 가능케 했던 구한말의 일련의 구 조약의 정당성 문제, 나아가 식민 통치에 대한 평가 및 해석과 결부된 문제가 과거사 인식과 직결되는 기본 관계의 핵심 내용이다. 이에 반해 청구권 문제는 식민지 과거사와 관련된 물질적인 차원의 보상과 관련되는 의제라 할 수 있다.

이러한 점에 착안하여 이 글의 목적은 한일 간의 이러한 역사 인식의 차이가 한일회담에서 구체적으로 어떻게 표출되었고 과거사 청산문제가 어떤 경과를 거쳐서 처리되었는지를 실증적으로 고찰하는 데 있다. 즉, 이 글에서는 한일회담의 경과를 시계열적으로 추적하면서 과거사 청산문제의 핵심 의제인 역사 인식의 문제와 청구권 문제가 각각 어떻게 다루어졌는지를 검토하고자 한다. 더불어 역사 인식의 차이에도 불구하고 한일회담이 과거사 청산이 유보된 형태의 미봉적 타결로 귀결된 역사적 맥락을 밝히고자 한다.

II. 제1차 회담에서 나타난 역사 인식의 상위

1. 청구권 대 역청구권

제1차 회담에서 양국이 가장 첨예하게 대립한 의제는 청구권 문제와 기본 관계 문제였다. 특히 청구권 문제를 둘러싼 양국의 기본 입장 차이는 너무 현격해서 정면충돌할 수밖에 없었으며 결국 이는 1차 회담의 주된 결렬 원인이 되었다. 결론부터 말하면, 1차 회담을 결렬로 이끌어 간 것은 일본 측이 제기한 역(逆)청구권 주장이었다. 우선 청구권위원회에서의 교섭 경위를 살펴보자.

청구권위원회의 제1차 회의(1952년 2월20일)에서 한국 측은 일본에 「한일 간 재산, 청구권 협정 요강」을 제출했는데, 이 요강은 기본적으로 1951년 샌프란시스코 강화조약에의 한국이 서명국에서 배제된 시점에 작성된 것으로서 그 요구가 재산, 청구권으로 한정되었다는 데에 최대의 특징이 있다. 애당초 이승만 정부는 정부 수립 직후부터 강화조약에 한국이 연합국의 일원으로 참가하는 것을 전제로 대일 배상요구 내지 피해보상 요구를 제기해 왔으며 실제로 이를 위한 실무적인 준비 작업을 추진해 왔다. 그 결과 작성된 것이 1949년 완성된 『대일배상 요구조서』이다.[2)]

이 조서는 한국이 강화조약의 정식 서명국이 된다는 전제하에 작성된 것으로서 전쟁 배상적인 성격을 띤 대일 요구를 규정하고 있다. 이 조서에는 현물의 반환 요구 외에 확정 채권과 중일전쟁 및 태평양전쟁에 기인하는 인적 물적 피해 그리고 일본의 저가수탈로 인한 손해의 보상 및 배상을 요구하고 있다. 이 조서는 일본에게 지금(地金), 지은(地銀), 문화재, 선박 등의 현물 반환과 더불어 총액 약 310억 엔(패전 직후의 환율 15엔 대 1달러의 기준으로 환산하면 약 20억 달러)에 이르는 배상, 보상을 일본에 요구하고 있다.

그러나 전쟁 배상과 식민지 피해의 보상을 요구하던 기존의 한국 입장은 한국의 강화조약 참가가 부인되면서 크게 후퇴되었다. 즉, 한국 정부의 노력에도 불구하고 강화조약의 한국 참가가 좌절되자 배상, 보상 요구는 재산, 청구권 요

---

2) 『대일배상요구조서』는 이승만 대통령의 직접 지시로 기획처의 기획국 산하에 설치된 '대일배상청구위원회'가 비밀리에 방대한 자료 수집과 정리 작업을 거쳐 작성한 것이다. 조서는 두 권으로 되어있는데 제1권은 1949년 3월 15일 완성된 것으로서 地金, 地銀, 서적, 미술품, 골동품, 선박, 지도원판 등의 반환을 요구하는 현물 목록이 기록되어 있다. 제2권은 같은 해 9월에 완성된 것으로서 제4부로 구성되어 있다. 제1부에서는 제1권의 현물 요구를 규정하고 있으며 ,제2부: 확정 채권, 제3부: 중일전쟁과 태평양전쟁의 인적, 물적 피해 보상, 제4부: 강제공출에 의한 손해의 배상을 새롭게 추가시키고 있다. 동조서는 대일 요구의 항목과 그 근거를 상세하게 담고 있어 500쪽을 상회하는 방대한 양으로 되어 있다.

구로 축소되고 재조정될 수밖에 없었다. 결국 제1차 회담에서 한국이 제기한 8개 항목의 대일 요구는 1949년의『대일 배상 요구조서』가 규정한 배상·보상의 내용을 일부 계승하면서도 기본적으로는 재산, 청구권의 형태로 대폭 축소된 것이었다. 8개 항목으로 구성되는 이 요강은 다음과 같다.[3)]

1. 한국에서 반출된 고서적, 미술품, 골동품, 그 외 국보, 지도원판 및 地金, 地銀을 반환할 것
2. 1945년 8월 9일 현재, 일본 정부의 對 조선총독부 채무를 변제할 것
3. 1945년 8월 9일 이후, 한국에서 이체 또는 송금된 금액을 반환할 것
4. 1945년 8월 9일 현재, 한국에 본사 또는 주 사무소가 있는 법인의 재일 재산을 반환할 것
5. 한국법인 또는 자연인의 일본 및 일본 국민에 대한 일본국채, 공채, 일본은행권, 피 징용 한국인의 미수금 그 외 한국인의 청구권을 변제할 것
6. 한국법인 또는 한국자연인 소유의 일본법인 주식 또는 그 외 증권을 법적으로 인정할 것
7. 前記 재산 또는 청구권에서 발생한 과실을 반환할 것
8. 前記 반환 및 결제는 협정 성립 후 즉시 개시하고 늦어도 6개월 이내에 종료할 것

한국이 제기한 「8개 항목의 요구」는 다음의 법률적인 근거에 의해서 성립된 것이었다. 즉, 1945년 12월 6일 「美軍政命令 제33호 2조」에 따라 '1945년 8월 9일 당시 또 그 후의 모든 일본국 및 일본인(법인 포함)재산은 동년 9월 25일 자로 미 군정청에 귀속'되었다. 이 재산은 재차 1948년 9월 20일에 발효된 「한미재산 및 재정에 관한 최초 협정」에 의해 한국 정부에 이양되었다. 이러한 조치는 대일 강화조약 제4조 2항의 "일본은 前記 재산 처분의 효력을 승인한다"는 규정에 따라 최종적으로 인정되었다.

이러한 한국의 청구권 요구에 대항하기 위해 일본이 제출한 것이 역청구권 주장이었다. 일본의 역청구권 주장은 청구권위원회 제5차 회의(1952년 3월 6일)

---

3) 외무부 정무국,『한일회담약기』, 377-378쪽.

에서 「재산청구권 처리에 관한 협정기본요강」[4]의 형태로 제시되었다. 이 요강에는 한국 내의 일본 재산에 대한 미군정의 처리의 효과를 인정하는 규정을 두고는 있으나 그 범위를 국, 공유재산에 한정시켜, 재한 일본인(민간)재산에 관해서는 협의의 대상으로 해야 한다고 명시하고 있다. 일본은 이 요강을 제시함으로써 한국의 청구권 주장에 대항하는 형태로 일본의 대한(對韓) 청구권을 주장하고자 했던 것이다. 즉 일본은, 한국이 일본에 청구할 권리가 있다면 일본 측으로서도 재한 일본인 재산에 대하여 그 권리를 요구할 수 있다는 논리를 전개했다.

일본의 역청구권 주장은 어떠한 근거에 의해 제기되었는가? 일본은 우선 한국의 청구권 주장에 대해 대일 강화조약 제4조 2항의 "재한 미군정 명령에 의해 행해진 재한 일본 재산 처리의 효력을 승인한다"는 조항은 "국제법상 점령군에 허용되어 지지 않는 처분까지를 승인하는 것은 결코 아니다"고 하여 조약 해석에 이의를 제기했다.

즉, 1907년 헤이그에서 조인된 「陸戰의 법규관례에 관한 조약 : 헤이그 陸戰법규」 제46조의 「敵地 사유재산불가침의 원칙」을 원용하여 재한 구일본인 재산은 그 처분에 의해 발생한 대가 및 과실에 대해 원(元)권리자(일본인)에 청구권이 남아 있다고 주장했던 것이다.[5]

한국은 일본 측의 예상외의 역청구권 주장에 대하여 경악과 충격을 금치 못하고 즉시 반박했다. 한국 대표단은 일본 측이 다른 대안을 제시하지 않는 한 동

---

4) 『한일회담약기』에 일본 측의 청구권협정의 기본 요강의 원문이 실려 있다. 단, 원문은 영어로 되어있다. 원제목은 Basic Principles of Agreement to be Concluded Between Japan and Republic of Korea Concerning the Disposition of Property and Claims로 되어 있다. 379-381쪽.

5) 1952년 5월 14일 일본중의원 외무위원회에서 오카자키(岡崎) 외무대신은 재산청구권에 대한 일본의 입장을 다음과 같이 설명했다. "평화조약 제4조 2항 즉 일본의 재산 처분의 효력을 승인한다는 의미도 그 조문 및 일반국제법 원칙, 통칙에 의해 해결되어야 하는 것으로서, 한국의 미군정이 점령군의 자격으로 일본의 사유재산에 대해서 敵産관리적인 처분을 행한 경우에 있어서도 그 재산에 대한 원래의 소유권은 소멸하지 않는다. 예를 들면 매각행위가 행해졌을 때 매각대금에 대해서는 일본 측의 소유자가 청구권을 가지고 있다. 즉, 매각의 처분을 행을 경우에도 그 처분은 승인하지만 그 재산의 원권리는 남아 있으므로 매각에 의해 발생한 대금은 일본인이 청구할 수 있다고 주장했다"[日本國國會衆議院, 『第13回衆議院外務委員會速記錄』 第24号(1952/05/14)].

요강에 대해서는 더 이상의 협의를 계속해도 아무 성과가 없을 것이라고 하여 동 요강을 일축했다. 이후의 청구권위원회 회합에서는 일본의 역청구권에 대한 논쟁이 반복되었을 뿐 조금도 양국 간의 대립이 해소되지 못했다.

2. 기본조약 대 우호조약

제1차 회담에서 한일 양국이 크게 대립한 또 하나의 의제는 한일기본조약의 체결을 둘러싼 문제였다. 기본 관계 위원회에서 일본 측은 이 문제에 대한 일본의 입장을 「일한우호조약 초안」의 형태로 한국 측에 제출했다. 이 초안의 전문에서 일본 측은 조약 체결의 목적을 '강화조약이 규정에 따라 한국의 독립을 승인하고 양국의 정치적 독립과 영토 보전을 존중하며 양국의 우호와 경제관계를 유지하는 것' 등으로 표명했다. 전문의 내용에는 과거 식민지 통치에 관한 사죄나 반성의 표명은커녕 일체 과거에 대한 언급 자체가 없다.[6]

이 초안에서 일본 측은 조약 체결과 더불어 외교, 영사관계를 수립할 것(제2조)을 규정하고, 제3조에서 양국 간의 무역, 해운, 기타 통상에서 최혜국 대우의 권리를 상호 간에 부여하는 「통상항해 조약」의 체결을 제안하고 있다. 이어서 동 초안에는 재일 한국인의 국적 및 신분 규정(제4조, 제5조), 양국의 재산청구권의 신속한 해결의 원칙(제6조), 해저전선의 설치 문제(제7조),그리고 어업 문제(제8조)등에 관한 원칙을 규정하고 있다.[7]

초안과 더불어 일본 측은 「한일우호조약의 체결 방법을 제안하는 이유」라는 문서를 한국 측에 제출했다. 이 문서에서 일본 측은 그 이유의 첫째로 "새로운 출발을 하는 이 기회에 우호조약을 체결하여 견고하고 영속적인 우호관계 및 경제관계를 유지하는 부동의 기본원칙을 약속하기 위해"라고 설명하고 있다. 제2의 이유로서 "대한민국의 독립에 의해 발생한 한국인의 국적 변경에 대해 협

6) 「日本國と大韓民國との間の友好條約草案」의 원문은 『한일회담약기』(219-227쪽)를 참조.
7) 위와 같음.

정을 체결할 필요가 있다"고 했다. 제3의 이유로서는 "재산권 및 청구권의 처리와 해저전선의 분할에 관한 사항, 어업협정 교섭의 개시에 관한 사항, 통상 항해조약의 개시 및 개시 전의 잠정 조치에 관한 사항 등의 해결방침을 규정하는 것"을 들고 있다.[8)]

일본 측의 초안 제시와 이유의 설명에 대해서 한국 측은 불만을 표하고 이의를 제기함과 동시에 '한일 간의 기본조약안'을 독자적으로 제시했다. 일본 측의 초안과 한국이 제시한 조약안을 비교하면서, 주목되는 입장 차이를 살펴보면 다음과 같다.

첫째, 일본 측은 조약의 명칭을 '우호조약'으로 하고자 제안한 데 반해서 한국 측은 이를 '기본조약'으로 할 것을 주장했다. 일본은 양국 간 새로운 관계의 발생에서 시작되는 각종의 현안 문제를 해결하기 위한 협약으로 우호조약을 주장한 것이다. 즉, 일본은 동 조약의 내용에 외교, 영사관계의 수립과 무역, 해운, 통상(通商)의 최혜국 대우 등의 규정을 포함시킴으로써 동 조약을 통상(通常)의 통상항해(通商航海) 조약으로 성격 지우려 의도한 데 반해서 한국은 새로운 관계 수립에 있어서 과거에서 유래하는 현안 문제의 해결을 목적으로 한 '기본조약'의 체결을 의도한 것이다.[9)]

바꿔 말하면, 일본 측은 장래를 위한 우호조약 체결에 그 근본목적을 둔 것에 비해 한국 측은 과거를 청산하기 위한 사실상의 '평화조약'을 체결하는 것에 그 취지가 있었던 것이다. 따라서 명칭에 관해서 한국 측은 '우호'를 '기본'으로 수정할 것을 주장했다. 결국 일본 측이 최종적으로 제출한 수정안은 '한일 간의

8) 「日韓友好條約の締結方法を提案する理由」, 『한일회담약기』, 241-244쪽.

9) 조약의 명칭을 둘러싼 대립은 '日華평화조약'의 교섭 과정에 있어서도 중요한 쟁점으로 등장했었다는 점을 지적해 둔다. 중화민국 측은 '평화조약'이라는 명칭을 고집한 데 반해서 일본 측은 제1차 초안에서 '전쟁 상태를 종결시키고 정상관계를 회복하기 위한 이국 간 조약'이라는 명칭을 붙이려고 했다. 동 초안은 사실상 평화조약의 초안이라기보다는 通商航海 조약의 초안이라고 할 수 있는 것이었다. 日華평화조약의 교섭 과정에 관해서는 다음의 연구를 참조. 石井明, "日華平和條約の交渉過程: 日本側第1次草案を中心に" 『中國-社會と文化』 第3號(1988, 6); 石井明, 「日華平和條約締結交渉をめぐる若干の問題」, 『東京大學教養學部 教養學科紀要』 第21號.

기본적 관계를 설정하는 조약'이라는 명칭으로 바뀌어 한국의 요구를 반영시킨 형태가 되었다. 당초 양국의 명칭에 대한 접근 방식이 달랐던 것은 그것이 청구권 문제 등의 타 현안과도 밀접한 상호 관련성을 가지고 있었기 때문이었다는 점은 말할 나위도 없다.[10)]

둘째, 주목되는 제2의 대립 점은 한국 안의 제3조를 둘러싸고 발생했다. 이것은 명칭을 둘러싼 대립과도 관련되는 문제였다. 한국 안의 제3조는 다음과 같이 되어 있다.

> 제3조 대한민국과 일본국은 1910년 8월 20일 이전에 구 대한민국과 일본국 간에 체결된 모든 조약이 무효임을 확인한다.[11)]

한국 측은 이 조항을 설치함으로써 조약문에서라도 굴욕의 역사를 청산하고자 의도했던 것이다. 유진오는 이와 관련하여 다음과 같이 회고하고 있다.

> 우리가 한일합방조약의 무효 확인을 기본조약에 굳이 명문화하려는 것은 실리 때문이 아니라 그것이 바로 국민적 자존심을 응축하고 있기 때문이었다. 비록 일제에 의해 합방이라는 민족적 수모를 겪기는 했지만 이제 양국관계를 새롭게 설정하는 마당에 문서상으로나마 그러한 치욕의 역사를 씻어버려야 하겠다는 의지를 나타낸 것이었다. 이 기본조약 제3조는 이 대통령의 강력한 지시에 의해 당시 김동조 외무부 정무국장과 김영주 씨 등이 중심이 돼 각국의 비슷한 선례를 검토한 뒤 성안된 것이었다. 우리로서는 이 조항은 결코 양보할 수 없는 것이었다.[12)]

이 조항에 대해 일본 측은 "이 조항이 없어도 한일합방조약이 아직 효력이 있다고 생각하는 일본인은 아무도 없을 것이다. 이 조항이 있음으로 해서 일본 국민의 심리적인 면을 불필요하게 자극할 염려가 있다. 따라서 기본조약 제3조는 반

---

10) 유진오 연재, 「남기고 싶은 이야기 : 제49화 한일회담」, 『중앙일보』(1983/10/26); 『한일회담약기』, 45쪽.
11) 『한일회담약기』의 「한일기본조약안」(250쪽)을 참조.
12) 유진오 연재, 「남기고 싶은 이야기: 한일회담 제50화」, 『중앙일보』(1983/10/27).

대이다" 하고 응수하며 삭제를 주장했다. 한국 측은 이에 대해서 "오히려 이 조항을 삽입함으로써 일본 국민의 감정을 자극한다면 그것은 아직도 일본인이 과거의 제국주의적 침략 행위의 과오를 청산하고 있지 않다는 사실을 입증하는 것이다. 일본 국민은 이 조항을 수락함으로써 대오각성하여 진정한 민주주의 일본의 재출발을 선언해야 한다"고 반박하고 나섰다.13)

일본은 한국의 이러한 강경한 입장을 고려해 "1910년 당시부터 무효라는 것은 받아들이기 어려우나 장래에 있어서 무효 즉, 국교 정상화 이후부터 무효"라고 규정한다면 그것은 수락할 수 있다는 일종의 수정 제안을 제출했다. 그러나 한국은 "합병조약은 일본의 침략적인 불법행위의 소산이기 때문에 처음부터 무효라는 것을 확인하는 것은 당연하다"고 주장했다. 결국 일본 측이 최종적으로 제출한 신 요강에는 한국의 요구가 어느 정도 반영되게 되었다.

즉, 「한일 간의 기본적인 관계를 설정하는 조약」의 전문(前文)에는 "일본국과 구 대한민국 사이에 체결된 모든 조약 및 협정이 일본국과 대한민국과의 관계에 있어서 효력을 갖지 않는 것을 확인한다"라는 문장이 삽입되었다.14) 이는 대한민국이라는 용어를 사용함으로써 독립 후 한국에 대해 합방조약이 효력을 상실했다는 것을 확인한다는 의미였다. 그러나 한국은 합방조약이 애당초 원천적으로 무효라는 입장을 양보하지 않았다. 결국 제1차 회담의 역청구권 문제를 둘러싼 대립에 의해 결렬될 때까지 이 문제에 대한 양국의 합의는 이루어지지 못하고 있었다.

기본 관계 문제에 관련하여 오카자키(岡崎勝男) 외상은 1952년 5월 14일 중의원 외무위원회에서 다음과 같이 발언하고 있다.

> 국교의 기본을 수립하는 조약의 문제는, 조선의 독립과 더불어 한일 양국이 대등한 주권국으로서 선린 우호관계를 맺는 것이 주제였다. 그러나 이문제의 협의과정에서

13) 『한일회담약기』, 48쪽.
14) 「일본국과 대한민국과의 간의 기본 관계를 설정하는 조약안」의 전문은 『한일회담약기』, 275쪽 참조.

> 한국은 흡사 승전국으로서 우리나라와 평화조약을 체결하는 태도로 나와, 예를 들면 한국이 일본의 독립을 승인해 준다든지 과거의 한일 합방조약 등은 무효라는 식으로 주장한 경위가 있었다. 한국 측은 이러한 태도로 임했기 때문에 상당히 난항을 겪었으나 겨우 한국이 일본 측의 의향을 양해하여 강화조약의 정신에 따라 양국 간에 기본 관계를 규율하는 조약 안을 작성하는 것에 관하여 거의 합의가 성립하게 되었다.[15]

이 발언에도 나타나 있듯이 일본 측은 한국 측의 "합방조약의 무효를 확인하는 조항을 두어야 한다"는 주장이 한국 측으로서는 절대 양보할 수 없는 필지의 요건이었다는 사실을 과소평가하고 있었다고 생각된다. 회담의 종결 단계인 제7차 회담에서도 합방조약의 무효 시점을 둘러싸고 교섭의 상당한 난항을 거듭했다는 사실이 말해 주듯이 이 문제는 결코 한국이 간단하게 "양해할 수 있는 사안"이 아니었음은 말할 나위도 없다.

III. 제3차 회담과 '구보다 발언' 공방에서 나타난 역사 인식의 상위

일본의 역청구권 주장이 재개된 것은 그로부터 1년 후인 1953년 4월이었다. 이번 회담 역시 미국의 회담 재개를 위한 다각적인 노력의 산물이었다. 그러나 3개월에 걸쳐서 진행된 제2차 회담은 별다른 진전을 보지 못한 채 한국전쟁의 종전에 따른 제네바협정 체결 관계로 순연되어 10월 6일에 제3차 회담의 이름으로 재개되게 되었다. 제3차 회담은 각 위원회가 본격적인 토의에 채 들어가기도 전에 이른바 '구보다 발언'이 몰고 온 회오리 속에 휩싸여 좌초하게 되었다. '구보다 발언'을 계기로 결렬된 한일회담이 다시 마련되기까지는 4년여의 세월을 기다려야만 했으니 '구보다 발언'이 가져온 파장이 얼마나 컸었는가는 능히

15) 日本國國會衆議院,『第13回衆議院外務委員會速記錄』第24號(1952, 5).

짐작할 수 있을 것이다.

'구보다 발언'은 제3차 회담의 재산청구권위원회 제2차 회의(1953/10/15) 석상에서 일본 측 수석대표인 구보다(久保田貫一郎)가 한국 대표와 논쟁 중에 행한 발언이다. 먼저 구보다 발언의 내용과 그 발언이 나오게 된 문맥을 살펴보기 위하여 당시의 논쟁 상황을 재현해 보면 다음과 같다.[16)]

한국의 홍진기(烘璡基) 대표는 "일본의 재한 재산은 미군정의 손으로 법령 33호에 의해 접수되었다. 이 사실은 미 국무성각서에 의해서도 증명되었다. 본래대로 하자면 한국은 36년간의 일본 지배하에서 한국 민족이 받은 피해—예를 들면 애국자의 투옥 학살, 한국인의 기본적 인권 박탈, 식량의 강제 공출, 노동력의 착취 등—에 대한 보상을 요구할 권리를 가지고 있으나 한국 측은 그것을 요구하지 않고 순수한 법률적 청구권만을 제출했다. 이러한 사실을 고려하여 우리는 일본 측이 한국에 대한 청구권 주장을 철회할 것을 희망한다"라고 주장했다. 이에 대해 구보다 수석대표는 "그렇다면 일본 측도 보상을 요구할 권리를 갖고 있다. 왜냐하면 일본은 36년간 벌거숭이 산을 푸르게 바꾸었다든가, 철도를 건설한 것, 수전(水田)이 상당히 늘어난 것 등 많은 이익을 한국인에게 주었다"고 반론했다.

홍 대표가 "마치 일본이 점령하지 않았더라면 한국인은 잠만 자고 있었을 것이라는 전제하에 말하고 있으나 일본에 점령당하지 않았더라면 한국인은 스스로 근대국가를 만들었을 것이다"라고 발언하자 구보다 대표는 "사견으로 말하건데 나의 외교사 연구에 따르면 일본이 진출하지 않았더라면 한국은 중국이나 러시아에게 점령되어 더욱 비참한 상태에 놓였을 것이다"라고 주장했다. 여기서 홍 대표가 "그렇다면 왜 카이로선언에는 '한국의 노예 상태'라고 말하고 있는가? 왜 일본은 카이로선언을 받아들였는가?"라고 질문했다. 이에 대해 구보다

16) Korean Mission in Japan Tokyo, Statement Answering The So-called Ststement of The Japanese Government on the Rupture of the Third ROK-Japan Conference Date Oct.21 and 22, 1953, 고려대학교 아세아문제연구소, 『한일관계 자료집: 제1집』, 107-114쪽; 日本國第16回國會, 『參議院水産委員會速記錄』第10號(1953, 10); 김동조, 『회상30년: 한일회담』, 53-63쪽.

대표는 "카이로선언은 전쟁 중의 흥분 상태의 표현에 다름 아니다"라고 받아쳤다. 홍 대표는 "카이로선언, 포츠담선언에 의해 취해진 전후의 처리, 예를 들면 한국의 노예 상태로부터의 해방, 독립의 즉시 승인, 60만 일본 거류민의 본국 송환, 총독의 보호하에 축적된 일본인 재산의 몰수는 노예 상태로부터의 한국인의 해방이라는 새로운 보다 높은 이상의 이름하에 행해진 것이다. 이에 대하여는 어떻게 생각하는가?"라고 되물었다.

구보다 대표는 이에 대하여 "사견으로 말하건대 원칙적으로 보아 국제법에 부합한다고는 말할 수 없지 않은가? 사유재산을 몰수하는 것은 더욱 위반이라고 생각한다. 나로서는 미국이 국제법을 위반한 것으로 보고 싶지는 않으며 위반으로 해석하지는 않았다. 만약 위반했다손 치더라도 일본이 미국에 대한 청구권은 포기했다"고 대답했다.

한국 대표단은 구보다 발언을 회담의 기본 정신을 망각한 도저히 묵과할 수 없는 망언으로 규정하여 일단 타 분과 위원회에의 출석을 보이콧하기로 하고 구보다 발언의 진의를 추궁하기로 방침을 정했다. 10월 20일과 21일에 열린 제3차, 4차 본회의에서는 한국의 수석대표 김동조가 10월 15일 청구권위원회에서 행해진 구보다 발언에 관한 한국 측의 견해를 밝힘과 동시에 구보다 발언의 진의를 따졌다. 김용식 대표는 구보다 발언을 다음과 같은 5개의 항목으로 정리하여 구보다 대표의 해명을 요구했다.

① 36년간의 일본의 한국강제 점령은 한민족에 유익했다.
② 한국 민족의 노예화에 관해서 언급한 카이로선언은 연합국의 전시 히스테리의 표현이다.
③ 일본의 구 재한 일본인 재산을 미군정령 제33호에 의해 처리한 것은 국제법 위반이다.
④ 대일 강화조약 체결 전에 한국이 독립한 것은 국제법 위반이다.
⑤ 연합국이 일본 국민을 한국에서 송환한 것은 국제법 위반이다.

구보다는 김용식 대표의 추궁에 대하여 ⑤에 대해서 "본인은 이러한 발언을 한 적이 없다"고 부정했으며, ④의 '위반'에 대해서는 "종래의 국제법 관례에 비추어 볼 때 異例라고 말했을 뿐이다. 국제법 위반인가 아닌가의 문제에 대한 답변은 유보하고 싶다"고 해명했다. 그러나 나머지의 항목에 관해서는 10월 15일 발언의 연장선에 서서 자신의 발언의 정당성을 강변했을 뿐 조금도 물러설 기색을 보이지 않았다.

구보다 발언이 행해진 경위와 그 문맥을 분석해 보면 다음과 같다. 원래 '구보다 발언'의 단초를 제공한 것은 일본 측의 역청구권 주장이었다. 즉, 재한 일본인의 사유재산에 관한 일본의 청구권 주장에 한국 측이 반발하여 식민지 통치를 통렬히 비난하자, 일본 측은 이에 반론을 제기하는 형식으로 식민 통치의 긍정적인 요소를 들어 한국 측을 자극했던 것이다. 여기서 한국 측이 카이로선언에서의 "노예 상태"의 표현은 전시 중의 히스테리의 표현이며 실태에 관한 기술이 아니라고 의견을 개진했다. 이 부분은 한국이 제기한 ①, ②에 해당되는 부분으로서 일본의 식민지 통치에 대한 인식 및 평가에 직접 관련된 문제라고 볼 수 있다.

다음에 나온 화제가 항목 ③의 미군정의 재한 일본인 재산 몰수의 합법성에 관한 시비 문제이다. 이 문제야말로 청구권위원회의 본제이며 제1차 회담을 결렬로 이끌고 간 핵심적 쟁점이었다. 일본 측은 한국 측에 의해 "카이로 선언, 포츠담 선언 등에 의해 취해진 전후 처리가 불법이라고 말하는 것인가?"라고 공박을 받자 "미군정의 조치는 국제법에 합치되지 않는다"고 말하면서도 "일본으로서는 이와 같은 법 해석을 취하고 있지 않다"고 하여 미국과 정면충돌만은 피하려는 이중적인 자세를 보였다. 이 발언이야말로 일본 측의 논리적 모순이 가장 현저하게 나타나고 있는 부분이라고 생각된다. 즉, 일본 측은 한국에 대해서는 미군정에 의해 취해진 조치가 국제법 위반이라는 이유를 근거로 재한 일본인 재산의 소유권을 주장하면서도 동조치를 취한 당사자인 미국에 대해서는 그것을 용인하는 해석을 취하고 싶다고 했던 것이다.

결국 이틀에 걸친 구보다 발언을 둘러싼 논쟁에서도 구보다의 태도에 아무런 변함이 없음이 확인되자 김용식 대표는 첫째, 귀측 대표가 발언한 문제의 5개 항목을 철회할 것, 둘째, 귀측의 상기 발언이 잘못이라는 것을 언명할 것을 요구했다. 이에 대해 구보다 대표는 "마치 본인이 폭언이라도 한 것처럼 본인의 발언 중 일부만을 발표하여 외국에 선전하는 것은 타당치 않다고 생각한다. 본인은 발언을 철회할 의사가 전혀 없다"고 응수했다. 이로써 제3차 회담은 결렬되었다.

구보다 자신은 나중의 회상에서 자신의 발언이 일본 정부로서의 최소한의 견해 표명이라고 주장하고 있다.[17] 또 이 발언에 대해 오카자키 외상도 기자회견에서 "구보다 발언은 당연한 것을 당연하게 말한 것뿐이다"라는 입장을 표명하여 이 발언이 일본 정부의 공식적인 대한정책과 일치하고 있음을 밝히고 있다. 또 이 발언을 둘러싼 일본 국회에서의 논의를 보아도 구보다 발언으로 극명하게 표현된 일본 정부의 대한정책에 대하여 여당은 물론 야당조차도 이론(異論)을 제기하고 않고 있으며 오히려 이 발언을 지지하는 것이 대세였다. 즉, 구보다 발언은 당시 일본의 역사 인식 그 자체라고 말할 수 있다.

IV. 청구권 문제에 대한 양국 인식의 상위

1. 제5회담과 청구권 인식

1960년대에 들어와 한일 양국에는 신 정권이 탄생하여 한일관계는 새로운 국면을 맞이하게 되었다. 특히 그간 강경한 반일정책을 고수해 왔던 이승만 정

17) 久保田貫一郎, 「所見」, 『世界週報』(1953/11/11), 20-21쪽.

권이 학생 혁명으로 인해 붕괴되고 적극적인 대일 정책의 추진을 천명하는 장면 정권이 수립되자 한일관계는 회담의 조기 타결을 서두르는 분위기로 전환되었다. 이 변화에 때를 맞추기라도 하듯이 일본에서도 안보 투쟁의 소란 속에서 퇴진한 기시(岸信介)의 뒤를 이어 이케다(池田勇人)가 수상에 취임하여 한일문제에 의욕을 보였다.

이러한 분위기 속에서 1960년 9월에는 고사카(小坂善太郞) 외상의 방한이 이루어졌고, 이어서 10월 25일부터는 제5차 회담이 개최되었다. 다음해 5·16군사정변으로 회담이 중단되기까지 7개월간 진행된 이 회담은 당초의 예상과는 달리 양국의 국내 정치적 제약과 양국 간의 현격한 입장 차이 때문에 급속한 진전을 보기는 어려웠다. 그러나 제5차 회담은 50년대의 회담과 비교할 때 상당한 성과가 있었다고 평가된다. 무엇보다도 5차 회담의 성과로서 주목되는 것은 청구권 문제에 관한 실질 토의가 이루어졌다는 점이다. 과거 10년간 네 차례에 걸친 회담에서 청구권 문제가 한 번도 실질적인 내용의 토의에 들어가지 못한 채 법이론 논쟁으로만 매달렸던 것과는 대조적으로 5차 회담에서는 공식 비공식 회의를 포함하여 청구권위원회가 32회나 개최되어 각 항목에 대한 토론이 진행되었다는 사실은 괄목할 만한 진전이라 하겠다.

즉, 청구권위원회에서는 5·16군사정변으로 회담이 중단되기까지 한국 측이 제출한 일반청구권 8개 항목과 선박, 문화재의 반환에 관한 토의가 이루어졌다. 이 중 청구권의 중추를 구성하고 있는 일반청구권에 관한 토의 내용을 살펴보자.

먼저 일반청구권 제1항 지은(地銀)·지금(地金)의 반환에 대하여 한국 측은 지금, 지은의 양을 각각 67,541,771그램, 269,633,199그램으로 제시하고 그 반환을 요구했다.[18] 그러나 일본 측은 지금과 지은은 일본이 이미 그 대가를 지불하

18) 제1차회담 시 재산, 청구권위원회에서 한국이 제기했던 8개 항목 중 제1항목은 지금, 지은을 비롯하여 고서적, 미술품, 골동품, 지도원판 등의 현물 반환의 내용을 규정하고 있었다. 그러나 제5차 회담에서는 재산청구권위원회가 일반청구권, 선박위원회, 문화재위원회의 3개 소위원회로 나뉘어져 개최되었기 때문에 지금, 지은 반환 요구만이 일반청구권위원회에서 다루어졌고 나머지 항

고 가져온 것으로 법률적으로 반환 의무를 갖지 않는다고 강변하고 한국의 요구를 전면적으로 묵살하는 태도를 취했다.[19)]

다음으로 8개 항목 중 청구권 적용의 시기적인 범위와 직접 관련이 있는 제2항(1945년 8월 9일 현재, 일본 정부의 對조선총독부 채무를 변제할 것), 제3항(1945년 8월 9일 이후 한국으로부터 이체 또는 송금된 금원의 반환할 것), 제4항(1945년 8월 9일 현재, 한국에 본사(점) 또는 主 사무소가 있는 법인의 在日 재산의 반환할 것)을 둘러싸고 한일 양국은 근본적인 대립을 보였다. 즉, 한국 측은 일본 재산의 미군정에의 귀속을 규정한 미군정령 33호에서 정하고 있는 시점인 1945년 8월 9일을 기점으로 하여 8월 9일 이후의 재한(在韓) 재산에 대해서는 그 소유권이 한국에 있으며 따라서 그 이후 일본 측이 반출한 전 재산은 한국에 반환해야 한다고 주장했던 것이다. 그러나 일본 측은 이러한 한국의 주장을 거부하고, 한국이 소유권을 주장할 수 있는 것은 미군정령 33호가 공포된 1945년 12월 6일 이후의 것에 한한다는 견해를 표시했다. 즉, 재한 일본 재산의 소유권에 대하여 한국 측은 8월 9일로 소급하여 그 권리를 주장하는 것에 반하여, 일본 측은 12월 6일 이후의 것에만 그 권리를 인정한다는 주장을 개진했던 것이다.[20)]

셋째로 청구권위원회에서 양국이 격돌했던 또 하나의 문제는 제5항의 문제였다. 즉 제5항에서는 "한국법인 또는 자연인의 일본국 및 일본 국민에 대한 일본국채·공채·일본은행권·피 징용 한국인의 미수금 및 기타 청구권을 변제할 것"을 규정하고 있다. 이 항목에 대해서는 일본 측도 원칙적으로 "일단 법적인

목은 선박위원회와 문화재 위원회의 토의로 이관되었다.

19) 한국외무부, 『제5차 한일회담 예비회담 회의록: 일반청구권위원회, 선박위원회, 문화재위원회』, 26-72쪽.

20) 위와 같은 책. 175-178쪽 및 大藏省理財局外債課, 『日韓請求權問題參考資料』, (未定稿, 第二分册), 8쪽. 이 자료에는 한국 측이 일본 측의 요구로 제출했던 "8개 항목의 청구권 요강"의 각 항목에 관한 일본 정부의 견해와 그 법률적인 근거, 그리고 한일 교섭에 있어서의 한일 쌍방의 청구권을 둘러싼 입장 차이에 대한 상세한 해설이 쓰여 있다. 이 자료(二分册)는 총 341쪽으로 되어 있고, "8개 항목의 청구권 요강" 전체에 대한 양국의 주장과 그 논거에 대한 기술이 기재되어 있다. 그리고 제2분책에는 제1항목부터 제4항목까지의 참고 자료가 게재되어 있고, 제5항목부터 제8항목까지는 제3분책에 다뤄져 있다. 필자가 입수한 것은 제2분책뿐이다.

근거가 있는 것이므로 청구권 토의의 대상이 될 수 있는 항목"[21]으로 분류하고 있었기 때문에, 구체적인 논의에 들어갈 수 있었다.

제5항과 관련하여 한국 측은 1961년 5월 처음으로 개인의 피해에 대한 구체적인 보상을 청구권이라는 형태로 일본 측에 요구했다. 그것은 식민지 지배에 대한 일본의 사죄와 보상의 의미를 담고 있는 요구이기도 했다. 그러나 이 점에 있어서도 한일 간의 토의가 평행선을 달리기는 마찬가지였다. 일본 측은, 청구권 교섭에서 한국 측이 개인의 피해에 대한 보상 문제를 들고 나오는 것에 강하게 반발했다. 즉, 일본은 이 주장을 막기 위하여, 한국 측에 대해 철저한 근거의 제시를 요구하는 이른바 증거 논쟁으로 논의를 끌고 갔다.[22]

철저한 증거의 제시를 요구하는 일본 측의 태도에 대하여, 한국 측의 대표를 역임한 한국 주일대표부의 문철순(文哲淳)은 다음과 같이 증언하고 있다.

> 징병 등은 명백한 사실이며, 정확한 인원수는 알 수 없지만, 적어도 수만 명이 연행되었다는 것은 사실이다. 그런데도 일본은 한국 측에 구체적인 인원수나 증거자료를 요구하였다. 그것은 한국 측으로서는 불가능한 것이다. 한국에는 그런 자료가 없다. 일본 측이야말로 증거가 될 자료를 많이 가지고 있음에 틀림없다. 따라서 일본 측에 보상하려는 의지가 정말 있다면, 한국 측에 증거를 내놓으라고 주장할 수 없을 것이다.[23]

한편, 당시 외무성의 북동아시아 과원으로 한일회담에 관계하고 있던 야나기야(柳谷謙介)는 일본의 입장을 다음과 같이 설명하고 있다.

> (지불하는 것은) 외교 당국, 교섭당국만으로는 결정할 수 없다. 예산 조치를 취하려

21) 『日韓請求權問題參考資料』, 2-5쪽.

22) 『제5차회담 한일회담 예비회담 회의록: 일반청구권위원회, 선박위원회, 문화재위원회』 205-236쪽.

23) NHK調査報告, 『アジアからの訴え: 問われる日本の戰後』(1992년 8월 방영, NHKスペシャル)에서의 증언.

면 국회의 승인을 얻어야만 하므로, 그럴만한 근거가 필요하다. 결국 청구권을 지불하기 위해서는, 증거나 법적 근거가 확실하지 않으면 안 된다. 그것이 여러 가지 의미에서 상당히 불명확한 채로 청구권으로 지불하는 것은 일본 측의 법령상, 제도상 하기 힘든 일이라고 생각한다.[24)]

이상의 고찰에서 알 수 있듯이 제5차 회담의 청구권위원회에서는 군사 쿠데타가 일어나 회담이 중단된 1961년 5월까지, 8개 항목 요구 중 제1항목부터 제5항목의 일부까지의 내용에 관한 실질적인 토의가 진행되었다. 그러나 이 토의에서 한일 양국은 지금·지은 반환 문제, 재한 일본 재산의 한국 귀속에 대한 시기적인 범위 문제 등에 관해서 근본적인 인식의 차이를 확인했을 뿐, 실질적인 의견 접근을 이루는 데는 실패했다. 일본 측에 의해 원칙적으로 법적 근거가 인정된 개인피해의 보상 문제에 대해서조차 그 토의가 증거논쟁에 집중된 나머지 구체적인 보상 금액의 산정에까지는 전혀 접근하지 못하고 있었다.

이처럼 제5차 회담에서는 청구권 각 항목에 관한 실질적인 토의가 상당히 깊숙하게 이루어졌음에도 불구하고 양자의 의견 접근은 성립하지 못한 채 끝나고 말았다. 이 회담에서 얻은 소득이라면 청구권 금액이 사무적인 토의에 기반한 산정 작업을 거쳐 합의되기란 매우 어려운 일이라는 사실을 양 정부가 명백히 인식하게 된 점이었다고 생각된다. 이 사실은 제6차 회담에서 양국이 청구권 문제로의 접근을 사무적인 해결이 아닌 정치적인 타결을 시도하는 방향으로 선회한 데서도 잘 나타나고 있다.

2. 제6차 회담과 청구권 타결

5·16군사정변으로 민주당 정권을 무너뜨리고 정권 획득에 성공한 박정희 장군은 정권의 최대 목표인 경제 재건을 달성하기 위해서는 무엇보다도 대일

24) 위와 같음.

관계를 타결하여 일본으로부터 자금과 기술을 도입하는 것이 필요하다고 확신했다. 따라서 군사정권은 과거 어느 정권보다도 한일회담에 강한 열의를 보였다. 한편 당초 군사정권의 불투명한 장래에 대해서 관망의 자세를 보이고 있었던 이케다 정권은 1961년 6월의 케네디-이케다 수뇌회담을 계기로 군사정권의 회담 재개 요구에 응하기로 방침을 정했다. 8월에는 외무성의 마에다(前田利一) 북동아 과장이 방한하여 군사정변 이후의 한국 정세를 시찰한 후 군사정권의 안정성과 대일 회담의 의욕을 일본 정부에 보고하는 등 회담 재개를 향한 움직임이 본격화되었다.

1961년 가을 제6차 회담 개최가 합의되자 군사정부는 일본에 김유택 경제기획원장을 특사로 파견하여 청구권 문제를 일거에 정치적으로 타결하기 위한 가능성을 모색하는 한편 대체적인 청구권 금액의 윤곽을 탐색코자 했다. 김 원장의 방일을 맞아 자민당의 소위 친한파(우파) 지도자들은 정치적 해결의 원칙에 일부 동의했으나 외무성을 비롯한 정부수뇌부는 성급한 정치적 절충과 더불어 실무적 교섭을 진행시켜야 한다는 원칙론을 고수했다. 이때 청구권 금액의 타결 선에 대해서, 김 특사는 8억 달러를, 일본 측이 5,000달러를 제시하여 양국의 엄청난 금액 차이가 드러났다.[25)]

6차 회담에서 분과위원회별로 실무적 토의가 진행되는 가운데 회담의 중심은 고위급 정치회담으로 점차 옮겨져 가고 있었다. 1961년 11월에는 박정희 의장이 케네디 대통령의 초청으로 방미하는 길에 도쿄에 기착하여 이케다 수상과의 정상회담을 갖고 회담의 조기 타결에 돌파구를 열었다. 박 의장은 이 회담에서 일본이 성의를 갖고 청구권 문제에 임한다면 한국은 법률적인 근거가 있는 청구권만 요구하고 정치적인 배상은 요구하지 않을 것임을 분명히 했다.[26)]

일본 정부수뇌와 자민당의 지도자들은 박 의장의 전격적인 방일과 대일 양보의 자세에 고무되어 회담 촉진의 분위기가 한층 고조되었다. 그러나 이러한

25) 외무부 정무국 아주과, 『한일회담의 개관 및 제문제』, 9쪽.
26) 『朝日新聞』(1961/11/13).

분위기와는 별도로 청구권 문제의 실무 교섭에서는 5차 회담 이래 표면화된 양국의 상이한 입장이 조금도 좁혀지지 못한 채 답보 상태를 면치 못하고 있었다.

조기 타결을 서두르고 있던 군사정부는 실무적 교섭을 통한 타결을 더 이상 기다릴 수 없다는 판단 아래 고위급 정치회담을 열어 일거에 청구권 문제를 정치적으로 타결하기로 방침을 정했다. 이즈음 이케다 정권은 청구권 문제의 해결책으로 한국에 '경제협력 방식'을 제시할 것을 조심스럽게 검토하고 있었다. '경제협력 방식'이란 경제적 곤란과 개발 자금의 부족으로 고뇌하고 있는 한국의 군사정권에 일정액에 해당하는 일본의 자본재와 역무(役務)를 유상, 상의 형태로 제공함으로써 한국이 주장하는 청구권 요구를 포기시킨다는 일종의 우회 전략이었다. 즉, 이케다 정권이 구상하고 있던 시나리오는 청구권의 실무 교섭에서는 철저한 법률론과 증거 논쟁으로 한국의 요구를 묵살하는 한편 정치적 절충에서 일본이 공업제품의 형태로 한국에 일정액을 제공하는 형태로 청구권 협상을 타결한다는 것이었다.

1962년 3월의 한일외상회담부터 11월의 김종필-오히라(大平)회담에 이르기까지의 청구권을 둘러싼 양국의 정치적 절충 과정은 이케다 정권의 상기 시나리오를 한국에 수용시키는 일련의 과정으로 해석할 수 있을 것이다. 따라서 이후의 정치회담에서는 청구권 개별항목에 대한 실무 레벨에서의 토의는 유보되고 그 대신 청구권 자금의 총액과 명목에 관해서 일괄적인 타결을 꾀하는 방식이 도입되었다. 3월의 외상회담을 목전에 둔 시점에서 이케다 정부는 청구권 금액의 총액을 산정하기 위해 사정(査定)작업에 착수하게 되는데, 이때 청구권의 총액으로서 대장성은 1,700만 달러 그리고 외무성은 7,000만 달러를 각각 산정하여 이케다 수상에 제출했을 뿐 최종적인 결론은 내리지 못하고 있는 상황이었다.[27] 이 금액은 당시 박정희 의장이 최저액으로 상정하고 있었던 5억 달러안과 비교해 볼 때 엄청난 차이를 보이고 있었음을 알 수 있다.[28]

---

27) 『日韓請求權問題參考資料集』, 71쪽.

28) 배의환, 『보릿고개는 넘었지만: 배의환 회고록』(코리아헤럴드, 1992), 168쪽.

1962년 3월에 개최된 최덕신-고사카(小坂善太郎) 외상회담은 한국 측의 기대와는 달리 청구권 금액의 조정에 들어가기는커녕 법률론과 원칙론에 대한 쌍방의 공방만이 전개된 채 불발로 끝나고 말았다. 아직까지도 일본 정부는 청구권 금액의 최종적인 액수를 결정하지 못하고 있었을 뿐 아니라 조정 과정에 있는 액수를 보더라도 한국이 요구하는 액수와는 너무 큰 차이를 보이고 있었기 때문이었다. 게다가 이케다 수상은 7월의 참의원 선거에의 악영향을 고려하여 조급한 청구권타결에는 매우 신중한 자세를 취했다. 다만 이 회담의 성과라면 한일 양 외상이 청구권 금액으로서 7억 달러와 7천 달러를 각각 공식적으로 제시했다는 것이었다.[29)]

1962년 7월 참의원 선거를 승리로 이끌어 수상 재선에 성공한 이케다 수상은 한일회담의 조기 타결에 의욕을 가다듬고 새로운 외상에 오히라(大平正芳)를 등용했다. 오히라 외상은 취임 직후부터 외무성 관료는 물론 자민당 수뇌부, 대장성 등과의 의견 조정을 거쳐 청구권 처리에 대한 일본 측의 최종적인 복안 작성 작업에 착수했다. 그 결과 등장한 오히라 구상의 골격은 청구권으로는 개인의 청구권에 엄밀하게 한정한다는 종래의 일본 정부의 입장을 견지하면서도 다만 이것에 무상공여, 유상의 경제협력을 추가함으로써 총액에서 한국의 요구에 접근하는 대신 청구권 명목은 포기시킨다는 것이었다. 8월부터는 차기 정치회담을 위한 예비 절충이 마련되어 스기 수석대표, 이세키 외무성 아시아국국장과 배의환 수석대표, 최영택 주일한국 대표부 참사관의 4명만 참석하는 절충 작업이 진행되었다. 이 절충 역시 청구권에 대한 세부적인 논의는 유보한 채 총액과 명목에 대해서만 논의의 대상으로 했음은 물론이었다.

이 절충의 첫 회담에서 일본 측은 외상회담에서 양국이 제시한 7억 달러 대 7,000만 달러의 금액 차를 해소할 수 있는 방법으로 한국 측이 청구권 명목을 포기할 것을 제안했다.[30)] 이에 대해 한국은 일보 후퇴하여 '청구권의 테두리 안

29) 외무부 정무국, 『제6차 한일회담 제2차 정치회담 예비 절충회의록』, 28-29쪽.
30) 『제6차 한일회담 제2차 정치회담 예비 절충회의록』, 28-29쪽.

에서의 순수변제 3억 달러 플러스 무상 3억 달러'안을 일본 측에 제시했다.[31] 그러나 일본은 청구권의 명목이 사용되는 한 7,000만 달러를 넘을 수 없다는 주장을 굽히지 않았다. 이즈음 배의환 수석대표는 박 의장에게 "비공식 접촉의 결과 일본은 무상 3억 달러에 낙찰할 의사가 있는 것 같다. 다만 명칭은 미정이며 예비 절충 중에는 이 금액과 1억 달러의 간격을 유지할 것 같다"고 일본 측의 진의를 분석하여 보고한 후 "만약 일본이 무상 3억 유상 2억 달러를 제안하면 이 선에서 낙착하는 것이 우리에게 유리하다고 생각한다"고 건의했다.[32] 이후의 정치 절충에서는 명목에 관한 논의가 유보된 채 금액 차의 축소에 중심이 모아졌다.

결국 이 예비 절충에서 양국의 제시액은 5억 달러 대 1억 7,000만 달러까지 좁혀졌으나 더 이상은 축소되지 않았다. 예비 절충에서 양국의 입장이 명확히 드러남에 따라 최종적인 담판은 고위 수준의 정치회담으로 격상하는 방안이 채택되었고 여기서 마련된 것이 김종필 정보부장과 오히라 외상 간의 회담이었다.

두 차례에 걸쳐 이루어진 두 사람만의 단독 회담에서는 예비 절충에서 제시된 양국의 입장을 상호조정하고 청구권 문제의 최종적인 합의를 끌어내는 데 중점이 놓여졌다. 10월 21일의 첫 회담에서 오히라 외상은, 이케다 수상과의 합의가 이루어지지 않았음을 전제로 3억 달러를 일본 측이 제공할 수 있는 최대치로 제시했고 이에 대해 김 부장은 이는 도저히 수용할 수 없는 액수이며 한국은 적어도 6억 달러를 상정하고 있다고 말했다. 명목에 대해서는 오히라 외상은 일본의 국회와 국민을 납득시키기 위해 독립축하금 또는 경제자립을 위한 원조금으로 할 것을 제안했고 김 부장은 이에 대해서는 다음에 협의할 것을 주장했다.[33] 첫 회담에서 양국의 복안이 제시되었으나 최종적인 합의에는 도달하지 못했다.

---

31) 위의 책, 42-46쪽.

32) "배의환 대사로부터 박의장에의 보고"(1962/08/30), 『한국 정부 외교문서』.

33) 「1962년 10월21일에 있었던 김 부장과 오히라 외상 회담에서 논의된 문제점과 그 내용」, 『한국 정부 외교문서』.

제2차 김-오히라 회담은 김 부장이 미국방문을 마치고 도쿄에 돌아온 직후인 11월 12일에 개최되었다. 이에 앞서 박 의장은 김 부장에게 긴급훈령을 보내어 다음과 같은 지시를 내렸다.

> 청구권 명목을 독립 축하금 또는 경제협력으로 하는 것은 도저히 받아들일 수 없다. 어디까지나 우리 국민이 청구권에 대한 변제 또는 배상으로서 지불받는다는 것을 납득할 수 있는 표현이어야 한다는 점을 강조할 것. 지불 금액에 있어서는 순 변제와 무상의 합계가 차관 액보다 많아야 하며 이의 총액이 6억 불이어야 한다는 입장에서 양보하는 것은 곤란하다는 점, 오히라 외상이 시사했던 무상공여 3억 불은 과거보다 진일보한 것으로 논의의 대상이 될 수 있는 선이라는 점을 인정하고 이것이 회담 촉진의 계기가 되었다는 것을 강조할 것.[34)]

이 훈령을 검토한 후 김 부장은 오히라 외상과의 두 번째 회담에 들어가 청구권의 명목과 금액에 관한 최종적인 담판을 벌였다. 세 시간 반에 걸친 이 단독 회담에서 청구권 문제는 최종적인 타결에 도달했고 이 결과를 기록한 것이 김-오히라 메모이다. 이 메모의 작성은 "단독 회담 후 생길 수 있는 해석의 차이를 방지하기 위해 메모를 남기도록 하자"는 김 부장의 제안을 오히라 외상이 받아들임으로써 이루어진 것이었다.[35)] 김-오히라 메모는 다음과 같이 간결한 내용으로 되어 있다.

> ① 무상 : 한국 측 3억 5천만 달러(오픈 어카운트 포함), 일본 측 2억 5천만 달러(오픈어카운트 불포함)/이것을 양자가 3억 달러(오픈 어카운트 포함)로 10년 기간의 조기 제공 가능 조건으로 양 수뇌에게 건의한다.
> ② 유상(해외경제협력기금): 한국 측 2억 5천 달러(이자율 3% 이하, 7년 거치, 20~30년 상환) 일본 측 1억 달러(이자율 3.5%, 5년 거치, 20년 상환)/이것을 양자가 2억 달러(10년 기간 조기 제공 가능 조건, 이자율 3.5%, 거치 7년, 20년 상

34) 「대일 절충에 관한 박의장의 김 부장에의 훈령」(1962/11/08), 『한국 정부 외교문서』.
35) 『제6차 한일회담 제2차 정치회담 예비 절충 회의록』 231-234쪽.

환)로 양 수뇌에게 건의한다.

③ 수출입은행 차관에 대해서: 한국 측은 별개의 취급을 희망, 일본 측은 1억 달러 이상을 프로젝트에 의해 신장 가능. 이것을 양자가 합의하여 국교 정상화 이전이라도 협력할 수 있도록 추진할 것을 양 수뇌에게 건의한다.[36)]

이 메모는 일본 측이 한국에 제공할 금액으로서 "무상 3억 달러, 유상 2억 달러, 민간차관 1억 달러 이상"이라는 총액의 대강을 규정하고 있다. 그러나 이 메모는 자금 제공의 명목에 관해서 한마디도 언급하고 있지 않다. 즉, 이 메모는 명목에 관한 표기를 유보하고 있는 것이다. 이 메모에서 명목을 명기하지 않았던 것은 한일 양 정부가 대내적으로 이 금액의 명목을 편의적으로 해석할 수 있는 여지를 남겨두기 위한 포석이었다.

이후에 분명하게 드러나듯이 한국 정부는 이 금액을 '청구권 자금' 또는 '사실상의 배상'으로 설명했고 일본 정부는 '경제 협력 자금' 혹은 '독립축하금'으로 해석했던 것이다. 추가 실무 접촉으로 확정된 합의 문서에는 "일본의 무상유상 자금의 제공의 수반적인 결과로서 청구권 문제가 해결되었다"는 규정이 채택됨으로써 한국 측이 청구권을 포기했다는 사실을 확인하고 있다. 10여 년의 한일회담의 최대 초점이었던 청구권 문제는 이처럼 한일 간의 역사 청산이라는 본질과는 괴리된 채 '경제협력'이라는 왜곡된 형태로 결착을 보게 된 것이다.

Ⅴ. 제7차 회담과 기본 관계에 대한 인식의 차이

김-오히라 메모 이후의 한일회담은 군사정권 내부의 혼란과 한국 국내의 회담 반대 운동의 격화라는 사태에 봉착하여 2년간의 정체 상황을 면치 못했다.

---

36) 『동아일보』(1992/06/22)에 「김-오히라 메모」의 원문이 게재되었다.

결국 한일회담의 최종적인 마무리는 1964년 11월에 재개된 제7차 회담에서 이루어지게 되었는데 이 회담의 초점은 기본 관계문서의 작성에 맞춰졌다. 기본 관계를 둘러싼 한일 간의 대립 점은 크게 두 가지였다. 첫째, 과거 조약의 무효 시점에 관해서 한국 측은 1910년의 한일합방조약 및 그 이전의 협약이 원천적으로 무효(null and void)라는 입장을 관철하고자 했다. 이에 대해 일본 측은 합방조약은 일본의 패전 혹은 대한민국의 성립까지는 유효하며 일본의 한국 통치가 합법적이었다는 관점에 서서 "have become null and void"라는 표현을 주장했다. 둘째로 한국의 관할권의 범위에 관해서 한국 측은 한국이 한반도 전역에 대해 관할권을 갖는다는 것을 확인하는 규정을 두고자 의도했다. 그러나 일본 측은 북한 정권의 존재를 완전히 무시하고 한국의 관할권이 한반도 전역에 미친다는 해석의 여지를 남기는 표현은 곤란하다는 입장을 견지하여 유엔결의 195(3)에 명시된 바와 같은 합법 정부라는 표현을 주장했다. 유엔결의 195(3)에는 한국이 한반도의 유일한 합법 정부라고 명시하고 있지만 한국의 사실상의 관할 지역이 남한에 제한됨을 규정하고 있다는 점에 착안한 주장이었다.[37)]

실무 교섭에서 이 두 가지의 대립 사항은 평행선을 그으며 접근되지 못했다. 결국 이 문제는 청구권 문제의 경우와 마찬가지로 외상회담에 의한 정치적 해결에 맡겨지게 되었다. 이동원 외무장관과 시이나(椎名悅三郎)외상 간의 회담에서는 두 가지의 사항에 대해서 다음과 같은 타협안이 채택되었다. 구 조약의 무효문제에 관해서는 "이미 무효이다"(are already null and void)라는 문구가, 그리고 유일 합법성문제에 관해서는 "유엔총회결의 195(3)에서 명시된 바와 같은 한반도에서의 유일한 합법적인 정부"[the only lawful Government in Korea as specified in the Resolution 195(3)]라는 문구가 채택되었다.[38)]

37) 「기본 관계 문제에 관한 훈령」(1965/01/25); 「김 대사의 외무장관에의 제5차 수석대표 회담결과 보고」(1965/02/12) 『한국 정부 외교문서』 참조.

38) 기본 관계 타결을 둘러싼 교섭 경위에 대해서는 「한일 간 기본 관계조약에 관한 교섭 경위」(1965/02/20), 『한국 정부 외교문서』; 椎名悅三郎追悼刊行會, 『記錄 椎名悅三郎(下卷)』, 74-76쪽; 이동원, 『대통령을 그리며』(고려원, 1992), 225-231쪽 참조.

이 문구는 쌍방의 주장을 절묘하게 타협시킨 것으로서 양국의 어느 쪽도 유리한 방향으로 편의적으로 해석할 수 있는 여지를 남겼다. 특히 정신적인 면에서의 양국의 과거 청산과 깊이 관련되어 있는 구 조약의 무효 시점을 '이미 무효'라고 모호하게 규정한 것은 식민지 지배의 합법성을 강변하는 일본 정부의 입장을 수용한 것에 다름 아니었다. 즉, 한국 정부가 '이미'라는 시점을 구 조약의 체결시점부터로 해석한 것과는 달리, 일본 정부는 식민 통치가 종결된 일본의 패전 이후로 해석했던 것이다. 이는 양국의 전후 처리의 핵심 내용인 역사 인식의 괴리를 조약문에서 해결하지 못하고 그대로 방치한 결과를 초래하여 이후에도 끊임없는 양국 간에 역사 해석 논쟁이 반복될 소지를 제공한 것이었다.

기본 관계의 타결에도 불구하고 일본 측의 식민지 시대에 대한 인식은 답보상태를 유지하고 있었을 뿐 근본적인 태도 전환은 어디서도 전혀 찾아볼 수 없었음에 주목할 필요가 있다. 그 예로서 다카스키 발언을 들 수 있다. 다카스키(高杉晋一)는 재계 출신으로 사토 수상에 의해 제7차 회담의 수석대표에 임명된 인물인데 그는 외무성 기자 클럽에서의 회견에서 1965년 1월 7일 다음과 같은 발언을 행하여 일대파문을 일으켰다. 그 일부를 옮겨 보자.

> 일본이 조선에 대한 과거의 통치에 대해 사과하라는 이야기도 있다지만 일본으로서도 할 말이 없는 것은 아니다. 일본은 분명히 조선을 지배했다. 그러나 일본은 좋은 일을 하려고, 조선을 보다 낫게 하려고 한 일이었다. 지금 한국에는 산에 나무가 하나도 없다고 한다. 이런 것은 조선이 한국으로부터 떨어진 때문이라고 할 수도 있다. 20년쯤 더 일본과 상종했더라면 그렇게 되지 않았을지도 모른다. 일본의 노력은 결국 전쟁으로 좌절되었지만 20년쯤 더 조선을 가지고 있었더라면 좋았을 것이다. 대만의 경우는 성공했다고 볼 수 있지 않은가.[39)]

결국 이 발언은 일본 공산당 기관지 아카하타(赤旗)에 의해 보도되어 한일 양국에 엄청난 회오리를 불러일으킬 뻔했으나 한일회담에의 악영향을 고려하

---

39) 김동조, 앞의 책, 269-270쪽.

여 진화 작업에 나선 외무성과 한국 대표단의 노력으로 일단 수습되었다. 즉, 다카스키는 자신의 발언 내용이 공산당에 의해 허위 보도되었다고 공식적으로 부인하고 나섬으로써 사태를 봉합했던 것이다. 이 발언에서 볼 수 있듯이 1965년의 시점에서도 일본의 과거 문제에 대한 태도는 구보다 발언에서 한 발자국도 벗어나지 못하고 있었던 것이다.

형식적으로나마 일본의 조선 통치에 대해 사죄의 의미를 최초로 표명한 시이나 외상의 한국 도착 성명도 따지고 보면 일본의 과거 문제에 대한 근본적인 자세 전환은 아니었다. 시이나는 1965년 1월 17일 김포공항에서 "양국 간의 긴 역사 중에 불행한 기간이 있었던 것은 매우 유감된 일이며 깊이 반성한다"는 내용을 담은 성명서를 낭독했다. 이 한마디도 일본의 자발적인 의사 표명이라기보다는 한국 정부의 막후에서의 지난한 노력의 결과였다.[40] 즉, 한국 정부는 국민의 반일감정을 완화시키기 위해서 일본에게 과거사에 대한 사죄와 반성의 내용을 담은 발언을 집요하게 요구했고 시이나로서도 회담의 타결을 서두르기 위한 방편으로 이 발언을 행했던 것이다.

이 성명에서 일본 정부가 의도했던 점은 '불행한 기간'이 구체적으로 어느 시기를 말하는 것인지 또 '깊이 반성하는' 주체가 누구인지를 명시하지 않음으로써 이 성명의 법률적 함축을 최소화하려고 했다는 것이었다.[41] 결국 이 성명은 어디까지나 한국의 대일 감정을 일시적으로 누그러트려 당면의 최대 과제인 기본조약 가 조인을 달성하기 위해서 행해진 외교 기술로서 편의적 표현에 불과한 것이었다. 즉 시이나 외상의 반성 표명은 결코 종래의 일본 정부의 식민지 지배에 대한 기본인식의 변화를 의미하는 것은 아니었다.

---

40) 시이나 외상의 도착성명을 둘러싼 한일 간의 교섭 과정에 관해서는 椎名悅三郞追悼錄刊行會, 앞의 책. 44-45쪽; 「前駐韓國大使 前田利一氏に聞く(上) 日韓國交正常化前 實情」, 『經濟と外交』(1985,7) 참조.

41) 椎名悅三郞追悼錄刊行會, 앞의 책, 52쪽.

Ⅵ. 맺음말

한일회담은 양국 간에 존재하는 과거사 인식의 깊은 괴리를 극복하고 새로운 우호협력의 관계를 설정하기 위한 교섭이었다. 그러나 14년간의 마라톤 교섭에도 불구하고 양국의 과거사 인식의 근본적인 차이는 좁혀질 수가 없었다. 36년간의 식민 통치를 원천적으로 불법, 부당한 것으로 보는 한국 측의 인식과 그것을 적법하고 합당한 것으로 보는 일본 측의 인식이 외교 협상을 통해 근접한다는 것은 애초부터 불가능에 가까운 일이었다. 이처럼 과거 일본의 조선 통치에 대한 역사적 평가를 둘러싼 한일 양국의 현격한 인식 차이로 말미암아 이 교섭은 심각한 갈등과 대립을 겪은 후에야 타결될 수밖에 없었다.

14년간의 회담 전개 과정에는 다음의 두 가지의 상반된 힘이 지속적으로 작용했다는 사실을 지적할 수 있다. 즉, 회담을 타결로 이끌어 가는 힘은 안보 논리와 경제 논리에 의해 주어졌다. 안보 논리와 경제 논리가 한일관계의 구심력으로 작용하여 교섭의 타결을 촉진시켰다. 반면 과거사 청산 논리는 회담을 대립과 갈등으로 끌고 가는 힘으로 작용했다. 교섭을 결렬의 방향으로 끌고 가는 원심적인 힘의 원천은 과거사 청산의 논리에 의해 주어졌다.

냉전체제와 연계된 안보 논리는 한편으로 전후 냉전체제하에서 미국의 아시아 전략이라는 형태로 작용해 왔다. 즉, 미국은 회담의 개시 단계에서부터 타결 시점에 이르기까지 한일회담의 타결을 위해 끊임없이 다양한 형태의 노력을 기울여 왔다. 애당초 한일 양국을 회담의 테이블에 앉힌 것이 다름 아닌 미국이었으며 나아가 반복되는 회담의 중단과 결렬 사태를 회담 재개와 타결로 이끌어가기 위해 때로는 배후에서, 때로는 표면적인 압력을 가한 것도 미국이었다. 일본 측의 입장에서 볼 때에도 회담 타결의 중요한 근거를 제공한 것은 안보적 고려였다. 역사적으로 보아도 "조선은 일본의 심장을 겨누고 있는 비수"라는 인식은 메이지 유신 이래 일본의 한반도 정책에 흐르고 있는 일관된 사고방식이라고 할 수 있다. 박 정권 또한 북한과의 체제 경쟁에서 우위를 확보하고 북한의 군사적 위협으로부터 벗어나기 위해서는 미국이 희구하는 한일국교 정상화를 달성할 필요성을 느꼈다.

안보 논리와 더불어 두 번째의 에너지 공급원은 경제 논리였다고 생각된다. 경제 논리가 회담 타결의 주요한 추진력으로 작용했다는 점은 1950년대에 답보를 면치 못하던 한일교섭이 1960년대 들어서 급격하게 타협을 모색하는 방향으로 선회했다는 사실을 보아도 명백하다. 사실 1950년대까지만 하더라도 한일 경제관계는 미국을 매개로 한 간접적인 것에 불과했으며 상대를 경제적 필요성이라는 관점에서 바라볼 만큼 긴요하지 않았다.

그러나 1960년대에 접어들면서 양국의 경제적 여건은 크게 달라졌다. 특히 한국의 경우 50년대 말부터 미국의 원조가 양적으로 크게 삭감되는 한편 질적으로도 많은 변화를 겪게 되면서 그로 인한 경제적 침체와 불황이 심각하게 나타나게 되었다. 미국은 전후 대소전략의 일환으로 천문학적인 숫자의 경제 원조를 서유럽을 비롯한 동맹국에 쏟아 넣은 결과 달러의 과도한 방출로 인한 후유증에 직면하게 되었다. 미국은 50년대 말부터 달러방위라는 명목하에 동맹국에 대한 경제 원조를 대폭으로 감축하는 정책을 추진하게 되었는데 한국에 대한 경제원조도 그 예외는 아니었다. 또 케네디 정권이 들어선 이후부터는 원조의 성격이 소비재 위주의 무상 원조 방식에서 개발을 지원하는 차관형 원조로 전환되었다.

이렇게 되자 한국으로서는 대미 의존형 경제 체질을 탈피하여 자립적인 산업화의 기반을 구축하여 본격적인 경제개발정책을 추진하지 않으면 안 된다는 인식을 갖게 되었다. 때마침 1961년 5월 군사정변으로 정권을 장악한 박정희는 정권의 제일 목표로서 조국의 근대화와 경제개발을 내걸고 야심 찬 경제개발 5개년 계획을 수립하기에 이르렀다.

그러나 박정희 군사정권은 경제개발계획의 추진에 필수적으로 요구되는 자본과 기술의 부족에 직면하여 고뇌하지 않을 수 없었다. 이러한 곤경에서 탈출하기 위해서 박 정권이 구상한 것이 다름 아닌 대일 관계의 타결 노선이었다. 박정권은 만약 대일회담이 타결된다면 상당한 액수의 청구권 자금이 들어올 것이고 더 나아가 일본과의 경제관계가 정상화된다면 다량의 자본과 기술을 도입하여 경제개발에 활용할 수 있다고 계산한 것이다.

더욱이 미국은 박 정권에게 장기적인 관점에서 스스로의 경제개발 계획을 추진하도록 권유하는 한편, 대일회담의 타결을 통해 경제개발에 필요한 자본과 기술을 일본으로부터 도입하도록 강력한 압력을 행사했다. 미국은 박정희 정권이 대일회담의 타결에 나서지 않을 경우 경제 원조를 중단 내지 삭감할 것이라는 압박을 가했다.

한편 일본의 경우도 회담 타결의 기운이 무르익기 시작한 60년대로 접어들면서 한일관계를 경제적인 각도에서 바라보기 시작했다는 점에서는 한국과 미국의 입장과 다를 바가 없었다. 안보 투쟁의 소용돌이 속에서 물러난 기시 정권의 뒤를 이어 등장한 이케다 정권은 될 수 있으면 국내의 혼란을 야기 시킬 수 있는 안보 정치적 쟁점을 회피하고 그 대신 정치의 중심축을 경제로 옮겨놓는 쪽으로 정치 노선을 설정했다. 이케다 수상이 야심적인 정책으로 내놓은 '소득배증 계획'이야말로 이케다 정치 노선의 성격을 단적으로 보여 주는 것이었다.

한일회담의 최대 난제였던 재산청구권 문제가 이케다 정권하에서 경제협력 방식에 의해 타결되었다는 점은 결코 우연한 일이 아니었다. 이케다 수상은 한일회담의 본질을 경제문제라고 인식하고 대한관계를 경제외교의 일환으로 풀어나가려고 시도했다. 즉, 이케다 정권은 청구권 문제의 본질이 과거사의 청산에 있음에도 불구하고 이를 경제적 이해의 관점에서 접근했다.

이케다 정권이 청구권의 해결 방안으로 고안해 낸 것이 경제협력 방식이었다. 경제협력 방식은 다음의 두 가지 측면으로 구성되어 있다. 첫째, 한국의 청구권 요구를 명목과 지불의 둘로 나누어 지불 액수에서는 한국의 요구에 최대한 접근하고 명목에 관해서는 사죄와 보상의 의미를 배제하는 대신 경제협력의 의미를 부여한다. 둘째, 한국에 일본의 공업제품과 역무를 제공함으로써 이를 장래 한국에 대한 경제 진출의 토대로 활용한다는 것이다.

경제협력 방식의 요체는 지불의 방식을 자본이 아닌 공업제품과 용역으로 한다는 데 있었다. 경제협력 방식은 전후 일본이 인도네시아, 버마, 필리핀, 베트남 등의 동남아시아 국가들과의 전후 처리에도 적용했던 방식이었다. 일본은 이러한 전후 처리의 방식을 오히려 동남아 지역에 대한 경제 진출을 적극화하는 토대로 활용해 왔다. 일본은 한국에게도 이 방식을 적용시키고자 의도했던 것이다. 경제협력 방식이 채용된다면 일본으로서도 결코 경제적으로 손해 볼 것이 없으며 오히려 득이 될 수 있다는 것이 일본의 계산이었다.[42)]

이처럼 한일회담의 타결은 냉전적 상황과 그에 기반을 둔 안보 논리 및 경제 논리에 의해서 촉진되었을 뿐 정작 회담의 본질이라고 할 수 있는 과거사 청산의 논리는 뒷전으로 밀려났다. 한일회담의 타결과 한일조약의 체결에도 불구하고 과거사 문제가 여전히 정상적인 한일관계를 가로막는 걸림돌로 남아 있는 것은 회담 타결에서 과거사 처리문제가 유보된 채 안보와 경제 논리에 입각한 편의적인 해결만이 도모되었기 때문이다.

결국 지루하고도 긴 교섭을 통해 양국 정부가 도달한 해법은 과거사 청산문제에 대한 정면 돌파를 회피하고 유보하는 선에서 타협을 모색한다는 것이었다. 그러한 타협은 한일기본조약의 비준국회에서 가장 극명하게 표출되었다. 즉, 한일 양국 정부는 비준국회에서 한일회담의 최대 초점이 되었던 청구권 문제와 과거인식 문제에 관해서 전혀 상반된 해석을 내놓았다.

한국병합 조약에 관해서 한국 정부는 "이미 무효이다"라는 규정을 "당초부터 원천적으로 무효였다"라고 해석한 데 대해 일본 정부는 "지금은 무효이나 당시는 유효하고 합법적이었다"고 해석했다. 또한 일본이 한국에 제공하기로 약

---

42) 경제협력 방식의 창안자로 알려진 나카가와 조약 국장의 다음과 같은 증언은 주목할 만하다. "나는 일본의 돈이 아니고 일본의 물품, 기계 혹은 일본인의 서비스, 역무로 지불된다면 이것은 장래 일본의 경제발전에 오히려 플러스가 된다고 생각했다. 상대국에 공장이 생겨나고 기계가 간다면 수선을 위해서 일본으로부터 부품이 수출된다. 공장을 확장할 때는 같은 종류의 기계가 일본에서 수출되게 된다. 따라서 경제협력의 형태라면 그것은 결코 일본의 손해가 되지 않는다고 생각했다" NHK 調査報告, 『アジアからの訴え: 問われる日本の戦後』(1992년 8월 방송).

속한 유상, 무상의 자금의 지불 명목에 대해 한국 정부는 "과거의 식민지 지배에 대한 정당한 보상"으로서 해석한 데 반해서, 일본 정부는 어디까지나 청구권과는 관계없이 "한국의 경제 재건을 지원하기 위한 경제협력"이라고 해석했다. 과거 청산이라는 핵심 문제에 관해서 한일 양국의 이와 같은 상반된 해석은 한일조약이 얼마나 본래의 모습과 괴리된 일그러진 전후 처리였는가를 스스로 말해주고 있다 할 것이다.[43]

최종 탈고: 2007년 9월

43) 한일기본조약의 체결로부터 40년이 지난 오늘도 과거사 청산문제는 여전히 한일관계 발전의 걸림돌이 되고 있다. 특히 주목되는 것은 최근 한국 측의 한일협정 관련 외교문서의 일부 공개를 계기로 한일 과거사 문제가 새로운 국면을 맞이하게 되었다는 점이다. 이를 계기로 일제시대에 강제로 징용, 징병되었던 피해자들에 대한 보상 문제가 중대한 정치이슈로 등장함에 따라 한일 과거사 인식 및 청산문제가 다시금 새삼스럽게 조명을 받고 있다.

근현대의 한국·조선은 어떻게 기술되었는가
일본의 '고교일본사' 전(全)교과서의 사적 검토를 통해

미야케 아키마사

Ⅰ. 들어가며

이 글은 제2차 세계대전 이후 일본 고등학교 교과서(일본사 과목)를 대상으로, 근현대에 조선·한국과 관련된 기술이 어떻게 변화했는가를 고찰한 것이다.

역사교육과 역사교과서의 역사는 이에나가 사부로(家永三郎)의 교과서 재판의 영향도 있어, 그것을 다룬 연구는 결코 적지 않다. 그러나 고등학교 일본사 교과서에서 조선·한국과 관련된 기술을 문제로 삼은 선행연구(일본어로 된 것)는 그 정도로 많지 않다. 주요한 연구는 다음과 같다.

○ 김달수·강재언·이진희·강덕상, 『교과서에 쓰여진 조선』(教科書に書かれた朝鮮), 講談社, 1979년

○ 기미지마 가즈히코(君島和彦)·사카이 도시키(坂井俊樹) 편저 『한국·조선은 일본교과서에 어떻게 쓰여져 있을까』(韓國·朝鮮は日本の教科書にどう書かれているか), 梨の木舍, 1992년, 증보판 1996년

○ 역사교육연구회 편, 『일본과 한국의 역사교과서를 읽는 시점』(日本と韓國の歷史教科書を讀む視点), 梨の木舍, 2000년

○ 기독교학교교육동맹관서지구 국제교류위원회 편, 『일한의 역사교과서를 다시

읽는다』(日韓の歴史教科書を讀み直す), 神戸學生青年センター出版部, 2000년

○ 가토 에이치(加藤榮一), 「일본의 역사교과서 : 식민지 지배에 관한 기술」(日本の歴史教科書：植民地支配に關する記述), 나카무라 데쓰(中村哲) 편저, 『동아시아의 역사교과서는 어떻게 쓰여져 있을까』(東アジアの歴史教科書はどう書かれているか), 日本評論社, 2004년

위의 연구는 모두 기본적으로 각 시기에 사용한 교과서를 기준으로 한 것이며, 교과서 내용이 역사적으로 어떻게 변화했는가를 고찰한 것은 아니다. 부분적으로 교과서 기술을 역사적인 틀에서 언급한 적은 있지만, 한 종류의 교과서에 대해서만 언급하거나, 또는 패전 직후의 국정교과서와 어떤 한 시점에서의 교과서와 비교한 것에 그쳤다.

이 글은 도쇼문고(東書文庫)[1]에 소장되어 있는 제2차 세계대전 이후의 고등학교 일본사 교과서를 전부 대상으로 하여, 1950년대부터 21세기 초반까지 어떤 사항을 어떻게 기술했는지를 고찰한다.

먼저 제2차 세계대전 이후의 역사교과서에 대한 제도적인 구조의 변화를 교과편성과 교과서 검정에 입각해 기술한다.

제2차 세계대전 이후, 일본의 학교교육의 이념과 제도는 근본적으로 개혁되었다. 헌법, 교육기본법 등의 교육관계법규는 교육의 자주성·자립성 확보, 교육행정이 '부당한 지배에 복종하는 것'의 배제를 주창했다. 교과서는 19세기 말부터 강력한 국가통제 아래에 있으나, 1947년 이후 국정 제도를 폐기하고 검정 제도로 바뀌었다. 검정도 초기에는 도도부현(都道府縣)의 교육위원회가 하는 검정 제도였을 것이다. 그러나 용지 부족이라는 상황 속에서 '당분간' 문부대신이 교과서 검정권을 행사하면서 시작되었다.

역사교육을 살펴보면 1945년 12월 31일 GHQ/SCAP로 인해 학교의 수신·일본 역사·지리의 모든 과정은 중지되고, 교과서 및 교사용 참고서는 모두 회수

1) 도쇼문고의 소장 자료에 대해서는 홈페이지 http://tosho-bunko.jp 참조.

되었다. GHQ/SCAP가 당초 기대했던 것은 일본 정부가 직접 만든 새로운 역사교육의 입안이었다.

그러나 일본 정부가 개정에 착수한 국사교과서는 신화의 대부분을 온전히 남겨 두었기 때문에, CIE의 지시에 따라 전면적으로 갱신되었다. 이리하여 1946년 10월에 보통 소학교용 국정교과서 『국가의 발자취』(くにのあゆみ)가 완성되고, 이어서 중등학교용 『일본의 역사』(日本の歴史), 사범학교용 『일본 역사』(日本歴史)가 만들어졌다. GHQ/SCAP에 의해 잠시 금지되었던 역사교육은 이런 교과서를 사용해 발족하게 되었다. 또한 일본 역사· 지리와 함께 GHQ/SCAP에 의해 금지되었던 수신 과목도 있었는데, 이것은 공민 과목이 되고, 미국의 허락을 받아 공민과와 역사, 지리를 병합한 사회과가 신설되었다.

1947년 5월 문부성에서 『학습 지도요령 사회과편』(시안) I, II를 발행했다. 교육과정 기준으로 이후에 문부성이 발행하게 되는 학습 지도요령은 초기에는 '일반편'과 각 '교과편'으로 분리되어 있었으며, 또한 시안으로써 참고기준에 머물렀다. 『학습 지도요령 사회과편』은 1948년 10월 부분 수정 후 1951년 전면 개정되었다. 여기에서는 사회과의 한 분야로서 역사를 배우게 하는 것, 중학교에서는 일본사, 고등학교에서는 일본사와 세계사를 배우게 하는 것이라는 목표를 나란히 기술하고 있다.

검정 제도에 따른 고등학교 역사교과서는 1952년도부터 등장한다. 이즈음 일반적으로 개성 있는 역사교과서가 등장했다고 말하기도 한다. 그러나 소위 역코스 속에서 교육행정은 크게 급선회하고 교육 내용도 개혁되었다. 그것은 주로 "학습 지도요령의 개정과 교과서 검정 강화라는 두 가지 방법으로 더욱 뚜렷하게 나타났다."[2] 회과의 학습 지도요령은 1955년(소· 중학교), 1956년(고등학교) 이후, 1958년(소· 중학교), 1960년(고등학교)은 내용 면에서도 형식 면에서도 큰 폭으로 개정되었다. 예를 들어 1956년(고등학교) 개정에서는 지금까지 역사학습의 목표

---

2) 家永三郎,「戰後の歴史教育」,『岩波講座日本歴史』22巻(1963).

였던 "사(史)실을 합리적·비판적으로 다루는 태도를 키운다" 등이 없어지고, 그 대신 "일본인으로서의 자각을 높인다" 등을 덧붙였다. 형식 면에서는 1958년 이후 양호학교용을 제외한 학습 지도요령이 문부성고시로서 관보에 공시하도록 되어 "법적 구속력을 가진다"라는 주장이 성립하게 되었다.

그 사이에 1953년의 학교교육법 일부 개정에서 교과서에 대한 문부대신의 검정권이 항구화됐다.

또한 1950년에 교과용 도서 검정심의회가 설치되고, 1956년부터는 교과서 조사관제도가 도입되었다. 교과서 조사관제도가 도입된 배경에는 1955년의 정권 정당의 교과서에 대한 공격이 있었다.

1953년 8월 자유당 국회보고서 『문교정책의 충실개선』에는 "교육 전반을 통해 도덕문제가 경시되고 있는 것은 오늘날 일본 교육의 근본적 결함"이며 "역사교육에 대해서도 사회사나 경제사를 중심으로 한 편향적인 것"이 계속 문제를 일으키고 있다고 했다. 1955년 8월, 일본 민주당은 "한탄할만한 교과서 문제"라는 전단지를 작성하고(제3집까지 발행) 현재 교육과 교과서는 편향되어 있다는 캠페인을 전개했다. 이것을 받아들여 문부성은 검정심의회의 위원을 교체했고, 실제로 편향 라벨을 붙여 불합격시킨 교과서가 속출했다. 1956년에는 신교육위원회법 채택을 강행해 지금까지 공선제의 교육위원회는 수장이 임명하는 제도로 바뀌었다. 그 당시 교과서 통제 강화와 채택 권한을 학교에서 교육위원회로 이양시키기 위한 교과서 법안은 폐안되었지만 행정장치로 문부성이 검정을 강화하는 것이 실질화되었다. 교과서 채택 권한 변경도 그 후 1962년에 소·중학교에서 교과서 무상화와 한데 묶여 실시되었다.

고등학교의 학습 지도요령은 그 후 1960년, 70년, 78년, 89년, 99년으로 거의 10년 주기로 개정된다.

1962년도에 검정 신청한 교과서 원고의 불합격 처분과 이듬해의 조건부 합격 처분에 대해서 이에나가 사부로는 1965년에 제1차, 1967년에는 교과서 부분 개정에서 불합격된 부분에 관한 제2차 교과서 재판을 했다. 1970년대 교과서 재판에서는 세 개의 판결이 나왔지만 모두 이에나가의 승소(부분승소 1개를 포함)였다. 특히 1970년의 소위 스기모토(杉本) 판결(제2차 소송분, 도쿄지방재판소)에서 이에나가에 대한 불합격 처분은 위법·교육기본법에 저촉한다는 판결이 내려졌기에 이후의 검정행정에서 어느 정도의 신중한 측면도 보였다.

그러나 1980년에 자유민주당지가 편향교과서가 만연하고 있다는 캠페인을 시작으로 교과서 문제는 (일본) 국내에서 사회문제가 되었다. 자유민주당은 당내에 교과서제도를 검토하기 위한 위원회를 만들고 거기에 우익적인 단체가 연대해서 사태는 심각해졌다. 이때 공격의 방향은 주로 사회과, 특히 공민과 현대사회 및 국어의 문학작품에 향해 있었다. 일본사와 세계사의 교과서 검정 시에도 문부성에서 수많은 수정지시와 의견에 첨부되었다. 게다가 1981년도 검정에서 일본의 침략과 식민지 지배에 관한 기술이 문제가 되어, 이에 대한 동아시아, 동남아시아 여러 국가에서 비판이 일어나 1982년의 교과서 문제로 번졌다. 교과서 문제는 일본의 관방장관이 “우리나라의 행위가 중국·한국을 포함한 아시아 국가들의 국민에게 막대한 고통과 손해를 끼친 것을 깊게 자각”하고 “정부의 책임하에 시정한다”라며 표면적으로 마무리 지었다. 문부성도 검정방침을 부분 수정한 것을 밝혔다. 그러나 같은 해에 이에나가 사부로 이외의 교과서 집필자가 검정이 끝난 교과서의 ‘정정’을 신청하자 문부성은 전면 거부했고, ‘정오정정’(正誤訂正) 불수리 장치와 1983년도 검정에서의 ‘조건부’ 합격 처분에 대해서 이에나가는 1984년에 제3차 교과서 재판을 시작했다.

1986년에 우익단체가 편집을 추진했던 고교 일본사 교과서가 검정조사심의회에서 합격한 것에 대해 중국 정부의 시정 요청과 한국문교부장관에서 비판을 했다. 이것을 받아들여 일단 검정을 통과했지만 수상의 특별 지시에 따라 몇 번에 걸친 수정을 하게 되는 사태가 발생했다. 이보다 먼저 발족한 임시교육심의회에서는 최종 답변에는 남아 있지 않지만 심의 과정에서 교과서 검정 제도 폐지에 관한 의견도 나왔다.

문부성은 이런 동향을 배경으로 1989년부터 검정 제도를 큰 폭으로 개정하고 결과를 부분적으로 공개하도록 했다. 또한 1989년 지도요령에서 고등학교에서는 사회과가 나뉘어져 지리역사과가 새롭게 등장한 것은 오늘날에도 지속되고 있다.[3)]

Ⅱ. 1950년대의 기술

제2차 세계대전 이후 검정 제도에 따른 최초의 고등학교일본사 교과서는 1952년에 등장했다. 이 시기의 교과서는 아래의 4권이다. '신생일본'의 역사교과서가 식민지로 삼았던 이웃 나라의 역사를 어떻게 다뤘는지에 대해 인용이 다소 길어지지만 근현대사 분야에서의 조선에 관한 기술을 보도록 하자. 또한 이하 '……' 는 인용자의 생략임을 밝혀 둔다.

1. 와카모리 타로(和歌森太郎), 『현대일본의 성립 하』[4)]

자유민권운동 …… 메이지(明治) 신정부는 19세기 초반부터 긴 교섭을 참고 있었던 조선과의 국교를 부활하려고 끊임없이 교섭하고 있었지만 조선은 굳게 문을 닫고 응하지 않았다. 그뿐인가, 우리나라가 구미의 문명을 받아들여 개국·화친방침을 취하는 것을 경멸하고 비난하는 듯한 태도까지 보였기 때문에 메이지 정부 내부에서는 사태가 절박하다면 무력을 사용해서라도 조선이 개국에 동의하도록 해야만 한다는 주장

3) 이하 본문에서 교과서를 소개하면서 '북선'(北鮮), '남선'(南鮮)등의 용어가 사용되는 예를 많이 볼 수 있을 것이다. 이는 차별 표현이기에 분명 부적절한 용어이겠지만, 이 용어들이 학교 교과서에 기재된 사실이 드러내는 의미도 있기에 그대로 사용하기로 했다.

4) 『現代日本のなりたち 下』(實業之日本社, 1952년).

이 나오고 있었다. 이것을 정한(征韓)론이라고 일컬었다.[5)]

청일·러일의 역할 …… 우리나라는 또한 조선에 대해서 1876(메이지 9)년에 조약을 맺고 부산·원산·인천의 개항을 얻어내 조선과의 무역을 개시했다. 1880(메이지 13)년에는 경성에 공사관을 설치, 양국의 관계는 점차 긴밀해졌으며 특히 경제관계가 두드러졌다. 이즈음 청나라 제품의 진출이 현저해지고 청일양국은 서로가 조선을 자국의 시장으로 확보해가려고 노력했다. 당시 조선은 국내에 진보와 보수의 두 파가 정권을 다투며 대립하고 있었다. 진보적인 김옥균·박영효 등에 의한 독립당은 본보기를 일본으로 잡고 국내개혁을 시행하려고 했던 것에 반해, 보수적인 사대당은 배외적인 경향이 강해 청나라에 접근했다. 청·일 양국도 또한 양쪽의 각각을 지원하고 있었다. …… 1894(메이지 18)년, 조선 내부는 더욱 혼란해지고, 농민운동과 반정부파의 동학당의 난이 일어났다. 그러자 청나라는 지지하는 보수적인 정권의 요구로 출병했다. 한편 우리나라는 거류민의 보호를 이유로 출병했다. 드디어 동학당의 난은 평정했지만 청일양국은 이해가 엇갈려 그해 8월 양국은 교전하게 되었다.[6)]

전쟁 이후 한국에 대해서는 통감부를 설치하고 조선을 보호국으로 했지만, 1910년(메이지43년)에는 조선을 합병하고 식민지로 삼았다. 게다가 조선과 대만에 대한 우리나라의 식민정책은 인민의 생활을 무시한 정부의 전제주의로 억압적인 것이었고 …… 조선을 합병하고 만주경영에서 우위를 확보한 것은 이후의 우리나라 동향에 큰 영향을 미치게 되었다.[7)]

패전처리 연합국에 대한 무조건적 항복으로 …… 카이로 회담에서 결정된 선언이 즉시 이행되었다. 바로 조선은 독립하고 …….[8)]

조선은 북위 38도선을 경계로 북선은 소련, 남선은 미국의 관리 하에 놓여졌다. 그러나 1948년 북선에는 공산당을 배경으로 한 조선민주주의인민공화국이, 남선에는 유엔 및 미국의 지지를 바탕으로 대한민국이 성립해 서로 대립하여 불안한 형세였다. 마침내

---

5) 같은 책, 25쪽.
6) 같은 책, 49-50쪽.
7) 같은 책, 53쪽.
8) 같은 책, 117쪽.

1950년 6월 북선은 38도선 이남을 침공해서 남선을 압박해 왔기 때문에 국제연합은 북선의 불법을 비난하며 결국 군대를 보내게 되었다. …… 전도는 심히 낙관하기 어려운 상황으로 되어 갔다.[9]

2. 도교대학 사학회(대표 호우게쓰 케이고, 宝月圭吾), 『일본사』[10]

세 대륙으로 진출, 조선 문제 근대 일본이 처음에 착수한 대륙정책의 대상은 조선이었다. 메이지 유신 이후 정부는 조선에 대해서 국교의 재개를 요구했었지만 쇄국정책을 취한 조선은 쉽게 응하지 않고, 그로 인해 적극적인 논자는 정한론은 주창했지만, 기도(木戸)·오쿠보(大久保) 등 내지파의 주장이 관철되어 사이고(西郷)·이타가키(板垣)등의 하야로 이어졌다. 그러나 후진자본주의 국가로 출발한 일본에게 조선과 국교를 회복해서 시장으로 확보하는 것은 절실한 요구였다. 마침 1875(메이지 8)년 강화도 사건이 일어난 것을 좋은 기회로 삼아 다음해 조선을 압박해 수호조약을 맺게 하는 데 성공했다. 이것보다 부산·원산·인천의 세 곳의 항구가 개항되어 일본은 대륙일각에 새로운 시장을 획득하게 되었다. 게다가 이 조약은 일본이 여러 외국에 개정을 요구하고 있었던 불평등 조약이었다. 불평등 조약을 통해 약속한 유리한 조건을 근거로 일본산 면제품은 공공연하게 조선에 흘러들어 조선 무역은 날로 번창했다. 국내시장이 좁은 일본에게는 조선은 또 하나의 시장을 제공해 준 것이다. 그러나 일본은 얼마 가지 않아 조선을 속국으로 간주하고 있는 청조와 대립해야만 했다. 특히 중국자본이 조선에 진출해 청나라의 조선에 대한 지배력이 경제적으로도 강하게 되어 감에 따라 그 대립은 급격히 격앙되어 갔다. …… 일본이 조선에 시장을 확보해 두기 위해서는 지금이야말로 조선을 청나라의 속국으로서의 지위에서 해방시키지 않으면 안 되었다. 그즈음 조선 내부에서도 청나라에 의존하려고 하는 사대당과 일본과 관계를 맺으려는 독립당과의 대립이 있어 서로가 계속 반목하고 있었다.[11]

청일전쟁 드디어 1894(메이지27)년 일종의 배외적인 종교단체인 동학당의 반란이

9) 같은 책, 139쪽.
10) 『日本史』(山川出版社, 1952년).
11) 같은 책, 280-281쪽.

일어나자 청조는 조선정부의 요청을 받아들여 대군을 보내고, 우리나라도 또한 병사를 보내, 여기에 양국 간의 공기는 더욱 험악해져 갔다.12)

청일전쟁 이후의 국제관계 …… 일본은 전쟁 결과, 한국에서의 일본의 지도권이 국제 간의 승인 받은 것을 틈타, 전쟁 후 한일협상을 맺고, 한국의 외교권을 손에 넣고 보호국으로 삼았다. 일본은 한국에 통감부를 두고, 이것으로 한국정치의 실권을 장악하게 되었지만, 1910(메이지 43)년에 다시 실력을 행사하여 한국을 병합했다. 이리하여 한국은 전적으로 일본 영토 내로 들어가고, 다시 조선으로 바뀌면서 오랫동안 일본의 지배하게 놓이게 되었다.13)

(제2차 세계대전 이후) 세계정세의 변화 …… 조선은 일본의 지배에서 해방되고 나서도 38도선을 경계로 미국과 소련의 관리 하에 놓여져, 양국이 조선에서 나간 후에도 대한민국과 북선 인민공화국의 두 나라가 대립하고 있었다. 그런데 1950(쇼와 25)년 6월, 갑자기 양국은 38도선 부근에서 전쟁을 시작했다. 북선군을 큰 군대를 가지고 남하해, 조선반도의 남단까지 병사는 진격했다. 드디어 미군을 중심으로 한 국제연합군이 출병에 이르러서, 북선군은 점차 압박당하고, 국제연합군은 역으로 연변(満鮮)국경까지 육박하는 기세를 보였다. 그 후, 전국도 복잡해지고, 조선의 사태는 더욱더 중대화의 일로를 걷고 있다.14)

3. 이에나가 사부로, 『신일본사』15)

국제사회로의 등장과 서양문화의 섭취 …… 조선은, 에도 막부가 정식으로 국교를 수립했지만, 막부 이후에 교통이 단절되었다. 때마침 그때 조선에서는 국왕의 아버지인 대원군이 쇄국주의를 취하고, 메이지 정부의 화친제의를 받아들이지 않았다. 사이고 다카모리(西郷隆盛)등의 정한론이 일어난 것은 그 때문이다. 마침 1875(메이지 8)년 강화

12) 같은 책, 281쪽.
13) 같은 책, 287쪽.
14) 같은 책, 343-344쪽.
15) 『新日本史』(三省堂, 1952년).

도에서 일본 군함 포격사건이 일어난 것을 계기로 수호조약을 맺게 되었다. 그것은 일본의 영사재판권을 인정하게 하고, 조선에 관세자주권을 부여하지 않는 것으로, 구미가 일본과 맺은 불평등조약과 같은 것을 일본은 조선에 부여한 것이다.[16)]

대륙 진출 …… 열국과 같은 제국주의 정책은 잠에서 깬 일본에 약육강식의 세계라는 인상을 강하게 부여하지는 않았었다. 자유민권론자는 국내에서 민주주의개혁을 주장하는 동시에, 국제적으로는 국가의 독립을 강조하는 국권론을 부르짖는 것을 잊지 않았다. 그 사이에 발달해 온 일본의 근대산업은 국내시장의 협소하여 일찍부터 해외에 시장을 요구하고 …… 일본은 동양의 경제적 후진지대 특별히 가장 가까운 조선에 진출하려고 시도하게 되었다.[17)]

청일전쟁 …… 조선에서의 청일 양국의 패권 다툼에 얽혀, 1882(메이지 15)년과 1884(메이지 17)년 두 차례나 조선에서 사변이 일어났다. 일본은 조선에 진출하기 위해서 청의 세력을 축출해야만 했다. 일본은 조선의 독립을 주장하며, 속국으로 하려는 청나라와 싸우고, 드디어 1894(메이지 27)년, 청일전쟁이 시작되었다.[18)]

청일전쟁의 결과, 일본은 조선을 보호국으로 하고, 1910(메이지 43)년에는 (조선을)합병했다.[19)]

태평양전쟁으로 야기된 아시아의 변화도 격렬했다. 조선은 일본에서 분리되고, 북위 38도선의 북으로는 소비에트 연방, 남으로는 미국에 분할점령되었다. 1848(쇼와 23)년, 북에는 조선민주인민공화국, 남에는 대한민국으로 각각 명명한 정권이 성립했다.[20)]

1950(쇼와 25)년, 북선군이 38도선을 넘어서 남선에 진입해 국제연합의 결의에 근거, 미국군을 주력으로 하는 국제연합군과 북조선 및 중국공산당 군대가 조선에서 격렬한 전투를 벌이게 되자, 두 세계의 대립을 다시금 격화시켰다.[21)]

---

16) 같은 책, 199쪽.
17) 같은 책, 210쪽.
18) 같은 책, 211쪽.
19) 같은 책, 215쪽.
20) 같은 책, 284쪽.

4. 사카모토 타로(坂本太郎) · 이에나가 사부로, 『고등일본사 하』[22)]

사족의 반란

…… 1873(메이지 6)년 조선국과의 국교가 뒤틀어진 것을 계기로 해서, 정부 내부의 정한 계획이 일어난 것도 이 기운을 반영한 것이었다.[23)]

동아시아 여러 나라와의 외교일본은 구미열강과 대등한 지위에 서기 위한 노력을 거듭하면서, 동아시아 여라 나라를 똑같이 개방한다고 하는 방향으로 가지 않고, 오히려 압박하는 태도를 취했다. …… 일본이 제국주의 대열에 합류하기 위해서는 조선과 중국으로 향할 수밖에 없었다. …… 1875(메이지 8)년에는 조선의 강화도에서 일본 군함이 포격을 받는 사건이 일어나, 이듬해 한일 수호조약을 체결했지만 그것은 치외법권을 포함, 관세자주권을 인정하지 않는 불평등조약이었다. 이후 일본이 조선에 진출해 한일무역이 번창해지자 청나라와의 이해가 엇갈려, 결국 청일 충돌을 야기하기에 이르렀다.[24)]

조선과의 관계 일본은 조선과의 조약으로 획득한 비과세 특권 아래 대 조선 무역을 밀고 나가, 조선시장에 독점적인 이익을 얻었지만 청나라에서도 일본보다 늦게 시작된 산업 근대화가 점차 궤도에 올라 상품시장으로써 조선에 눈을 돌리게 되었다. 이렇게 해서 일본과 청나라는 조선에서 지도적 지위를 둘러싸고 격렬한 경쟁을 펼쳤다. 조선 내에도 일본과 결탁해 독립을 견고히 해 근대화를 밀고 나가려고 하는 파와 청나라에 기대 보수적인 정책을 취하려고 하는 다른 한 파가 있어, 각각 독립당·사대당을 조직해서 서로 항쟁을 계속하고 있었다.[25)]

청일전쟁 …… 동학당이라고 일컫는 일종의 배외적 종교단체의 난이 일어난 것을 계기로, 드디어 양국은 조선을 무대로 전쟁을 시작했다.[26)]

21) 같은 책, 286쪽.
22) 『高等日本史 下』(好學社, 1952).
23) 같은 책, 45쪽.
24) 같은 책, 51-52쪽.
25) 같은 책, 59쪽.
26) 같은 책, 60쪽.

(러일전쟁 이후) 대륙정책의 진전과 세계의 정세 일본 정부는 …… 조선에 대해서는 한국 황제와 협약으로 외교권을 접수했지만, 다시 1910(메이지 43)년에 한국을 병합했다.[27)]

이상에서 본 바와 같이, 조선에 관한 기술은 메이지 유신기의 외교문제(정한론부터 한일 수호조약까지), 청일전쟁, 병합, 제2차 세계대전 후의 독립, 한국전쟁 등 다섯 부분으로 제한된다. 제2차 세계대전 이후의 기재를 제외한 이 세 가지를 일본사 교과서에서 다룬다고 하는 것은 전반의 역사(前史)가 있다. 제2차 세계대전 하에서 문부성이 고등교육(대학, 고등전문학교, 구제 고등학교 등)용의 교과서로 편찬한 『국사개설』[28)]에 기재되어 있다. 해당 부분을 소개해 본다.

조선 문제로 인한 조정의 분열 …… 메이지 유신이 일어나자 정부는 신속하게 조선과의 옛정을 새로이 하고, 전통적 관계를 긴밀히 하며, 함께 함으로써 서구 제국의 압박에 대비하고, 메이지 원년 3월, 소 요시아키(宗義達)에 명해 왕정복고 사건을 알리고 수호를 꾀하도록 했다. 당시 조선에서는 국왕 이희의 생부인 이하응(대원군)이 국정을 쥐고, 배외 쇄국정책을 펴고 있었기 때문에, 정권을 잡고 있던 자들은 우리나라가 구미제국과 같은 조약을 체결하게 한 것을 불쾌히 여겨 그저 서찰의 형식 등을 구실로 삼아 여러 번 설득해도 응하지 않았다. …… 우리 정부와 민간에서는 출사 응징론까지 일어…….[29)]

메이지 27~28년 전쟁 …… 조선 조정의 국책과 청국의 갈등 우리나라는 일찍이 조선과 수호조약을 맺고, 이것을 계도하여 함께 일체가 되어 국방의 안전을 기하고, 동양 평화의 확립을 꾀했다. 그럼에도 불구하고 청국은 여전히 조선을 속국으로 간주하고 종주권을 주장해 우리나라 국책의 수행을 방해, 우리와 갈등을 일으켜 …… 우리 정부는 과감히 청국의 세력을 조선반도에서 모조리 없애기로 결의를 굳혀(전쟁의 길로 들어섰다).[30)]

---

27) 같은 책, 64쪽.
28) 『國史概說 下』(1943).
29) 같은 책, 341-342쪽.
30) 같은 책, 389-393쪽.

한국병합 …… [이토 히로부미(伊藤博文)의 암살 후 '일신회원' 합병제안을 받아-인용재]병합조약을 체결했다. …… 또한 여기에서 조선반도는 본연의 모습으로 돌아가 황국화 하기에 이르렀다. 그리하여 데라우치 마사타케(寺內正毅)가 처음으로 조선총독으로 임명되어 민정의 뜻을 받아들여 식산흥업에 힘쓰고, 조선반도의 백성은 제국신민으로서 오랫동안 천황의 통치에 감화할 정도까지 이르렀다. 더욱이 다이쇼(大正) 8년에는 경성에 아마테라스오미카미(天照大神)·메이지천황(明治天皇)을 제신으로 하여 조선 신궁이 창건되어 조선반도의 진호(鎭護)로, 또 다른 신민의 경앙(景仰)의 중심으로 봉제하게 되었다.[31]

물론 1952년에 등장한 네 권의 교과서 기술은 모두 그 시점에서 전시하에서 문부성이 편찬한 『국사개설』(國史概說)과 다르다. 예를 들면 한일 수호조약의 불평등성이나 그 후 일본 제품의 시장으로서의 조선의 의미, 병합이라는 이름의 식민지화이다. 그러나 기재사항 자체가 동일했다는 것은 주목할 만하다.

그렇지만 1950년대 중반부터는 이미 그것을 대신할 교과서 기술이 등장한다. 하나는 짓교출판(實教出版)에서 나온 교과서, 또 하나는 위에서 기술한 이에나가의 교과서 개정판이다. 짓교출판의 일본사 교과서는 이후 교과서의 흐름에서 하나의 조류를 형성하게 된다.

짓교출판에서 나온 니시오카 도라노스케(西岡虎之助)의 『고교일본사』[32]에서 조선관계 기술을 보도록 하자.

(메이지 정부는) 외향적으로는 영국·미국 등과 타협하면서 그 대신에 조선·대만 등에 진출하려는 길을 택했다. 즉, 정부는 1869(메이지2)년 초반부터 조선에 원정을 가서 제반의 세력을 약화시키려 했다. 그 후 조선이 우리나라와 근대적인 새로운 통교관계를 맺는 것을 거부한 것이, 이른바 정한론의 이유가 되었다. 1871년 청나라와 수호통상조약을 맺었지만, 그 목적 가운데 하나는 일본은 조선이 위의 나라로 공경하는 청나라와 대등하며, 따라서 조선보다 상위에 있다는 것을 보이는 것이었다.[33]

---

31) 같은 책, 427-429쪽.
32) 西岡虎之助, 『高校日本史』(實教出版, 1954).

일본 군함 '운양'(雲揚)은 조선해협 깊숙이 들어가 강화도 포대와 서로 발포하고, 그 손해배상 요구를 계기로 해서 76년 조선에 수호통상조약을 맺게 했다. 그것은 일본이 구미와 맺었던 것과 동일한 불평등조약을 반대로 한 것이었다.[34]

게다가 '조선으로 진출'이란 항목에서 강화도 사건 이후의 일본의 조선으로의 진출을 기술, 임오·갑신사변을 기재하면서 청일전쟁이 일본의 조선 진출의 기인이라는 것을 명료하게 기술한다.

여기까지는 다른 교과서와의 시점의 차이에 멈춰 있다고도 할 수 있다. 그러나 식민지화에 관해서 "1907년에는 내정권도 장악했다. 이것에 대해 조선 민족의 여러 가지의 저항이 계속됐지만, 1910년 8월, 결국 조선을 병합해서 조선총독부를 설치, 현역무관을 총독으로 하고 총독에는 조선 내의 군대 지휘권도 부여했다. 그리고 토지조사를 실시하여, 관의 유지와 사유지가 구분되고 거대한 토지가 관유지로 되었다. 철도·항만이 건설되었지만 조선에서는 경제적 의의와 함께 대륙에 대한 군사거점의 의의도 강했다. 근대 공업은 이후에도 발달을 억제 당해, 조선은 본국에 대한 식료 공급지로서의 의의가 중시되었다"[35]라며 식민지화에 대한 조선 측의 저항과 일본에 있어서의 의미를 명확히 기술한다.

더욱이 1950년대에 다른 교과서가 전혀 다룬 적 없었던 3·1운동이나 간토(關東)대지진 당시 조선인 살해, 파시즘 하에서의 노동력 동원도 다음과 같이 기재한다.

조선에서는 미국대통령 윌슨이 주창한 민족자결주의와 러시아혁명의 영향을 받아 1919(다이쇼 8)년 3월 1일 독립만세를 부르짖는 민중봉기가 일어났다(만세사건). 주요세력은 3개월 만에 진압되었지만 조선의 민족운동은 이후에도 조선·중국·시베리아 등에서 계속되었다. 만세사건 후 조선총독의 현역 무관제를 중지하고 헌병경찰을 보통경찰로 바꾸었다.[36]

33) 같은 책, 291쪽.
34) 같은 책, 292쪽.
35) 같은 책, 379쪽.

이 [간토대지진의－인용자] 혼란에 휩싸여 무정부주의자와 사회주의자나 조선인이 박해 당하는 일이 일어났다.[37)]

조선·만주에서도 그 풍부한 자원과 값싼 노동력을 이용해 대규모 중공업·화학공업·수력발전소가 건설되었다.[38)]

제2차 세계대전 이후에 대한 기술도 이것은 앞에서 살펴본 실업지일본사판(實業之日本社版)에도 있었지만 카이로 선언에서 "조선을 독립시키는 것 등을 결정하"고 있었다고 기술하며, 일본의 항복과 함께 조선이 독립의 길에 올랐다는 것을 명기하고 있다.[39)]

조선전쟁에 대해서도 "이 즈음 조선에서는 남북 대립이 격해지고 있었지만 1950(쇼와 25)년 6월, 결국 전면적인 내란이 일어나 북선군이 남선 깊숙이 진격했다. 국제연합군은 북선을 침략자로 간주하고, 재일 미국군을 주력으로 하여 남선에 지원 대군을 파견, 또한 미국의 함대는 …… 38도선 부근에서 전선은 일진일퇴하게 되었다. …… 53년 7월에 마침내 휴전협정이 체결되었다"라고 기술, 이러한 정황으로 경찰예비대가 발족하고 또한 추방이 해제된 것을 기재하고 있다.[40)] 1954년의 출판물이면서도 가장 가까운 시기의 역사를 여기까지 기술한 점은 주목할 만하다.

이에나가 사부로 『신일본사』[41)] 1959년판은 위에서 본 52년판과 비교하면 두 가지 점이 크게 변화했다.

한 가지는 다음과 같이 식민지 조선의 실태에 관한 기재가 늘어난 점이다.

러일전쟁 후, 일본은 한국을 보호국으로 하고, 1910(메이지43)년에는 합병, 그리고

---

36) 같은 책, 360쪽.
37) 같은 책, 363쪽.
38) 같은 책, 399쪽.
39) 같은 책, 405쪽.
40) 같은 책, 429-430쪽.
41) 『新日本史』(三省堂, 1959).

1945(쇼와 20)년에 이르기까지 조선은 일본의 지배하에 놓여 있었다. 일본은 조선총독부를 두고, 조선을 식민지로 통치했다. 일본은 조선을 식민지 토지로 한 이후 토지조사사업을 실시했다. 그 결과 소유권의식이 충분하지 않았던 조선인 중에는 토지를 빼앗긴 자가 많았다. 조선인들 사이에 일본의 통치에 대한 불만이 높아져 1919(다이쇼 8)년에는 조선 독립만세를 부르짖는 민중의 폭동이 일어나 한반도 전체에 퍼지고, 100만의 남녀가 참가하여 많은 희생자를 냈다. 이것을 만세사건이라고 한다. 사건 후, 지금까지 무관을 보내온 총독을 문관으로 개정하는 등의 통치정책을 전환하려 시도했지만 조선에는 끝끝내 의회가 설치되지 않았다. 독립운동은 심한 통제 하에서 쉴 새 없이 계속되어 만주·상하이 등에는 조선 독립정부와 조선 해방군을 조직하는 사람도 등장했다.[42]

또 한 가지는 조선전쟁에 관한 기술의 확충이다. 특히 특수(特需)문제와 이후의 미일관계를 서술한 것이 특징이다. 이것은 1959년에 간행된 것을 볼 때, 교과서에서 기술하고 있는 시기가 연장된 것도 관련이 있을 것이다.

이와 같이 제2차 세계대전 후의 역사학, 특히 조선사에 과한 성과를 반영시킨 교과서가 나타나는 한편, 표현조차 틀린 전시하의 『국사개설』(國史槪說)과 다르지 않은 관점을 기재하는 교과서도 나타난다.

예를 들어 역사교육연구회 편 『고등일본사』[43] 1954년판은 강화도 사건도 한일 수호조약도 내용으로 다루지 않고 한국병합도 "조선 개발에 노력하기에 이르렀다"[44]라고 한 것뿐이다. 같은 책 62년판[45]부터는 한국병합에 대해서 "이렇게 하여 조선반도는 일본 상품의 시장으로, 또한 일본 자본주의의 발전에 있어 필요한 원료와 노동력을 공급하는 식민지로 이용되었다"[46]라는 내용이 있다.

또한, 『국사개설』(國史槪說)의 집필에 관여하고 있던 히고 가즈오(肥後和男)[47]

42) 같은 책, 212쪽.
43) 『高等日本史』(日本書院, 1954).
44) 같은 책, 265쪽.
45) 저자는 아리타카 이와오(有高巖), 히라타 도시하루(平田俊春).
46) 『高等日本史』(日本書院, 1954), 231쪽.
47) 초국가주의자로서 제2차 세계대전 후 교직에서 추방, 이후 추방해제로 도쿄교육대학 교수로 복직함.

의 『고교일본사』[48] 1956년판은 '한일 수호조약'에 따라 "청국을 비롯한 여러 외국의 침략에서 조선을 제외한 우리 정책은 형식적으로 성공했다"라고 기술한 다음, 청일전쟁은 조선인의 '폭민' '폭행'에 관련된 일본이 청나라와 전쟁했다고 기술하고 있다.[49]

나아가 "마침내 1910년 8월, 합병조약이 체결되어 한국은 완전한 일본의 영토가 되고, 일본은 그 시장과 자본을 독점해 열강과 어깨를 나란히 해서 제국주의정책을 밀고 나아가는 기초를 단단히 할 수 있었다. 그 시기 한국은 다시 조선이라고 이름을 개정하고, 일본은 경성에 총독부를 세우고 지배했다"[50]라고 전전 일본의 위정자의 시점이 그대로 노골적으로 기술되어 있었다.

그러면 이와 같은 상황은 1960년대에 어떻게 되었을까.

III. 1960년대의 기술

1950년대에 발행된 고교일본사 교과서는 위에서 서술한 7권 외에 7개 회사에서 교과서를 출판했다. 1960년대는 교과서를 발행한 출판사 수는 13개로 비록 줄어들긴 했지만, 야마카와출판사와 짓교출판, 산세이도와 같이 한 회사에서 교과서를 여러 권 발행해 교과서 권 수 자체는 늘어났다.

1960년대에 야마카와출판사는 3종(학습 지도요령의 중복 기간에는 4종)의 일본사 교과서를 출판하고, 야마카와출판사의 교과서가 고교일본사 분야에서 과점화 경향을 보였다. 60년대의 수치는 불명확하지만, 1975년 현재 일본사와 세계사의 발행 부수 250만 권 가운데 야마카와출판사가 145만 권을 차지해 과반수를

48) 『高校日本史』(大修館, 1956).
49) 같은 책, 386-388쪽.
50) 같은 책, 396쪽.

점하기에 이르렀다. 이후에도 이 흐름이 지속되어, 고교일본사 교과서에서는 야마카와출판사가 발행한 교과서가 단독으로 선두에 있고, 다른 종류를 모두 합친 점유율도 과반수를 넘는 상황이 되었다.[51] 한 권의 야마카와출판사의 교과서가 선두를 점하지 못한 것은 『일본사A』(근현대사뿐)과목으로, 도쿄서적(東京書籍)이 발행한 교과서가 선두가 된 2003년도는 상당히 뒤의 일이다.

1960년대부터 야마카와출판사의 교과서가 다수를 점하게 된 가장 큰 원인은 비교적 상세하고 다른 회사의 교과서에 기재되는 사항을 많이 게재했기 때문이었다. 마침 1960년대에는 전후 베이비붐 세대가 고교생의 연령이 되고, 또한 고교·대학 진학률이 급증했다.[52] 교과서를 둘러싼 외부 상황이 이와 같이 격하게 변화하는 가운데 고교일본사 교과서는 발행 종류와 부수도 증대했다.

그러면 1960년대의 고교일본사 교과서는 어떤 특징이 있는가. 조선과 관련된 기술을 중심으로 보도록 하자.

먼저, 근대사 전문가 내지 현대사 전문가가 집필에 관연하게 된 점이다. 1950년대의 일본사 교과서의 저자로는 이후 근현대사 분야에서 나중에 높은 평가를 얻게 된 이에나가 사부로가 있었지만 당시의 이에나가의 전문영역은 주로 전근대 일본사상사였다. 또한 짓교출판의 저자였던 니시오카 도라노스케도 민중파·민중생활사에 폭 넓게 관여해 왔다고 할 수 있고, 주요 영역은 중세사였다.

그러나 1960년대부터는 오쿠보 도시아키(大久保利謙, 山川出版社, 60년부터), 가와무라 젠지로(川村善二郎, 三省堂, 60년부터), 고니시시로(小西四郎, 自由書房, 66년부터), 후지와라 아키라(藤原彰, 實教出版, 67년부터), 이시이 다카시(石井孝, 東京書籍, 67년부터)라는 근현대사 전문가가 계속해서 집필자로 연명하고 고교일본사 교과서의 근현대사 분야의 확충을 목표로 했다.

둘째, 메이지 초기의 대 조선외교, 강화도 사건과 한일 수호조약, 청일전쟁,

---

51) 日本出版勞動組合聯合會, 『교과서 레포트』(教科書レポート) 제19호, 1975년. 또 같은 잡지에서는 매년 한 권씩 발행되고 있다.

52) 전자는 60년의 50%대부터 75년의 90%를 넘을 때까지, 후자는 60년의 10%부터 75년에 40%에 가까울 정도에 이르게 되었다.

병합=식민지화, 제2차 세계대전 후의 독립과 남북분단, 한국전쟁은 대다수의 교과서가 기재하게 되었다.

개인적인 사항을 기재하게 되면 차이가 눈에 띈다. 예를 들어 병합에 대해서 히고 가즈오(肥後和男)·히라타 도시하루(平田俊春) 『신편고등일본사』[53]에서는 "[러일전쟁에서-인용자] 승리함에 따라 한국에서 우리나라의 지위가 오르고 1905년 한일협약을 맺어 한국을 보호국으로 하고, 나아가 1910(메이지 43)년에 한국을 병합했다"[54]라고 했을 뿐이고(67년판도 동일), 이 저자들의 『신편고등일본사』는 "이후 한국은 조선이라 불리고 우리나라는 조선총독부를 설치해 통치와 개발에 들어서게 되었다"[55]라는 말로 무엇이 원인이고 무엇을 목적으로 병합했는지 또한 실태는 어떠했는지는 전혀 언급하지 않는 교과서도 있었다.

식민지화라는 용어를 사용하지 않더라도 예를 들어, 사카모토 다로(坂本太郎)의 『고등학교일본사』[56]에 병합에 대한 기술하여 "그것은 일본 상품시장으로, 또한 필요한 원료와 노동력의 공급원으로 자본주의의 발전에 큰 지위를 갖게 되었다"[57] 등과 비교해 보면 위의 내용과 차이가 분명하게 드러난다.

또한 히로시마 사학연구회(廣島史學硏究會)의 『재개정 일본사 연구』[58]의 비교적 상세한 다음과 같은 기술, "조선에 대한 지배권을 확립해 드디어 1910(메이지 43)년에 병합해서 식민지적 경영을 실시했다. 그중에서도 북선은 일본의 유리한 투자대상으로 간주되어 대공업이 시작되고 남선은 풍부한 농작지대로 개발되었다"(248쪽)라고 하거나, 고토 요이치(後藤陽一)·마쓰오카 히사토(松岡久人) 외 『일본사』[59]에서 "(조선)을 병합해서 식민지화 하고 한국을 조선으로 바꿔 새로운 조선총독부를 설치했다. 그로 인해 조선반도는 대륙에 진출하려고 하는

53) 『新編高等日本史』(日本書院, 1964).
54) 같은 책, 160쪽.
55) 같은 책, 210쪽, 1967년판, 70년판도 동일.
56) 『高等學校日本史』(好學社, 1967).
57) 같은 책, 266쪽.
58) 『再訂日本史硏究』(桐原書店, 1960)
59) 『日本史』(修文館, 1967).

일본의 경제상·군사상의 거점으로서 이용되었다"[60]라는 바와 같이 간결하게 요점을 기술한 것도 있었다.

강화도 사건에 대해서는 1950년대에 앞서 언급한 짓교출판이 일본 군함이 "조선 해협 깊숙이 침투", 또 가와사키 쓰네유키(川崎庸之) 외 『표준일본사』[61]가 "우리 군함이 조선 영해에 들어가 강화도의 조선병사에게 포격 당한 기회를 붙잡아 ……"[62]라며 적절하게 그 발단을 표기했다. 그러나 1964년에 도요다 다케시(豊田武)의 『요설일본사』[63] 각주에서 "정부는 조선 연안 측량이라 칭하고 군함을 파견해 강화도 조선군을 공격·그 포대를 점령해서" "조선은 쫓기게 되어 우리 쪽에 유리한 한일수호조약(강화도 조약)을 맺어 개항하게 되었다"[64]라고 더 정확하게 서술하고 있다. 단, 다른 교과서에는 "땔감을 요구" 등의 이야기만을 느닷없이 표기하는 예가 많아 문부성 검정에서 교과서 집필자들의 원고가 수정될 가능성이 높다. 또한 강화조약의 불평등성에 대한 기재는 반 정도의 교과서에 기재되어 있다.

셋째, 3·1운동(만세사건)을 기재하는 교과서가 늘기 시작했다는 것이다. 또 간토대지진에서 조선인 살해를 기재한 교과서도 비록 적긴 했지만 나타났다. 최대의 발행 부수를 차지한 야마카와출판사의 경우, 1968년판의 『정선일본사』(精選日本史)에서 최초로 기재했다(조선인살해는 각주로 표기). 그 외의 교과서에 나타난 구체적인 기술을 보도록 하자.

이야나가 데이조(彌永貞三)·야스다 모토히사(安田元久)외 『고등일본사』[65]는 제1차 세계대전에 관해 다음과 같이 기술한다.

---

60) 같은 책, 225쪽.
61) 『標準日本史』(教育出版, 1956).
62) 같은 책, 212쪽.
63) 『要説日本史』(中教出版, 1964)
64) 같은 책, 183쪽.
65) 『高等日本史』(帝國書院, 1963).

아시아나 아프리카 각지에서는 대전을 계기로 민족운동이 일어났다. 조선에서는 파리강화회의가 한창이던 때에 독립운동(3·1운동)이 일어나고 중국에서는 강화회의가 산둥성에 대한 일본의 요구가 받아들여진 것에 반대하여 반제국주의·반군벌을 목표로 내걸고, 민족혁명운동을 일으켰다(5·4운동).[66)]

이시이 다카시(石井孝) 외저 『일본사』[67)]는 "조선에서도 이 해 일본에서의 독립을 부르짖는 만세사건이 일어났다"[68)]라고 기술하고 있다.

1950년대의 이러한 기술에서 기선을 잡고 있던 짓교출판에서는 1960년의 『고교일본사전정판』(高校日本史全訂版, 대표집필자는 니시오카 도라노스케)로 다음과 같이 기술하고 있다.

조선에서는 …… 3월 1일, 독립만세를 외치는 민족운동(만세사건)이 일어났지만 3개월만에 진압되었다. 만세사건 후, 헌병경찰은 보통경찰로 바뀌고, 또 농업 증산을 위한 여러 가지 사업이 활발히 실시되었다.[69)]

간토대지진의 "이 혼란에 빠져 많은 조선인과 수명의 사회주의자·무정부주의자가 법률에 따르지 않고 살해되었다"[70)]라고 기술했다.

역시 짓교출판의 이 교과서는 병합(=식민지화)에 대해서 "그 후 토지조사가 이루어져 관유지와 사유지가 구분되고 확대된 산림 평야 등이 관유지로 됨과 동시에 사유지의 소유권이 확인되었다. 또 철도·항만이 차례로 건설되었는데, 그것은 경제적인 의미는 물론 대륙에 대한 군사 거점의 강화 의미도 컸다. 근대공업은 훨씬 이후까지 발달이 억제되었다"[71)]라고 하고, 향후에 식민지에서 생길 문제를 전망해 기술하며 이해를 쉽게 하기 위한 부연 설명도 덧붙이고 있다.

---

66) 같은 책, 285쪽.
67) 『日本史』(東京書籍, 1967년).
68) 같은 책, 273쪽.
69) 같은 책, 256쪽.
70) 같은 책, 259쪽.
71) 같은 책, 246쪽.

이나가키 야스히코(稲垣泰彦)·가와무라 젠지로(川村善二郎) 외 『고교일본사』[72]는 한일병합에 관해 아래와 같이 각주를 달고 짓교출판과 흡사하게 식민지화와 3·1운동과의 인과관계를 명확히 기술했다.

> 일본은 조선에서 토지조사를 실시하고, 그 결과 소유권의 관념이 충분하지 않았던 조선인 중에는 토지를 잃은 사람이 많았다. 조선인 사이에서 일본 통치에 대한 불만이 높아져, 1919(다이쇼 8)년에는 조선독립만세를 부르짖는 민중의 폭동이 일어나 한반도 전역으로 확산되었다. 100만 명의 남녀가 참가하여 다수의 희생자를 낳았다(만세사건).[73]

이에나가 사부로의 『신일본사신개정판』[74]에서는 "일본의 식민지인 조선의 주민들 사이에서도 해방 요구가 높았다. 일본은 조선병합 이후, 그동안 토지조사를 실시하지 않아 소유권의 관념이 충분히 발달하지 않았던 조선인 가운데는 토지를 잃은 사람이 많았다. 이런 이유로 인해 조선인 사이에서 일본의 지배에 대한 불만이 높아져, 1919(다이쇼 8)년에는 조선 전국에서 만세사건이라 불리는 운동이 촉발했다"[75]고 기술했다.

넷째, 조선의 일반 민중에 초점을 맞춰서 단편적이지만 비교적 장기간에 걸쳐 기재하는 교과서가 나타났다는 점이다. 이나가키 야스히코·가와무라 젠지로 외 『일본사』[76]에 기재된 다음이 바로 그 점이다.

> "일본의 조선 진출에 대해서 한국국민 사이에 격렬한 저항이 일어나[헤이그로 밀사 파견이나 의병운동 등을 각주로 기술－인용자]" 이런 저항을 짓밟고 한국에 "합병조약을 맺게 했다. 그 결과, 한국은 일본의 식민지가 되어 새로운 조선총독부로 설치되고

72) 『高校日本史』(三省堂, 1960).
73) 같은 책, 165쪽.
74) 『新日本史新訂版』(三省堂, 1967).
75) 같은 책, 225쪽.
76) 『日本史』(三省堂, 1967).

현역무관의 총독이 임명되었다. 조선은 일본의 대륙 진출의 거점으로 중시되었기에 통치와 개발은 군사적인 관점에서 진행되어, 먼저 철도 부설과 항만 건설이 진행되었다. 또한 일본은 1910(메이지 43)년부터 1918(다이쇼 7)년에 걸쳐서 토지조사를 실시해 광대한 토지를 관유지로 접수한 까닭에 토지를 잃고 유랑하는 조선인이 급증했다."[77]

일본의 식민지 조선에서도 민족자결의 세계적인 풍조에 자극받아서 민족해방의 요구가 높아져, 1919(다이쇼 8)년 3월 독립만세를 부르는 민족운동이 촉발했다(3·1사건). 하라 내각(原內閣)은 진압한 후 조선총독의 현역 무관제를 개정, 무단정치를 수정했지만 그 이후에도 독립운동은 끊이지 않고 계속 이어졌다.[78]

조선은 카이로 선언에 기초해 일본에서 독립하게 되었지만 북위 38도선의 이남을 미국군에게, 이북을 소련군에게 분할점령 당했다. 미소 양국 간 및 조선 민족자신 사이에서 통일정권수립 방식에 대해서 의견이 일치하지 않아 1948(쇼와23)년 남에는 대한민국, 북에는 조선민주주의인민공화국이 성립했다.[79]

또한 이 교과서에는 태평양전쟁 중의 전쟁 경제와 국민 생활의 항목에 "게다가 조선인·조선인을 군수공장·광산 등에서 일을 시켰다"(294쪽)라며 조선인의 내지 연행에 관해 교과서에서는 최초로 기술했다.

그 외 한일조약에 대해 기재하는 교과서가 당연하다고 할 수 있는 1960년대 후반부터 조금씩 증가했다. 하지만 간략히 체결되었다라고 적었을 뿐, 체결까지의 곤란했던 과정과 그 의미 등에 관해서 다루고 있는 책은 별로 없었다.

1950년대의 후반에 여당을 통해 격렬한 교과서 공격이 일어나 이후 검정은 더 엄격해졌다. 중학교의 사회과 교과서 집필자 중에는 집필을 그만두는 사람도 있었다. 그러나 고교일본사 교과서에 관해서는 대표적인 집필자였던 이에나가 사부로가 1964년 이후 교과서 재판을 일으켜 역사학계 전반이 호의를 표시

77) 같은 책, 236쪽.
78) 같은 책, 261쪽.
79) 같은 책, 311쪽

한 점도 있어[80] 오히려 많은 연구자가 적극적으로 교과서 집필에 관여하게 되었다. 근현대사 전문가가 새롭게 합류한 것도 마찬가지며, 그러한 과정에서 미비하지만 근현대 조선관계에 관련된 기재 역시 변하고 있다고 할 수 있다.

Ⅳ. 1970년대의 기술

1970년대에 고교일본사를 발행하는 교과서 출판사는 7개로 크게 후퇴했다. 단, 과반수를 점했던 야마카와출판사는 내용별로 네 종류의 교과서를 발행(두께가 다르고 기술 양도 각각 차이가 있음)했고, 짓교출판과 산세이도, 데이코쿠쇼인(帝國書院)도 여러 권의 교과서를 발행했다. 이 시기의 특징을 나열해 보면 다음과 같다.

첫째, 1960년대에도 계속해서 일본 근현대사 전문가들이 교과서 집필에 관여한 점이다. 좀 더 정확히 말하면 1970년대에 발행된 교과서에는 정치학자를 포함해 거의 대부분이 근현대사 분야를 전문으로 하는 집필자가 참여하고 있었다. 집필자의 근무처는 1950년대에는 고등학교 교원을 많이 배출한 도쿄교육대학과 히로시마대학, 도쿄대학에 소속한 집필자가 다수였지만, 1960년대 이후에는 다양해져, 1970년대에는 그 경향이 더욱 두드러진다.

두 번째로, 근대 일본에 있어서 민족 차별 문제와 관련해서 조선에 관한 기술을 보충하는 교과서가 등장했다는 점이다.

기선을 잡은 것은 나가하라 케이지(永原慶二)·우노 슌이치(宇野俊一) 외 『고등학교일본사』[81]이다. 이 교과서는 '주제 학습 일본 근대화의 특징과 국제관계'에서 "'탈아'로의 길"이라는 제목으로 일본의 독립국가로의 길과 제국주의화

---

80) 예를 들어 이에나가 소송제소 후 만들어진 '교과서 검정소송을 지원하는 역사학관계자의 모임'(教科書検定訴訟を支援する歷史學關係者の會)에는 1960년대 당시의 고교일본사 교과서 집필자의 과반수가 참가했다.

81) 『高等學校日本史』(學校圖書, 1976).

가 하나의 체제였다는 것을 기술했고, "조선인·중국인에 대한 우월감이나 한층 더 나아가서 멸시관마저 만들어 냈다. …… 일본은 다양한 형태로 이 사람들에게 이루 말할 수 없는 고통을 맛보게 했다"[82]라고 했다. 이 교과서에는 또한, 제2차 세계대전 하에 "중국인, 조선인 등도 징발당해 고된 작업에 투입되었다"고 서술, 주석에는 그 수를 조선인 72만 명, 중국인 4만 명이라고 구체적으로 기재했다.[83]

더욱이 도키노야 마사루(時野谷勝)·하라다 도모히코(原田伴彦) 외 『일본사 개정판』[84]은 '조선·중국 민족에 대한 차별'이라는 제복의 칼럼에서 "대륙 진출이 자세는, 청일·러일 전쟁으로 인해 결정적으로, 그 사이에 조선인·중국인에 대한 차별감이 없애기 힘들게 되었다고 생각된다. 특히, 조선인에 대한 차별감은 1910(메이지 43)년 한일병합에 따라 결정적이 되었고, 이후 조선인의 뿌리 깊은 독립운동과 일본의 혹독한 탄압이 반복되는 가운데 차별은 한층 더 조장되었다. 1923(다이쇼12)년의 간토대지진에서는 전혀 근거 없는 유언비어로 다수의 조선인이 살해되었다. 1937(쇼와 12)년에 중일전쟁이 시작되어 일본이 전시체제에 들어가고 노동력이 부족해지자 그다음 해부터 약 70만 명의 조선인이 내지에 (강제로) 이주당해 ……"[85]라고 기술했다.

셋째, 지금 기술한 것에 관련해 몇 개의 교과서에서 간토대지진 시기에 학살당한 조선인의 수와 전시하의 내지로 연행된 사람의 수를 기재한 예가 등장했다는 점이다. 예를 보자.

니시오카 도라노스케·스즈키 료이치(鈴木良一)·후지와라 아키라(藤原彰) 외 『고교일본사 다섯 번째 개정판』[86]에는 간토대지진에서 "적어도 수천명의 조선인과 수십명의 사회주의자, 오스기 사카에(大杉栄) 등 무정부주의자가 법적절차

82) 같은 책, 258쪽.
83) 같은 책, 303쪽.
84) 『日本史改定版』(實教出版, 1977년).
85) 같은 책, 242쪽.
86) 『高校日本史五訂版』(實教出版, 1973).

없이 살해되었다"(280쪽)라고 기술했다.

또한 조선인의 전시하 연행에 대해서는 수치를 든 것은 가도와키 데이지(門脇禎二)·기사카 준이치로(木坂順一郎)·이구치 가즈키(井口和起) 외 『고교일본사』[87]에는 다음과 같은 기재가 있다.

> 전시하의 국민 생활 …… 조선과 대만에서는 황민화 교육이 실시되고, 일본어 교육을 철저히 하는 등, 그 지역주민의 민족성을 부정하는 정책이 실시되었다. …… 대량의 징병으로 노동력 부족도 심각해져, 국민과 식민지의 주민까지 국민 징용령에 따라 강제적으로 배치되었다. 중학교 이상의 학생이나 젊은 여성도 동원되어, 조선인 외에 중국인도 내지로 연행되어 일하게 했다(주석: 1939~1945년에 내지로 강제적으로 이주당한 조선인은 약 72만 명, 1944~1945년에 강제 연행된 중국인은 약 4만 명에 달하다. 그들은 광산이나 항만에서 고된 노동해 혹사당하고 과로와 열악한 노동조건으로 인해 상당수의 사람이 죽었다).[88]

또한 같은 책에는 '한국병합'에 대해서 조선 측의 강한 저항에 부딪친 후 '병합이라는 단어는' 어조를 고려해 일본의 외무성이 새롭게 '생각해 낸 단어'라고 하는 주석에 주목할 만하다.[89]

넷째, 이미 설명한 것이기도 하지만, 극히 간략하지만 15년전쟁하의 조선에 대해서 기술이 몇 개의 교과서에 등장한 점이다. 위에서 말한 것 이외에는 아래와 같은 서술이 있다.

이에나가 사부로 『신일본사』[90]에서는 1937년 이후의 전쟁으로 죽은 자를 대해 다룬 주석에서 "이외에 조선인·대만인 등의 식민지의 사람들로 군인으로(전쟁 말기에는 식민지 주민들도 지원병 또는 징병제도가 실시되었다), 또는 노동자로 복무를 강요당해, 전쟁의 소용돌이로 인해 죽은 사람이 많다"[91]라고 기재했다.

---

87) 『高校日本史』(三省堂, 1979).
88) 같은 책, 268-269쪽.
89) 같은 책, 227쪽.
90) 『新日本史』(三省堂, 1974)

이노우에 미쓰사다(井上光貞)·오쿠보 도시아키(大久保利謙)·이토 다카시(伊藤隆)·다카무라 나오스케(高村直助) 외 『상세일본사 개정판』[92]에서는 전시하의 '노동력 송두리째 동원'의 주석에 "다수의 조선인과 점령하의 중국인을 일본에 연행해 광산 등에서 일을 시켰다"[93]라고 기재했다.

야스다 모토히사(安田元久)·도리우미 야스시(鳥海靖)외 『고등학교신일본사 개정판』[94]에서는 제2차 세계대전 아래서 '중국인·조선인 노동자의 강제징발 등 …… '[95] 이라고 기재했다.

야스다 모토히사·우노 슌이치(宇野俊一) 외 『고등일본사 최신판』[96]에서는 태평양전쟁 아래, "다수의 조선인을 징용하고, 중국인을 강제로 일본에 연행해 일을 시켰다"[97]라고 기재하고 있다.

이와 같이 15년 전쟁 하의 조선에 관한 기재가 늘어났다고 해도 실제로는 거의 대부분이 노동력 동원, 내지 연행뿐이고, 그 즈음에 급속하게 진행된 식민지사의 연구는 아직 교과서 기술에는 반영되지 않았다.

그것뿐만 아니라, 실제로는 전시하의 내지로 연행된 조선인의 수에 대해서도 문부성이 검정에서 기재 못하게 하려고 하는 경향이 있었다. 일본출판노동조합연합회의 『교과서 레포트』를 참고하면서 이 시기의 조선에 관한 검정 의견의 구체적인 사례를 살펴보자.

1978년 고교일본사 검정에서는 "조선인의 강제 연행된 사람들의 숫자 등은 '여러 설이 있어 분명하지 않기' 때문에, 숫자를 드는 것은 어떠한가?"라는 의견이 있었다.[98]

---

91) 같은 책, 288쪽.
92) 『詳說日本史改訂版』(山川出版社, 1979년)
93) 같은 책, 319쪽.
94) 『高等學校新日本史改訂版』(帝國書院, 1977).
95) 같은 책, 270쪽.
96) 『高等日本史 最新版』(帝國書院, 1978).
97) 같은 책, 325쪽.
98) 『教科書レポート』(1979년판), 17쪽.

또한, 조선의 개국에 관해서 "그즈음, 조선정부는 일본의 신정부와의 국교 재개 요구를 거부하고 있었다. 이것에 대해 일본은 여러 가지 압박을 가했기 때문에 조선은 일본을 무법국가로서 항의했다"라는 교과서 기술에 대해 "여러 가지 압박이라는 것이 구체적으로 어떤 것을 가리키는지 모르겠다. 제반사정으로 일본이 압박을 가했다고 하는 것은 부적절"이라는 의견이 첨부되었다.[99]

교과서 검정 제도에서 문부성(교과서조사관)은 교과서 원고에 의견을 첨부, 저자가 따르지 않을 경우, 최종적으로 불합격 처분(교과서로서의 발행은 불가능하게 됨) 시행을 엄격히 유지하고 있다. 그런데도 이에나가 사부로의 교과서 재판에서는 재판소에 자료가 제출될 때까지 검정은 말 그대로 밀실 행정으로 당사자 이외에는 아무것도 알려 주지 않는 형태로 진행되었다. 이런 상황 역시 당분간 계속되었다.

Ⅴ. 1980년대의 기술

1980년대에는 각 각의 교과서가 제각기 특징을 가지면서 근현대의 일본과 조선에 대해서 충실하게 기술했다는 것이 가장 큰 특징이다. 조선과 관련된 기술은 양적으로 늘었고, 사항별 설명도 길어졌다. 특별히 중일전면전쟁 이후, 일본의 항복까지의 시기에 관한 기술을 확충했다. 단, 자연스럽게 이뤄진 것은 아니다.

1980년 자유민주당 기관지에는 당시의 교과서가 '좌익'화하고 있다는 캠페인을 시작[100]하여 교과서에 대한 혹독한 비판을 전개했다. 문부성의 검정은 이런 상황 속에서 1981년에 특히 엄격해져 '삭제하는 검정'에서 '쓰게 하는 검정'

99) 같은 책, 21쪽.
100) 자유민주당, 『지금, 교과서는 …… 교육정상화를 향한 제언』(1980).

으로 변화했다고까지 한다. 그러나 1982년에 문부성이 사회과 교과서 검정에서 일본의 아시아 침략을 '진출'로 고치게 했다는 내용이 보도된 것을 계기로(엄밀하게는 세계사 교과서에서 일본의 동남아시아 침략이 '진출'로 고쳐 쓰도록 했다) 국내뿐만이 아니라, 동아시아, 동남아시아 각 나라에서 일본의 역사교과서에 대한 비판이 속출하고 정부의 책임하에 제정 장치를 마련하기로 하며 외교적으로 결착되는 사태가 일어났다.

조선에 관한 기재의 검정 실태를 살펴보자. 검정으로 집필자의 원고가 바뀐 구체적인 예는 아래와 같다.

1982년도용 원고 '3·1운동'에 대해서

> 1919년 3월, 경성(현 서울)에서 조선 독립을 외치는 집회·데모가 일어나, 순식간에 조선 전역에 파급했다(3·1운동)(주: 일본의 군대·경찰의 탄압으로 조선인 7,000명 이상이 살해되고, 다수의 교회가 불탔다).

검정 결과는

> 1919년 3월, 경성(현 서울)에서 조선 독립을 선언하는 집회가 열려, 데모와 폭동이 조선전역에 파급했다(3·1운동)(주: 군대·경찰에 의해 폭동은 엄중하게 탄압되었다).

1982·83년도용 원고 '강제 연행'에 대해서

> 조선인·중국인을 일본 본토에 강제적으로 연행해, 광산 등에서 혹사했다(주 : 1939~45년은 적어도 60만 명 이상의 조선인, 5만 명의 중국인이 강제 연행되었다).

검정 의견

> 조선인과 중국인을 구별해서 쓸 것. 당시 조선은 일본 영토이며, 국민징용령을 적용한 것으로 조선인의 경우 강제적이라고 말할 수 없다.

검정 결과

> 일본 본토에 연행되어, 강제노동당한 중국인도 약 4만 명 정도였다(주 : 국민징용령으로 다수의 조선인이 내지로 연행되어 광산 등에 착출당했다).[101]

이와 같이 3·1운동은 '폭동'이 되고, 피해자 수를 넣는 것은 이루어지지 않았다. 또한 강제 연행이라는 용어를 조선인에게 사용할 수 없었다.

게다가 식민지화에 관련한 동양척식회사의 설립과 토지조사사업에 관해 조선농민에게서의 '토지 몰수'라는 표현에는 클레임이 제기되었다.

1982년의 외교문제화를 거쳐 검정기준의 "근린 제국의 …… 배려한다"라고 하는 조항이 붙여지면서 예를 들어 3·1운동을 '폭동'이라고 써야만 하는 사태는 피할 수 있었다. 단, 조선에 관한 기재에서는 그 후에도 아래와 같은 검정 의견이 첨부되고 있다.

1985·86년도 검정에서 "가혹한 무단정치 아래 놓이고 토지조사사업이 수반되어 많은 농민이 토지를 몰수당한 조선에서도"라는 원고에 대해 "토지조사사업은 근대적 토지소유권의 확립을 목적으로 실시된 것이며" "신고누락 등에 따른 결과로 많은 농민이 토지를 잃은 것이다"라고 조사 사업 목적이 그렇게 된 것처럼 읽게 되는 것은 "이상하다"라는 검정 의견이 첨부되었다.

또한 같은 해 검정에서, 3·1운동에서의 살해자 수는 "단정하는 것을 피하라"라는 검정 의견이 있었고, 간토대지진 때 조선인 사망자와 강제 연행된 조선인 수에 대해서도 같은 의견이 있었다.[102]

그리고 1988년도의 검정에서는 1930년대의 조선에서 일본어 사용 강제, 신사참배 강제, 창씨개명에 대해서 그 시기적 순서에 이의를 제기했다. 게다가 "1982년, 침략 전쟁의 기술에 관한 교과서 검정을 둘러싸고 아시아 여러 나라에

---

101) 이상 일본노동출판노동조합연합회, 「교과서 레포트」(86년판), 96-98쪽.
102) 위와 같은 잡지, 87년판, 34-36쪽, 89년판, 89-91쪽.

서 일본 정부 자세에 대한 비판이 일어나고 1985년에는 나카소네(中曽根) 수상의 야스쿠니신사 공식 참배에도 비판이 쏟아졌다"라는 기재에는 '검정을 둘러싸고' '일본 정부의 자세에 대한 비판이 일어나고'라고 말할 수 있는지, '보도에 따르면'이라고 하는 부분이 가미될 수 없는가 하는 검정 의견이 첨부되었다.

이후에 결국 "1982년 침략 전쟁의 기술에 관한 교과서 검정에 대한 보도로 아시아 여러 나라에서 비판이 일고, 1985년에는 나카소네 수상의 야스쿠니신사 공식 참배도 비판이 쏟아졌다"라고 기술되었다.[103]

이하에 보게 될 기재는 교과서 집필자들이 문부성검정과의 응수를 반복하면서 실현한 것이었다.

먼저, 미야하라 다케오(宮原武夫)·구로하 기요타카(黒羽清隆) 외 『고교일본사』[104]에서는 조선 식민지화의 경위를 이토 히로부미 전의 내용을 자료로 들면서 정중하게, 다른 한편에서는 의병운동 등도 합쳐서 기술하고,[105] 1983년판에서는 전시하의 강제 연행과 합쳐서, 15년전쟁기의 조선인의 무장항쟁도 기재했다.[106]

나오키 고지로(直木孝次郎)·에구치 게이치(江口圭一) 외 『일본사』[107] "조선·대만에서도 황민화 정책(주석: 조선에서는 일본어 사용, 성씨를 일본식으로 바꾸는 '창씨개명', 신사설치와 참배 등, 극단적인 동화정책이 진행되었다. 또한 국민징용령에 의해 다수의 조선인이 내지로 연행되어 광산 등에 추출되었다)을 강행했다"라고 한다.[108] 같은 책 85년판은 "국민징용에 의해 다수의 조선인이 내지에 연행되어 광산에 추출되었다(그 수는 약 72만 명에 이른다고 말하기도 한다)"[109] 라는 기술과 연행자 수를 구체적으로 기재해 1989년판에서는 제2차 세계대전 후 "재일한국·조선인의 생활과 권리를 지

103) 같은 잡지, 1990년판, 64-69쪽.
104) 『高校日本史』(實教出版, 1980).
105) 같은 책, 266-268쪽.
106) 같은 책, 316쪽.
107) 『日本史』(實教出版, 1983).
108) 같은 책, 320쪽.
109) 같은 책, 320쪽.

키는 노력도 줄기차게 진행되어 왔다"라는 재일 한국·조선인에 관한 기술이 등장했다.[110]

비토 마사히데(尾藤正英)·후지무라 미치오(藤村道生) 외 『일본사』[111]도 조선 관계의 기술을 대폭 확충하고 전시체제하의 "조선의 북부에서는 1920년대의 수력발전소가 건설되어, 1930년대에는 중화학 공업과 섬유 공업이 발전하고, 광물자원의 개발도 이루어졌다. 이것들은 재벌 등 내지 자본의 진출과 조선인 노동자의 저임금과 장시간 노동으로 추진된 것이었다. 또한, 조선에서는 '황민화'라는 이름하에 일본어 사용이나 성씨를 일본식으로 새롭게 바꾸게 하는 창씨개명도 진행되고 있었다. 더욱이 1938(쇼와 13)년에는 육군지원병제도가 실시되어 조선인도 중국전선으로 동원되고 있었다. 이러한 가운데 조선 독립으로 목표로 한 반일운동도 힘을 강화하고 있었다"[112]라고 기술했다.

나가하라 게이지(永原慶二)·우노 슌이치(宇野俊一) 외 『고등학교일본사』[113]는 3·1운동 사망자에 대해 "일본의 관청 기록에서는 2,000명이라고 하지만 박은식(朴殷殖) 『조선인독립운동지혈사』에는 2만 3,470명이라고 한다"라는 주석을 단 것을[114] 비롯해 간토대지진에서 조선인 학살자 수, 강제 연행된 자 수를 각각의 문헌상의 근거를 들면서 기재했다.

가도와키 데이지(門脇禎二)·기사카 준이치로(木坂順一郎) 외 『고교일본사』[115]는, 1988년의 세 번째 개정판에서 "대동아공영권'하의 아시아"라는 페이지를 신설해 조선·대만의 황민화 정책, 창씨개명이나 징병제를 구체적으로 기술했다.[116]

이나가키 야스히코(稲垣泰彦)·아마카스 겐(甘粕健)·가와무라 젠지로(川村善二郎) 외 『일본사』[117]는 "일본의 식민지였던 조선에서도 세계적인 민족자결의 풍

110) 같은 책, 356쪽.
111) 『日本史』(東京書籍, 1983).
112) 같은 책, 301-302쪽.
113) 『高等學校日本史』(學校圖書, 1985).
114) 같은 책, 275쪽.
115) 『高校日本史』(三省堂).
116) 같은 책, 242-243쪽.

조 속에서 민족 해방의 요구가 높아져 1919년 3월, 독립만세를 외치는 민족운동이 촉발했다(3·1운동). 하라 내각은 이를 진압한 이에 조선총독의 현역 무관제를 새로운 무관으로 하고, 무단정치에 수정을 가했지만 조선 민족이 독립운동은 그 후에도 끊이질 않았다"[118]라고 3·1운동 이후의 일본의 통치방식 전환을 기술했다. 또한 1985년의 『일본사개정판』(日本史改訂版)에서는 '전시경제의 파탄'이란 제목으로 "식민지였던 조선에서 다수의 조선인을 반쯤 강제적으로 모아서 공장·광산·항만 등에서 가혹한 노동에 종사시켰다. 이윽고 조선에도 국민징용령을 적용했다(주석: 재일조선인이 거주 인구는 내무성 조사에 따르면, 노동자 모집이 개시되었던 1939년에는 약 96만 명, 관 알선으로 불리는 징발이 시작된 1942년에는 약 162만 명, 국민 징용령이 적용된 1944년에 약 193만 명, 그리고 1945년 5월에는 약 236만 명으로 급증했다)"[119]라고 했다.

이시이 스스무(石井進)·이토 다카시(伊藤隆)·다카무라 나오스케(高村直助)·반노 준지(坂野潤治)외 『상설일본사』[120]는 전시하의 연행도 또한 주석으로 달았지만 '간토대지진의 혼란'이란 칼럼에서 "민중과 일부 관헌에 의해 수천 명의 조선인과 약 200명의 중국인이 살해되었다"[121]라고 기록하고, 한일기본 조약의 주석에서는 "1952년 이래, 한일회담은 단속적으로 열려, 식민지시대의 사후처리·어업문제 등에서 서로 크게 대립했지만, 1964년 말부터의 제7차 회담에서 합의가 이루어졌다"[122]라며 그 경위를 서술했다. 같은 책의 1988년판 『신상설일본사』는 더욱이 제2차 세계대전 후의 한일관계의 기재를 확충해 제2차 나카소네 내각기 수상의 한국방문과 다음해 전두환 대통령의 최초 방일을 주석으로 달았다.[123]

---

117) 『日本史』(三省堂, 1983).
118) 같은 책, 281쪽.
119) 같은 책, 313쪽.
120) 『詳說日本史』(1983).
121) 같은 책, 305쪽.
122) 같은 책, 348쪽.
123) 같은 책, 358쪽.

또한 1980년대의 고교일본사 교과서에 대해서 덧붙여 적어 두어야 할 것이 있다. 1986년에 우익단체 '일본을 지키는 국민회의'(日本を守る國民會議)가 편집을 추진했던 고교일본사 교과서[124]가 검정을 통과한 것에 대해서 일본 내의 역사학자로부터 강한 비판을 받았고, 나아가 중국 정부의 제정요청과 한국문교부장관의 비판도 받았다. 중국과 한국의 비판을 받아 일단은 검정을 통과한 이 교과서는 나카소네 수상의 특별 지시에 따라 네 번에 걸친 수정이 추가되는 사태가 일어났다.

이 『신편일본사』(1987년 발행판)의 조선관계 기술을 보면, 항목으로 말하자면 정한론, 강화도 사건과 한일 수호조약, 청일전쟁, 한국병합에 대해서 기재 외에, 3·1운동에 대한 언급도 있다. 그러나 이후 전시하의 조선에 대해서의 기술은 전혀 없고 1930년대부터 일본이 항복까지 조선에 관해서는 일절 기술하지 않았다. '병합'이 식민지라고 하는 가장 중요한 것이 방치되었기 때문에 항목이 있어도 기재는 극단적으로 단편적으로 되어 있다. 교과서의 역사에 들어맞다고 하면서 1950년대에 일부 보여지는 『국사개설』(國史概說)하권의 기술을 그대로 기초로 한 교과서에 가장 가까운 것이라고 할 수 있다. 이후 30년간에 걸친 일본 근현대사연구의 성과는 전혀 반영되지 않았다.

Ⅵ. 1990년대의 기술

1989년에 고등학교의 학습 지도요령이 크게 바뀌었다. 역사는 종래의 사회과가 분할되어 지리역사과와 공민과가 신설되고, 지리역사과는 세계사가 필수과목이 되어 일본사와 지리는 선택과목이 되었다. 더욱이 세계사와 일본사는 A

124) 아사히나 마사유키(朝比奈正幸)외 『신편일본사』(新編日本史, 原書房), 또 이 교과서는 후에 국서간행회를 거쳐 메이세이샤(明成社)에 판권을 양도하고, 출판사를 여기저기 바꿨다.

와 B의 과목으로 되어 있어 전자는 근현대사 중심(1999년의 지도요령 이후에는 근현대만)으로 연간 2단위, 후자는 전근대와 근현대사를 합친 것으로 4단위였다.

일본사도 세계사도 A과목은 직업과정이나 통신제와 일반학교에서, B과목은 일반학교와 공립진학학교에서 편수되었다. 단, 일부 진학학교는 A, B의 두 과목으로 편수시키고 있다. A와 B의 채택 비율을 보면, 1990년대 중반에는 거의 1:2였지만 2004년의 데이터에서는 그것이 2:3이 되었다.

발행된 교과서의 개수를 보면 1999년도에 일본사A가 6개사 7점, 일본사B가 9개사 19점이다. 출판사의 수는 80년대에 비례해서 줄고, 하지만 A, B양 과목이 개설되었기 때문에 개수 자체는 증가하고 있었다.

조선에 관한 기재의 특징을 열거해 보자.

첫 번째, 조선에 관한 기재가 양적으로 충실하다는 것이다. 항목으로 말하자면 정한론, 강화도 사건과 한일 수호조약, 임오군란에서 갑신사변, 오사카 사건, 청일전쟁, 의병투쟁과 식민지화, 동척(동양척식회사)과 토지조사사업, 3·1운동과 일본의 대응, 간토대지진, 신흥재벌, 황민화 정책과 강제 연행, 위안부, 카이로 선언, 독립과 분립, 조선전쟁, 한일조약 등이 거의 모든 교과서에 기재되게 되었다.

1980년대에 근현대사를 전문으로 한 필자를 포함하지 않은 교과서에 제일학습사(第一學習社), 하라서방(原書房) → 국서간행회(國書刊行會)에서 출판되었던 교과서가 있었지만, 그 사이에 전자는 근현대사 전문가가 합류한 1994년판 이후, 조선관계 기술이 특별 전시하와 제2차 세계대전 후의 시점에서 아래와 같이 증가했다.

사카모토 쇼조(坂本賞三)·이오키베 마코토(五百旗頭真)외 『신일본사B』[125)]에는 다음과 같이 나타났다.

> 전시경제의 파탄과 국민 생활 …… 조선인(주석 : '종군위안부'로서 연행된 여성도

125) 『新日本史Ｂ』(第一學習社. 1994).

있었다. 역시 조선에서는 일본어 강제 사용이나 성씨를 일본식으로 바꾸게 하는 창씨 개명을 강요당했다. 또한 각지에 설립되었던 신사에 강제참배가 실시되어, 말하자면 황민화 정책이 전개되었다)이나 중국인의 강제 연행으로 노동력 확보에 대응했다.[126)]

평화와 인권 …… 부락차별, 아이누 사람들이나 재일한국·조선인에 대한 차별, 장애가 있는 사람들과 여성에 대한 차별을 없애기…….[127)]

두 번째로, 위의 서술과 관련해서, 이른바 종군위안부에 관한 서술이 공통적으로 기재되게 되었다는 점이다. 일본군 위안부문제는 1991년에 한국에서 전 위안부가 실명으로 이름을 밝히고, 일본 정부에 사죄를 요구한 시점부터 표면화되었다고 일반적으로 알려져 있다. 그러나 1980년대부터 한국에서 위안부였던 사람들의 발자취를 좇는 작업이 진행되었고, 일본 국내에서도 역사가들이 다양한 연구를 해 나가고 있었다. 이런 가운데 아오키 미치오(青木美智夫)·이카이 다카아키(猪飼隆明)·니시다 요시아키(西田美昭) 외 『상세일본사』[128)]는 아래와 같은 주목할 만한 기술을 하고 있다.

대동아공영권의 실상 …… 조선에서는 1940(쇼와15)년에 국민정신총동원조선연맹이 개조되어, 조선인의 총동원 태세가 강화되었다. 1944(쇼와19)년에는 징병제가 도입되었다. 또한 20만 명의 조선 여성이 정신대로 모집되고, 또한 많은 여성이 종군위안부에 끌려갔다.[129)]

같은 책은, 이외에도 조선의 역사를 일본과 관련시키면서 서술한 곳이 적지 않다. 예를 보자.

만주와 몽고 개척과 조선의 병참기지화 …… 조선에서는 대륙 침략의 병참기지화

126) 같은 책, 294쪽.
127) 같은 책, 322쪽.
128) 『詳解日本史』(三省堂, 1990).
129) 같은 책, 299쪽.

가 강력하게 추진되었다. 그로 인해 북부의 공업화를 촉진시키면서 '내선일체'를 슬로건으로 내걸고 전쟁 동원을 위한 황민화 정책이 실행에 옮겨졌다. 구체적으로는 신사참배가 강제되고, 1938(쇼와 13)년에는 지원병제가 공포되었다. 그리고 학교에서는 일본어 사용이 강제되어 1939(쇼와 14)년 12월부터는 이름도 일본식으로 개명시킨 '창씨개명'이 강요당하게 되었다.[130]

8월 15일, 조선의 서울에서는 치마저고리를 입거나 한글 전단지가 붙거나, 일본식 신사가 불타거나 했다. 일본의 식민지 지배는 놀랍게 붕괴…….[131]

위안부에 관한 기재는 92년에 일본군의 위안소 설치와 위안부 모집 통제를 표기한 공문서가 발견된 일로 방한한 미야자와(宮沢) 수상이 노태우 대통령에 사죄하고 이후 고교교과서뿐만 아니라 중학교 사회과 교과서에도 게재하도록 되었다.

그러나 1990년대 후반에 자민당과 신진당의 일부 의원과 우익단체 '새로운 역사교과서를 만드는 모임'(新しい歴史教科書をつくる會) 등이 교과서에서 위안부에 관한 기술을 삭제시키려고 하는 격렬한 정치적 캠페인을 펼쳐 갔다. 그들의 주장의 요점은 '종군위안부'라고 하는 말은 당시 존재하지 않았다. 싫다는 사람을 억지로 끌고 가려고 한 인상이 '강제 연행'은 아니고 민간업자의 일을 국가의 책임으로 하는 것은 부적절 등이다. 게다가 "90년대 이후의 일본사회의 혼미의 원인은 '자학적'인 역사교과서에 있다"라는 주장까지 등장했다.

중학교 역사교과서 가운데 위안부에 관한 기재가 이후 개정판에서 사라진 교과서가 나왔다. 단지 고등학교 일본사 교과서에서는 원래부터 식민지 문제를 사실상 전혀 기재하지 않았던 한 곳[하라서방 → 국서간행회 출판물]을 제외하고, 위안부에 대한 기재는 일반화했다. 위에서 기술한 제일학습사와 산세이도의 출판물 외에 90년대의 교과서의 기재를 두 가지만 살펴보면 아래와 같다.

---

130) 같은 책, 289쪽.
131) 같은 책, 305쪽.

조선 및 대만, 필리핀 등에서는 다수의 젊은 여성들을 모집해, 일본군의 종군위안부로서 중국전선등의 지역으로 보내졌다.[132]

또한 수십만 명의 조선인과 점령하의 중국인을 일본에 연행해, 광산 등에서 일하게 했다(주: 조선에서는 1943(쇼와 18)년, 대만에서는 1945(쇼와 20)년에 징병제가 시행되었다. 또한 여성의 경우, 전지의 군의 위안 시설에서 일하도록 하기도 했다).[133]

세 번째로, 제2차 세계대전 후의 조선에 관한 기재가 증가했다는 점이다. 예를 들어 나오키 고지로(直木孝次郎)·에구치 게이치(江口圭一)·히로카와 다다히데(広川禎秀) 외 『일본사B』[134]는 주제 학습에서 일본의 식민지하의 조선의 사람들을 다루면서 1990년의 노태우 대통령의 일본 국회에서의 연설, 92년 미야자와 기이치(宮沢喜一) 수상의 한국구회에서의 연설, 93년 호소카와 수상과 김영삼 대통령의 회담을 구체적으로 다루었다.[135] 1965년의 한일회담까지 다년간의 교섭을 언급한 교과서도 증가했다. 또한 '일본국 헌법과 일본에 거주하는 외국인의 인권'에 대해서 헌법제정 시의 역사를 다룬 교과서도 등장했다.[136]

네 번째, 그렇다면 검정은 1990년대에 어떤 방식으로 진행되었을까. 1990년대에는 다양한 비판 가운데 문부성이 검정 전에 신청도서(교과서 원고)와 그것에 첨부한 검정 의견의 개요를 공개하게 되었다. 이에나가 교과서가 제소된 단계와 비교해 보면 큰 변화이다. 단, 다른 곳에서 다룬 바와 같이, 정확히 그것은 부분 공개이며, 나아가 극히 단기간에 반론 혹은 수정할 필요가 있기 때문에 검정하는 측의 자의성이 강화되는 면도 있다.[137]

검정의 실태를 보도록 하자. 그 이전과 같이 구체적으로 숫자를 적은 교과

132) 中村政則 他, 『新版高校日本史』(日本書籍, 1994), 311쪽.
133) 石井進·伊藤隆, 「詳說日本史」(山川出版社, 1994), 332쪽.
134) 『日本史B』(實教出版, 1994).
135) 같은 책, 362-363쪽.
136) 田中彰·金原左門·三宅明正 외, 『日本史A』(東京書籍, 1997), 121쪽.
137) 三宅明正, 「정말로 새로운 역사교과서라는 것은 무엇인가」(本当に新しい歴史教科書とは何だろうか), 『역사평론』 2002년 12월호.

서 기술에 대해서는 검정에서 많은 의견이 나온다. 예를 들면 "5만 명 혹은 20만 명이라고 얘기되는 조선의 젊은 여성들이, 일본 정부·군부에 의해 종군위안부로서 징용되었다"라는 교과서 원고에 대해 "종군위안부의 숫자에 대해서는 현시점에서의 연구 상황을 고려해 줬으면 좋겠다" "종군위안부의 '징용'이라는 용어는 국민징용령에 의한 징용과 오해소지가 있음"이라는 의견을 내고, 검정 결과로 "일본 정부와 군부를 통해 다수의 젊은 여성이 종군위안부로서 전선에 보내졌다"라고 바뀌었다. 또 다른 교과서에서도 위안부의 숫자에 대해서 '약 10만 명'이란 기재에 '다수의 여성이'라고 고치게 했다.[138] 외에도 3·1운동의 참가자 수와 전시하의 강제 연행된 사람들의 수에 대해서도 클레임이 제기되어 있다. 이와 관련해 1907년부터 1909년의 조선의병투쟁에 대해 "일본의 철저한 초토 작전에 의해 조선의 희생은 막대했다"라는 기술에 대한 검정 의견으로 '철저한 초토 작전'이라는 기술에서 "그 사이에 조선전역이 초토화된 것 같이 오해할 수 있다" 등의 사례도 있다.[139]

또한 일본 정부의 입장을 적극적으로 기재하도록 하는 검정 의견도 많다. 예를 들어 "그러나 정부는 한편으로 한국병합조약의 합법성을 주장하고 침략 전쟁이었다는 것을 인정하지 않고, 전쟁책임도 분명하게 인정하지 않는 입장을 취하고 있다"라는 교과서 원고에 대해서 "일본 정부의 전쟁책임 등에 대한 태도에 대해서 오해할 소지가 있는 표현이다"라는 의견이 있어, "1995년의 무라야마(村山) 수상 담화, 1998년의 한일공동선언, 중일공동선언에서는 식민지 지배와 침략에 대한 반성을 표명했다"라고 기술했다.[140] "강제 연행이나 종군위안부를 비롯해 전후 보상문제 등 남겨진 문제도 많다"라는 교과서 원고에 대해서는 "국가 간의 배상문제의 대해서는 해결 종결"이라고 기재하라는 의견이 있었고, 그 결과 주석으로 기재하게 된 사례도 있다.[141]

138) 모두 92년도 검정 사례. 『교과서 레포트』 1994년판, 36-43쪽.
139) 1993년도 사례 『교과서 레포트』 1995년판, 23-34쪽.
140) 2001년도 사례, 『교과서 레포트』 2003년판, 57-59쪽.
141) 2002년도 사례, 『교과서 레포트』 2004년판, 62-63쪽.

이런 상황은 20세기부터 21세기인 지금까지 지속되고 있다.

VII. 마치며

이상으로 1950년대부터 2000년대 초반까지의 교과서에 대해서 살펴보았다. 그것을 포함해서 최근의 특징을 두 가지 지적하고 싶다.

첫째, 고교일본사 교과서에 집필자를 포함해서 다양한 시점에서 구성하려고 하는 교과서가 등장했다는 점이다. 『일본사A』[142]에는 칼럼집필의 형태로 모로코, 독일, 인도, 한국, 재일, 미국의 역사 연구자들이 참여하여 본론부분을 집필한 일본인연구자와 협동으로 교과서를 만들었다. 이것은 일본의 역사교과서 역사상 처음 있는 일이다.

둘째, 역사의 상호 이해를 요구하여 특별히 한국, 중국, 일본이라고 하는 동아시아 수준에서 역사교과서를 연구하는 작업이 활발하다는 점이다. 이 작업에는 시민단체나 역사가의 상호 교류 등 여러 가지 단계의 모습이 있고 가까운 시일 내에 공통된 역사 교재를 작성하자고 하는 수준까지 이르렀다.[143]

이러한 움직임이 앞으로의 교과서 기술 내용에 큰 영향을 미칠 것이 틀림없다. 21세기 일본의 역사교과서는 한국·조선에 대한 기술을 질적으로나 양적으로나 양쪽 모두 더욱 충실히 해 나가는 것이 요구되고 있다.

최종 탈고: 2005년 1월

번역: 허미선 (아시아평화와역사교육연대 국제협력부장)

---

142) 田中彰·金原左門·三宅明正 외,『日本史A』(東京書籍, 2002).

143) 최근 사례는 歷史學硏究會 編,『歷史教科書をめぐる日韓対話』(大月書店, 2004); 日中韓3國共通歷史教材委員會,『東アジアの近現代史』(高文硏, 2005) 등이 있다.

고등학교 역사교육의 세계사 인식과 '봉건제'론

미야지마 히로시

Ⅰ. 들어가며

필자는 지금까지 일본사 연구와 한국사 연구 중에서 '봉건제'론의 성립에 관한 두 편의 논문을 발표했다.[1] 여기에서 말하는 '봉건제'론은 일본사와 한국사를 연구함에 있어서 유럽적인 의미에서의 '봉건제' 개념을 적용한 경향이 있다. 기존 발표 논문의 취지는 이와 같은 '봉건제'론이 러일전쟁을 전후로 일본에서 형성되기 시작해, 1930년대 이후 일본사, 한국사 연구에서 통설적인 지위를 차지하게 되어 오늘날에 이른 것을 밝히는 것이었다.

이 글의 목적은 이미 밝힌 한일 양국의 현재 역사교육에서 '봉건제'론이 어떤 위치를 차지하고 있는가를 검토하는 것이다. 대상을 고등학교의 역사교육에 한정한 것은 고등학교의 교육과정과 그것을 근거로 작성된 교과서가 역사 연구의 동향과 밀접한 관련이 있다고 판단했기 때문이다. 주지한 바와 같이 한일 양국의 역사교육은 자국사와 세계사 두 가지를 동시에 실시하고 있는데, 여기에서도 연구 대상을 한일 양국의 자국사와 세계사로 설정하고 검토하기로 한다.

---

1) 「日本における"國史"の成立と韓國史認識: '封建制'論を中心に」, 宮嶋博史·金容德 編, 『近代交流史と相互認識 I』(慶應大學出版會, 2005)수록 및 「日本史·朝鮮史研究における"封建制"論: 1910年~45年」, 宮嶋博史·金容德 編, 『近代交流史と相互認識 II: 日帝支配期』慶應大學出版會, 2005) 수록.

구체적으로는 일본의 '학습 지도요령 해설'과 한국의 '교육과정 해설서'를 중심으로 검토하고, 교과서도 부차적으로 다룬다.

II. 일본의 역사교육에서 세계사와 자국사 인식

일본의 현행 고등학교 교육은 1999년에 개정된 학습 지도요령에 따라 실시하고 있다. 교과서도 기본적으로 이 지도요령에 따라 작성된 것은 주지한 바와 같다. 여기에서 먼저 현행 학습 지도요령의 역사 인식을 검토하기 위해서 『고등학교학습 지도요령 해설 지리역사편』(高等學校學習指導要領解說 地理歷史編)[2]을 살펴본다.

1999년의 학습 지도요령 개정시에 사회과 및 고교지리역사과·공민과(公民科)개선의 기본 방침은 "소학교, 중학교 및 고등학교를 통해, 일본과 세계의 여러 가지 사상(事象)에 관심을 가지고 다면적으로 사고하며, 공정하게 판단하는 능력과 태도, 우리나라의 국토와 역사에 대한 이해와 애정, 국제협력·국제협조의 정신 등, 일본인으로서의 자각을 가지고, 국제사회 속에서 주체적으로 살아갈 자질과 능력을 육성하는 것을 중시해 내용 개선을 도모한다"라고 설정했다. 그리고 이를 바탕으로 지리역사과의 목표를 "우리나라와 세계의 형성의 역사적 과정과 생활·문화의 특색에 대해서 이해와 인식을 깊이하고, 국제사회에 주체적으로 살아갈 민주적, 평화적인 국가·사회의 일원으로서 필요한 자각과 자질을 기른다"는 것으로 삼고 있다.

이상과 같은 전체적인 자리 매김을 감안하고, 고등학교 역사과는 세계사A와 세계사B, 일본사A와 일본사B로 나누어져 있지만, 세계사A와 일본사A는 주로 근현대를 배우는 교과이기 때문에 '봉건제'론을 테마로 하고 있는 이 글은 세

2) 文部省 編, 『高等學校學習指導要領解說』(實敎出版, 1999).

계사B와 일본사B, 특히 그 전근대 부분을 검토 대상으로 한다.

1. 세계사B

먼저 세계사B를 살펴보면 과목의 기본적 성격을 "세계 역사의 큰 흐름을 각 시대, 각 지역 역사의 중요한 사항을 중심으로 배우는 과목이다"라고 첫 부분에 밝히고 있다. 구체적으로는 "고대부터 현대까지의 세계 역사의 기본적인 내용을 대강 학습한다"라고 서술하고 있다. 전체 구상은 다음과 같다.

> '세계사B'의 내용은 복잡하고 다양한 세계 역사를 학생들이 알기 쉽게 배우기 위해 시대와 지역을 크게 나눠서 (1)부터 (5)까지의 큰 항목으로 구성했다. 시대구분이나 지역 구분에 대해서는 학계에서도 여러 설이 존재하지만 이 큰 항목을 구성하는 데 있어 학생이 세계 역사의 큰 틀과 흐름을 파악하기 쉽게 교육적인 배려를 했다. 구체적인 구성을 살펴보면, 다음과 같다. 먼저, 자신과 가까운 것이나 일상생활 등에 관한 적절한 주제를 설정하여 규명하게 함으로써, 학생이 역사에 관한 관심이나 세계사 학습에 대한 의욕을 기른다. 이어서 고대부터 근대세계의 역사에 관해서는 어느 정도의 자율성과 체계성을 가진 다양한 지역 세계에 착안하여 그 형성, 교류와 재편, 통합과 변용 과정을 파악한다. 그리고 현대에서는 지구화된 세계의 출현에 주목해 여러 국가, 여러 민족이 상호 의존을 강화하는 동시에, 다양한 과제에 직면하고 있는 것을 이해한다.

1999년 개정판 내용 가운데 세계사B와 관련해서 두 가지 점이 지적되고 있는데 그 가운데 첫 번째가 세계사 인식과 관련해 중요하다. 이를테면, "개정의 첫 번째 요점은 문화권에 따른 구성을 대신해 새롭게 지역 세계별 구성으로 한 점이다"라고 하고, "지역 세계는 시간적 스케일 구성, 동시대사적인 수평적 연결의 중시라고 하는 점 등에서 문화권으로 나누는 구성과는 다르다"라며, "먼저 세계사 전체를 내용의 (2)에서 (5)까지로 표기한 시기(Ⅰ. 여러 지역 세계의 형성, Ⅱ. 여러 지역 세계의 교류와 재편, Ⅲ. 여러 지역 세계의 결합과 변용, Ⅳ. 지구세계의 형성)로 구분한 다음에 각 시기에 가장 중요한 역할을 담당한 지역 세계의 동향에 착안해서, 동시대의 세계 전체상을 동태적으로 다루려고 고안했다"라고 서술하고 있다. 이러한 개정판의 내용과 관련하여 주목할 만한 것은 이슬람 지역에 대해 파악하는 방법이었고, "제II기에는 이슬람 세계가 내륙아시아 세계와 함께 중심적 역할을 달성하게 된다"라고 하면서 그 중요성을 강조하고 있다.

다음은 세계사B의 목표를 "세계 역사의 큰 틀과 흐름을 우리나라의 역사와 관련지어서 이해시키고, 문화의 다양성과 현대 세계의 특징을 넓은 시야에서 고찰하게 함으로써 역사적 사고력을 배양하고, 국제사회에서 주체적으로 살아갈 일본인으로서의 자각과 자질을 키운다"라고 내걸고, "일본인에게 있어서의 세계사라고 하는 관점에서, 우리나라의 역사와 관련지어 이해해야 하는 것"이라고 강조하고 있다. '일본인에게 있어서의 세계사'를 강조하는 것은 다음에 볼 일본사의 학습 지도요령에서 나타난 '세계사적 시야'를 강조하는 것과 대조되며, 1999년 개정판에서 이전보다 더욱 중시되고 있는 점이다.

세계사B 전체 구성의 특징에서 주목해 두고 싶은 것은, 'I. 여러 지역 세계의 형성'에서 기본적으로 각 지역 세계가 병렬적으로 자리 매김되어 있는 것에 반해 'II. 여러 지역 세계의 교류와 재편' 및 'III. 여러 지역 세계의 결합과 변용'에서는 중심적 역할을 담당했던 지역 세계가 설정되는데, II에서는 이슬람 세계와 내륙아시아 세계가, III에서는 유럽 세계가, 그 경우에 해당한다고 파악하고 있는 점이다. 이러한 이해방식은 근년의 역사 연구의 동향을 반영한 것이겠지만, 그 자체를 그대로 수긍할 수 있는 것인가, 또 '일본인에 있어서 세계사'를 강조한 것과 어떤 관계가 있는 것인지는 검토가 필요한 문제이다.

또 한 가지 지적하고 싶은 것은 각 편에 포함된 큰 항목 순서이다. 이를 테면, I에서는 서아시아·지중해 세계, 남아시아 세계, 동아시아·내륙아시아 세계의 순으로 큰 항목을 나열했고, II에서는 '이슬람 세계의 형성과 확대' '유럽 세계의 형성과 변동' '내륙아시아의 동향과 여러 지역 세계', III에서는 '아시아 여러 지역 세계의 번영과 성숙' '유럽의 확대와 대서양 세계' '유럽·미국의 변혁과 국민형성' '세계시장의 형성과 아시아 제국' '제국주의와 세계의 변용' 순으로 되어 있다. 이런 순서는 각 시기에 중심적 역할을 담당한 지역 세계의 문제와 관련된 것으로 판단되지만, 동아시아 세계가 구성된 편에 처음 등장하는 것은 III뿐이라는 것, II편에서 유럽이 두 번째의 큰 항목으로 등장하고 있는 점이나 동아시아 세계가 독립한 큰 항목으로 등장하지 않은 점, III편 이하에서는 지금까지 독립해서 다뤄지고 있었던 아시아의 여러 지역 세계가 아시아 여러 지역 세계, 아시아 제국으로서 일괄해서 다뤄지고 있는 점 등 다양한 문제점이 지적될 수 있다. 이 문제는 '봉건제'론 문제와 관련시켜 후에 검토하고자 한다.

2. 일본사B

다음으로 일본사B의 전체 구성을 검토한다. 먼저 일본사B의 기본적인 성격을 "우리나라의 역사의 전개를 세계사적 시야에 서서 각 시대의 특색 및 변천을 종합적으로 고찰하고, 우리나라의 문화와 전통에 관한 인식을 깊게 할 것"으로 규정하고 있다. 1999년 개정의 요점으로 세 가지를 지적하고 있는데 그 가운데 두 번째 지적이 이 글과 관련하여 중요한 점이다.

> 두 번째로 세계사적인 시야에서 종합적으로 이해한다는 취지를 한층 명확히 한 점이다. 이것은 큰 항목의 표제를 '(2) 원시·고대의 사회·문화와 동아시아' '(3) 중세사회·문화와 동아시아' '(4) 근세사회·문화와 국제관계' '(5) 근대일본의 형성과 아시아' '(6) 두 차례의 세계대전 시기의 일본과 세계' '(7) 제2차 세계대전후의 일본과 세계'로 새롭게 구성했다. 동시에, 각각의 큰 항목 '동아시아 세계의 움직임과 관련해서' '동아시아 세계의 동향과 관련해서' '국제관계의 변화와 그 영향도 다루면서' '아시아의 국제환경과 관련해서' '세계정세와 국내의 움직임과 관련해서' '세계의 동향과 관련해서'에 내용이 나타나 있다.

여기에서 지적받고 있는 '세계사적인 시야'는 이번 개정에서 처음으로 설정된 큰 항목의 '(1) 역사의 고찰' 가운데서도 '세계 속의 일본'이라는 주제로 독립시켜 다루고 있다. 그리고 이 주제에 관한 해설에서 "우리나라의 역사의 전개를 세계사적 시야에서 이해하기 위해서는 여러 외국과의 교류와 상호 이해에 착안해서 우리나라의 입장만이 아니라 각각의 국가의 입장에 서는 것이나 우리나라의 지리적 조건과 관련해 규명시키는 것도 중요하다"라고 하며, 상대방의 입장에 대한 이해의 중요성이 강조되고 있는 점이 주목된다. 다른 한편으로는 "대외교류나 문화 등에 착안해서 '세계사에 영향을 미친 일본'을 시대를 따라 파악하는 것도 가능하다"고도 지적받고 있다.

'세계사적 시야'의 구체적인 내용을 각 큰 항목에 입각해 소개하면 먼저 '(2) 원시·고대의 사회·문화와 동아시아'에서는 "사람들의 생활과 국가의 성립, 문화의 형성에 동아시아 세계의 동향과 동아시아 세계에서 유입된 문물·제도가 큰 영향을 미쳤다는 점에 유의해"라고 하는데, 무슨 이유에서인지 동아시아에서 받은 영향을 '문물·제도'에 한정해서 기술하고, 수많은 인간의 왕래에 대해서는 다루지 않고 있다.

'(3) 중세의 사회·문화와 동아시아'라는 큰 항목에서는 '무가(武家)정권의 성립'이란 주제와 관련해 "무사의 토지 지배와 공무 관계, 송·원과의 관계에 착안해서, 무가정권의 형성 과정과 가마쿠라 신불교 등 문화에서 볼 수 있는 새로운 기운을 이해한다"라는 점이 지적된다. 더욱이 해설에서는 "헤이씨(平氏)정권 이후 송과의 무역이 활발히 행해진 점이나 몽고내습이라는 국제적인 사건들에 착안하여, 송·원 등 동아시아 세계와의 관련이 송전(宋錢)의 유입에 의한 화폐경제의 침투, 선종(禪宗)전래에 따른 생활문화의 변화, 몽고내습이 다방면으로 준 영향 등 우리나라의 정치, 경제, 문화에 영향을 미쳤던 것을 이해한다"라고 서술하고 있다. '송전 유입에 따른 화폐경제의 침투'라는 지적은 '무가정권의 전개와 사회의 변화'라는 주제에서도 '명일(明日)무역이 우리나라의 화폐경제에 큰 영향을 미친 점'라는 식으로 반복해서 등장하고 있다.

'(4) 근세의 사회·문화와 국제관계'에서는 지금까지 큰 항목에서 '동아시아'

가 '세계사적 시야'라는 관점의 키워드였던 것에 비해 '국제관계'라는 단어가 새롭게 등장하고 있다. 이런 변화의 이유를 "국제관계의 변화에 대해서는 유럽 여러 나라의 아시아 진출에 착안해서 다룰 필요가 있다. 근세 초기에는 대항해 시대를 배경으로 한 유럽인이 아시아에 진출함에 따라 전해진 소총, 기독교나 남만무역(南蠻貿易)을 통해 유입된 문물 등이 국내의 정치, 경제, 사회, 문화 등에 미친 영향과 쇄국에 이르게 된 경과와 그 영향, 쇄국체제하에서의 대외 관계에 관해 다룬다. 근세 후기에는 시민혁명, 산업혁명을 거친 구미자본주의 열강의 아시아 진출에 따른 외압으로 쇄국제체가 동요해 가는 과정을 이해한다"라고 설명하고 있다.

이와 같은 일본사B의 전근대 부분에 관한 '세계사적 시야'의 설정에 대해서 그 특징적인 점을 몇 개 지적해 두면 다음과 같다. 첫째, (2), (3)의 큰 항목에서 동아시아와의 관련성을 강조하고 있는데, 그 대부분이 중국 역대 왕조와의 관련성에 한정되어 있는 점이다. 조선에 대해서는 유일하게, '(3) 무가정권의 전개와 사회의 변화'라는 주제와 관련 "조선에서 수입된 목면이 의류 자재로 일본인에게 사용된 점등을 이해시킨다"라고 명시되어 있을 뿐이다. 그리고 류큐, 아이누에 대해서도 같은 주제하에 "아이누와의 교류와 류큐의 중계무역이 달성한 역할에도 유의한다"라고 지적하고 있을 뿐이다.

둘째, 세계사B에서는 동아시아 세계로서 동아시아가 독립한 지역 세계로 자리 잡고 있지만, 일본사B에서는 동아시아와의 관계의 중요성만 강조할 뿐, 동아시아가 하나의 지역 세계로서 성립된 근거 및 일본이 그 안에서 어떤 위치에 있었는지에 대한 명시적인 언급은 없다는 점이다.

셋째, 위의 내용과 관련해, (4)의 큰 항목에서 다뤄진 근세는 동아시아와의 관계보다도 유럽과의 관계가 강조되고 있는 점이다. 이 시기의 유럽과의 접촉이 큰 의미를 가진다는 점은 충분히 이해할 수 있지만, 동아시아와의 관계보다도 중요했는지는 의문이다. 나가사키를 통한 무역에서도 네덜란드와의 무역보다도 중국과의 무역이 훨씬 중요했고, 조선과의 관계는 주지한 바와 같이 유일한 정식 국교라고 할 수 있을 만한 것이었다.

두 번째와 세 번째의 문제점에 입각해서 보면, 지도요령에서는 '세계사적 시야'의 중요성이 강조되고 있지만, 고대에서 동아시아 지역과의 불가분성을 제외하면, 실제로는 동아시아 지역과의 관련이 별로 중시되지 않은 점을 알 수 있다. 그리고 반대로 고대 후기의 '국풍 문화(國風文化)'[3]를 강조한다거나, 근세에 유럽을 중시한다는 등 오히려 전체적으로는 일본이 동아시아 세계로부터 괴리가 심화됨을 강조하는 것과 같은 인상을 주며 종래의 지도요령과 기본적으로 바뀌지 않은 결과를 낳았다.

마지막으로, '세계사적 시야'의 문제로 네 번째로 지적할 수 있는 점은 고대, 중세, 근세라고 하는 시대구분이 일본사를 기준으로 한 시대구분으로, 세계사에서는 명확히 구분하지 않는다는 점이다. 앞에서 검토한 세계사B 편성에서는, Ⅰ이 고대, Ⅱ가 중세, Ⅲ가 근세라는 식으로 해설하는 것도 가능하지만, 세계사B에서는 고대, 중세, 근세라는 단어로 세계사를 시대구분하고 있는 것이 결코 아니다. 그러나 일본사B에서는 일본사에 있어서 고대, 중세, 근세라고 하는 시대구분과 세계사와의 관련, 다시 말해 고대·중세·근세라는 시대구분이 무엇을 근거로 하고 있는지에 대한 아무런 설명이 없다는 점이다. 이는 일본의 역사교육에서 유럽의 역사 발전 단계가 암묵적으로 전제되고 있는 것을 나타내는 것인데, 이점은 '봉건제'론을 논하는 다음 장에서 좀 더 구체적으로 기술한다.

---

3) 국풍 문화는 당풍 문화(唐風文化)를 일본적으로 소화시켜 생겨난 귀족 문화로서, 그 특색은 수도인 교토에 사는 귀족들의 생활을 반영하여 우미하다. 화려하긴 하지만, 시야가 좁고 매우 감각적인 것이었다. 국풍 문화를 대표하는 것은 일본문학이었으며, 그 기초가 된 것은 바로 카나문자의 발명이었다-옮긴이.

III. 한국의 역사교육에서 세계사와 자국사 인식

한국의 현행 고등학교 교육은 1997년에 개정된 제7차 교육과정에 따라 실시되고 있다. 여기에서는 일본의 경우와 같이, '제7차 교육과정 해설서'에 의거해 그 테두리 안에서 세계사와 자국사의 인식을 검토하겠지만, 그전에 사회과 과목전체의 평가를 보도록 하자.[4)]

제7차 교육과정에서는 "정보화·산업화·개방화사회로의 변화'가 '새로운 교육관, 지식관, 학습관을 요구하고 있다"는 점을 전제로 해서, 다음과 같이 사회과 교육과정 개정의 기본적인 방향을 설명하고 있다.

> 이러한 변화는 사회과 교육을 통해 함양하게 될 민주 시민의 자질 면에 변화를 요구하고 있다. 즉, 시민으로서의 책임과 권리 의식, 합리적 사고, 사회 참여 능력을 바탕으로 한 정보의 수집·처리·표현·활용 기능과 자기 주도적 학습 능력, 비판적 사고 능력, 창의적 사고 능력, 합리적 의사결정 능력이 새로운 시민적 자질로서 강조되고 있다. (중략)
>
> 더욱이 지구촌 사회에서 힘의 우위를 지닌 나라의 문화에 종속되고, 상이한 문화의 영향하에 세대 간에 문화적 격차가 벌어지고, 전통 문화를 경시하게 됨에 따라 문화적 정체성을 상실하게 될 수 있다.
>
> 그러므로 이러한 변화에 대비한 사회과 교육 과정은 인간의 존엄성과 자아실현 및 타인과의 상호 작용을 강조하고, 타인에 대한 배려를 경험하도록 하며, 전통 문화의 이해를 통한 문화 정체성의 확립과 공동체 의식의 회복이 강조되어야 할 것이다.

이와 같은 현대의식과 이에 대응하기 위한 사회화교육의 방향성은 일본과 기본적으로는 공통점이라 할 수 있지만, 정보화라는 변화가 명시적으로 강조되고 있는 점이 일본과는 다르다.

한국의 고등학교 사회과에서는 한국사가 '국사'와 '한국 근현대사'로 둘로

4) '제7차 교육과정 해설서'는 한국 교육인적자원부의 홈페이지 http://www.moe.go.kr 주요 정보 서비스 → 교육과정 정보 서비스 → 교육과정BD검색 부분에서 다운로드 받아 볼 수 있음.

구성되어 '국사'에서는 '근대사회로의 이행'까지를 대상으로 하고 있다. 또한 교과서도 '국사'는 국정교과서가 사용되고 있는 것에 반해, '한국 근현대사'는 검정제도에 의존하고 있다. 한편, '세계사'는 일본과 같이 둘로 구성되어 있지 않다. 따라서 이 글에서는 '국사'와 '세계사'의 교육과정 해설서를 검토하기로 한다.

1. 세계사

제7차 교육과정에 따르면, 세계사는 그 기본적 성격을 "세계사는, 지구상의 인종이 어떻게 생활하고, 그 삶의 양상이 어떻게 변화하고 발전해 왔는가를 탐구하는 과목이다"라고 규정하고 있다. 그리고 세계화라고 하는 오늘날의 상황과 관련해서 세계화와 세계사 학습에 관련해 다음과 같이 지적받고 있다.

> 그러므로 세계화 시대에 살아가기 위해서는 세계에 존재하는 다양한 문화와 가치를 이해하려는 태도와 능력이 필수적으로 요구되며, 이것은 전 국민에게 필요한 자질로서 부각된다. 즉, 국제 이해 교육과 다른 문화 이해 교육이 필연적으로 요청되는 것이다. 산업화 시대의 세계사 교육은 세계의 각 국가 및 민족과 관계를 맺고 그들과 경쟁하기 위하여, 그들에 대한 기초적인 정보를 얻기 위해 요구되었다.
>
> 그러나 세계화 시대의 세계사 교육은 세계 각 국가 및 민족과 관계를 맺기 위해서라기보다는 관계를 이해시키기 위하여, 그리고 그들과 경쟁하기 위해서라기보다는 그들을 내적으로 이해하여 우리의 특수성과 보편성을 인식하고 우리의 문화와 가치를 보다 풍부히 하고 새롭게 창조하기 위해 요구된다.

여기에서 산업화 시대의 세계사 교육과 세계화 시대의 세계사 교육을 명확히 구분하고 있는 점이 주목된다.

구체적인 내용 선정에 대해서는, 두 가지의 원칙이 제시되고 있다. 즉,

> 첫째, 시대의 성격과 세계사의 발전을 이해하도록 하기 위하여 문화권적인 접근을

> 한다. 어떤 문화권을 선정하느냐 하는 것은 오늘날의 우리에 대한 인식과의 관련성을 기준으로 고려하며, 동일한 문화권을 이루는 특정 국가나 민족에 편중되지 않고 다양하게 접근할 수 있도록 한다.
>
> 둘째, 문화권과 각 문화권의 시대적 성격을 이해하기에 필요한 주제가 선정되면, 그 구체적인 내용의 선정은 '인간의 생생한 삶을 체험'할 수 있도록 인간의 활동을 중심으로, 그중에서도 문제 해결 활동을 중심으로 선정하도록 한다.

고 하는 것이 바로 그것이다. 일본의 1999년 개정에서는 앞에서 본 바와 같이, 문화권적 접근에서 지역 세계적 접근으로 개정되어, 그것이 각 시기의 세계사의 중심을 중시하기 위한 개정이었다. 그러나 한국의 경우는, 문화권적 접근을 통한 세계사의 구성이 유지되고 있다고 할 수 있다. 문화권은 시대라 변동이 있지만, 기본적으로 '동아시아 문화권, 서남아시아 및 동남아시아 문화권, 유럽문화권, 그 외 지역' 다섯 개로 구분하고 있다.

전체 구성은 다음과 같이 9개의 부분으로 나누어져 있다. (1)시간, 공간 그리고 인간, (2)문명의 새벽과 고대문명, (3)아시아 세계의 확대와 동서 교류, (4)유럽의 봉건사회, (5)아시아 사회의 성숙, (6)유럽 근대 사회의 성장과 확대, (7)아시아 세계의 근대적 발전, (8)제국주의와 두 차례의 세계대전, (9)전후세계의 발전 이라는 9개 단원 편성이 그것이며, 여기에서는 (4)단원 유럽의 봉건사회가 독립해서 다뤄지고 있는 것이 주목된다. 이 점은 '봉건제'론을 논할 다음 절에서 좀 더 자세히 검토하기로 한다.

일본의 경우와 비교하면, 아시아에 관한 기술에서는 동아시아 문화권이 선두에 다뤄지고, 이어서 인도·동남아시아 문화권, 이슬람·서아시아 문화권이 순서로 되어있다. 이런 순서는 "어떤 문화권을 선정하느냐 하는 것은 오늘날의 우리에 대한 인식과의 관련성을 기준으로 고려한다"라고 한 해설서의 취지에 따른 것으로 생각한다. 이에 비해 일본의 경우, 중심 지역을 중시하는 구성으로 되어 있기 때문에 동아시아가 마지막에 병렬된 것이 많다. 이런 상이점은 문화권적 접근과 지역 세계적 접근의 차이에서 비롯된 것으로 생각할 수 있지만, 그 우열 및 자국사와 세계사의 관련을 어떻게 다룰 것인가 하는 문제는 좀 더 검토가 필요한 부분이다.

또 한 가지 주목되는 것은 일본사에 대한 언급이 두 단원에서 나타난 점이다. 일본의 세계사 학습 지도요령에 가운데 조선사에 대한 언급이 거의 없는 것은 앞에서 지적했다. 그러나 이에 반해 한국의 교육과정 해설서에는 전근대의 일본사에서도 상대적으로 중시되고 있다고 할 수 있다. 구체적으로는 (3)단원의 주요 내용 요소로 '헤이안조(平安朝), 국풍 문화(國風文化), 가마쿠라 막부(鎌倉幕府)'가 등장하고, 또한 (5)단원에서는 '조선과 일본의 발전'이라고 하는 항목이 독립적으로 구성되어 있고, "조선과 일본의 전통사회가 어떻게 성숙했는가를 파악하고, 근대국가로의 성장에 필요한 내적 요인이 어떻게 성숙했는지를 다양한 자료에 입각해서 탐구한다. 나아가 내재적 발전에 있어서 조선과 일본 사이에는 어떠한 차이점이 발전되는지 비교한다"라고 하면서 한국사와 일본사를 비교사적으로 파악하려 하는 점이 주목된다.

일본 교과서에 조선 후기에 대한 기술이 거의 없는 것과는 대조적이라고 할 수 있다.

2. 국사

이어서 국사의 교육과정 해설서를 검토한다. 해설서는 먼저 국사 과목의 성격에 대해 다음과 같이 기술하고 있다.

> '국사'는 우리 민족이 지금까지 살아 온 삶의 총체를 종합적으로 이해하는 교과목으로서, 우리 민족의 정체성을 함양시키는 구실을 한다. 이에 제 7 차 교육과정에서는 국민 공통 기본 교육 과정의 일환으로서 8, 9학년에서 각 시대의 정치사적 흐름, 사건의 실상을 이해하고, 이를 토대로 하여 10학년에서는 민족사의 전개를 분야별로 구분하여 구조적, 체계적으로 학습하는 데 주안점을 둔다고 규정하고 있다.

> 즉 '국사' 교육은 우리 민족의 문화 전통을 확인시켜 민족사 전개에 적극적으로 참여하게 하는 정신을 길러준다. 따라서 우리 민족의 역사를 바르게 이해하기 위해서는 우리 민족의 모습을 민족사적 차원만이 아니라 세계사적 차원에서 상호 관련하여 파악할 필요가 있다.

여기에서 8, 9학년이라고 말하고 있는 것은 중학교 2, 3학년으로, 따라서 한국에서는 중학교에서의 정치사를 중심으로 한 국사를 전제로 고등학교에서는 정치, 경제, 사회, 문화 네 분야로 나누어, 분야마다 고대에서 근대 이행기까지를 통사적으로 배우도록 되어 있어, 일본과 큰 차이를 보이고 있다. 세계사 교육과정에서 자국사와의 연관성은 그다지 강조되지 않았던 것과 비교하면, 국사에서는 민족사적 차원과 세계사적 차원의 상호연관을 강조하고 있어 일본의 경우와 비슷한 점을 알 수 있다.

전체 구성은 (1)한국사의 바른 이해, (2)선사시대의 문화와 국가의 형성, (3)통치 구조와 정치활동, (4)경제 구조와 경제생활, (5)사회 구조와 사회 생활, (6)민족문화의 발달, 여섯 분야로 되어 있어, (3)부터 (6)까지는 한 번 더 각각 고대, 중세, 근세, 근대 이행기의 4기로 나눠 보충설명 하고 있다. 고대, 중세, 근세의 시기구분은 (3)의 '통치 구조와 정치활동'의 부분에서 학습하도록 하고 있지만, 그 사이의 중세와 근세를 "고려의 건국은 중세 국가로의 전환이었음을 정치적 특성에서 이해한다" "조선의 정치적 변천에서 근세국가의 모습을 확인한다"라고 하며 고려와 조선의 성립을 각각 중세와 근세로 획기적으로 파악하는 시대구분이 나타나 있다.

그리고 고려와 조선의 성립을 중세, 근세로 획기적으로 파악하는 근거로 세계사와의 관련이 중시되고 있다. 먼저 중세에 대해서는 '중세 국가로의 전환'이라는 주제에 관해 "이 주제에서는 동양과 서양의 중세사회에서 나타난 특성을 문화적 측면에서 살펴보고, 이를 바탕으로 고려의 성립이 중세사회의 형성임을 이해한다"라고 지적하고 있다. 또한 '근세국가로의 전환'이라고 하는 주제 부분에서도 "이 주제에서는 근세의 동양사회와 서양사회에서 나타난 변화를 먼저 학습하고, 이를 토대로 15세기에 추진되었던 일련의 개혁으로 조선사회가 정치·경제·사회적으로 발전하여 근세국가로 전환되었음을 이해한다"라고 지적한다.

이와 같은 지적은 중세와 근세라고 하는 시대구분이 동양과 서양에서 기본적으로 동일하다는 것을 전제로 한 것으로 생각한다. 그러나 그렇다면 왜 동양과 서양의 시대구분이 일치하는 것인가라는 근본적인 의문은 어디에서도 설명하고 있지 않다. 이러한 현상은, 서양에서 고대, 중세, 근세라고 하는 시대구분을 전제로 해서 그것과의 유사하게 자국사를 구성하고 있기 때문에 생겨난 현상이라고 생각하고, 앞서 지적한 바와 같이, 일본의 일본사B의 학습 지도요령에도 나타나 있는 것이었다. 따라서 이와 같은 현상은 양국의 역사교육이 유럽의 역사상을 기준으로 하여 자국사를 구성하고 있다는 것을 반영한다고 생각하는데, 그 때의 키워드로 '봉건제'의 문제가 존재한다는 것이 나의 주장이다. 다음으로 여기에서 양국의 역사교육에서 '봉건제'의 평가에 대해서 검토하기로 하자.

Ⅳ. 역사교육에서 '봉건제'의 자리 매김

1. 유럽 '봉건제'의 특권화

'봉건제' 문제에서 먼저 지적할 수 있는 것은 한일 양국의 역사교육에서 유럽의 '봉건제'가 특별한 위치를 차지하고 있다는 점이다. 특별한 위치에 있다고 하는 것은 전근대사의 세계사에 등장하는 다양한 사회에 대해서 유럽의 '봉건제'와 같은 명확한 개념으로 사회를 규정하는 예가 달리 보여 안 보이는 것이며,

또한 유럽의 '봉건제' 사회가 동시대의 다른 사회보다 훨씬 자세히 설명하고 있다는 점이다.

먼저 일본의 세계사B의 지도요령 해설에서는 (3)여러 지역 세계의 교류와 편성의 ①로 '유럽 세계의 형성과 변동'이라는 항목을 마련하고 그 내용을 다음과 같이 설명하고 있다.

> 서유럽에 대해서는 프랑크 왕국이 로마 교황과 제휴해서 세력을 확대하고, 비잔틴 제국에 대항해 서유럽 세계의 독자성을 확립한 것을 파악하게 함과 동시에 노르망디인 등의 여러 민족의 진입이나 건국이 진행되는 가운데 봉건사회가 형성되었다는 것을 이해한다. 이어서 11세기부터 13세기에 걸쳐서 농업기술의 혁신과 생산력의 향상, 상업과 도시의 발달을 배경으로 봉건사회가 변용해, 유럽의 확대 움직임이 생겨났다는 것을 파악한다. 그리고 14세기 이후, 국왕에 의한 중앙집권화가 진척된 것도 깨닫는다.

이와 같이 서유럽에 대해서 봉건사회의 탄생을 파악하게 명기함과 동시에 그 변용도 강조하고 있다. 그리고 학습 지도요령의 이런 방침에 기초하여 세계사B의 각 회사 교과서에서도 서유럽 '봉건제'에 대해서는 굉장히 구체적으로 상세히 기술하고 있다.

일본과 같이 한국의 교육과정에서도 유럽 '봉건제'가 특권적인 위치에 있는 것은 이미 지적한 바와 같지만, 한국의 경우 그뿐만이 아니라 '(4)유럽의 봉건사회'에 포함된 '중세 유럽 사회의 변화'라고 하는 주제에서 다음과 같이 기술하고 있는 점이 주목된다. 이를테면 "역사학습에서 변화에 대한 인식이 매우 중요한 과제라는 점을 고려할 때 본 주제의 의의는 크다"라고 하며 중세 유럽에서의 변화가 역사상 변화의 대표적인 사례인 것처럼 평가하고 있는 점이다.

이와 같은 유럽 특권화의 이유에 대해 한국 교육과정 해설서는 "근대 이후 세계를 주도하는 유럽 세계에 대하여 그 형성 과정과 문화 요소를 학습하는 것은 현대 세계를 이해하는 데 있어서도 유효하다"고 솔직히 기술하고 있다. 반면 일본의 학습 지도요령에서는 II의 시기를 이슬람 및 내륙아시아 세계가 중심적 역할을 달성하는 시대라고 평가하고 있음에도 불구하고, 교과서에서는 이 세계(이슬람 및 내륙아시아)보다도 유럽 세계에 대해서 더 자세하게 기술하고 있다.

유럽에 대해서 '봉건제'라고 하는 명확한 개념(물론 어떤 것을 두고 '봉건제'라고 할 것인가에 관해서 다양한 의견이 존재하는 것은 주지의 사실이지만)이 적용되고 있는 것에 반해 유럽 이외의 지역은 '봉건제'에 대응할 말한 개념이 뒤에 기술할 일본의 '봉건제'를 제외하고는 전혀 존재하지 않는다. 그 전형적인 예가 중국의 경우이다.

세계사 과목에서 중국을 어떻게 가르치고 있는가에 대해서, 한국의 교육과정 해설서에 따라 나열해 보면, 아래와 같다. 먼저 '(2)문명의 새벽과 고대 문명'의 '고대 아시아 세계'의 부분에서는

> 은~한에 이르는 중국 왕조의 변천 과정에서 중앙 집권적인 통치 구조, 유교적 전통 등이 성립하였으며 이러한 요소들이 동아시아 문화권 성립의 기반을 형성한 이루었음을 이해한다.

고 서술하고 있다. 이어서 '(3)아시아 세계의 확대와 동서 교류'의 '동아시아 세계의 형성과 확대'에서는

> 이 주제에서는 위·진·남북조에서부터 수·당·송대를 거쳐, 북방 민족이 중원을 지배한 요·금·원에 이르기까지의 정치·사회적 변화와 각 시기별로 꽃핀 문화의 특징을 상호 관련시켜 이해한다.
>
> 따라서, 이 단원에서는 시간적 종축에 따라 중국의 정치·사회 변화를 발전적으로 파악하는 동시에 당대의 사회적 횡축을 따라 정치·사회적인 상황과 문화의 특징을 상호 관련시켜 이해한다.

라고 한다. 게다가 '(5)아시아 사회의 성숙'의 '명·청대의 중국사회'에서는

> 이 주제에서는 명·청제국의 정치, 사회, 경제, 문화의 특징을 파악하고, 특히, 중화

사상의 성격을 역사적 자료에 근거해서 다면적으로 이해함으로써 당시 우리나라와 중국 사이의 특징을 파악하고, 그것이 제국주의 시대의 지배 및 관계와 다르다는 것을 설명할 수 있도록 한다.

라고 기술하고 있다. 이와 같이 중국의 역사에 관해서도 '변화'와 '발전' '성숙'이라는 표현을 사용하고 있지만, 문제는 그 내용이다. 즉, 무엇을 가지고 '변화' '발전' '성숙'이라고 하는 것인가에 대해 해설서에는 어떠한 것도 나타나 있지 않다. 또한 중국사를 은~한, 위·진·남북조~원, 명·청으로 시대구분을 하고 있는데, 이것이 중국사에 내재적인 시대구분인지, 더욱이 그 근거는 어디에 있는 것인지 등의 문제에 관한 언급은 전혀 없다. 나아가 다음에 살펴볼 국사에서는 시대를 송대 이후를 중세, 명대 이후를 근세라고 구분하고 있어 세계사의 시대구분과 다른 점도 문제이다.

이러한 문제점이 있는 것은 일본의 학습 지도요령의 경우도 다를 바 없다. 예를 들면 "중국 사회는 당 말기 이래 변용을 피하고 송대에 이르러 산업과 문화가 발달하며, 상업도시가 번창하게 되었다는 것도 다룬다"든지, "중화제국을 재현해 주변 제국과의 사이에 책봉(=조공체제)을 확립한 명이 16세기에는 북방의 몽골과 동남연안에서 왜구 활동에 고전하면서도 상공업 발달을 통한 번영을 향수하고 있었다는 것을 파악한다"라고 기술하고 있지만 사회체제가 어떻게 '변화' '발전'한 것인지에 대해서는 어떠한 명확한 규정이 없다는 점이다.

또한 일본의 경우, II의 시기를 이슬람 세계와 내륙아시아 세계가 중심적 역할을 달성한 시대로 다루고 있기 때문에 중국사에 있어서 당송변혁이 담고 있는 의미가 거의 무시되었다. 현행 세계사B 교과서에서는 주자학의 성립과 그 역사적 의미라든지 주희 개인에 대해서 극히 간략한 기술만 되어 있는데, 이런 현상도 송에 대한 평가절하와 관련한 문제라고 할 수 있다.

중국 역사에 관한 학습 지도요령 해설서와 교육과정 해설서가 이와 같이 모호한 것은 역사 연구의 현황을 반영한 것이라고 파악할 수 있다. 그렇지만 그런

만큼 중국 역사는 학생들에게 모호하게 될 수밖에 없다고 생각한다. 또한 이는 중국에 한정되지 않고, 인도 역사나 이슬람 사회의 역사에서도 같은 상황으로 나타난다. 그 결과, 역사에서 '변화'라든지 '발전'에 대한 인상으로 명확한 것은 유럽에 한정된다고 생각할 수 있으나 그것은 "발전하는 것으로서의 역사는 유럽 이외의 지역에는 존재하지 않는다"라고 하는 19세기 유럽의 계몽주의적 언설을 답습한 것으로 말할 수밖에 없다. 그리고 이와 같은 유럽과 그 외의 지역이라고 하는 이분법적 세계사 상(像)을 지탱하는 가장 중요한 키워드로 유럽 '봉건제'가 존재하고 있다는 것이다.

2. 자국사와 세계사의 부접합

앞 장에서 지적했던 유럽의 특권화와 유럽 이외의 지역의 역사 부재라고 하는 세계사 상은 더욱 중요한 문제점으로 역사교육에서 자국사와 세계사의 부접합이라는 사태를 만들어 내는 결과가 되었다고 생각한다. 마지막으로 이점을 검토해 보자.

앞서 지적한 바와 같이, 일본에서도 한국에서도 자국사에 관해서는 고대, 중세, 근세라는 시대로 구분하고 있다. 문제는 이러한 시대구분이 무엇에 근거하는가, 또한 근세라는 시대구분은 무엇을 의미하고 있는가, 나아가서 과연 자국사의 일국사적인 시대구분이 가능한 것인가 등의 점이다.

이 문제를 시대구분에 관해 좀 더 적극적인 규정을 하고 있는 한국의 교육과정 해설서를 보며 생각해 보자. 한국의 제7차 교육과정에서 국사는 민족사적 차원과 세계사적 차원의 상호 관련을 중시하고 있는데, 이러한 교육과정의 방침을 받아들여 국정 국사 교과서 머리말에서 "일부 단원의 앞부분에는 우리 민족의 활동상을 민족사에 머물지 않고 세계사와 상호 관련하여 파악할 수 있도록 세계사의 흐름을 간략히 언급했다. 이는 국사와 세계사의 교육 목표를 서로 연계하여야 한다는 취지에서이다"[5)]라고 했다. 그리고 이 언급은 중세와 근세의 부분에 구체화되어 있는데 그 내용은 아래와 같다.

'Ⅲ. 통치 구조와 정치활동'의 '2. 중세의 정치'에서는 먼저 고려의 성립을 다음과 같이 총괄적으로 평가하고 있다. "고려는 새로운 통일 왕조로서 커다란 역사적 의의를 지닌다. 고려의 성립은 고대사회에서 중세사회로 이행하는 우리 역사의 내재적 발전을 의미한다. 신라 말의 6두품 출신 지식인과 호족 출신을 중심으로 성립한 고려는 골품 위주의 신라사회보다 개방적이었고, 통치 체제도 과거제를 실시하는 등 효율성과 합리성이 강화되는 방향으로 정비되었다. 특히, 사상적으로도 유교 정치 이념을 수용하여 고대적 성격에서 벗어날 수 있었다." 그리고 이러한 고려의 성립을 동시기의 세계사와 관련지어서 다루기 위해서 그 뒤에 '중세의 세계'라는 항목이 개설되어 있다. 그 내용은 아래와 같다.

> 10세기 초 중국에서는 당이 멸망하고 5대 10국이 흥망하는 가운데 사대부라는 새로운 지배층이 성장하였다. 5대의 혼란을 수습한 송은 중앙 집권적인 황제 독재체제를 구축하고, 과거 제도를 강화하여 문반 관료 중심의 문치주의 체제를 확립하였다. (중략) 이 시기에 주희가 체계화 한 성리학은 중국은 물론, 우리나라를 비롯한 주변의 여러 나라에 큰 영향을 끼쳤다.
>
> 일본은 9세기 중엽에 국왕권이 약화되고 지방 호족이 장원을 소유하고 무사를 고용함으로써 특유의 봉건 제도를 갖추기 시작하였다. (중략)
>
> 한편, 서양은 게르만족의 이동으로 고대사회에서 중세사회로 전환하였다. 서양의 중세사회는 로마 가톨릭 중심의 서유럽 문화권, 그리스 정교 중심의 비잔티움 문화권, 이베리아 반도와 북아프리카에 걸친 이슬람 문화권으로 형성되었다.
>
> 게르만족의 이동 이후 서유럽 세계 형성의 중심이 된 프랑크 왕국은 로마 교회와 제휴하여 성장하면서 로마 교회를 후원하는 세력이 되었다. (중략)
>
> 서유럽에서는 봉건 제도가 성립되어, 왕권이 약화되고 지방 분권 체제가 이루어졌다. 봉건 제도의 경제적 단위는 귀족과 기사들이 소유한 장원이었다. 장원의 토지를 경작하는 농민은 대체로 부자유 신분인 농노로서, 이들은 장원의 주인인 영주와 토지에 예속되어 있었다.

---

5) 한국국사편찬위원회 국정도서편찬위원회 편, 『고등학교 국사』(2002).

이어서 '3. 근세의 정치'의 서두에는 "정치 구조는 권력의 집중을 방지하면서 행정의 효율성을 높이는 방향으로 정비되었다. 관리 등용에 혈연이나 지연보다 능력을 중시하였고, 언로를 개방하여 독점적인 권력 행사를 견제하였다. 아울러 6조를 중심으로 행정을 분담하여 효율성을 높이면서 정책의 협의나 집행 과정에서 유기적인 연결이 가능하도록 하였다. 조선은 고려에 비하여 한 단계 발전된 모습을 보여 주면서 중세사회에서 벗어나 근세 사회로 나아갔다"라고 하며, 조선의 성립을 근세의 개시로 파악해야 한다고 한다. 다음으로 '근세의 세계'에서는 같은 시기의 세계사가 다음과 같이 정리되어 있다.

> 14세기 후반, 중국에서는 명이 건국되어 전통적인 한 문화가 회복되었다. 명대에는 강력한 전제 황권이 확립되고 서민 문화가 발전하였다. 명은 15세기 초 대외적으로 팽창하여 인도양과 아프리카 동해안까지 국위를 떨쳤다. 이때부터 중국인이 동남아시아 지역에 본격적으로 진출하기 시작하였다. 그러나 이후 명은 북쪽으로는 몽고족의 침입과 남쪽으로는 왜구의 약탈에 시달리게 되었다. 더구나 16세기 말에는 명의 국력은 더욱 쇠약해졌고, 결국 17세기 중엽에 만주에서 일어난 청에게 중국의 지배권을 넘겨주었다…….
>
> 일본에서는 14세기에 무로마치(室町)막부가 수립되고 15세기 중엽에는 전국 시대가 되었다. 16세기 후반에 전국 시대의 혼란을 수습하였으나 조선 침략에 실패하고 에도에 새 막부가 설치됨으로써 집권적 봉건 제도가 마련되었다. 이 시대에 일본은 평화와 안정을 이루고 크게 발전하였으며, 특히 네덜란드와 교류하면서 서양 문물을 수용하였다.
>
> 한편, 14세기부터 16세기에 이르는 동안 서양에서는 중세 봉건사회가 무너지고 새로운 근대 사회와 근대 문화가 싹트기 시작하였다. 이 시기에 일어난 르네상스, 새로운 항로의 개척과 유럽 세계의 확대, 종교 개혁 등은 바로 근대의 시작을 알리는 큰 움직임이었다.

이상에서 본 바와 같이 자국사와 세계사를 관련지어서 중세와 근세라는 시대 설정을 했지만, 한국사의 시대구분의 기준으로 서술하고 있는 것은 '개방성' '효율성' '합리성' 등이며, 그것이 한국사고유의 기준인 것인지 아니면 세계사에 공통으로 적용하는 기준인 것인지는 불명확하다. 또한 각 시대의 세계사에 대해서 기술하고 있는 부분, 예를 들어 중국의 경우 송대 이후의 중국이 왜 중세인지, 명대 이후가 왜 근세인지도 명확하지 않다. 한편, 일본의 경우는 '봉건제' 개념에서 다루고 있지만, 그 근거로 왜 일본은 '봉건제'개념을 적용할 수 있는지, 중국이나 한국은 왜 적용할 수 없는지 등의 문제에 어떠한 설명도 없다.

이와 같은 중국이나 일본에 관한 문제와 관련하여 시대구분이라고 하는 것을 한국사라는 일국적 수준에서 설정하는 것이 가능한 것인가라는 근본적인 문제를 고찰할 필요가 있다. 왜냐하면 유럽의 고대, 중세, 근대라는 시대구분의 경우 유럽 전체를 대상으로 한 것에 반해 동아시아는 동아시아 전체로는 어떠한 시대구분이 존재하지 않고, 일국사적인 관점에서만 시대구분을 하고 있기 때문이다.

또한 자국사에서 근세라는 시대를 설정하고 있는 것은 한일 양국에서 공통으로 나타나고 있지만, 왜 근세라는 시대를 설정할 필요가 있는가에 대한 명확한 설명은 없다. 같은 시기의 유럽은 근대로의 이행기로 파악하고 있기 때문에, 유럽과의 관련에서 근대를 준비하는 시기로 근세를 설정하고 있다고 생각하는 것이 타당하겠지만, 만일 그렇다 하더라도 언뜻 봐도 지극히 독자적인 근세라는 시대 설정도 유럽 기준의 시대구분이라고 말할 수 있는 것이 아닌가.

한국의 교육과정 해설서에 나타난 이와 같은 문제점은 기본적으로 일본의 학습 지도요령 해설서에도 공통적으로 나타나지만, 일본의 특수한 문제로 일본 '봉건제' 문제를 들 수 있다. 일본의 학습 지도요령·세계사B에서는 일본에게 '봉건제'라는 개념을 적용하지는 않지만, 일본사B에서는 근세의 부분에서 "막부가 집권적인 봉건지배체재를 완성하고 신분 질서를 고정화했다"라고 하며, 근세를 '봉건제'의 개념으로 다루고 있다. 또한 일부 교과서에서는 가마쿠라 시대에 관해 "토지의 급여를 통해 주인과 종을 고은과 봉공의 관계에 따라 맺어진 제도가 봉건제도이다. 가마쿠라 막부는 봉건제도를 기초로 성립한 최초의 정권이며, 수호·지두(地頭)를 설치함에 따라 최초의 일본의 봉건제도가 국가적 제도로 성립했다"[6]라고 기술했다.

한국의 교육과정 해설서에서도 일본의 '봉건제'를 다루고 있음은 이미 소개했다. 따라서 일본과 한국의 역사교육에서는 유럽과 일본에 한해 '봉건제'의 존재를 인정하고 있지만, 일본 '봉건제'론은 이런 과정을 거쳐 역사교육에서도 등장할 정도로 통설로서의 지위를 획득하고 있다고 할 수 있다. 그러나 다른 원고에서 밝힌 바와 같이, 일본 '봉건제'론은 러일전쟁을 전후에 일본과 서구의 역사적 공통성을 끌어내려는 목적의식으로 '발견'된 이데올로기적 성격이 강한 것이다. 이것이 오늘날에는 그 이데올로기성이 망각되면서 통설로서 확고부동한 것이 되었다.

일본 '봉건제'론의 탈아적 성격은 데이코쿠서원(帝國書院)이 발간한 『신편고등세계사B』(新編高等世界史B)에 전형적으로 나타나 있다. 이 교과서는 "일본이나 아시아를 중심으로 세계의 역사를 생각함과 동시에, 전편을 통해 환경과 인간의 관계를 중시하려고 하는 입장에서"[7]편집된 굉장히 의욕적인 교과서라고 할 수 있는데, 그만큼 '봉건제'론과 일본사의 특권화는 살펴봐야 할 부분이다. 『신편고등세계사B』는 중국·주대의 '봉건제'에 대해서 기술에 부분에 "이 시스템을 한자로 봉건제라고 하는데 중세 유럽의 'feudallism' 번역어나 일본의 봉건제와는 달리, 씨족제를 원리으로 하는 정치질서였다"[8]라는 주석을 달면서까지 유럽 및 일본의 '봉건제'의 동질성을 강조하고 있다.

이렇게 동질성을 강조하는 것은 일본 '봉건제'론이 그 성립 당시부터 지니고 있었던 이데올로기적 성격(즉, 일본 근대화의 역사적 전제로 유럽과 일본의 동질성을 '발견'하기 위한 언설이었다는 것)이 이 교과서에서도 그대로 재현되고 있다는 것을 의미한다. "쇄국시대는 대외 전쟁과 화교 세력의 확대를 회피하고, 자력으로 경제발전과 문화적 성숙을 실현한 시대이기도 했다. 메이지 시기의 공업화의 기초는

6) 『詳說日本史 改訂版』(山川出版社, 2002), 94쪽.
7) 『新編高等世界史B 最新版』(帝國書院), 3쪽.
8) 같은 책, 24쪽.

근세(에도시대)에 형성되었다"[9]이라고 하는 이 책의 기술은 일본 '봉건제'론과 근대화론의 연관성을 무엇보다도 확실히 설명하고 있다.

한국의 교육과정 해설서에서 자국사와 세계사의 상호 관련성이 불충분하다는 것은 이미 지적했다. 이에 비해 일본의 학습 지도요령 해설에서는 일본, '봉건제'론을 위해서 일본사를 동아시아 세계 속에 자리 매김 할 수 없게 되어 오히려 일본사의 탈아적 경향에 대해 강한 인상을 주는 결과를 낳았다.

Ⅴ. 마치며

이상 검토한 바와 같이, 현행 고교역사교육에서는 한일 양국 모두 자국사와 세계사의 관계, 세계사 속에서 자국사가 점하는 위치가 중요한 과제로 인식하고 있는 반면 문제점도 많이 포함하고 있다. 특히 세계사와 자국사의 시대구분이 문제라고 할 수 있는데, 세계사의 시대구분이 기본적으로 유럽으로 기준으로 하고 있다는 점, 자국사의 시대구분이 일국사적 관점에서 이루어지고 있다는 점 등이 세계사에서 자국사의 자리 매김을 모호하게 하고 있다.

이러한 문제의 원인 가운데 가장 중요한 것의 하나로 '봉건제' 문제가 있다는 것이 이 글의 주장이었다. 즉, 한국의 경우 고대·중세·근세·근대라는 자국사의 시대구분의 근거가 모호한 한편, 세계사의 시대구분은 유럽을 기준으로 유럽 중세의 '봉건제'를 특권화하고 있기 때문에, 자국사와 세계사의 관련성이 불명확하다고 생각된다. 또한, 교육과정에서는 채용되지 않았으나, 역사학계에서는 오히려 통설적인 위치에 있다고 생각하는 한국 '봉건제'론은 이러한 자국사와 세계사를 관련지으면서 나타나는 곤란함을 유럽사를 빙자한 형태로 극복

9) 같은 책, 165쪽.

하려고 한 노력이 나타난 것이라고도 할 수 있다. 그러나 그것은 오히려, 자국사의 내재적 이해를 방해하는 결과가 되고 있다는 것이 나의 견해이다.

한편, 일본의 경우는 자국사의 중세와 근세를 '봉건제' 개념에서 다루고 있기 때문에 언뜻 보면 세계사와의 정합성이 있는 것과 같은 형태를 띠고 있다. 그러나 그 결과 고대를 제외하고 동아시아 세계와의 연관성이 경시되고, 유럽과의 친근성이 강조되어 있다. 이러한 의미에서 한국보다 자국사를 유럽적 관점에서 다루고 있다고도 할 수 있다.

이상과 같은 문제점을 극복하기 위해서는 동아시아에 내재한 시대 구분이 무엇보다 절실하게 요구되고 있다고 생각하고, 그를 위해서도 동아시아의 역사 연구에서 오리엔탈리즘의 상징이라고 할 수 있는 '봉건제'론을 극복하는 것이 필요하다.

최종 탈고: 2005년 3월

번역: 허미선(아시아평화와역사교육연대 국제협력 부장)

편집후기

이 책은 한일공동연구 제3기 역사2팀의 최종 연구보고이다. 역사2팀은 근대 이후 한일 양국의 교류와 상호인식을 전체 주제로 설정하고 작업을 진행해 왔다. 이 책은 19세기 후반을 다룬 제1권, 일제지배=식민지시기를 다룬 2권에 이어 주로 1945년 이후를 다루고 있다. 다만 1945년 일본의 패전=조선의 독립을 전후하여 교류와 상호인식의 측면에서 연속적인 문제가 존재한다는 점을 감안해 일부 논문은 1945년 이전의 시기도 다루고 있다.

이 책의 기초가 된 공동연구 기간, 나아가 이 책이 출판되기까지의 기간은 한일 양국에서 또다시 역사인식의 문제가 제기된 시기였다. 특히 2005년 시마네현의 '다케시마 날' 제정을 발단으로 나타난 독도(일본명: 다케시마)를 둘러싼 대립, 고이즈미 수상의 야스쿠니신사 참배에 대한 한국과 중국의 강한 반발, 이와 함께 계속되고 있는 국교수립 이후 최악으로 평가되는 외교관계 등 역사인식의 문제가 한일 양국과 동아시아 미래에 커다란 그림자를 드리우고 있다.

이처럼 역사인식에 대한 갈등과 대립이 심각해지는 한편, 그것을 극복하려는 움직임도 활발해지고 있다. 한일 양국 정부의 합의에 기초하여 조직된 역사공동연구팀의 보고서 공개, 한국과 일본, 나아가 중국까지 포함한 3국의 연구자 및 교사 등에 의한 공통 역사교과서 편찬 등을 비롯한 실로 많은 노력이 진행되고 있다.

이 책 역시 앞서 출판된 두 권과 함께 한일 양국이 우호적이고 서로 배우는 관계를 만들어 가는 데 작게나마 기여할 수 있기를 기대한다.

이번 공동연구와 이 책의 출판에도 지난번과 마찬가지로 일한문화교류기금과 게이오대학출판회, 고려대학교 아세아문제연구소의 도움을 받았다. 다시 한번 감사의 말을 전한다.

2006년 6월

역사 2팀을 대표해서

김용덕(金容德)

미야지마 히로시(宮嶋博史)

필자소개

집필순

김 철 | 金 哲, KIM CHUL

연세대학교 국문학과 교수
연세대학교 문학 박사
전공 : 한국근현대 문학
주요경력 : 한국교원대학교 교수
주요저작 : 『'국문학'을 넘어서』(국학자료원, 2000); 『'국민'이라는 노예』(삼인, 2005) 등

조경달 | 趙景達, CHO KYEUNG DAL

지바(千葉)대학 문학부 교수
도쿄도립(東京都立)대학 대학원 인문과학연구과 박사과정 단위취득 퇴학
전공 : 조선근대사
주요경력 : 도쿄도립대학인문학부 조수, 지바대학 문학부 조교수
주요저작 : 『異端の民衆反乱: 東学と甲午農民戦争』(岩波書店, 1998); 『朝鮮民衆運動の展開: 士の論理と救済思想』(岩波書店, 2002) 등

김용덕 | 金容德, KIM YONG-DEOK

동북아역사재단 이사장
서울대학교 동양사학과 교수
하버드대학교 역사학 박사
전공 : 일본 근대사
주요경력 : 역사학회 회장, 서울대학교 동양사학과 교수, 서울대학교 국제대학원 원장
주요저작 : 『명치유신의 토지세제 개혁』(일조각, 1989); 『일본 근대사를 보는 눈』(지식산업사, 1991); 『19세기 일본의 근대화』(공저, 서울대학교출판부, 1996) 등

윤경로 | 尹慶老, YOON KYUNG-RO

한성대학교 총장
고려대학교 문학 박사
전공 : 한국근대사
주요경력 : 한성대학교 역사문화학부 교수, 워싱턴대학 객원교수
주요저작 : 『105인 사건과 신민회 연구』(일지사, 2004); 『한국근대사의 기독교사적 이해』(역민사, 1992); 『韓日YMCA關係歷史』(공저, 한일 YMCA연맹, 2005) 등

도쿠나가 미쓰토시 | 德永光俊, TOKUNAGA MITSUTOSHI

오사카게이자이(大阪経済)대학 경제학부 교수
교토(京都)대학 농학 박사
전공: 일본·아시아 농업사
주요경력: 오사카게이자이대학 경제학부 강사 및 조교수
주요저작: 『写真でみる朝鮮半島の農法と農民』(공편, 未來社, 2002); 『日本農法の天道』(農文協, 2000) 등

박찬승 | 朴贊勝, PARK CHAN-SEUNG

한양대학교 사학과 교수
서울대학교 문학박사
전공: 한국근현대사
주요경력: 목포대학교 역사학과 부교수, 충남대학교 국사학과 부교수
주요저작: 『한국근대정치사상사연구』(역사비평사, 1992); 『한국의 역사가와 역사학』(공저, 창작과 비평사, 1994); 『민족주의의 시대』(경인문화사, 2007) 등

도노무라 마사루 | 外村大, TONOMURA MASARU

도쿄(東京)대학 대학원 종합문화연구과 준교수
와세다대학 문학 박사
전공: 조선근현대사
주요경력: 와세다대학 사회과학연구소 조수, 고려대학교 민족문화연구원 객원연구원
주요저작: 『在日朝鮮人社會の歷史學的研究 : 形成・構造・變容』(緑蔭書房, 2004) 등

이원덕 | 李元德, LEE WON-DEOG

국민대학교 국제학부 부교수
도쿄(東京)대학 국제관계학 박사
전공: 일본정치외교, 한일관계론
주요경력: 서울대학교 국제대학원 특별연구원, 세종연구소 연구위원
주요저작: 『한일과거사처리의 원점』(서울대학교출판부, 1996); 『동요하는 일본의 신화』(공저, 지식마당, 2002) 등

미야케 아키마사 | 三宅明正, MIYAKE AKIMASA

지바(千葉)대학 대학원 인문사회과학연구과 교수·연구과장
히토쓰바시(一橋)대학 대학원 박사과정 중퇴
전공: 일본근현대사
주요경력: 호세이(法政)대학 오하라(大原)사회문제연구소 연구원, 지바대학 조교수
주요저작: 『世界の動きの中でよむ日本の歴史教科書問題』(梨の木舎, 2002); 『歴史の中の現在』(편저, 東京堂出版, 2004) 등

미야지마 히로시 | 宮嶋博史, MIYAJIMA HIROSHI

성균관대학교 동아시아학술원 교수
교토(京都)대학 대학원 문학연구과 후기 박사과정 단위취득
전공: 한국사회경제사
주요경력: 도카이(東海)대학 문학부 강사, 도쿄도립(東京都立)대학 인문학부 조교수, 도쿄(東京)대학 동양문화연구소 교수
주요저작: 『朝鮮土地調査事業史の研究』(汲古書院, 1991); 『兩班』(中公新書, 1995); 『明清と李朝の時代』(공저, 中央公論社, 世界の歴史 12, 1998) 등